体育院校通用教材

# 体 育 史

郝 勤 主编

人民体育出版社

图书在版编目（CIP）数据

体育史 / 郝勤主编. -- 北京 : 人民体育出版社, 2006（2022.8重印）
体育院校通用教材
ISBN 978-7-5009-2542-2

Ⅰ. ①体… Ⅱ. ①郝… Ⅲ. ①体育运动史－世界－高等学校－教材 Ⅳ. ①G811.9

中国版本图书馆CIP数据核字(2006)第047427号

*

人民体育出版社出版发行
三河兴达印务有限公司印刷
新 华 书 店 经 销

*

880×1230 32开本 15.75印张 413千字
2006年12月第1版 2022年8月第16次印刷
印数：99,001—104,000册

*

ISBN 978-7-5009-2542-2
定价：45.00元

社址：北京市东城区体育馆路8号（天坛公园东门）
电话：67151482（发行部） 邮编：100061
传真：67151483 邮购：67118491
网址：www.psphpress.com
（购买本社图书，如遇有缺损页可与邮购部联系）

# 前 言

本书为国内高校体育类专业通用教材，适用于大学体育类专业本、专科教学使用，也可作为研究生辅助教材和体育史爱好者的通俗读本。

本书是在1989年版全国体育学院教材委员会审定的体育学院通用教材《体育史》（周西宽主编）基础上重新编撰。全书共十四章，分上下两编。上编（一至七章）为外国体育史，下编（八至十四章）为中国体育史。时间上限为史前社会，下限为21世纪初。书后附有主要参考文献。

本书由成都体育学院主持编写。参编人员有郝勤（成都体育学院教授）、崔乐泉（国家体育总局文史委员会研究员）、凡红（英国德蒙夫特大学教授）、罗时铭（苏州大学教授）、肖焕禹（上海体育学院教授）、曹守和（杭州师范学院教授）、聂啸虎（成都体育学院教授）、傅砚农（烟台师范学院教授）、赵诶华（杭州师范学院教授，）、史国生（南京体育学院教授）、陈彦（西安体育学院副教授）、欧阳柳青（武汉体育学院副教授）、韩志芳（河北体育学院副教授）、韩凤月（广州体育学院副教授）、邱凌云（成都体育学院讲师）、崔莉（成都体育学院讲师）。由郝勤任主编，并对初稿进行了统筹和修改。

本书在策划编写过程中，承蒙周西宽教授等老一代体育史学者的鼓励与指导。人民体育出版社对本书的编辑和出版工作给予多方帮助及支持，在此一并表示感谢。

# 目 录

## 上编 外国体育史

## 下编　中国体育史

# 上编

# 外国体育史

# 第一章 史前体育

**学习提示**

体育产生的动因与条件
史前体育的不同发展阶段与具体形态
史前体育的主要表现
史前体育与生产、宗教、战争、艺术之间的关系
成丁礼与史前体育
史前竞技的特点
史前体育的主要特点

史前体育，即人类进入文明阶段以前的体育行为与活动。史前时期上限为人类的童年，距今大约有300万年，其标志是今人的形成。下限距今约10000年到8000年，以世界不同地区的一些人类进入定居的农业文明时代以及阶级、国家和文字的出现为标志。

根据考古学家和人类学家的研究，我们人类的祖先大约在距今300万年前就已经生活在地球上了。在人类迄今为止的历史中，史前时代即原始社会占了99%。在这一漫长的发展历程中，人类的社会组织形态先后经历了血缘家族社会、母系氏族社会和父系氏族社会三个阶段。从经济发展与生产力水平来看，则先后经历了以采集、狩猎经济为主的旧石器时代和以农业、畜牧业经济为主的新石器时代两个大的时期。

原始人类从血缘家族向母系氏族社会的过渡，大约是在距今10万年左右的旧石器时代后期开始的。母系氏族社会的形态以母系血缘为纽带，子女一辈只能确认自己的母系系统。这一时期，

生产工具有了很大的进步，石器开始出现磨制并有了进一步发展，发明了弓箭，生活来源得以扩大，早期种植、饲养、制陶业和纺织技术开始出现，人们的生活形态开始逐步稳定了下来。

从母系氏族社会过渡到父系氏族社会，大约从距今 10000 年到 8000 年开始。这一时期，由于社会经济和生产力的发展，男子在社会中的地位扩大，氏族首领由男子担任。在经济上，农业、畜牧业和手工业有了分工，出现了简单的商品经济和贫富分化，私有制开始出现，农业生产和社会组织都已达到了相当的高度。与此同时，人类的文化，包括体育也随社会一起开始出现并发展了起来。

## 第一节　体育的起源与史前体育形态

### 一、体育起源的动因与条件

体育的起源，是学习体育知识首先要了解的基本问题。一般而言，目前对于体育起源问题的研究主要通过以下三种方法与途径：第一，考古学方法，即利用史前考古遗存中有关的实物资料，从考古学的角度来对史前人类的体育活动进行考察与研究；第二，文献学方法，即对古代文献中有关史前原始体育活动的记载、描述及神话、传说等进行分析与考证；第三，文化人类学方法，即通过对现代尚残存的某些原始部族的体育形态进行观察与分析，来推论人类史前体育的形态及表现。第四，心理学方法，即运用现代儿童心理发生学理论来探讨原始思维与史前体育发展的关系问题。现代体育史学一般根据以上四种方法互相印证参照，来对人类体育的起源进行解析与阐释。

人类体育究竟起源于何时，由于史料的匮缺，现已不可详考。但我们能够根据目前掌握的各种体质人类学、文化人类学考古学成果，来了解体育起源的各种动因与条件。

距今300万年前，人类的祖先开始直立行走，并制造工具和进行狩猎生产。经过了漫长的进化与发展过程，直到距今3万～5万年，人类才终于进化为晚期智人，在思维、语言和其他重要体征方面达到人类学分类中的现代人水平。在这一缓慢的进化与发展过程中，人类逐渐开始自觉地把自身与自然区别开来，将诸如奔跑、跳跃、攀援、投掷等人类自然的运动能力，发展为较为复杂的游戏和娱乐活动，人类还从狩猎、养殖、耕种等劳动以及其他活动中直接筛选出了某些活动形式，将其转化为习得性的教育手段。种种研究成果表明，至少在旧石器时代中晚期，人类已开始有目的、有意识地发展出了以身体活动与劳动技能为主体的原始教育体系，出现了原始体育的初级形态。人类自身的进化，为体育的产生提供了生理学与体质人类学基础。

人类早期的社会性活动，是体育起源的重要前提之一。早期人类在物种上尚未与动物完全分离的阶段，原始人的群体性活动主要出于生存的需要，其种群内的交流主要表现为自然需要所引发的情绪表达和宣泄。随着人类社会组织形态进入血缘家族阶段，人们的社会生活逐渐演变为以身体活动和肢体语言为主的自觉的、经常的集体性活动。这类集体性活动除了狩猎和劳动外，还有血缘家族内部的丧葬祭祀、各类庆典、游戏娱乐和教育。早期人类依靠其社会组织与结构保证了自身的生存与进化，并将各类日趋丰富和复杂的生产知识与生活经验积累起来并传授给后代。不断发展和成熟的社会组织，为原始体育的起源和形成提供了必要的机制与条件。

劳动与生产，是体育起源的直接动因与条件。人类诞生之初，虽然具有一定的智力和适应性，但还不具备自觉的能动性，只能制造和使用简单粗糙的工具。随着工具制造，特别是石器制造水平的提高，在增强人类生存能力的同时，大大促进了人类思维、情感、体质、体能、形态等各方面的进化与发展。尤其是随着狩猎、养殖、耕种等劳动所需要的知识、技巧、组织等方面日趋复杂，教育成为人类传习知识和技能的必要手段和基本活动，体育作为原始教育的主要内容，成为原始社会最重要的生产力准备和贮存手段之一。从这一意义上讲，劳动和生产实践直接促使了体育的产生与形成。

随着人类思维能力与精神生活的发展，大约在旧石器时期中晚期，产生了原始信仰与崇拜，并逐渐形成了以各种巫术仪式为主体的原始宗教。在史前人类的崇拜形式中，主要有图腾崇拜、灵魂崇拜、祖先崇拜和自然崇拜等。在这些原始崇拜基础上，发展出了高度仪式化的巫术。原始人借助这些操作性的巫术，通过模拟现实中的狩猎、战争、耕作和其他自然与人类的活动，试图操纵和控制自然的过程与结果。在原始社会中，巫术对人类的社会生活具有重要作用与深刻影响。由高度仪式化的巫术中，孕育出了人类早期的舞蹈、艺术、竞技等活动的萌芽，其中包含了丰富的原始体育因素与内容。随着这些仪式本身的直接功利目的逐渐弱化，最终使很多体育活动和娱乐游戏沉淀下来，成为古代体育文化的宝贵遗产。可以说，以巫术为主体的原始宗教活动，是史前体育产生与形成的土壤。

另外，原始氏族与部落组织之间为争夺生活和生产资源的冲突和械斗也成为史前体育产生的一个重要催生剂。旧石器时代晚期到新石器时代，由于人口的增长和自然生态环境的恶化，为了争夺自然资源与生产资料，甚至为了争夺人口生产资源——妇女，原始氏族与部落组织之间的冲突和械斗越来越频繁，规模也越来越大。提高男性的体能与作战技能成为原始氏族和部落组织的重要任务与日常活动，跑、跳、投掷、射箭、格斗等基本技能以及侦察、偷袭、伏击、追击等综合作战能力的训练逐渐成为原始体育的重要内容。

综上所述，体育的起源不是某个单一的因素决定的。它是人类社会发展到一定阶段的产物，是多种复杂因素的合力下的结果。大致说来，在人类漫长的进化时期与旧石器阶段，史前体育主要表现为自然体育形态，人类的游戏、娱乐和教育尚未脱离生理的自然需要。到了氏族社会，尤其是父系氏族时期，由于生产、教育、祭祀、战争等需要，史前体育开始进入自觉形态，成为人类社会发展的一种需要。

## 二、不同阶段的史前体育形态

在长达300万年左右的人类原始社会阶段，与人类的进化与社会发展同步，史前体育也经历了不同的发展阶段。在史前体育产生的初期，它的基本特征是混沌的和自然的。随着原始氏族社会的形成和原始经济与文化的进步，史前体育形态开始从自然状态发展到初步的自觉形态，逐渐从生产、宗教、战争等活动中独立出来，并不断被加以分类、提炼和总结，成为史前体育特定的表现形态。

### （一）萌芽状态的史前体育形态

旧石器时代早期的人类刚从猿类转化过来，在体质形态上尚具有较多猿的特征，其社会发展阶段为血缘家族时代。从体育发展的角度上看，这一时期尚处于“前体育”形态，其身体活动主要还受到动物自然生理需要的支配。其具体表现为：

通过劳动工具的使用，形成了人类最初的、带有自然性质的、以身体活动为主的简单运动技能；

由于火的使用，人类的生存能力获得了极大提高，为人类自身智能与体能的进化与发展创造了基本条件；

由于早期社会的出现，血缘家族为史前人类早期的群体活动创造了条件，产生了人类最原始的一些身体活动技能的传习活动；

游戏和娱乐活动以自然形态广泛存在于早期人类的生活中。这种从动物本能继承而来的游戏与娱乐本能尚未得到开发，转化为自觉的和有目的的文化行为。

### （二）初步发展的史前体育形态

距今3万~5万年时，人类从体质上进化到与现代人相近的智人阶段，进入旧石器时代中、晚期，其社会发展阶段也从血缘家族发展到母系氏族阶段。这一时期的原始体育逐渐表现出人为的和自觉的因素。其具体表现为：

通过长期的劳动和生产实践，人类开始自觉地将生产和生活实践中的某些特定身体练习形式加以提炼，从中筛选出了某些动作与活动形式加以程式化，以此作为教育、舞蹈和原始宗教等活动的材料与元素。

氏族公社较之血缘家族相对稳定，群体也更加扩大，为原始体育教育活动和各种大型娱乐体育活动提供了制度上的保证。

随着人类精神文化生活的发展，原始的体育娱乐、游戏、竞技等逐渐演变成带有一定自觉因素的文化活动，并获得了相对独立性。

在史前人类社会长期生活经验的基础上，史前人类开始总结出一些健康防病知识与经验，原始的养生保健活动开始出现。

### （三）进一步发展中的史前体育形态

新石器时代前期，人类在体质形态上已完全发展为现代人，母系氏族公社高度成熟，人口增加较快，生活相对稳定，文化活动日益丰富，史前体育也进入了相对快速的发展时期。其具体表现主要有：

随着以工具制作为主的技术形态的进步，出现了从生产劳动工具转化而来的原始体育器械，其中一些是直接作为原始体育活动器械而出现的。人类在使用这类专用运动器械的过程中，其身体练习的手段极大丰富。

以身体练习和生产知识及技能为主体的原始教育开始制度化，其教育手段、方法、内容、设施和人员都逐渐稳定与规范，并以祭祀、礼仪、舞蹈、游戏等形式表现出来。

游戏与竞技活动开始脱离自然和自发形态，进入了原始教育体系，成为其中重要的活动形式。

原始养生保健活动进一步发展，其内容日益丰富。

## （四）走向成熟的史前体育形态

新石器时代后期，由于社会生产力的发展日渐加速，男子在农业、畜牧业和手工业等主要的生产部门中逐渐占据主导的地位，母系氏族公社逐渐崩溃，转化为父系氏族公社。这是史前体育的重要转折时期和发展时期。一方面，出于争夺生产和生活资源的需要，对男子的体能和战斗技能提出了新的要求，并发展出原始的体育训练体系；另方面，以巫术为主体的原始宗教的发展促进了舞蹈、游戏、竞技、教育进一步脱离功利性目的，成为独立的文化现象。其具体表现为：

随着部分劳动工具向体育器械功能的转化和专门的运动器械的逐渐出现，原始体育开始出现独立的训练体系。

原始军事训练成为史前体育的主要形态之一，男子从童年始，就必须在成人的带领下进行有目的有计划的身体练习和作战技能训练，在很多地区，这些体能与技能的训练逐渐体系化和制度化，并成为成丁礼的主要考核内容。

原始教育受到重视，其教育内容主要包括祭祀、礼仪、生产知识和作战技能。教育的实施由家庭与氏族共同完成，儿童时期由家庭中的父兄负责，成丁礼后进入男子团体过集体生活，接受系统的祭礼、神话、体能、技能方面的传习与训练，这些都有严格的制度。

游戏、舞蹈等活动完全脱离自然形态，与原始宗教活动相结合，成为重要的原始文化活动，同时也成为原始体育的重要表现形态。

在父系氏族社会中，原始竞技不仅是极为普遍的娱乐游戏活动形式，而且被用于选举部落首领、选择婚姻配偶等活动中，甚至被视为发生争议时的仲裁手段。在这类竞技比赛中取胜而成为氏族部落中的英雄人物甚至是获得首领地位，成为原始社会中男子参加各种体能技能训练的主要动力，极大地推动了原始竞技的发展。

原始养生保健活动进一步成熟，为后来古代文明社会的保健理论与方法的形成奠定了基础。

## 第二节 史前体育的表现与特点

### 一、史前体育的表现

#### （一）原始劳动工具与史前体育器械

考古资料表明，旧石器时代早期，人类加工成的石器主要是刮削器、砍砸器、尖状器和石锤、石砧等。到旧石器时代中、晚期，石制工具的类型有了增加，用途进一步分化，制作材料也多样化了。到了新石器时代，工具虽然仍以石器为主，但磨制石器已占多数，其制作更为精致，器形种类也大大增加了。同时，骨、角、蚌、木、陶等质料制作的工具也更加丰富。工具制作的进步一方面反映人类生产和生活的手段增强，另一方面，也反映了人类文化的发展和史前体育的活动样式。从目前考古发现来看，与史前体育有关的器具主要有以下种类：

远射类器械：弓箭、弩、弹弓、弋射等；

投掷类器械：石球、矛、标枪、蝶形器、鱼镖、鱼叉等；

格斗类器械：棒、锤、斧、刀、戈、穿孔形器（棍棒头）、星形穿孔器（多头斧）等；

护体类器械：匕首、护臂等；

水上类器械：舟、楫等；

游戏类器械：鱼钩、陶响球、石球、陀螺、踢房等。

以上器具既是史前人类与大自然进行斗争的劳动工具，但在一定条件下又是他们的身体练习、技能训练和娱乐游戏的器具与手段，反映出史前体育的基本形态与样式。

## （二）原始聚落与史前体育设施

聚落的出现，标志着人类社会组织与文化发展进入了一个新的阶段。有关考古学研究表明，处于新石器时代的氏族聚落是一个十分完整的社会组织结构，主要包括居住区、生产区、公共活动区和墓葬区四部分。除了居住区、生产区、墓葬区这些按氏族社会组织特点设立的区域外，公共活动区是氏族公社不可缺少的一种集体活动机构，是人们从事诸如祭祀活动、庆典活动、公共教育、体育娱乐等集体活动的场所。

考古资料和民族学研究成果显示，发展到一定程度的氏族聚落公共活动场所，主要有两种形式：一种是在聚落的中心以广场的形式设置；另一种则是在聚落的中心或居住生活集中区以“大房子”的形式出现。如处于原始时代的北美印第安人中折颜部落，其整个部落分五个氏族，分别为第一氏族阿尔它氏族、第二氏族毛发氏族、第三氏族雷拜氏族、第四氏族半折颜氏族、第五氏族多格曼氏族。每个氏族有十二三个帐篷，按照顺时针方向排成圆圈，只在东边留一条通道，在整个部落的中央，设有一个部落议事会和进行集体体育娱乐、教育活动的大帐篷。另外，也有一些氏族既设有广场，也建有大房子作为公共聚会场所。不论是哪种设置形式，这类公共活动场所的职能都是作为史前人类集体活动的专用场所，具有祭典、教育、娱乐等多种功能。从某种意义上来看，这类公共场所可以说就是史前人类的公共体育场。

## （三）史前教育与成丁礼

在原始社会中，教育是氏族部落一项很重要的工作。父系氏族社会男孩的教育更受重视。这些男孩出生后在母亲的家族成长，5～7岁后便跟随舅舅和兄长们，从他们那里接受有关的指导与教育。原始教育的任务与目标主要有两方面，一是传授其生产技术与知识，二是培养孩子和年轻人的道德、礼仪与宗教信仰。由于原始社会的生产和劳动主要是体能型的，因此男孩的体能训练以及狩猎、耕种等方面的技巧练习便成为原始教育的重要内容之一。5~7岁始，男孩便手持自制的或成人给他们制作的各种小弓、小矛一类“玩具”，做模仿狩猎、捕鱼、战争和其他行动的游戏，并跟随成年人身边，听他们讲述各种关于氏族部落的传说与故事。

成丁礼是原始社会中男孩的成年仪式。男孩长到一定年龄后一般要举行隆重的仪式，通过各种考核，证明自己已达到成年人的要求和素质，然后才被允许进入成年人的行列，享受成年人的待遇。举行成丁礼的年龄因各氏族部落的传统而有异，一般多在15岁左右。在很多原始氏族部落中，成丁礼实际是一场严格而残酷的考试，一般由氏族部落的长老们主持。考核内容包括跑、跳、攀缘、投掷等基本运动能力以及射箭、用弩、捕兽、格斗、背诵氏族传说等，有些氏族部落的成丁礼甚至还包括鞭打、折磨、饥饿等内容，其目的在于考验男孩的忍耐力。为了能够通过这样的“考试”，男孩必须在成年人的带领下经过长期艰苦的训练，以便能顺利通过成丁礼上的考试。例如，南美火地岛的锡克兰人是一支尚生活在原始社会的土著人。其男孩在参加成丁礼前要接受严格的训练：每天只给一点点食物，几乎不允许睡觉。白天与许多夜晚要在老人的带领下翻山越岭，作长距离的行军。他们必须定期练习，增强射箭的能力。当他们筋疲力尽地回家以后，还必须听取有关道德和氏族历史的教导。[1]根据有关文化人类学和民族学的考察与研究资料，原始社会中男孩的成丁礼包括了大量原始体育训练与考核内容，是原始体育的一项重要制度和表现方式。

### （四）原始舞蹈与娱乐

旧石器时代中后期到新石器时代，舞蹈成为史前人类社会生活中的重要组成部分。这些原始舞蹈节奏鲜明，动作简单、热烈奔放、群体性强，具有巫术、庆典、交流、求偶、健身等多种文化功能，是史前文化和体育娱乐的重要表现形式。在包括中国在

[1]（德）利普斯著. 汪宁生译.事物的起源. 成都：四川民族出版社，1982. 253

内的世界各国遗存的远古岩画中，都有许多头插鸟羽、身着羽帔、带有尾饰，模仿鸟类翩翩起舞的图形。如位于西班牙拉文特地区的史前岩画，就有许多是反映原始先民舞蹈欢娱的情景。其中的柯古尔岩画中有著名的“跳舞的妇女”画面，从其服饰与舞蹈的动作来看，已经发展到一定程式化的水平了[1]。中国古籍《尚书·益稷》也有关于史前先民跳狩猎舞的描绘，如“鸟兽跄跄”“萧韶九成，凤凰来仪”“击石拊石，百兽率舞”等等。这些记载都生动地展现了先民们一边有节奏地敲击石片，一边模仿鸟兽狂热舞蹈的情形。文化人类学调查结果表明，舞蹈在原始人类的生活中具有极为重要的意义与功能，渗透于原始人类几乎所有生活领域。在类别上，有狩猎舞、耕种舞、收获舞、生殖舞、婚嫁舞、祭祀舞、战争舞、求雨舞、庆典舞等等。这些舞蹈不仅具有宣泄情绪、追求娱乐的功能，更具有凝聚内部、交流感情、识别族属、强化信仰等多种社会功能。

### （五）史前竞技活动

通过比赛来决出胜负、决出强者，在原始社会不仅是男孩们的游戏，而且具有多种社会功能。竞技是原始社会男孩们最喜欢的游戏。例如，生活在澳洲新几内亚地区的蒙杜古马族儿童从小喜欢竞技游戏，他们将野橙扔向空中，或互相投掷，或做各种游戏，但都想在技巧上战胜对方，成为胜者。虽然其竞争十分激烈，但却处于无组织状态。有时，他们会分成两队做游戏，互相展开激烈的比赛。[2]类似的竞技活动在成年人中也十分盛行，并且被赋予更多的社会功能。

如果说，在旧石器时代原始人类的竞技比赛还出于某种动物性的游戏本能和竞争本能的话，到了新石器时代，尤其是随着父系社会的确立，这种竞技在人类社会生活中占有了更重要的地位。

---

[1] 陈兆复，邢琏. 外国岩画发现史. 上海：上海人民出版社，1993

[2]（德）利普斯著. 汪宁生译. 事物的起源. 成都：四川民族出版社，1982，202

人们通过不伤害对方生命和身体的竞技行为，来选择部落首领、婚姻配偶、军事领袖、决疑释猜等，同时也是各类节日庆典、祭礼活动、丧葬仪式的重要内容。原始人类的竞技项目包括摔跤、射箭、跑步、跳跃、投掷、攀缘、格斗以至野外生存、狩猎等。例如，在西亚、南亚的草原民族中，盛行“阿哥追”、马上夺羊等比赛，胜者有对姑娘的优先选择权。在欧洲一些地方，至今保留着一种“五月柱”民间游戏，众多男青年在一段距离内跑向一根涂了油的木柱，先爬上柱顶者为优胜者，当选为当日的“国王”，并有亲吻所选中的姑娘的权利。这些都是原始竞技的社会功能的遗存和体现。

### （六）原始医学与史前医疗保健体育

在人类诞生初期，由于生活条件恶劣，原始人类抵御疾病及各种伤害的能力很低。随着生活经验的积累，人类逐渐总结出一些防护和医治疾病的方法。到新石器时代晚期，人类已经初步形成了卫生保健观念，掌握了很多保健卫生知识与防治疾病的手段。

在史前保健医学的产生发展过程中，最重要的是火的发明和使用以及衣服、饮食、居住、婚姻等方面的不断改善与发展。这些都为史前人类养生保健、提高身体素质创造了必要的条件。随着人类对自身自然与外界自然之间关系的认识不断深化，总结出了不少运动保健方法。例如，中国先秦古籍《吕氏春秋》《黄帝内经》等书都记载了远古时期黄河流域曾洪涝肆虐，先民多患风湿、水肿、关节炎一类疾病，为此先民在长期生活经验基础上，总结出了“舞”“导引”“按”“跷”一类运动按摩方法来治疗疾患，保健养生。这类记载，基本上反映了新石器时代人类医疗保健体育的产生和发展情况。

## 二、史前体育的特点

史前体育作为人类体育运动发展的一个重要阶段，具有以下特点：

其一，史前体育所经历的时间最长。在人类体育产生、发展和演变的历程中，史前体育伴随着人类进化和发展的历史，历经近300万年的形成发展过程。相比之下，文明时代的体育距今只有8000年左右的历史，在时间上不及史前体育的0.03%。史前体育所经历的漫长岁月，反映了作为人类文化重要组成部分的体育在其产生和形成阶段所经历的艰辛历程。

其二，史前体育具有多种社会和文化功能。相对于文明时代的体育，史前体育的鲜明特点之一就是它尚未从劳动、宗教、战争等行为中分离出来，获得独立的文化品质。史前体育的很多内容包含于人类的生产、宗教、战争、艺术等活动中，表现出多重功能和性质，而且时间越早，这种从形式、内容到功能上的混沌性与边缘性就越明显。

其三，史前体育在发展水平上处于原始的和低级的阶段。在原始社会中，体育活动往往表现为自发和自然的状态，尚未成为人类自觉的和有意识的身体练习和健身娱乐手段。这种自发的和自然的体育形态无论是其组织上还是手段方法上，都处于较低水平。

其四，史前体育具有原始平等性质。在原始社会中，所有成员都有平等的地位和权利，因而它是一种全民体育，每个氏族成员都有参加体育活动的平等权利。在原始社会中，所有男子都必须经历成丁礼和其他仪式的考验，而且氏族成员都必须参加全氏族的集体性活动，如游戏、竞技、舞蹈等。

其五，史前体育表现出明显的地域文化特征。由于原始体育对环境和自然的高度依赖，因而形成了许多完全不同的体育形态。如在草原游牧民族中，盛行摔跤、射箭、骑马等运动；居住在高山上的原始氏族流行攀岩、越野、狩猎等活动；而水上民族则擅长游泳、划船、钓鱼等活动。不同的自然条件与环境，决定了不同地区体育活动的性质与特点。

## 思考题

体育起源及产生的动因和条件有哪些？

史前体育有哪些不同发展阶段？其具体形态如何？

史前体育与生产、宗教、战争和艺术等有何关系？

什么是成丁礼？它与史前体育有何联系？

史前竞技的特点是什么？

史前体育有哪些特点？

# 第二章　外国上古体育

**学习提示**

古两河流域与古埃及体育
古代印度体育的种姓制与瑜伽
古希腊体育与奥林匹克
古罗马体育与环型竞技场

外国上古时代，是指从公元前 4000 年前后西亚北非人类古代文明的出现，到公元 476 年西罗马帝国灭亡这段历史时期。这一时期的体育，以两河流域、埃及、印度和爱琴海地区以及古罗马等古代早期体育为代表。这些地区，加上东方的中国，是人类最早进入古代文明的地区，其标志是文字、冶金业和城市的出现，在社会形态方面，则出现了阶级和早期国家。同时，这些地区也是古代体育文化的主要发源地。由于其地理环境、生产、生活方式的差异以及不同的历史发展道路，形成了世界各地古代体育的不同地域文化特征。

## 第一节　古代两河流域与古代埃及体育

### 一、古代两河流域体育

两河流域位于亚洲西部，是世界古代文明的发源地之一。据考证，大约在公元前 4000 年底格里斯河与幼发拉底河流域的南部就有苏美尔人居住。公元前 3000 年前后，这一地区出现了若干奴隶制小城邦，先后有苏美尔、阿卡得、巴比伦、亚述等王国在此登上了历史的舞台。公元前 6 世纪中叶，两河流域成为波斯帝国的一部分。

古代两河流域在历史形成过程中，最先开始栽种禾本科植物、繁殖牲畜、加工金属，学会了用粘土、木料和芦苇建造永久性住房，约在 5000 年前便创造了文字，因而它的文明对世界贡献较大，在欧洲的所有角落、亚洲沙漠的腹地、远东，都能感觉到它的影响。

古代两河流域地处交通要冲，土地肥沃，因而常遭异族入侵。此外，本地区内部从城邦到王国的漫长演进过程中，还经常发生邻国冲突、王朝兴废、对外扩张等等军事战争，因而这个地区的教育、体育活动带有浓厚的军事色彩。

考古发掘证实，在公元前 3500 年以前这里已经产生了学校，主要是教授贵族子弟学习文字，课余活动有一些游戏和游泳。赫梯王国（前 16 ~ 前 15 世纪）时，贵族少年常被送到王宫，和王子们一道学习军事武艺。学习的内容包括练习使用弓箭、短棍、斧、矛、剑和驾驶战车、骑马、游泳等；学习的方式主要是学徒式的模仿。这是体育教育的初期形式。

狩猎是娱乐和显示贵族体力、智慧的重要方式。国王和贵族中盛行猎鹰等狩猎活动。亚述国王常在贵族围观下，率领着王室成员在专门场地与猛兽搏斗，模拟狩猎。亚述的宫墙上的浮雕，就再现了国王猎狮的场面。

在古巴比伦（前 19 ~ 前 16 世纪）时期，这里就有新年期间为祭祀宇宙创造者太阳神马杜克而举行的祭礼竞技。竞技的主要内容是赛跑，胜者有抓住马缰把国王迎下战车的殊荣。这项宗教性的竞技会，比古希腊人的奥运会还早 1000 多年。

另外，节日期间的娱乐活动中也包含一些体育活动，如抱腰式摔跤、战车赛，击球，拳击、击剑，战斗演习和舞蹈等等。

游泳是社会各阶层都开展的体育娱乐活动。在大英博物馆里保存着国王率领军队渡河的浮雕（约公元前 1200 年），其泳姿酷似现代的爬泳和侧泳，还使用气囊作飘浮工具。

类似中国气功和印度瑜伽的保健术，这里也有发现。

## 二、古代埃及体育

埃及位于非洲东北部，尼罗河从南到北贯穿全境。从古代文明的发展进程来看，尼罗河流域比两河流域大约晚了半个世纪。约在公元前 3000 年左右，尼罗河流域形成了统一的奴隶制王国，中经前王国时代（约前 30 ~ 28 世纪）、古王国时代（前 28 世纪 ~ 前 23 世纪）、中王国时代（约前 21 世纪 ~ 前 18 世纪）、新王国时代（前 16 世纪 ~ 前 11 世纪）和后期王国时代（前 11 世纪 ~ 前 4 世纪），公元前 525 年为波斯帝国所灭，公元前 332 年被马其顿征服，公元前 30 年灭于罗马帝国。

尼罗河孕育了灿烂的古埃及文化，一座座金字塔、神殿里的壁雕和铭文，不仅记录了奴隶主穷奢极欲的奢侈生活，也记录了古埃及丰富多彩、形式多样的体育活动。这些体育活动，从性质上看大致可以分成以下几类：

（一）宗教性的体育活动。在迄今为止发现的年代最早的一件以运动为题材的浮雕上，描绘了法老（古埃及国王的称呼）约赛尔（公元前 2778 ~ 前 2723）在一次宗教祭祀活动上赛跑比赛取得胜利的情景。在宗教祭祀活动中举行赛跑比赛，不仅显示了国王的力量，也增加了宗教活动的热烈气氛。在古埃及，各种社会职业（包括法老）都是世袭的。因此，未来的法老要在宗教祭祀赛跑比赛中有出色的表现，就需要事先在宫廷学校里进行长期的训练。据古埃及遗留下来的石碑记载，阿门诺菲斯二世（前 1438 ~ 前 1412）当太子时曾被送到宫廷学校学习体育，他不仅曾多次在赛跑、划船、射箭和其他竞技中战胜对手，而且能一口气开硬弓 300 次，一箭洞穿 4 个铜靶。

宗教活动中的赛跑比赛，后来逐渐被更能体现力量、技巧和意志的摔跤比赛所替代。古埃及各阶层人士都热衷于摔跤。在新年和一些宗教节日期间，各种比赛尤其是摔跤比赛十分激烈。古埃及摔跤以站立式为主，禁止拳打脚踢。中王国时期的贝尼·哈珊墓壁画中有 320 多个表现摔跤的抓扑、拉、摔等动作的画面。新王国时期拉美西斯二世（前 1301 ~ 前 1235）时，埃及开始在祭神庙时与相邻的努比亚、里维亚等部落的代表进行摔跤比赛和棍棒格斗。当然，这些比赛最后的结果只能由埃及人和贵族获胜，其目的无非是为了显示神和法老的无上权威。

（二）军事性的体育活动。中王国以后，贵族子弟要被送到宫廷学校或其他专门学校接受以体育活动为主的军事训练。未来的军官则在军营学校中接受严格的军事和身体训练。在司芬克斯遗址的一块碑文中，记述了这类学校的教学和训练内容。从上面我们可以知道，古代埃及的贵族学校除了文化课以外，还包括摔跤、击剑、射箭、驾车、划船、游泳、骑马和驯养战马等。而平民的子女只能在家中接受父母的教育。

古埃及军队普遍进行射箭训练，象形文字中的“士兵”，就是一个跪着的男子引弓握矢的图像。在历代王朝的墓穴浮雕中，都有兵士与国王的战车赛跑图和跳跃一定高度的画面。在击剑训练和比赛中，士兵通常右手持木刀，左前臂系有木盾以护面。赛前要互相致礼，向观众低头问候，再以两刀相交开始比赛。赛毕，胜者双手上举，败者单手掩面低头认输。

（三）娱乐性的体育活动。公元前 18 世纪以后，埃及人从入侵的喜克索斯人那里学会了养马和驾车，狩猎成为贵族娱乐和表现冒险精神的重要活动。古埃及社会等级森严，猎取狮、象、犀牛等动物是法老的特权。据有关记载，阿门诺菲斯三世在登位前的 4 年间，曾猎杀过 102 头狮子；图特摩斯三世在一次旷日持久的围攻象群活动中，他个人杀死的大象就多达 120 头。

在古埃及，妇女享有和男子平等的法律地位，也可以参加体育娱乐活动。据考证，历史上有几位法老组织过妇女赛跑，也有妇女参加拟战和驾驶战车的，但她们最喜欢的是球戏、舞蹈和游泳。克雷墓地壁画中有三种妇女球戏，一种是两人抛接，一种是两排人抛接，一种是自抛自接。

舞蹈在古埃及很流行，贵族们常在节日和祭礼中参加舞蹈，舞蹈家以舞蹈供贵族赏玩。有些舞蹈动作近于杂技，技艺高超。在壁画中可以看到女演员作“桥”和3人组成的塔形及翻筋斗等难度较高的技巧动作。

游泳是古埃及广泛流行的体育活动。在拉美西斯二世葬祭殿中的浮雕，表明游泳姿势与现代的爬泳相似。一些贵族家里设有私人游泳池。划船也十分普及，法老也经常参加，斯芬克斯碑文赞颂阿门诺菲斯二世用20英尺长的桨一口气划了3英里，其余200个划船手只划了半英里就瘫倒了。

古埃及的球类活动影响较大，除了妇女的球戏外，还有一种男子的马上球戏，骑者在马上抛接好几个球，对骑术和技巧要求极高。但是没有球类比赛的记载，波斯占领以后马球活动才逐渐传开。

古埃及儿童游戏很丰富。在古埃及石雕中常见的活动有蒙面猜人、骑人马、捉迷藏、抽陀螺、滚铁环、打弹子、拔河、玩球戏等。年龄大一点儿的儿童喜欢奔跑和滚翻。而年龄更大的少年们则增加了举重，棍棒格斗，马上枪术等方面的训练。

（四）卫生保健活动。古埃及人对安全分娩、婴儿养护、疾病治疗已有系统的知识。孩子从出生起，便受到各种保健护理。婴儿开始学步时，父母便让小孩光着身体在空气新鲜、阳光充足的户外尽情地活动、嬉戏。幼儿时期，给孩子玩各种玩具。少年阶段玩上述的儿童游戏。此外，埃及人的医学知识和按摩术、美容术也很发达。

古埃及的对外扩张和沦陷，使古埃及文明得以与外界进行了广泛的交流，在文字、历法、艺术、科学知识、体育等方面，对西亚和欧洲产生了重要影响。例如，古希腊的柏拉图及奥林匹克使者曾来埃及访问，学习和交流有关知识与体育活动。公元前332年，马其顿占领古埃及后，推行希腊化政策，古埃及的体育风格和体系，逐渐发生了变化。

## 第二节 古代印度体育

### 一、种姓制度与古印度体育

古代印度是地处亚洲的世界文明古国之一。印度河和恒河是古代印度文明的发祥地。当地的达罗毗荼人在公元前2500年左右，已经创造了具有奴隶制特征的哈拉巴文化。到公元前2000年中期，过着游牧生活的雅利安人从西北方向侵入，征服了达罗毗荼人，占领了印度河流域和恒河流域。后来雅利安人逐渐进入奴隶社会，建立起许多奴隶制小国。在此过程中，出现了维护统治阶级利益的“种姓制度”和主张善恶有因果、人生有轮回的“婆罗门教”。公元前6世纪，形成了统一的摩揭陀国家以后，印度社会矛盾十分剧烈，鼓吹“众生平等”的佛教应运而生。在孔雀王朝（前324~前187）后，印度陷于长期分裂和来自中亚的多次异族入侵。公元4世纪笈多王朝兴起后，印度开始向封建社会过渡。

在奴隶制形成过程中出现的“种姓制度”，对古代印度的体育发展影响极大。种姓制度是一种古印度特有的社会等级制度。当时，征服者雅利安人将其统治下的人群划分成四个等级：第一种姓为婆罗门，即僧侣阶层，掌握神权，主持祭祀，是人民精神生活的统治者；第二种姓为刹帝利，即武士阶层，掌握国家政治和军事实权，是国家的世俗统治者；这两级都是不从事生产的奴隶主贵族。第三种姓为吠舍，即农牧民即工商业者，多属被剥削的小生产者。第四种姓为首陀罗，由被征服者达罗毗荼人构成，是世代只能做杂工和仆役、没有任何权利、备受压迫和剥削的奴隶阶层。这4个种姓之间界限森严，不能通婚、交往，甚至不能共食、并坐。

种姓制度的存在构成了古印度体育的独特的等级特点，使体育打上了鲜明的阶级与种姓烙印，某些体育活动只能在某一个种姓内授习流传。如瑜伽术主要是婆罗门种姓的宗教修炼术，而刹帝利种姓则垄断了军事技术。舞蹈和各种游戏在吠舍种姓中十分流行。至于首陀罗种姓则完全被剥夺了教育、体育与娱乐的权利。

## 二、瑜伽术

瑜伽（Yoga）是源于婆罗门教的一种宗教修炼理论与技术，其中包含了很多呼吸术和健身术，是古印度体育文化的独特方法与典型代表。传说为公元前 1 千纪中《瑜伽经》的作者钵颠阇梨所创。实际上，瑜伽术产生于早期婆罗门这一种姓阶层的宗教修炼活动。

瑜伽的本义是“结合”。婆罗门僧侣认为通过调节呼吸、配合静坐和多种肢体动作，能够实现与其所崇拜之“梵天”即创造之神沟通、结合；以获取天意、代神降旨，最终达到神权统治的目的。

在长期的瑜伽活动中，人们逐渐体会到了练习瑜伽对身心健康有明显的益处和功效。从而使这样一种宗教修炼活动演化成一类身心健康理论与技术，出现了多种瑜伽健身法流派。据考证，古印度瑜伽的练习方法主要有 5 种：（1）格尔玛瑜伽：针对人的“业”即行为而进行修炼，强调清心寡欲的生活方式与静修。（2）杰恩瑜伽。“杰恩”意为知识，强调通过知识与悟性来洞察世界，主张研读《吠陀本经》为主。（3）帕克瑜伽。“帕克”意为虔诚、崇拜，强调信仰与崇拜的力量，主张通过修炼来建立和强化个体信仰，舍己为人，把一切奉献给神。（4）哈特瑜伽。“哈特”意即手的姿势，主张通过静坐、调息、内敛，并配合以手与肢体的各种姿势和动作，来达到身心修炼的目标。现代流行的瑜伽体操即由此发展而来。（5）拉贾瑜伽。“拉贾”意为“王者”。这类瑜伽被认为是修炼的基础，其方法主要有守意（思想内敛）、持禁（限制行为）、打坐（静坐修炼）、调息（调节呼吸）、制感（制止感官活动）、执持（精神专注）、禅定（静虑入定）和神昏

（高超的无我境界）等“八支”，其中守意、打坐、调息、禅定等方法都具有很高的健身养生价值。

瑜伽术中还包括沐浴等。由于身体的洁净被看得同灵魂的纯洁一样重要，因而沐浴也是婆罗门教重要的宗教性仪式。公元 6 世纪以后产生的佛教在修行方法上受到瑜伽术很深的影响。

## 三、舞蹈

舞蹈是古印度体育的重要组成部分和表现形式。古印度舞蹈不仅特点鲜明，而且种类繁多，表现力丰富。它不仅是婆罗门教宗教仪式的有机组成和重要仪式之一，而且在印度民间也十分普及。公元前 8 世纪以后出现的贵族学校中，各种宗教性的舞蹈是贵族青年必须掌握的技艺。当时的贵族青年要学习 12 年的《吠陀经》，而体育教育就是舞蹈。在波罗门寺庙中有专职的舞女，这些受过专门训练的舞女一部分服务于宗教仪式，一部分专供上等种姓婚宴时观赏。

公元 4 世纪印度进入封建社会后，婆罗门教在吸收佛教、耆那教等教义基础上形成了印度教。印度教同样维护种姓制度，但更强调身体的修炼和官能的感受，因而瑜伽、舞蹈和各种游戏活动都在印度教中得到了很好的保存与发展。印度教三主神之一的湿婆（Sivo）神既是破坏和苦行之神，又是舞蹈之神。笈多王朝时，同宗教有密切关系的印度舞蹈发展很快，形成了富于表情和手势语汇特别丰富的特点，其影响后来遍及整个东南亚和中国。

## 四、刹帝利与军事体育活动

在古印度种姓制度中，刹帝利是军事贵族阶层，专门从事征战和打仗，因而享有掌握军事作战技术的特权。这一种姓的子弟都必须学习步战、骑战、战车、象战、射箭、击剑等技术，掌握有关战争的知识与理论。

在印度历史上，曾遭受来自西亚、中亚甚至欧洲各民族和国家的多次入侵。这为印度体育带来了很多新的内容，如抱腰式摔跤、马球、射箭、套索和马上游戏等，这些都成为刹帝利种姓中流行的体育活动。另外，各类棋类游戏，如四色象棋、塞戏、掷骰等，也是刹帝利种姓所喜爱的游戏。

### 五、吠舍的娱乐体育活动

吠舍是奴隶主阶层的低下等级，主要由商人与各类自由民组成。这一种性人数众多，职业繁杂，构成古印度社会的基础。其体育活动主要有舞蹈、各类游戏等。但由于种姓制度的限制，吠舍种姓不能修炼瑜伽，也不能从事军事技术的训练。

## 第三节 古希腊体育

古希腊是巴尔干半岛南部、爱琴海诸岛及小亚细亚西岸很多奴隶制城邦群的总称。公元前 12 世纪末，多利安人进入希腊半岛。到公元前 8 世纪的荷马时代，希腊氏族制度趋于解体。公元前 8 ~ 公元前 6 世纪，希腊半岛陆续建立了许多奴隶制城邦。这些城邦都是独立的政治实体，但彼此之间又有共同的语言、文化和信仰。公元前 5 世纪上半叶，希腊各城邦在希波战争中打败了波斯帝国的侵略，并推动古希腊的政治、经济、文化发展进入了空前繁荣时期。公元前 5 世纪后半叶，以雅典为首的城邦联盟与以斯巴达为首的城邦联盟之间爆发了长达 27 年的伯罗奔尼撒战争，导致古希腊城邦制度逐渐衰落。公元前 338 年，希腊沦于其北部崛起的马其顿帝国统治之下。公元前 168 年，罗马帝国征服了马其顿，前 146 年希腊并入罗马版图，成为罗马的一个省。

古希腊拥有漫长曲折的海岸线和许多天然良港，其内陆丘陵起伏、气候温和。这种自然地理条件不仅为古希腊的商业贸易、文化交流、交通往来提供了条件，也极大地影响了古希腊人的生活方式和文化传统，造就了古希腊人胸襟开阔、敢于冒险、崇尚竞争、热爱运动的性格和气质。在奴隶主城邦制基础上，古希腊人创造了灿烂的文化，尤其在哲学、文学、艺术、科学、体育等领域，为后人留下了丰厚的文化遗产，对古罗马及欧洲的历史文化产生了重要影响。在体育方面，也达到了古代世界的高峰。恩格斯曾指出："没有希腊文化和罗马帝国所奠定的基础，也就没有现代的欧洲。"❶

## 一、古希腊的体育教育

在荷马时期，古希腊的体育带着浓厚的原始教育性质。如教育主要通过家庭和氏族中的长者施行，全体成员都必须参加具有浓厚战斗技艺色彩的体育活动等。随着奴隶制城邦经济的繁荣和城邦间的交流与竞争，带来了古希腊体育教育的繁荣，并形成了以斯巴达和雅典为代表的两种不同类型的希腊体育教育制度。

### （一）斯巴达体育

斯巴达城邦位于伯罗奔尼撒半岛东南部，是一个以农业为主的内陆城邦。斯巴达人实行奴隶主贵族寡头政治。公元前 8 世纪，只有 9000 户左右的斯巴达人，统治着 25 万作为国有奴隶的希洛人和半自由民的庇里阿西人。由于作为统治者的斯巴达人在人口数量上处于绝对的劣势，因而他们必须在身体素质和战斗技艺上保持质量优势，以维持统治者与被统治者力量之间的平衡。因此，斯巴达教育的特点是以青少年的身体素质和战斗技艺为核心，实施国家强制性的体育教育。在公元前 6 世纪中叶以前的两个多世纪中，斯巴达不仅是希腊城邦中的军事强国，而且也是体育强国，在古希腊奥运会上长期占据着无可争议的优势地位。

❶ 马克思恩格斯选集（第 3 卷）. 北京：人民出版社，1972. 220

为了防止被统治者的反抗、维护社会秩序，人口居于劣势的斯巴达人实行彻底的全民皆兵制度，整个斯巴达城如同一座大军营。斯巴达人不重视文化教育。每个斯巴达人从生下来开始，就属于国家所有，按严格的国家标准加以选择与培养。新生婴儿要交到元老手中进行审查，孱弱畸形的新生儿将被弃于荒野。而体格健壮者才交由母亲抚育。男孩7岁离开家庭，被送到公共教育机构，分成小组在青年指导员的指导下过集体生活。他们须经过严格的体能训练和艰苦生活条件的磨练，整年穿单衣，睡茅草，学习五项运动（投枪、掷铁饼、跳跃、角力、赛跑），游泳、球戏、游戏和音乐舞蹈。

随着年龄的增长，与军事有关的内容也相应增加。为了培养机敏和勇敢，少年儿童们被鼓励到希洛人住地去偷窃食物和柴禾，被发觉的回来以后还要受罚。少年儿童们还通过忍受鞭打来锻炼坚韧顽强的意志。斯巴达人满18岁时履行成年礼，在月神祭坛前接受鞭打，通过考验的方可进入士官团接受正规军训。军训的内容包括使用兵器、五项运动和被称为斯巴达体操的拳击练习，同时还要通过对奴隶居住的村落发动袭击来进行实战演习。斯巴达青年20岁时经过宣誓效忠国家，成为正式军人；30岁获得公民权，可以结婚，但仍需继续住在军营服兵役，一直到60岁。60岁以后，如果发生战争，仍需参战。

斯巴达人认为，只有强健的母亲，才能养育出英勇的战士。男子出征时，女子也负有保卫家园的职责。因此斯巴达女孩虽住在家里，20岁前也要编班在专门的训练场参加各种体能和技能的训练，其内容和男孩大致相同，如五项运动、游泳、骑马、爬山、舞蹈、球类活动等等。斯巴达女人深受国家至上的熏陶，母亲常用“或携盾荣归、或运尸而返”来鼓励儿子英勇作战。在社会地位、身体健康和姿态优美等方面，斯巴达妇女都超过了其他城邦的妇女。

由于斯巴达实行军事化的“终身运动”，使其国力强盛，称霸一时。在古代奥林匹克运动会上，斯巴达人一直占据绝对优势，从公元前 720 年开始，到公元前 576 年的一个半世纪中，斯巴达人是奥运会上的霸主，囊括了大多数比赛项目的冠军和优胜。斯巴达人决不认输，也不参加奥运会中以一方认输而终止的拳击和格斗比赛。第 50 届奥林匹克竞技会（前 576 年）后，斯巴达人逐渐失去了其优势地位。

## （二）雅典体育

雅典位于亚提加半岛，有良港便于航海和经商，对外贸易活跃，工商业发达。雅典人思想活跃，富于创造。公元前 6 世纪确立了代表新兴市民阶层利益的奴隶制民主政治。公元前 549 年的梭伦改革以后，雅典民主制度和工商业迅速发展，国势日盛，文化发达，成为全希腊商业和文化的中心。伯罗奔尼撒战争之后，雅典逐渐衰落。

与斯巴达不同，雅典教育的目标是培养身心和谐发展的公民。其教育手段包括了文化教育与体育教育两大部分。文化教育包括哲学、历史、文学、艺术和音乐。体育教育包括军事技艺的训练和身体的健美训练。在这一教育体制下培养出来的雅典公民既是勇敢善战的战士，又是文化素质很高的社会活动家及文学家和艺术家。

雅典教育制度是家庭、社会和国家的结合型。新生儿由父母决定取舍，并可根据孩子的特点安排相应的教育。7 岁前，儿童在家中接受教育，聆听神话史诗和英雄传说，识字，进行掷骰、秋千、跷跷板、陀螺、捉迷藏、玩球等各种游戏。7 ~ 14 岁的男孩儿由教仆伴随上私立的音乐学校和体操学校学习。这些学校有运动场、淋浴场和附属的体育设施，男孩在体育教师的指导下进行各种运动和游戏，12 岁时开始进行斯巴达式的五项运动和拳斗、游泳等较正规的体育训练。14 ~ 18 岁的雅典少年进入国家体操学校，接受严格的体育训练，同时和成年人一道参加各种社会和文化活动，学习哲学、文学、艺术、音乐等。18 岁时成为正式公民并宣誓入伍，在军队中接受两年严格的军事训练。其后可离开军队去从事自己所喜爱的职业，如做哲学家、诗人、历史学家、雕塑家、商人、政治家等等。不少人选做体操家，其余的人也终身热爱运动。

雅典妇女的权利受到限制，只是在音乐学校接受一些与舞蹈有关的身体训练。她们不能和男子一起参加社会活动，主要在家从事家务劳动。

雅典以培养身心全面发展为目标的教育思想和教育制度是人类文化的优秀遗产，在世界教育史和体育史上具有重要意义，对近代欧洲以至世界教育思想和体育理论产生了重要影响。

## 二、古希腊奥运会

奥林匹克运动会是古希腊人为祭祀天神宙斯而举行的规模最大的综合性竞技运动会。从公元前 776 年有文字记录的第 1 届奥运会到公元 393 年，每四年一届，共举办了 293 届，历时 1169 年。古奥运会的历程大致可分为三个阶段，第一阶段是兴起期（前 8 世纪～前 6 世纪），奥运会由伯罗奔尼撒西部若干城邦参加的小范围祭典运动会，逐渐发展为所有希腊城邦参加的泛希腊运动会。第二阶段是全盛期（前 6 世纪～前 4 世纪），在古希腊奴隶制高度发展的背景下，古奥运会达到鼎盛时期。第三阶段为衰落期（前 4 世纪～公元 4 世纪），由于古希腊先后为马其顿人和罗马人征服，古奥运会赖以生存的社会文化环境发生了剧变，古奥运会随之衰落。

### （一）古希腊奥林匹克运动会的起源

关于奥林匹克竞技的起源有多种传说。传说之一是大力神赫拉克利斯为了庆祝战争的胜利和感谢天神的佑助，在奥林匹亚举行了祭祀天神宙斯的活动，开创了奥林匹克竞技。传说之二是英雄克库洛希打败了伊利尔王奥格亚史，为庆祝胜利，他在奥林匹亚举行了赛跑比赛，优胜者还戴上橄榄枝编成的冠冕以示荣耀。

另一则传说认为奥林匹亚所在地伊利斯国王伊菲图斯是奥林匹克竞技的创始人。据传为了消除瘟疫，伊菲图斯按照太阳神的意旨，下令恢复了每四年在奥林匹亚举行的祭祀，并于公元前884年与斯巴达等城邦签订了《神圣休战条约》，使奥林匹亚成了和平的圣域，从而保证了每四年一届的奥林匹克竞技会连续举行。

相对较为可信的是有关伊利斯国王珀罗普斯的传说。据传珀罗普斯为了娶伊利斯公主希波达弥娅为妻，与其父伊利斯国王俄诺玛斯举行马车比赛。在激烈的比赛中，俄诺玛斯死于赛车失事，珀罗普斯则娶公主为妻并当上了新国王。为了庆祝胜利，答谢天神，他在奥林匹亚举行了盛大庆典和竞技比赛，成为了奥林匹克竞技的创始人。至今在奥林匹亚还保留着珀罗普斯的祭台和墓址。

实际上，奥林匹克竞技来源于古希腊早期氏族部落民主时期的首领选举仪式和祭礼竞技。早在荷马史诗中，就有祭礼运动会的记载，其比赛项目有战车赛，站立式摔跤、拳斗、赛跑、掷标枪和铁饼、跳跃、格斗、射箭等，胜者通常可获得丰厚的物质奖励。而珀罗普斯的传说也反映了古奥运会起源于古希腊原始婚姻习俗和竞选首领的传统，后来逐渐演变成为对希腊宗教的主神宙斯祭典的主要活动内容。因此，在公元前776年的首届奥运会举行之前，古代奥林匹克竞技经历了一个漫长的发育过程。首届古奥运会的举行，只是标志其走向规范和成熟而已。

除了古希腊人酷爱竞技的传统习俗外，古奥运会的产生还与希腊人特有的“神人同形同性”宗教观念有关。

在希腊人的宗教信仰中，奥林匹斯山上居住着以宙斯为首的十二尊天神。他们是宇宙万物的统治者与管理者。这些天神具有超人的权威、智慧和能力，但同时又具有人的相貌形体和人类的感情、爱好与性格。实际上，希腊人是按照自身完美的理想形象创造了神，但又反过来将神变为了人的楷模。他们将本为娱人的竞技运动升华为娱神的献祭活动，希望以此来博取神灵的愉悦，保佑希腊人和平、健康与幸福，由此而创造了以竞技运动为特色的宗教祭礼活动，使体育在宗教信仰的驱动和庇护下得以长期发展和延续。

以竞技运动的形式来表达对神灵和英雄人物的崇拜，构成了古希腊人最具特色的宗教习俗，同时也有力地促进了古希腊竞技的发展与传播。当时除了以祭祀宙斯为主的奥林匹克竞技外，还有以下三个著名的泛希腊运动会：

皮西安运动会：祭祀太阳神阿波罗的祭礼运动会，始于公元前582年，每四年举行一次，地点是德尔菲；

伊斯玛斯运动会：祭祀海神波塞冬的祭礼运动会，始于公元前582年，每两年举行一次，地点是科林斯的伊斯玛斯；

尼米亚运动会：祭祀大力神赫拉克利斯祭礼运动会，始于公元前573年，每两年举行一次，地点是阿加利的尼米亚山谷。

联同古奥运会，以上四大运动会都是全体希腊人参加的盛大祭典，合称泛希腊四大竞技。而奥林匹克竞技是其中规模最大，也是影响最大的运动会。

### （二）奥林匹亚圣域

奥林匹亚位于伯罗奔尼撒半岛伊利斯城邦南部。这里是古希腊人祭祀宇宙之神宙斯的圣地，也是古奥运会的诞生地和永久性举行地点。

奥林匹亚是由一组神坛、庙宇和竞技场构成的规模庞大的建筑群。其中心是气势恢宏的宙斯神庙，庙前广场上矗立着一尊尊奥运会优胜者的塑像。宙斯庙南面矗立着高大的宙斯雕像，这里是运动员和教练员宣誓之处。宙斯庙北面是传说中古奥运会创始者伯罗普斯墓，再往北是宙斯大祭坛，也就是古奥运会点燃圣火和献祭之处。宙斯祭坛的旁边是其妻赫拉的女神庙。在宙斯神庙的南面就是大竞技场，除了赛马、赛车等少数项目外，奥运会几乎所有比赛项目都在这里举行。

### （三）神圣休战

神圣休战全称为“奥林匹克神圣休战”，是指在举办奥运会时，其举办地伊利斯城邦成为和平的圣域，不允许携带武器进入，也禁止一切战争行为。后来发展成为在每一届奥运会举行期间，全希腊所有城邦都自动停止战争，进入和平状态，以便参加奥运会。

根据希腊传说，神圣休战始于公元前 884 年伊利斯与斯巴达等城邦签订的《神圣休战条约》。这一条约使奥林匹亚成为了和平的圣域。在奥林匹克年的春天，由伊利斯城邦派出三名圣使，分别前往希腊各城邦，通知举办奥运会的时间，并宣告伊利斯已成为圣域，在运动会期间禁止战争，严禁携带武器，开放所有的道路交通。违者将受到神的惩罚和奥运会的制裁。

“奥林匹克神圣休战”使奥运会成为全希腊人盛大的节日和聚会，更成为光照后世，彪炳历史的和平象征。

### （四）古奥运会的仪式与活动

古奥运会的组织工作由奥林匹亚所在地伊利斯城邦负责。通常在一年前就推选出奥运会的组织者和裁判官。其人数最初只有1~2名，从第 100 届开始定为 10 名。他们的主要任务是审查竞技者的资格、指导竞技者赛前的集中训练、组织竞技并兼任裁判、宣布获胜者的名字并为其加冕。这些裁判官均由身世高贵、名声卓著的贵族或宗教首领担任，他们穿着绛红色衣袍，头戴月桂冠，手执象征权利的法鞭。

按照规定，奥运会举行前，各城邦的选手要提前一个月到伊利斯参加资格审查和赛前集训。这些选手必须是纯希腊血统、未曾有犯罪记录的希腊公民。奴隶、战俘、异族人及妇女不能参加奥运会，即使是作为观众也不允许，违禁者将被处以死刑。

在奥运会举行日的前一周，成千上万的希腊人兴高采烈地从四面八方涌向奥林匹亚圣域，围着奥林匹克神庙搭建起一个又一个帐篷。人们不分来自哪个城邦，也不管是否曾是仇敌，大家相聚一堂，欢乐地唱着歌，互相交谈，整个伊利斯城邦成为欢乐的海洋。

在奥林匹克开幕日，要在宙斯大祭坛举行庄严而隆重的祭祀活动。在熊熊的圣火前，希腊人以百头公牛作为牺牲，献祭给神灵。随后运动员、裁判员在宙斯像前庄严地宣誓，保证遵守规则，进行公平的竞争。

古奥运会最初只进行一天，从公元前632年第37届延长到3天，后又从公元前472年第77届延长到5天。其中5天的活动大致安排如下：第一天大部分时间是宗教仪式和有关宣誓活动，然后举行赛跑比赛。第二天的主要比赛项目是五项竞技，包括铁饼、标枪、跳远、赛跑、角力。第三天上午举行有关祭祀仪式，下午进行拳击、格技、角力三项比赛。第四天主要是少年竞技项目比赛。第五天举行赛马、赛战车、武装赛跑；晚上在宙斯神坛前宣布竞技成绩，颁发奖品，并为获胜者举行庆功宴会。

古奥运会期间也是希腊人进行政治活动、文化交流及商品交易的盛会。政治使节们在这里缔结条约，艺术家们展出他们的作品，学者们探讨学术问题、发表演说，商人们则展销他们的商品。

根据有关考古发掘和文献记载，奥运会最初只有赛跑一个比赛项目。参赛者从阿尔提斯的宙斯祭坛跑到珀罗普斯墓，距离约192.25米。在比赛前由裁判官公布竞技者的姓名、父名、所代表的城邦，然后用号声作为开始的信号。后来陆续增加了往返跑、武装跑、五项运动、摔跤、拳击、赛车和赛马等项目。非正式比赛的项目还有火炬赛跑、传令兵比赛、艺术比赛和吹笛赛，偶尔举行的还有举重、技巧、拔河、掷盾和接力赛等。各项目的比赛均只取第一名，获胜者享有英雄般的荣誉和地位，因此竞争十分激烈。

奥林匹克竞技的获胜者享有极高的荣誉。在隆重的发奖仪式上，由裁判官宣布获胜者的姓名、父名、所属城邦，以及获胜项目，并给获胜者加冕。加冕用的桂冠是从阿尔提斯采摘的橄榄枝编成，橄榄枝是由一个纯希腊血统且父母双全的少年，用金镰刀从宙斯神坛后面的小树林中割取的。随后人们簇拥获胜者游行，并参加各种庆祝活动。连续三次夺冠者拥有在宙斯大祭坛前建立永久塑像的至高荣誉。有的城邦还发给夺冠者供养费，并享受终身免税、剧院设专座等优厚待遇。获胜者回到本城邦时会受到英雄般的夹道欢迎和尊崇，城邦要为之举行隆重的庆功宴会，给予奖赏。最初的奖赏偏重荣誉，后来逐渐发展成优厚的物质奖励。

## （五）古奥运会的衰落与终结

公元前 4 世纪至公元 4 世纪，古代奥运会逐渐走向衰落。公元 393 年，古奥运会被罗马皇帝狄奥多西二世下令废止。古希腊奥运会的衰亡，是其外部因素与内部因素共同作用的结果。

从外因来看，古奥运会赖以生存的政治生态环境的剧变，是导致其衰亡的直接原因。公元前 5 世纪后半叶的伯罗奔尼撒战争后，作为奥运会母体的古希腊城邦制度开始衰落。公元前 4 世纪始，希腊先后被马其顿和罗马统治，希腊民族丧失了其独立性，希腊城邦制度走向消亡，奥运会赖以生存的政治、社会及文化生态环境发生了剧烈变化，导致奥运会不可避免地走向衰落。马其顿统治时期，奥运会曾一度遭禁。罗马帝国时期希腊成为帝国的一个行省，奥运会成为希腊地方性的宗教庆典。公元 392 年，罗马皇帝狄奥多西二世宣布基督教为国教，禁止其他宗教流传。作为希腊宗教信仰的组成部分，古希腊奥运会于公元 393 年被明令废除。

从内因来看，古奥运会精神和价值的失落，是导致其衰亡的重要原因。从公元前 6 世纪古奥运会的黄金时代起，希腊公民的贫富日益分化便开始对奥运会产生缓慢而深刻的影响。由于各城邦对奥运会获胜者越来越多地采用物质奖励形式，导致了竞技的职业化和商品化倾向。公元前 4 世纪以后，奥运会以往的神圣意义逐渐淡漠，也不再是凝聚和团结全希腊民族的象征，奥运会对神灵的崇敬和对荣誉的追求逐渐为世俗名利的追逐所取代。职业运动员充斥于奥运会赛场，其往昔对公民荣誉和精神价值的追求荡然无存。奥运会沦为商业化的表演和市俗狂欢活动，成为赌博、纵欲甚至是血腥的角斗和斗兽场所。这些都成为了罗马皇帝废除奥运会的口实，也是导致古希腊奥运会走向衰亡的内因。

### 三、古希腊体育的文化遗产

古希腊奥运会为后世留下了极为丰富的人类文化遗产，对世界体育史产生了深远的影响和贡献。具体表现为：

其一，创造了大型综合性运动会模式。古希腊奥运会这样历时一千多年从不间断的大型综合性运动会在世界史上是独一无二的。它为后世体育运动的发展提供了一种完美的和成熟的大型运动会的组织、活动模式。

其二，创造了一个完整的古奥林匹克思想体系，其中包括了奋斗的精神、业余原则、公平竞争的原则、对美和荣誉的追求、和平友谊的理想，等等。这些思想和精神代表了古代体育思想发展的精华和最有价值的成果，是世界体育思想发展的源泉与宝库。

其三，创造了体育与教育相结合的理想模式。古希腊人是最早将竞技运动作为教育手段并使之体系化和制度化的。以雅典体育与斯巴达体育为代表，形成了世界古代史上最完整的体育教育体系，为后世体育教育的发展留下了宝贵的财富。

当然，作为奴隶制度下的一种体育制度，古希腊体育与古代奥运会也不可避免地打上了时代和阶级的烙印。如古奥运会剥夺了奴隶的体育权与参与权；禁止妇女参加奥运会，表现出性别的歧视和压迫，等等。

## 第四节　古罗马体育

意大利地处地中海，气候温和，土地肥沃。远在旧石器时代，就有居民在此繁衍生息。大约在公元前5000年，这一地区的居民进入新石器时代。大约于公元前1000年至800年，意大利进入了铁器时代。在意大利诸原始部落中，拉丁人逐渐强盛起来。公元前8世纪，拉丁人联合其他部落，在第伯河口建立了罗马城，逐渐形成罗马城邦国家。在希腊文化影响下，罗马进入了奴隶制，实行希腊式的公民制度。在此基础上，罗马拥有了一支强大的军队，并凭此建立了一个横跨欧、亚、非三大洲的庞大帝国。古罗马的历史经历了三个时期。一是王政时期，也称氏族时代，约从公元前 8 世纪到公元前 6 世纪末，这是罗马人从原始军事民主制向奴隶制过渡的时期。二是共和时期，从公元前 509 年至公元前 27 年，在这一时期，罗马人凭借其强大的军事力量四处扩张，国力强盛。三是帝政时期，从公元前 27 年至公元 476 年。这一时期，罗马帝国经历长期繁荣后，从巅峰走向衰落。公元 395 年，罗马帝国分裂为东西两部分，西罗马帝国亡于公元 475 年，东罗马帝国（又称拜占廷帝国）一直存在到公元 15 世纪。

## 一、古罗马的体育教育

王政时期（前 753 ~ 前 510 年），罗马的教育目标是培养既能从事生产劳动、又能英勇作战的农民军人。教育内容以一是忠于国家民族的道德教育，二是身体素质训练与学习生产作战技艺。罗马的教育由家庭负责实施，父亲是家庭的主宰，也是教育的主要实施者。婴儿一出世，便被放在父亲的脚前，如果父亲抱起婴儿，就表示他愿意承担抚养和教育的责任；如果婴儿体弱、畸形，或家庭负担过重，父亲便不予理睬，并弃之荒野。小孩从小就须参加各种家务和农业劳动，家庭教育他们敬神、爱国、尊老，培养他们诚实谦逊的品德和坚强勇敢的精神。为了使孩子们在未来的战斗中能成为一名出色的战士，父亲还指导他们学习骑射、角力、游泳等技术，以及使用各种武器的方法。

在共和制时期（前 510 ~ 前 27 年），罗马深受希腊文化影响，实行奴隶制和公民制，其教育体系和体育体系开始定型。这一时期罗马教育以培养能文能武的公民为目标。孩子从小就接受公民教育和家族荣誉的熏陶，体育活动主要有滚铁环、玩小车、鞭陀螺、垒积木、掷骰子、打小球等。12 岁以后，男孩必须由父亲带领到马提亚斯广场去参加集体训练，学习投枪、使剑、骑马、徒手对打等技术。在古罗马诗人维吉尔的《伊尼德》诗中，曾说到当时的罗马人经常把男孩带到河里在寒冷彻骨的水流中浸泡，以培养他们坚强的体格和忍耐力。男孩还要跟着父辈参加艰苦的狩猎活动和田间劳动，通过这些实践活动，培养其顽强的意志，掌握生产作战的技巧。

根据有关法律，年满17岁的罗马青年经过特定的考试和仪式后，成为罗马公民，履行公民的职责，并进入军队接受正式的军事训练。直到57岁之前，一旦有战事发生，罗马公民必须应征入伍，直到战事结束。罗马军队的训练极为严格，其训练内容包括奔跑、跳跃、投枪、击剑、摔跤、游泳等，还要经常进行军事检阅和实战演习。

由于在青少年时代接受系统的体育训练和军事训练，罗马人被培养成为意志坚强、纪律严明、体格健壮、技艺精良的战士。依靠这样一支强大的军队，罗马人南征北讨，所向无敌，建立起一个横跨欧、亚、非的强大帝国。

## 二、罗马人日常生活中的体育

罗马人是一个酷爱体育锻炼的民族。由于罗马公民的主要职责是从军打仗，四处征讨，因此体育是他们日常生活中不可缺少的组成部分。

在王政时代，罗马人不仅在家里进行身体训练，在一些传统宗教庆典活动中，罗马人也举行各种竞技比赛。如每年2月的“驱狼节”上，选出的罗马青年赤身裸体，手持羊皮条，以卢波卡尔洞穴为起点，绕帕拉丁赛跑。后来这种庆典活动发展演变成为由两组青年参加的赛跑比赛。在每年的3月和10月，还有“萨利”舞蹈活动，跳舞的战士被称为“萨利”，手执剑、盾，有节奏地拍击，边跳边唱，绕行全场。

在共和时期，罗马人的体育活动主要是角斗。这原是依特拉利亚人在酋长葬礼上的活动，也是在贵族饮宴上用以助兴的一种比赛项目。从公元前264年开始，角斗成为罗马人固定的比赛项目。另外，罗马人中间还流行从氏族时代流传下来的各种球类活动。球类游戏所用之球大小不等，制作方法也不同。有羽毛填充的实心球，也有吹气的空心球。球的玩法有抛掷和拍打，也有相互的抢夺。当时还流行一种叫“手球”的游戏，是用手掌将球击向墙壁，趁球落地反弹时，再击向墙壁，重复的次数越多越好。还有一种叫做“哈帕斯特蒙”的球戏法。其玩法不仅复杂多变，而且激烈异常，允许运动员使用摔跤动作中的捉法和抓法。这一时期的罗马还经常以国家的名义举办竞技会。国家不仅为比赛活动出资，而且派专人负责主持。竞技会期间，规定停止一切商务和公务活动，允许所有公民参加观看。

在帝国时期（前27～公元476年），为了满足扩张的需要，罗马公民教育中的体育内容得到强化。罗马人的主要日常活动，就是到训练场和设有各种训练器械的浴室里进行锻炼。帝国晚期，追求享乐浮华成为时尚，罗马人生活日益奢靡颓废，罗马体育也发生了本质的变化。以往那种充满进取心和荣誉感的体育训练逐渐从罗马人的教育和生活中消失。观赏职业运动员的比赛和奴隶角斗取代了传统的健身活动和体育锻炼。环形大竞技场是罗马体育文化的代表，可容纳9万名观众和数千对角斗士。罗马人在这里观赏赛马、赛车、格斗等比赛以及角斗士的血腥角斗。另外，罗马人还仿照奥运会举办过罗马运动会。

除了军队的训练外，罗马人参加体育健身的主要场所是浴室。实际上，罗马的浴室是一个综合性文化娱乐和健身中心，其中设有健身房、球戏房、露天运动场、按摩房、冷热水浴室、还有图书馆和艺术馆等。大的罗马浴室可供1600人同时入浴，小的浴室则遍布城乡。罗马人在这里参加各种体育锻炼，并从事商业谈判、社交活动和其他文化艺术活动。

## 三、昆体良和盖伦的体育思想

罗马帝国时期，一些学者对体育进行了深入的研究，提出了一些较有影响的体育思想，得到后人的高度评价。其中杰出的代表是昆体良（Quintilianus）和盖伦（Galen）。昆体良是公元1世纪初罗马最著名的教育理论家。他强调学校教育和教师指导的重要性，认为体育与舞蹈有益于恢复体力，促进学习，养成优雅姿态。他还特别推崇轻松活泼的球类游戏。盖伦比昆体良晚100多年出生，是著名的哲学家、诗人兼医生。他曾做过运动员的保健医生，也当过皇帝的御医。他曾花费大量精力，研究运动和营养对人体健康的作用问题。在此基础上，他提出人的身体应当全面协调地发展，认为体育是锻炼身体，使人心情愉快的教育手段与方法。虽然昆体良和盖伦的体育观在当时并没有产生多大的影响。但在后来的文艺复兴时期，却引起了众多文艺复兴大师们的关注，对近代体育思想的兴起产生了较大影响。

**思考题**

简述古印度瑜伽术的来源及其本义。

简述古希腊运动竞技的概况及其源头。

试比较雅典和斯巴达体育教育的异同。

试述古奥林匹克与现代奥运会的联系。

# 第三章　外国中古体育

**学习提要：**

欧洲中世纪基督教文化对体育的影响与骑士体育
古代阿拉伯体育特点
古代日本等国的体育

外国中古体育，泛指从公元476年西罗马帝国灭亡到17世纪欧洲资产阶级革命兴起之前这段时间除中国以外的欧、亚、非等地区的体育。在这一时期，欧洲的基督教和起源于西亚的伊斯兰教对体育发展产生了重要影响。另外，古代美洲地区、中亚草原各民族，以及古代日本体育虽然不是中古时期体育发展的主流，但也都表现出各自的体育文化特色。

## 第一节　欧洲中世纪体育

公元476年西罗马帝国的灭亡，标志着欧洲封建社会的开端。由此到14世纪文艺复兴运动开始前，是欧洲封建社会形成和发展时期，亦即欧洲的中世纪。这一时期，基督教成为欧洲唯一的意识形态。古希腊和古罗马的文化传统在欧洲发生断裂，代之以基督教的绝对精神统治。欧洲中世纪体育深受基督教教义和礼仪影响，相对于古希腊和古罗马体育，处于长期的停滞和倒退的状态。

## 一、基督教对中世纪欧洲体育的影响

基督教脱胎于古犹太教，公元1世纪始在罗马帝国境内秘密流传。公元4世纪时被奉为罗马帝国的国教。在中世纪，基督教在欧洲取得了绝对的精神统治地位。基督教信仰上帝，宣扬禁欲主义，认为人的肉体是罪恶之源，而人的灵魂本来是纯洁的，只是受到肉体各种欲望的引诱和玷污，从而导致犯罪。因此，人只有信奉上帝，在上帝面前忏悔自己的罪恶，才能在末世审判中得到上帝的宽恕。

在基督教"肉体是灵魂的监狱"的教义下，教会禁止人们从事以满足精神和身体快乐为目的的游戏和竞技，认为这有悖于上帝的旨意，违背基督教教义。为此，罗马教廷和各地教会采取强硬的措施，规定其信徒不得参加任何游戏和竞技，违者要遭到惩罚。如15世纪末的俄国教会，曾把民间游戏视为异端行为而加以禁止。有一张当时教会的通知书上写道：如果有人在节日、礼拜日或圣诞节的晚上去参加游戏、赛马或戴假面具，要处以7年之内禁止外出，每天鞠躬100次，祈祷200次的惩罚。在当时俄国通行的《百条宗教令》和作为家庭生活指南的《家政管理》等书中，都宣扬基督教的禁欲主义精神，提倡体罚，反对一切娱乐活动和游戏。

在基督教的控制和影响下，中世纪学校教育的唯一目标就是控制青少年的精神，强制他们信仰基督教，接受基督教教义。学校采取一切措施禁锢和束缚学生的思想和行为，其主要的课程是《圣经》和基督教神学，体育活动被排斥在学校之外。学校教学内容枯燥，管理专制，体罚盛行。在基督教专制统治下，中世纪的欧洲人精神压抑，生活单调，缺乏运动，体质脆弱。在中世纪流传下来的一些人物肖像画中，无论是贵族、商人还是平民，在画师们的笔下无不神情呆滞，面容憔悴，身体衰弱，反映了这一时期基督教对欧洲人的精神和体质方面所产生的巨大负面作用和影响。直到14世纪文艺复兴运动之后，这种状况才逐渐得到改善。

## 二、骑士体育

骑士是西欧中世纪封建领主制的一个特殊阶层。他们处于封建领主阶级的最下层，以自备武器、盔甲和马匹服骑兵军役为条件，从国王或大封建主处获得封地。从公元8世纪始，西欧骑士阶层开始形成。11～14世纪是欧洲骑士制度的兴旺时期。特别是11世纪90年代开始的以骑士为主体的十字军东征，使骑士的地位和影响大大提高。14世纪末，因火器的出现，骑士阶层及其制度逐渐没落消失。骑士体育系指骑士为了参加战争的需要而形成的身体和技艺训练的方法手段体系。骑士体育是欧洲中世纪体育的代表，在世界体育史上具有重要地位和影响。

骑士以信仰基督教和从事战争为宗旨。所谓的“骑士精神”的标准，是信仰上帝，忠于君主，慓悍勇猛，讲究礼仪。围绕这一标准，形成了中世纪骑士教育和骑士体育体系。骑士阶层的男孩从7岁开始，被送往封建主的城堡或著名的牧师家里学习。教学内容是针对战争的需要，进行各种身体训练和赛跑、角力、拳斗、射箭、投掷重物、使用棍棒和大刀等技能训练。有时还要在练武场上真刀真枪练习厮杀。另外，准备成为骑士的少年还要跟随女主人学习上流社会的各种礼节。15岁学习结束，经过特殊的仪式，抛下儿童时佩带的短刀，接过牧师手中的长剑，便成为“准骑士”，开始进入下一个学习阶段。

在中世纪，凡年满15岁的准骑士在正式骑士的指导下，均需系统学习所谓的“骑士七技”，即骑马、游泳、投枪、击剑、狩猎、游戏（包括下棋、球戏）和吟诗等。除此之外，少年准骑士们还用大量时间练习徒步或骑马冲刺，长距离跑、全副武装跃上马背、翻越高墙、用木拍或木槌击打重木球等等。直到21岁学习期满，准骑士们在教堂接受由牧师和领主主持的隆重仪式后，经过宣誓，才被正式授予骑士称号。为了准备随时听候国王或主人的战争召唤，骑士们平时非常注重身体训练和军事训练。他们经常从事骑马、射箭、击剑等训练，还经常开展各种球戏和竞技比赛活动。

骑士体育的特点是围绕军事技术和战争技能而进行体能和技艺的训练。在欧洲中世纪体育活动极端萎缩的状态下，骑士体育的训练方法和手段成为这一时期欧洲体育的代表。虽然骑士体育的目的是为了培养野蛮而简单的战争机器，但其部分训练方法和手段成为近代体育的源头之一。

## 三、欧洲中世纪的民众体育

欧洲中世纪的民众体育，主要是指这一时期的农民和城市居民的体育活动。与古罗马奴隶制相比，欧洲中世纪的农民拥有一定的私有财产，也有一定的自由支配时间。封建的自然经济和与此相联系的生活方式，造就了欧洲不少地区形成了自己特色鲜明而又丰富多彩的民间体育文化传统。此外，在一些欧洲城市，建造了公共的体育设施，为城市居民的体育活动提供了一定条件。

在基督教影响下，欧洲中世纪民众体育通常是作为宗教庆典的助兴活动开展的。一般是在农闲之时、五月节、圣诞节以及骑士受封或领主家嫁娶喜事之日进行。其活动内容最常见的是模仿骑士比武的比赛游戏。这是欧洲中世纪农民、市民和贵族都非常喜欢的一项娱乐活动。这种比武竞技继承了骑士比武的形式，通常先分队集体比武，然后是两人进行对抗。双方骑在马上或驴背上，手执木制的长枪或连枷等物对打，有时还在桥上或水上进行。胜者会受到奖励，成为当地的英雄，得到姑娘们的青睐。欧洲中世纪城乡民众通常在夏季开展跳跃、舞蹈、射箭、摔跤、投石等活动；冬季则有滑冰和冰上打斗等活动。

14 世纪后，随着骑士制度的衰落，民众体育活动更加活跃。以行会为单位举行的竞技活动日益增多。如意大利村社流行一种叫做帕利奥（Palio）的比赛，内容包括驾车、骑马、划船、赛跑等活动。在英国伦敦，市民们最热衷的活动是在节日集会中举行摔跤比赛。罗马时代流传下来的九柱戏在北欧上层社会中十分流行。英国流行一种草地地滚球，游戏者用球向远处竖立的木柱滚去，以击倒木柱者为胜。

早在12世纪，英国民间已流行原始的足球比赛，其场地、时间和人数都不固定，由游戏者临时约定，有时双方竟多达数百人同时参赛，场面十分热烈而壮观。由于这种民间的比赛常引起打斗群殴，以致英国国王曾多次下令禁止民间足球。除了足球以外，中世纪的英国还流行起源于罗马时代的板球和槌球。法国自13世纪后流行一种原始的网球。原始的橄榄球出现于16世纪。随着民间体育日趋活跃，早期的体育组织也随之出现。较早的体育组织有成立于1042年的比利时根特击剑协会。1299年在英国成立了草地地滚球俱乐部。1399年，成立了佛兰德（法、比交界地区）射箭联合会。此外，欧洲一些地区出现了正规的运动场地和设施，如1290年法国出现了最早的室内网球场。英王爱德华三世（1312～1377）也在王宫中修了一个网球场。

中世纪欧洲城市的商人和手工业者基本上来自农村，不少原本流行于农村的体育活动也随之带到了城市。中世纪后期，赛跑、跳远、投石、投棒、摔跤、舞蹈和各种球戏等在城市市民中十分流行，儿童则喜欢抽陀螺、捉迷藏、越脊跳、放风筝、踢石球、打水漂等游戏。这些体育活动后来成为许多近代体育项目的原型。

## 第二节　古阿拉伯体育

阿拉伯半岛位于亚洲西南部，北界叙利亚沙漠，东面是波斯湾和阿曼湾，南滨印度洋，西濒红海。半岛内陆绝大部分是沙漠和草原，全岛没有常流的河川，只有一些时流时涸的山溪。古阿拉伯的游牧人，通常被称为“贝杜因人”。大约从公元6世纪起，居住在阿拉伯半岛内陆的各个原始部落大都开始步人阶级社会。

在公元 7 ~ 13 世纪期间，阿位伯人凭借武功，建立了一个横跨欧亚非三洲的封建大帝国。阿拉伯帝国信奉伊斯兰教。由于其优越的地理位置，阿拉伯帝国自古以来就是联结欧亚非三大洲交通、贸易和文化的重要枢纽和桥梁。在此基础上，创造出了辉煌的阿拉伯文化。古阿拉伯体育就是这一灿烂文化的组成部分。

## 一、阿拉伯人日常生活中的体育

公元 7 世纪前，阿拉伯半岛的贝都印人在沙漠上过着游牧生活。狩猎、赛马、赛骆驼和摔跤是阿拉伯传统的体育活动。

公元 7 世纪初，穆罕默德创立了伊斯兰教，并在传教的基础上建立了政教合一的阿拉伯国家。伊斯兰教是在犹太教和基督教的基础上形成的新的宗教。它承袭了犹太教和基督教的来世说，信奉禁欲主义，谴责“贪图今世生活的浮利”，反对世人迷恋于各种娱乐活动，因而对体育的发展起到阻碍作用。伊斯兰教鼓励人们讲究卫生。按伊斯兰教教规，信徒要经常洗浴，讲究卫生。沐浴是伊斯兰教徒宗教活动的组成部分，其规模可与罗马帝政时期相比。

古阿拉伯上层社会盛行射箭、狩猎、球戏和棋类活动。据说当时凡要做哈里发（古阿拉伯国家领袖的尊称）的客人，都必须具备这四种技能。狩猎是阿拉伯上流最喜爱的运动之一。他们带着猎犬，骑着快马，追逐射猎各种飞禽走兽，以此作为一种娱乐和运动。阿拔斯王朝后期，阿拉伯上层社会愈加迷恋狩猎活动，贵族们在幼发拉底河岸修起了一道两端接河的马蹄形围墙，把大量野兽撵入围墙内进行集体围猎。后来贵族们还成立了好几个狩猎团体。

球戏也是阿拉伯贵族们酷爱的活动。当时流行一种类似于现代曲棍球的槌球游戏。还有一种用宽木板打球的游戏，其玩法则类似于现代的网球。另外，阿拉伯贵族们还热衷于从波斯传入的马球运动，阿拉伯盛产马匹，为这一运动的开展提供了良好条件。

印度的象棋经由波斯传入阿拉伯，并很快在阿拉伯的上层社会流行起来。据说法兰克国王查理大帝（742~814）和曾任十字军总团长的法王路易七世（约1121~1180），都曾先后收到过作为阿拉伯哈里发礼品的棋盘，由此可看出阿拉伯人十分喜爱象棋。在倭马亚王朝时代（661~750），圣地麦加出现了专业的象棋俱乐部。

阿拉伯军队以原来的氏族和部落组织为基础，全体男丁都是战士，骑兵主要用长矛，步兵使用弓箭和刀剑。由于战争的需要，射箭、击剑和投掷标枪是阿拉伯青年必学的技艺。

阿拉伯人还在沙漠中生活的时代，便形成了赛马的习尚。到了帝国时代，哈里发们对赛马十分热心。在哈里发麦立克（Malik，685~705年）时期开始举行赛马运动会。其子苏莱曼（Sulaiman，715~717）统治时期举行了首届全国性赛马运动会。哈里发西萨木组织的一次全国性赛马比赛，参赛的马匹多达4000多匹，足见赛事规模之大。为了争取比赛的胜利，阿拉伯王公贵族都喜欢良马。随着赛马运动的发展，还出现了有关骑术和养马的专著。

阿拉伯帝国横跨欧亚非三洲，这使其成为各种风格民族歌舞的荟萃之地。虽然许多保守的宗教学者视歌舞为离经叛道，但歌舞仍受到广大阿拉伯人民的喜爱，在宫廷和民间广泛流传。这在阿拉伯名著《天方夜谭》中有很多的反映。

伊斯兰教的一些宗教活动间接成为多民族体育交流的机会和场所。如在麦加朝圣期间，世界各地的伊斯兰商人和平民从四面八方涌向圣地。在此期间，举行赛马、赛骆驼以及各种各样的文化交流和艺术表演活动。因此，曾有人将古阿拉伯人的麦加朝圣活动，与古代奥林匹克运动会相提并论。

## 二、阿拉伯的体育教育

阿拉伯地处东西交通要冲，商业发达。由于商业贸易需要文字与计算，因此学校教育产生较早。开始时一般是由粗通文字的人，在家庭中开馆授徒，教授读写和计算。这种在家招生教学的书馆被称为“昆它布”。伊斯兰教兴起以后，伊斯兰教徒在各地的清真寺中设立“昆它布”，以作为初级教育的场所。男孩一般7岁进入“昆它布”，学习内容是以《古兰经》为主。普通儿童学3年能背诵《古兰经》后，便离开学校去社会从事各种职业。由于阿拉伯男人必须随时准备从军打仗，因而除了在“昆它布”学习外，还必须跟随父兄学习骑马、打猎、射箭、击剑等技术，并按军人和战士的标准锻炼身体。

阿拉伯帝国幅员广阔，民族众多，各种文化混杂，使阿拉伯体育得以在保持本民族体育传统基础上，广泛吸取各种文化要素和成分。阿拉伯教育强调实用，11世纪后迅速发展的私立大学重视对科学、哲学和历史等领域的探索。在此背景下，许多学者也对体育进行探讨。其中的杰出代表是阿拉伯著名学者伊本·希纳。

伊本·希纳（980～1037年），波斯人，拉丁文名阿维森纳。他所著的《医典》是阿拉伯文化的最高成就之一，被誉为“古代和穆斯林全部知识的总汇”，直到17世纪中叶，仍作为欧洲各大学的医学和健康教科书。《医典》中包含了丰富的科学体育思想，其学说基础与核心是人与自然的协调。该书科学地论述了身体锻炼之于生命健康的积极作用，从年龄、身体状况、自然条件、休息、锻炼方法等方面系统论述了影响人体健康的各种因素，讨论了使这些因素保持平衡以利于健康的重要意义和方法。伊本·希纳的思想对文艺复兴时代的许多巨人，如达·芬奇及洛克等都有巨大影响。

## 三、阿拉伯的医学健康活动

医学是古阿拉伯最发达的一门科学。阿拉伯人在吸收东西方古典医学成果的基础上，积累了丰富的医学和健康的经验，创造了灿烂的阿拉伯医学。医学的发达，推动和促进了阿拉伯人的卫生保健活动发展。

阿拔斯时代（750～1258），阿拉伯社会享乐风气盛行，其沐浴活动开始由宗教行为向市俗化和娱乐化方向发展，这一时期修建了许多豪华舒适的浴场。当时一幢典型的浴场，要由一个浴池和围在四周的几间嵌着花砖和大理石板的休息室组成。浴池的顶盖上安装有许多玻璃窗，使室内光线充足。浴池中央是一个热水喷泉，热水不断从泉口喷出，供人沐浴。顾客们在浴池中浸泡痛快后，披着长袍，在休息室里享受各种精美的点心和饮料。妇女们也可享受浴场之乐，她们在特定的开放日进场沐浴。当时的阿拉伯在公共卫生事业方面达到了世界的最高水平。

## 第三节 其他地区的古代体育

### 一、古代美洲体育

在美洲的茂密丛林中，早在纪元前就诞生了印第安文化。其中主要包括墨西哥境内的阿兹台克文化、玛雅文化和秘鲁境内的印加文化等。高度发达的玛雅帝国在公元 11 世纪时突然消失，仅留下了大量遗址和文物。16 世纪时西方殖民者来到美洲，消灭了阿兹台克和印加帝国，印第安象形文典籍也遭到洗劫与破坏。人们只有从考古资料和殖民者留下的记载中，才能寻找到古代印第安文化及印第安人的体育生活。

阿兹台克人和玛雅人都是枭勇善战的民族。男子从小就要学会使用弓箭、投石器和近战搏斗，以便听从国王和部落酋长的召唤，参加战争。为此他们经常通过摔跤、跑步、划船、强行军、力量竞赛等训练手段来提高战士的身体素质与作战技艺，两人或多人分成两队，每人都一手执棍，一手执盾牌地进行实战格斗训练。印加人的训练内容中，还有投掷石块、跳高和跳远等。青年男子满 16 岁时，要举行成年礼，通过以上项目进行考试。玛雅帝国时，棒槌和标枪决斗比赛的失败者，还曾一度被作为献给太阳神的祭品。

印第安人的球戏活动在其生活中占有重要地位。他们很早就会制造橡胶球。在成年礼、祭祀太阳神、祈求丰收、庆祝胜利、占卜仪式等几乎所有重要的宗教祭祀活动和节日中，印第安人都要进行球戏活动。玛雅遗迹的球场是由石块铺成的，长26米，宽7米，分为两个半场，两端各有一块凿有圆洞的方石。参赛双方各出7 人，采用3局制。比赛规则为将球击人对方圆洞为胜，比赛时不准使用肘部和膝以下的部位击球。一般情况下男女是分开玩的，有时也混合组队玩耍。所用的胶球既有实心的，也有充气的。竞赛由主祭师主持。

在美洲印第安人原始部落中，还流行过曲棍球、冰上球戏、雪橇滑降以及水中摔跤等游戏。赛跑也是各印第安部落中常见的活动，这类比赛往往是从早到晚终日不绝，场面十分激烈。

## 二、古代中亚草原各族的体育

在中亚到西亚的广阔的草原地带，主要居住着波斯人、突厥人、匈奴人和蒙古人。这里是古代世界动乱的一大策源地。每当草原发生灾荒，这些以游牧为生的部族，常常倚仗慓悍的骑兵，侵掠他们以农耕经济为主的富饶邻居——巴比伦、埃及、印度和中国。这使他们在古代世界体育文化的传播中，扮演了重要的角色。

游牧经济形态和轻骑兵作战方式，对这些草原民族的体育产生了强烈的影响。由于儿童一出生就生活在马背上。所以他们很小就随父母学会了骑马、套索、射箭、摔跤和狩猎。在波斯帝国时期，7～16岁的贵族少年，都必须到各省的教馆中学习摔跤、射箭、跑步和投枪，之后再到军中服役。公元前2世纪，中亚游牧民族完成了马的驯化。马蹬的出现是古代世界的重大发明，它使骑手与马合为一体，为骑兵的出现以及马术、马球等运动的流行奠定了基础。这是中亚民族对世界文明的伟大贡献，对古代世界的生产、交通、军事和体育都有重大而深远的意义。

中亚游牧民族的各种游戏都与骑术分不开。亚洲腹地各民族都喜好古老的夺羊比赛，骑手们在奔驰中争夺羊皮，比赛场面异常激烈火爆。从古老婚俗演变而来的“姑娘追”也十分流行，这种游戏同时也是青年男女择偶婚配的一种方式。中亚地区先后出现过很多强大的国家和政权，中亚游牧民族的很多民间活动被带进宫廷和王府，成为王公贵族的日常体育活动项目。其中，蒙古族的摔跤、骑射和赛马三项竞技代表了中亚流行的竞技体育。三项竞技中的骑射项目要求射手在纵马疾驰中发箭射中 50 米以外的标靶；赛马项目的距离为 3000～4000 米不等，众骑手在发令后驾驭骏马高速驰骋，先到者为胜；蒙古式摔跤也很有特色，是中亚草原各民族最喜爱的运动项目。公元前 1 世纪，北匈奴被中国的东汉王朝打败，在向欧洲腹地的迁移过程中，把三项竞技带到了欧洲，对欧洲中世纪骑士体育产生了很大影响。

## 三、古代日本体育

公元 646 年，东北亚岛国日本实行了大化革新，开始从奴隶制向封建制过渡。公元 8 世纪时，日本土地制度从班田制向庄田制演化，一个新兴的武士阶级也随之产生。12 世纪日本的封建制确立，延续了 7 个世纪之久。

从考古资料判断，早在公元前 5000 年左右，日本的先民在生产和生活实践中，便已经有跑、跳、投掷、射箭和游泳等活动，并且也同其他原始民族一样举办祭神竞技比赛。但具有民族个性的体育，却是在建立邪马台大和国家[1]之后才逐渐形成，主要有各种竞技活动、娱乐活动、养生术和武士的剑术等等。并在封建时代得到了进一步发展。

在日本大和时代（约公元 3 世纪～646），狩猎在上层社会广为流行。皇室在狩猎活动中享有特权，淡洛岛曾被辟为皇家的专用猎场。平安时代（公元 8 世纪～12 世纪），每年都有许多以体育活

[1] 邪马台国，是《三国志·魏志·倭人传》所载日本古国，人口约 7 万余户，由女王统治。

动内容为主的节日，如1月16日为踏歌节会；1月17日为射礼日；1月18日为赌弓日；5月5日为骑射日；5月6日为赛马日；7月26日为相扑节，等等。在这些节日中，都要举行盛大的体育活动。

射箭是日本古代体育活动中的重要项目。时至今日，日本人仍将左手称为弓手，可见射箭对日本文化的影响之大。日本的射箭有骑射和步射之分。步射中又分射礼、赌弓和悬赏比射。射礼也称大射或内射，其形式来源于中国。射礼的参赛者多从亲王中选出，也有来自六卫府的。赛手们参赛前均预练两日，比赛之日，天皇亲临观赛。比赛时，击钟以报示成绩。中靶外轮者，击1响；中中轮者，击2响；中内轮者，击3响。各选手按成绩获赏赐。9世纪初，在日本的步射比赛中，又增添了赌弓一项。这项比赛是争夺天皇下赐的赏物，由近卫和兵卫分别进行。室町时代的龟靶和赌射，就是由此演化而来的。悬赏比射是公卿以下官员进行的一种比赛活动，天皇也亲临视察。

据传日本的骑射始于公元727年的5月5日，因此5月5日成为民间的骑射节。骑射表演通常在宫内的射场上进行，骑手在纵马奔驰中开弓射箭，射中标靶多者为胜。骑射活动后来又演化出悬竿、流镝马、犬追物三种运动，称为“马上三物”。在日本，赛马很受贵族和武士的喜爱，并于公元982年成为骑射节的重要内容。赛马有赛程比赛和速度比赛两种。

相扑是由中国传入日本的一种运动，大约从大和时代起开始在日本流行。到公元8世纪，日本已有每年7月7日为相扑节的规定。到了镰仓时代（1192～1333年），相扑运动流传到民间，成为各地神社活动的重要内容。如在镰仓地区，每年8月放生会期间，都要举行相扑比赛。京都地区的祭神相扑赛也颇负盛名。相扑运动在神社比赛的推动下不断发展，形成了一套严格的等级制度和训练体系。另外，从中国引进的蹴鞠、马球、投壶等体育项目很快就在日本传开了，成为日本的传统体育项目。17世纪，明人陈元斌东渡日本，将中国的武术传到日本，促使了“柔术”的产生。在此基础上，又发展成为今天的柔道。

体育训练是日本武士学习的主要内容之一。德川幕府以前，武士必学“六艺一学”，即马术、枪术、剑术、柔术、炮术和兵学。其中弓术和马术最为重要，列六艺之首。其后，随着火器的出现，弓术与马术的地位逐渐下降，剑术成为六艺之首和武士的象征，并形成了很多不同流派。不同阶层的武士所学技艺有所差异。上层武士因常从事社交活动，故训练内容侧重于剑术、马术、枪术等，而下层武士出于实战的需要，故以柔术、棍术、绳术等项目的训练为主。

日本的养生术也是从中国传入的。公元982年大医学家丹波康赖编写了日本医典名著《医心方》，其中涉及大量的养生理论与方法。全书30卷，主要根据中国的《千金方》《抱朴子》《养生要集》等医学和养生著作编撰而成。在镰仓时代，先后有《医谈钞》和《吃茶养生记》两部养生著作问世。从日本流传的养生学来看，在理论上主要提倡节性欲、控饮食、慎言语、保精神。在实践手段上，则偏重于静坐调息、返观内视，加之以自我按摩，与中国的养生术一脉相承。

**思考题**

古罗马帝国时期的体育相对古希腊产生了哪些变化？
在阿拉伯人的日常生活中，您看到了哪些体育活动？
在欧洲中世纪的民众体育中，最使您关注的是哪些内容？
您从日本体育的发展中，看到了什么样的特点？

# 第四章　近代体育的产生与实践

## 学习要点

近代体育的萌芽与形成
文艺复兴、宗教改革和启蒙运动与近代体育的形成与发展
德国体操、瑞典体操与近代体育的基本手段
英国户外竞技与阿诺德在拉格比公学的教育改革及其意义
“业余原则”的形成及其阶级背景
近代体育在世界范围内的传播

11 世纪以后，资产阶级在欧洲成长起来，迫切需要建立和自身利益与地位相适应的意识形态与文化形态。14 世纪以来，伴随着文艺复兴、宗教改革和启蒙运动，人文主义在欧洲普遍传播并深入人心。在此过程中，近代体育逐渐形成并发展起来。17 世纪到 19 世纪，资本主义制度在欧洲大多数国家取得了决定性的胜利，取代了旧有封建主义制度。近代工业文明迅速成长，城市逐渐扩大，社会生产力日益增长，人们的社会需求迅速增加。为了适应新的时代和社会发展需要，产生了以德国体操、瑞典体操和英国户外运动为主要手段的近代体育思想和实践体系。随着海外市场和殖民地的开拓，这些体育思想和方法逐渐从欧洲传播到世界各地。从 15 世纪 ~ 19 世纪后叶，这一时期是近代体育的形成与发展期，体育史上称为近代体育的形成期。

# 第一节　近代欧洲体育的萌芽（15～17世纪初）

15世纪到17世纪初，资本主义生产方式在欧洲逐渐取代了封建主义的生产方式。但是，居于统治地位的封建制度和以罗马天主教会为象征的基督教神学则严重阻碍着新生资本主义的成长发展。新兴资产阶级要获得自己的政治地位与社会权益，就必须变革严重束缚着社会生产力发展的封建关系，突破罗马教会在思想和意识形态上的一统天下。因此，从15世纪起，先后在欧洲的意大利、德国和法国爆发了文艺复兴、宗教改革和思想启蒙运动，对欧洲乃至世界近代文明的发展产生了深远的影响。在这一过程中，近代体育开始萌芽并逐渐形成，成为近代人类文明发展的重要组成部分。

## 一、文艺复兴与人文主义体育思想的产生

文艺复兴是欧洲近代史上第一次伟大的思想解放运动。14～16世纪首先兴起于意大利，而后席卷到欧洲各地。这场运动以重归古希腊罗马文化为号召，肯定人的地位与人的价值，追求个性解放，从而对基督教神学的一统天下发起了强大的挑战与冲击。这场运动极大地动摇了教会的禁欲主义身心观，开启了近代体育思想的先声。

意大利是文艺复兴的发源地，这里的人文主义者最先对体育问题进行探索。他们从拜占庭帝国灭亡的废墟里发现的古希腊罗马建筑、雕塑、绘画等文物中受到启示，大胆地对这些被基督教会认为是异教文化的遗产进行深入的探索，从而开启了一个崭新的文化时代。在这场运动中，第一个表达文艺复兴教育思想的是帕多瓦大学逻辑学教授弗吉里昂（P. VERGERIO，1349～1420）。

他以解释和发挥古罗马昆体良思想的方式来提出自己的教育主张，他所写的《论绅士风度与自由研究》一文，在十四五世纪具有广泛影响。在这篇文章中，他强调青少年要有“支配的理性”和“顺从的身体”，建议根据个人特点“恰当地选择运动”。这些主张为后来的欧洲绅士教育的形成产生了较大影响。

意大利医生赫·美尔库里亚利斯（H. MERCURIALIS，1530～1606）于1569年发表了近代体育史上第一部里程碑式的重要专著《论体操》。这是一部从近代实验科学的角度研究体育的重要著作，对近代体育的形成产生了深远的影响。全书共6卷，前3卷论述古希腊体育的目的和手段，后3卷讨论其医学效果和在现实中如何运用的问题。该书不仅向欧洲公众全面介绍了古希腊体育的情况，而且根据作者自身的经验和不同的功效，将古希腊的“体操”分为医疗、军事和竞技三大类，并指出体操不发达的国家不能成为强国。

文艺复兴后期的法国人文主义者拉伯雷（Rabelais，1494～1553）和蒙田（Montaigne，1533～1592）则以文学形式表达了新的教育思想。拉伯雷猛烈抨击了经院式的教育，在其传世名作《巨人传》中塑造了一个思想活跃、能力全面、性格开朗、学识广博且多才多艺的巨人。他上午读书，下午锻炼，其锻炼内容包括散步、角力、跳高、游泳、投枪、射箭、体操和骑马等。蒙田把培养掌握“生活艺术”作为贵族最高教育目标，他笔下的“绅士”重视严格的身体锻炼，保持简朴的生活方式，是身心全面发展的一代新人，对后世产生了重要的影响。

在人文主义者的大力倡导之下，重视体育锻炼，强调质朴生活方式在欧洲逐渐成为一种时尚。由于文艺复兴运动的传播范围主要是上流社会的沙龙和宫廷，因而接受人文主义教育和受其影响的主要是当时欧洲的贵族和上流社会子弟。1528年意大利的卡斯底格朗所著《宫廷人物》一书和1531年英国的埃利奥特所著《行政官之书》中，都强调“上等人”应该能文能武，接受广泛的体育训练。这些以绅士面貌出现的“上等人”实际上就是资产阶级优秀人才的理想形象。在人文主义者的体育思想影响之下，新兴资产阶级把目光开始投向体育的教育方面，力图用体育的方法和手段来培养一代新人，由此形成了后世的绅士教育制度。

## 二、宗教改革与近代欧洲体育价值观的形成

15~16世纪的宗教改革运动是继文艺复兴运动之后又一次伟大的思想运动。这场运动的矛头直指中世纪欧洲封建文化的精神堡垒——罗马教廷，从根本上动摇了宗教神学在欧洲数百年的专制统治，从而对欧洲的意识形态与思想文化变革产生了深刻影响。1517年，德国牧师马丁·路德（Martin. LUTHER，1463～1546）在维滕贝格教堂贴出95条论纲，主张改革基督教教义以适应时代发展的需要。欧洲各地广泛响应，并出现了一些新的教派，统称为新教。新教主张上帝面前人人平等，人们无须任何中介可以直接与上帝沟通。新教确立了一种新的价值观念，主张恪尽职守、努力工作是颂扬上帝功德的天职，而身体健康是完成天职的重要前提之一。这样一种教义将人们从虚幻的宗教彼岸世界拉回到了人的现实生活世界。马丁·路德认为：保持身体健康是每一个基督徒的天职之一。身体健全结实才能劳动生产，获得并保持财富，从而救济贫困者。他还主张"人们应有高尚和有用的（身体）练习"。这些思想都是对传统基督教视身体为灵魂牢狱教义的大胆挑战与突破。

瑞士的宗教改革者慈温利也把教育和体育的改革视为自己宗教改革事业的一部分。他在《论青年的基督教教育》一书中，具体地阐明了自己的体育主张，其中不少观点代表了当时体育思想发展的最高水平。例如他认为体育的实施必须以增进人的健康为出发点，主张在儿童与青少年中实施各种能够起到锻炼效果的、不粗野的游戏活动。同时他主张只要是在不违背宗教道德原则的前提下，应该开展各类娱乐活动。另外，慈温利还十分重视军事体育的价值，曾建议把跑、跳、投掷和摔跤等活动引入学校。

法国宗教改革者加尔文也较为肯定体育的作用。他虽然还有一定的保留，但也承认体育娱乐是人的正常生理需要，对信徒参加体育活动不能绝对禁止。他说："我们不能禁止人们参加所有的娱乐活动，所以我把禁例仅限于那些真正恶劣的娱乐游戏。"他本人晚年喜欢散步、投铁圈、玩地掷球等民间游戏。

在宗教改革浪潮的有力冲击下，罗马教廷和基督教对体育的态度也发生了变化。在这方面比较突出的是耶稣会。该会是天主教的主要修会之一，1534年创立。在教廷的支持下，耶稣会很快就控制了天主教国家的大部分学校。耶稣会宣扬灵肉统一关系，声称"灵魂和肉体是上帝一并亲手创造的，决不能够削弱其中任何一个方面"，认为骑马和各种游戏可以锻炼坚强的体格，培养为上帝献身的基督教徒，故而应大力提倡。耶稣会的这些认识反映了基督教会在体育态度上的变化。

在宗教改革的过程中。新教确立了灵肉不可分割的统一关系，为体育这种世俗文化的发展扫清了思想障碍。由于宗教在欧洲有着悠久的历史，在大众和平民中的影响较之人文主义更为广泛和深刻，它所包含的博爱、平等思想也为普通老百姓接受教育打开了大门。近代体育正是在新教取得胜利的德国、瑞典、英国等欧洲国家最先发展起来的。

## 三、"近代学校体育之父"夸美纽斯

宗教改革时期对近代体育的形成与发展贡献最大的是夸美纽斯（J. A.COMENIUS，1592～1670）。正是这位伟大的捷克教育家使学校教育冲破贵族的狭小天地，从而奠定了近代学校基础。夸美纽斯是新教捷克兄弟会的著名活动家。他曾在捷克、波兰、瑞典和匈牙利等国家长期从事教育工作，主张普及教育，重视人的现世生活。他认为良好的教育关系到人一生的健康和幸福，学校是"造就人的工场"。他的体育思想主要保存在其著作《大教学论》（1632年出版）和《母育学校》（1632年出版）当中。在这些著作中，他强调教育的作用，认为品德、体力和智力的缺陷都可以通过接受教育而得到发展。他提出了“适应自然”的原则，主张“按学生的年龄及其已有的知识循序渐进地进行指导”，“人人都应该祈求自己具有一个健康的心理，使之存在于健康的身体里面”。

虽然夸美纽斯从未单独提及体育课程，但正是在他的教学计划中，体育首次成为了教学的有机部分。夸美纽斯将教育分为婴儿（0~6岁）、儿童（7~12岁）、少年（13~18岁）和青年（19~24岁）四个阶段，并设立相应的母育学校、国语学校、拉丁语学校和大学。他主张在母育学校里应当对学前儿童进行知、行、言的初步教育，父母的首要职责就在于增进子女的身体健康，在儿童的成长过程中不能忽略身体健康问题。夸美纽斯认为低年级学生每天必须有8小时用于吃饭、操练和娱乐，通过郊游、旅行、游戏、跑跳和球戏等“使身体活动而心灵休息”。但他同时又认为运动应当有所节制，反对如角力、游泳等具有一定危险性的活动。作为文艺复兴以来教育和体育思想之集大成者，夸美纽斯对后世产生了深远的影响，被西方一些学者尊称为“学校体育之父”。

## 四、启蒙运动与近代体育教育的初兴

所谓启蒙运动，一般特指18世纪法国大革命前夕，以伏尔泰、孟德斯鸠、卢梭、狄德罗等为代表的启蒙思想家发动的一场崇尚理性，反对教会权威和封建制度的思想文化运动。这场运动对法国和欧洲乃至整个世界都产生了极其重大而深远的影响，被称为启蒙运动。英国学者博伊德·金霍编撰的《西方教育史》中对这场运动作出了很高的评价，认为法国在思想文化领域做出了“划时代的贡献”，指出“所有指导教育新发展的基本思想都是从沸腾的法国生活中产生出来的”。这些新思想的主要创造者是让·雅克·卢梭（J. JROUSSEAU，1712~1778），而他的体育思想主要包含在其政论体教育小说《爱弥尔》中。

卢梭主张“遵循自然，跟着它给你画出的道路前进”，认为应在自然的环境中自然地进行启发式教育，把学生“造就成为一个有体力的人，他就会很快成为一个有理想的人”。卢梭的教育观念中包含着很多体育的因素，他主张教授给儿童足够的运动技能和娱乐活动的知识，并教会他们如何利用自然环境，如何与同伴一起游戏。他把教育分为幼儿期（0～6岁）、儿童期（6～12岁）、青年前期（12～15岁）和青年后期（15～20岁）几个阶段。主张在幼儿期和儿童期应“首先培养身体”，多运用“身体四肢、感官和体力”；在青年前、后期要遵循身体锻炼与思想修养互相调剂的原则。卢梭主张采用“自然的”体育手段，尽量利用爬山、跳远、跳高、爬树、翻墙等自然行为，让儿童与青少年学会在任何情况下都保持身体的平衡。他还认为，日光浴、野外游戏、游泳、赛跑等“自然运动”以及网球、台球、槌球、射箭和足球等游戏项目都是很好的体育手段。

卢梭的“自然体育”思想遵从青少年身心发展规律，尊重儿童与青少年的兴趣与爱好，让他们在大自然中快乐健康地成长。这些思想反映了卢梭的人本主义思想，在近代体育史上独树一帜，对后来的自然体育学派产生了重要影响。

继卢梭之后对近代体育思想发展做出重要贡献的是斯宾塞（H.SPENCER，1820～1903）。他是著名的资产阶级哲学家和社会学家，其关于教育和体育的思想集中反映在1867年出版的《教育论——知识、智育、德育和体育》一书中。斯宾塞奠定了实证主义教育和体育学说的基础，促进了体育的科学化。他认为要保持身体的健康，就必须对人体构造具有充分的了解，掌握必要的卫生保健知识并将其作为生活的准则。他还提出体育和游戏活动是宣泄过剩精力的表现，甚至认为一个民族的身体状况将决定其社会繁荣程度。由于现实生活中的竞争如此激烈，那么“在训练儿童的时候，要使他们不只是在心智方面适应将要面临的竞争，更重要的是在身体方面也要经得起竞争的过度损耗”。在体育的手段方法上，斯宾塞认为孩子在饮食和衣着方面要保持适度，多参加户外活动，但运动强度不宜太大。鉴于当时女孩子几乎没有正式的体育活动，斯宾塞提议为女生设计一套运动方案。为了避免不当的运动对身体造成伤害，斯宾塞认为人为的体操将导致身体局部用力过多而容易疲劳，造成发育不匀称，同时也容易使人感到单调乏味。因而他指出，“自然的自发的运动”比“人为的体操”更有价值。

经过了文艺复兴、宗教改革和启蒙运动三大思想运动，欧洲各国思想界和教育界对体育形成了一些基本的认识，从而奠定了近代体育产生的思想基础。这些认识主要包括以下几个方面：其一，不再视身体为灵魂的监狱。在灵肉一致思想的基础上，体育作为一种世俗文化在教育和社会生活中的独特价值得到初步肯定；其二，“健全的思想寓于健全的身体”这一古老格言重新受到重视，身心全面发展的教育原则基本确立；其三，许多教育家和思想家已经注意到儿童与青少年身体发育阶段与教育内容及方法手段之间的关系，开始研究体育教育的经验。而近代医学、教育学等科学的建立，也为体育的发展提供了必要的科学认识基础。虽然以上认识都还披着恢复古希腊罗马传统的外衣，并且以维持贵族式家庭教育和承认宗教的无上权威为前提，但并不妨碍近代体育在欧洲的形成和逐步成长。

## 第二节　近代体育在欧洲的初步形成（17 世纪中叶～19 世纪初）

经过 18 世纪的启蒙运动，近代体育思想在欧洲开始初步形成。伴随着体育手段和方法逐渐丰富，体育开始从学校教育进入社会实施阶段。到 18 世纪末期，近代体育在英国、德国、瑞典、丹麦、法国等国逐渐形成一定的规模，并且从学校扩展到社会和军队，进而影响到欧洲其他国家。这一时期出现了很多著名的体育活动家，对近代体育的发展做出了重要贡献。近代体育的主要内容是能够直接发展身体各种能力和加强纪律性的体操与户外运动。其中，德国体操、瑞典体操、英国户外运动被称为近代体育的三大基石，是近代体育发展的重要成果和基本手段。这些运动方式于19世纪被传播到世界各地，直接成为现代体育的基础。

## 一、德国的学校体育与体操体系

在近代体育形成发展过程中，德国体操体系占有重要地位，对欧洲和世界体育的发展产生了巨大影响。从夸美纽斯开始，历经两个多世纪，形成了成熟的德国体操体系。

### （一）巴塞多在博爱学校创建体育课

在继承夸美纽斯、卢梭等人教育理想并将其转变为学校体育教育实践方面做出了重要贡献的，是德国博爱派教育的代表人物巴塞多（J.B.BASEDOW，1724～1790）。他于1774年接受了列奥波德公爵的聘请，按照夸美纽斯和卢梭的学说在德国的德绍创建了一所学校，首创了学校体育课课程。在他亲自制定的章程中，规定学生每天学习8小时，娱乐3小时，手工劳作2小时。他还创造了暑假制度，组织学生在暑假的两个月中集体参加野营、狩猎、钓鱼、攀登、跳跃、游泳等体育活动。巴塞多的博爱学校最早采用了传统骑士体育中的击剑、舞蹈、骑马、腾越等项目作为体育课的内容。后来博爱学校的教师西蒙又补充了跑、跳、投掷、摔跤等所谓“希腊体操”。除此之外，还采用了德国民间很多游戏，如秋千、铁环、跷跷板、网球、毽子、板球、九柱戏等。西蒙的继任者杜托依又增加了滑冰、射箭、园艺、木工、郊游等内容。德绍学校后来固定开展的体育项目被称为“德绍五项”，即跑步、跳高、攀登、平衡和负重。

继巴塞多创办德绍学校获得成功后，德国各地先后办起了许多类似的博爱学校。其中最著名的是沙尔兹曼（C.C.SALZMAN，1744～1811）所创办的雪尼芬撒尔教育学院。该学院的体操课通常安排在上午11～12点进行，内容有体操、标枪、跑步、跳跃等。

午休时做游戏，晚间有游戏或其他娱乐活动。星期天下午则举行各种娱乐或安排徒步郊游。博爱学校的规模一般较小，但它们一改任由学生自由玩耍的旧有体育模式，将体育纳入了学校课程体系之中，根据学生年龄选用不同的体育手段进行分组教学，各种身体练习被赋予了真正的教育意义。由于体育成为正式的课程和学制，因而在实施体育教学过程中，产生了近代教育史上最早的专职体育教师。体育成为学校正式的教育手段与内容，这是近代体育发展中的重要标志与里程碑，也是德国巴塞多与博爱学校对近代教育和体育发展所做出的杰出贡献。

### （二）“德意志近代体育之父”顾茨穆茨

在近代学校体育由只为极少数人服务的贵族性质转变成公共性质的大众教育过程中，顾茨穆茨（J.C.F.GWTTMUTHS，1759～1839）起到了重要作用。顾茨穆茨出生于德意志一个牧师家庭，当过家庭教师，1785年起在雪尼芬撒尔教育学院任教，1786年开始参与体操教学。在长达50多年的体育实践中，他发表了许多教育、文学和体育方面的著作。其中最著名的体育著作《青年体操》（1793年出版）和《游戏》（1796年出版）很快就被翻译成多种文字，在欧洲产生了广泛的影响。

在长期教学实践与研究的基础上，顾茨穆茨建立了顾氏体操体系。他从教育角度将体操方法分为固有的体操运动、手工劳动和游戏三大类，其核心是固有的体操运动。它是在总结古希腊竞技和德、法两国的游戏以及顾氏自己的体操实践基础上汇集而成的，其中包括8类基本运动：（1）跑步，包括距离约为115米的短跑和长跑；（2）各种技术类型的跳高和跳远；（3）投掷，用石头、标枪和铁饼投高、投远和投准；（4）角力，在垫上互相抱推，努力挣脱对方的抱持并摔倒对方；（5）悬垂，使用木梯和吊绳进行攀缘和悬垂；（6）平衡，包括两类，一是在平衡木、秋千、竹马、竖梯晃板等器械上保持平衡，一是在手指或手掌上竖立长约12英尺的木棒；（7）力量性运动，包括举重、搬运重物、手倒立、单人或双人的拔河、跳绳和滚翻等运动；（8）序列运动，包括舞蹈、队列变化和兵操。后来在此基础上又增加了剑术和射击等内容而变成了9类。

顾茨穆茨以传授体育技术技能为目的，将传统的身体练习方法进行系统的整理，形成了一个比较完整和成熟的体操体系，在近代体育发展史上意义深远。他所创造和整理的这些基本的体育运动技术和方法为近代学校体育教学活动所普遍采用。顾茨穆茨还对近代学校的体育教师的素质与知识结构进行了研究，认为医学、生理学和教育理论等方面的知识在体育教学过程中是不可缺少的，体操教师必须拥有这些基础知识结构。同时，他也很重视竞赛对于提高教学质量和促进学生发展的作用，认为狭隘的劳动分工会给身体造成不良影响，主张全民参加体育锻炼。尽管顾茨穆茨的体育观及其体操体系还有很多地方不够合理，但已经大大超越了前人的成就，在欧洲产生了很大的影响。由于他对德意志体育发展的历史性贡献，因而被尊称为“德意志近代体育之父”。

### （三）“德国国民体育之父”与杨氏体操

近代体育向社会传播，演变为普遍的社会大众体育手段，应归功于杨氏体操的创始人F.L.杨（F.L.JANHN，1778～1853）。杨氏一生从事体操活动，曾多次从军打仗。由于他年轻时正逢拿破仑战争时期，家乡曾多次被法国军队占领，因而其思想中充满了强烈的民族主义情绪。他立志要通过体操来培养德意志民族的爱国主义感情与国民素质，认为真正的国民教育应当能够培养未来的保卫者和理想的国民，体育就是这种教育的一个重要手段。1816年杨与助手合作出版了《德意志体操术和体育场建设》一书，全面阐述了他的体操体系。杨氏对近代体育发展的贡献主要表现在以下三个方面：

1. 创建近代体育场。1811年，杨在柏林郊外哈森赫德创建了一座公众体育场，可以进行跑步、跳跃、投掷和角力的训练比赛，体育场内还设置了攀登架、单杠和荡桥等设施，次年扩建后改称

"青年体育场"。这座运动场奠定了近代体育场的雏形。

2. 改造体操技术，将悬垂运动中的单杠变成单杠运动，发明了双杠运动，把木马的尾巴去掉并蒙上皮，变成了后来的木马运动。这些后来都成为现代竞技体操的比赛项目。

3. 在社会上宣传和推广体操运动。1812 年杨氏组建了德意志体操协会，规定了统一的体操服，并用德语对体操术语进行了整理。在此基础上，通过向公众开放的体育场，他将体操推广到社会各个阶层，在大众中产生了广泛的影响，参加体操运动的人越来越多。体操协会常在纪念日举行各种活动，用群众性的体操活动来激发人们的爱国热情。如在 3 月 31 日（纪念反法联军攻陷巴黎）、6 月 18 日（纪念滑铁卢战役）、10 月 18 日（纪念 1813 年在莱比锡战胜法军）等日子，体操协会都举行公众性的体操活动。1814 年 10 月 19 日首次举行体操日，普鲁士皇太子曾前往观看。到 1817 年，全德国参加体操协会的人数已经达到 1700 余人，其成员已从学生扩展到教师、公职人员和商人，体操场也遍布全国。

由于体操协会产生了广泛的社会影响，演变成为一种具有强烈政治倾向的社会运动，而某些成员更具有革命倾向，因而引起了普鲁士政府的恐惧，于 1819 年下令禁止体操协会的活动并逮捕了杨氏，直到 1842 年才解除禁令。杨氏的功绩也重新得到承认。由于杨氏在体操发展上的贡献，尤其是他在将体操由学校传播向社会方面做出的巨大贡献，因而被尊称为"德国国民体育之父"。

### （四）"德国学校体育之父"与施皮斯体操体系

在德国与近代学校体育体系的建立过程中，施皮斯（A. SPESS, 1810 ~ 1858）占有特殊的地位。施皮斯是体操俱乐部的热心组织者，与顾茨穆茨和杨氏都有过交往。他主张把顾茨穆茨的体操教育与杨氏体操的爱国主义精神结合起来，认为"有统一国民体操的必要"。另外，他还考虑把女子体操纳入学校课程。他的主要著作为《体操理论》和《学校体育》。

施皮斯体操更强调纪律性和集体活动，这反映了德意志统一时期强调集中管理的时代特点。与杨氏体操不同，他的体操方法主要是在室内练习。1848 年他利用城市公园会堂建成了一座体育馆。1852 年又新建了可以移动间隔的体操馆，这是德国最早的室内体育馆。在教学方法方面，施皮斯首创了体育教学中的分段教学法和综合教学法，并最早把音乐和体操练习结合起来。他的体操共分为三个部分：序列运动、徒手体操和器械体操。这三个部分把体操的基本技术、器械练习和队列操练都包含了进去，使德国体操更具有系统性，便于在学校开展。施皮斯体操后来成为德国乃至大部分欧洲国家学校体育的课程内容标准，影响十分广泛。由于他所做出的贡献，被尊称为“德国学校体育之父”。

### （五）德国体操体系的特征

经过夸美纽斯、巴塞多、顾茨姆斯、杨、施皮斯等德国体操的杰出代表人物的努力，至 19 世纪中叶，德国体操发展成为一个完整而成熟的体育体系，并流行于整个欧洲大陆并传播到世界各地，成为近代体育的主要活动体系之一。德国体操体系主要具有以下特征：

其一，主要由各种徒手和器械练习为主，也包含了许多跑、跳、投掷等基本运动能力训练。这些练习方法不仅能有效地增强人的体质和运动能力，而且能够培养人的意志品质和集体主义精神。

其二，可以针对不同的年龄和个人情况选择不同的练习方法，特别适宜于学校体育教学与青少年锻炼。同时，也有显著的军事训练价值。

其三，训练场所主要是室内，有专门的运动设施和器械。这就保证了体育活动与练习不受自然条件变化的限制，有利于人们在各种时间与各种情况下进行身体训练。

## 二、裴斯塔洛齐的“劳动体操”与维特的《体育百科全书》

在近代体育形成和演变过程中，瑞士人约翰·亨利希·裴斯塔洛齐（Johann. HEINRICI. PESTALOZZI，1746 ~ 1827）也是一位重要人物。他是18世纪末近代西方体育形成期的著名教育家，对近代体操发展做出了重要贡献。裴斯塔洛齐尊崇卢梭的自然教育思想，主张通过合理的教育，使儿童从动物的和感情的状态中解放出来。他强调儿童的全面发展，把智育、德育和体育视为一个不可分割的统一教育过程，而体育被认为在这一过程中起着最关键的作用。根据这一主张，裴斯塔洛齐设计了一套独具风格的体操。他认为掌握简单的动作形式是传授生活技能的最佳方法，而关节动作是最简单和最基本的动作。因此，他设计的体操由简单的关节动作组成，分为三组依次实施。第一组是自然体操，让学生按照自己的意愿，自由地从事跑步、跳跃和游戏等活动；第二组是基本体操，根据身体各部位可能进行的动作而设计的运动形式；第三组是教育体操，包括步行、跳远、跳高、摔跤、游泳、投掷、攀登和平衡运动等。

裴斯塔洛齐所创作的体操同劳动生产过程有密切的联系，这是由其教育与生产劳动相结合的教育观所决定的，因而他的体操具有“劳动技能入门指导书”的作用。裴斯塔洛齐还从培养“全面发展的人”这一教育主张出发，反对当时的体育教师在传授体育技能方面的片面性，指责他们偏重单项技术教学，而忽略了人的全面陶冶的目标。在当时的教育界和体育界，裴斯塔洛齐的思想和实践在欧洲引起了广泛关注。他的体操与顾茨穆茨体操被认为是当时欧洲最成熟的体操体系，解决了体育手段的体系化问题和教学运用问题，为学校体育的普遍实施创造了必要的操作基础。因此，各国的教育家纷纷到他所在的学校取经，吸取营养，并由此传播到欧洲各国。

在近代体育的形成过程中，维特（G.U.A.VIETH，1763～1846）也值得一提。维特并没有长期直接从事体育教学，但他的主要著作《体育百科全书》却在近代体育史上占有重要地位。该书分为3卷，第1卷为《体育史稿》、第2卷为《体育体系》、第3卷是第2卷的附录，因而以前两卷最为重要。其中于1794年出版的《体育史稿》反映了从史前时期直到维特所处的年代的人类身体锻炼和训练的过程。维特从人类学和生存竞争的角度观察，把体育产生和发展的原因归结为人的胜利欲望、心理的自然需要以及生存斗争的客观需要。他分析了古代希腊的歌舞和竞技、罗马体育以及其他欧洲国家的体育状况，还讨论了古代东方体育的一些问题。在第2卷《体育体系》当中，维特从理论上对体育的功能和作用进行了探索，他认为“体育的目的是使人掌握各种身体动作，使人体的潜力得到展现”。维特的《体育百科全书》对近代体育理论体系的建设具有重要价值，是近代体育理论建设的早期重要著作。

## 三、瑞典体操和其他国家的体操

17～19世纪初，曾经一度是北欧强国的瑞典，由于长期战争而逐渐衰微，沦为割地赔款的悲惨处境，从而极大激发了瑞典人民强烈的民族主义情绪。瑞典体操就是在这种强烈的民族主义精神背景下发展起来的。瑞典体操的奠基人是比尔·亨利克·林（P. H. LING，1776～1839）。他是一位文学家和诗人，曾做过剑术教练。1814年在他的提议下，成立了“瑞典王家中央体育学院”，由他本人担任院长直至逝世。林氏发展了顾茨穆茨的科学体操思想，奠定了以生理学和解剖学原理为基础的体操原则，由此而创立了著名的林氏体操体系，也就是瑞典体操体系。这是继德国体操之后在欧洲以至全世界影响广泛的又一体操体系。

林氏体操体系的主要内容保存在他去世后次年出版的未完成稿《体操的一般原理》一书中。林氏体操分为4类：

1. 教育体操。其目的在于求得身体全面自然发展。后来林氏的儿子雅尔玛林按照对身体的不同功效将动作整理分类、分级，以便挑选组合成适合不同对象需要的体操练习，这对学校更加适用。

2. 兵式体操。瑞典式兵操比德式兵操多一些持枪和其他器械的练习，而且还包括剑术。林氏编写的《体操教范》和《剑术教范》就曾被瑞典陆军和各国军队采用。

3. 医疗体操。用以矫正身体的缺陷，使身体各部分均衡发展。动作结构包括主动动作、被动动作和协同动作。

4. 韵律体操。这是以抒发思想感情为目的的艺术体操，动作舒缓，富有表现力，适合女性练习。

虽然林氏本人出于军事训练的需要而特别推崇徒手体操，但由于瑞典体操的技术动作更科学合理，并且具有动作优美，表演性强的特点，因而深受青少年的喜爱，于19世纪后期传遍欧美各国，成为近现代国际流行的艺术体操的基础。由于林氏对近代体育和体操发展所做出的巨大贡献，人们尊称他为"瑞典体操之父"。

林氏自己曾经预言：如果医生和体操家不科学地培养它（指林氏体操），人们对它的热忱就会消失。正因为后继者缺乏他那种创新精神，瑞典体操渐趋僵化陈旧，逐渐被其他一些在其基础上进行改造创新并获得成功的体操体系所取代。在这方面，影响较大的有丹麦、法国和英国等国的体操体系。

在近代欧洲各国当中，丹麦体操独具风格。在欧洲诸国中，丹麦最先引进顾茨穆茨体操，并且由政府创办了最早的体操组织。丹麦体操的奠基人是弗兰茨·纳赫加特尔（Franz. Nachategall，1777～1847）。他于1799年在哥本哈根创建了近代欧洲历史上第一座体操馆，以供人们练习使用。1804年，丹麦政府创办了以训练海陆军军事人员为主的"体操师范学校"，纳赫加特尔被任命为该校第一任校长，这所学校成为了欧洲近代专科体育学校的雏形。纳赫加特尔在教学实践中没有生搬硬套外国的体操，而是将体操的技术动作分为7大类，由教师根据不同的需要和对象来进行选择，在教学中灵活运用，这使得体操对学生更具有针对性和吸引力。

与瑞典体操的情况相同，法国体操也是战争失败后民族情绪高涨的产物。19世纪初拿破仑帝国崩溃以后，神圣同盟的占领军进驻法国，直到1818年占领军撤离，法国人才拥有了自己的主权。在这样的背景下，法国政府为了重振国家地位，增强军事实力，采取了许多措施，其中之一是仿效欧洲各国在学校中大力推行体操运动。但是法国人并没有创立自己的体操体系。他们的体操运动是由西班牙流亡者阿莫洛斯和瑞士人克里亚斯推动起来的。由于法国军界的大力支持，1817年阿莫洛斯主持修建了第一座体育馆。建成后法国军队立即派人员来学习体操，并在军中积极推广，并逐渐在全法国形成了很大的声势。其后，一些学者也认为体操有利于培养资产阶级的人才，因而积极宣传，使体操逐渐在法国成为风行的体育运动。

英国的体育运动直到19世纪20年代以前均以户外运动为主。当欧洲大陆的德国体操、瑞典体操、丹麦体操形成时尚后，也逐渐被引进英伦三岛并为英国人所接受。由于体操包含着显著的军事训练价值，因而受到英国军界重视并在军中推广。英国第一所体操馆是苏格兰人麦克拉伦于1858年在牛津开办的。他吸取欧洲各体操流派之长，将其运用于英国的体育实践，有力地推动了体操在英国的普及与发展。

## 四、英国的“绅士教育”与户外竞技运动

英国自1640年爆发了资产阶级革命后，到1688年建立了君主立宪制，成为欧洲最早建立稳定的资本主义制度的国家。英国社会政治出现的变革和开拓海外市场的需要，使培养资产阶级的一代新人提上了重要的议事日程，由此产生了以培养上流社会精英为目标的“绅士教育”体系。体育是这一教育思想和体系中的一个重要组成部分。“绅士教育”为后来发生的工业革命和英国海外市场的拓展准备了大量人才。随着工业革命对英国社会生活带来的巨大影响，原来主要是在绅士教育中普遍实施的户外运动逐渐平民化，成为广大平民社会喜闻乐见，热心参与的体育时尚，

并逐渐发展成为近代体育的主要内容之一。

在提倡“绅士教育”的过程中做出巨大贡献的人物是近代著名思想家、教育家约翰·洛克（John. Lock，1632 ~ 1704），马克思曾认为他是“一切形式的新兴资产阶级的代表”。洛克当过医生和家庭教师，担任过法院院长、殖民部部长等职，他在教育方面的主要著作有《教育漫话》《人类理解力论》等。在《教育漫话》一书中，他大力推崇“绅士教育”，认为理想中的绅士应当是出身高贵、举止文雅、态度文静而又体魄强健的上流人。他在世界教育史上第一个明确地将学校教育的任务区分为智育、德育和体育三部分，认为教育的目标是德、智、体三者的全面发展。洛克高度重视体育在教育中的地位与作用，指出“为了我们的事业，健康对于我们是不可缺少的”。

在体育手段与内容方面，当时英国上流社会非常流行各类传统骑士体育项目，如游泳、划船、骑马、击剑和舞蹈等，洛克也非常推崇这些体育活动。随着绅士体育的发展，又增加了其他很多户外运动项目。绅士体育的推行为英国的体育实践带来了全新的气象，并形成了以下几个对近现代世界体育产生深远影响的特色：

第一，英国是近现代竞技运动的发源地。当欧洲大陆还处于资产阶级革命的风暴之中时，英国已经接近完成工业革命，因此，英国没有为军事目的而推行大陆体操的迫切需要。在自由竞争与和平闲适的环境中，英国人形成了独具特色的户外运动与竞技运动传统。随着绅士体育的发展，除了传统的体育项目外，英国人创造了许多新兴竞技运动项目，如田径中的竞走、跨栏、三级跳远等；水上运动项目的划船、赛艇、水球等；球类运动的足球、网球、曲棍球、橄榄球、高尔夫球、板球、冰球等。与欧洲大陆的体操相比，这些项目具有竞技性、娱乐性和观赏性，因而深受大众尤其是青少年的喜爱。

第二，随着竞技运动的流行，很多项目的比赛规则开始成熟，各类比赛也成为制度。英国近代最早的正式比赛是 1818 年伊顿公学与哈罗学校之间的校际比赛。1819 年，伊顿公学与威斯敏斯特学校举行了划船比赛。1827年，牛津大学与剑桥大学开始定期举行板球比赛。1837年起，各大学田径赛开始定期举行。英国的户外运动和竞技运动是近代体育的三大基石之一，对现代体育产生了深远影响。

第三，英国是近现代职业运动的发源地。早在绅士体育发展的初期，已经出现了运动员（卖主）——体育界老板（经营者）——观众（买主）这样一个典型的职业运动商品交易模式，这是近现代职业运动的萌芽。

第四，英国还是近现代运动俱乐部制度的产生地。为了便于在专属领域中开展体育活动，在绅士体育实践中产生了近代最早的体育组织——运动俱乐部。如17世纪中叶英国就产生了第一个花样滑冰俱乐部——“爱丁堡俱乐部”。虽然当时的体育俱乐部都具有贵族上流社会私人会所性质，不对普通市民开放，或对他们入会设置种种障碍，但这是近现代体育组织的前身。

第五，英国是近现代体育博彩业的发源地。英国历史文化传统盛行赌博，因而利用体育进行赌博成为英国近代体育的一大特点。在绅士体育时代，赛马是上流社会最流行的赌博方式之一。这种传统及其运作规则是现代体育博采业的雏形。

## 第三节　近代体育的逐步成熟和在世界上的初期传播（19世纪初~19世纪70年代）

19世纪以来，资本主义的市场经济秩序逐步建立。特别是1871年普法战争之后，欧洲列强基本划定了自己的势力范围，自由资本主义开始向垄断资本主义过渡，西方资产阶级的民族民主运动也告一段落，几个主要的资本主义国家开始进入帝国主义阶段。在此背景下，以德国体操、瑞典体操和英国户外竞技运动为代表的近代体育作为一种独立的社会文化形态得以确立，并走上了稳定、持续的发展道路，这为19世纪末以现代奥林匹克运动为核心的现代体育登上历史舞台创造了条件。从总体上看，这是一个承前启后的时代。近代体育以不可阻挡的态势向全世界传播，沿着国际化方向迈进。

## 一、阿诺德的教育改革其及重要意义

18 世纪以来，英国工业革命强烈地冲击了旧的学校教育制度。进入 19 世纪以后，英国开始进行大规模的教育改革。而在这个过程中，户外竞技运动不仅迅速从英国传播到了海外，而且从社会进入了学校，成为学校体育的重要内容。在这一变革过程中，拉格比公学校长托马斯·阿诺德（T. ARNOLD，1795～1842）成为了英国教育改革的著名先驱，对户外竞技运动进入学校教育体制发挥了重要作用。

托马斯·阿诺德是一位牧师，1827～1842 年间任拉格比公学校长。他为了培养资产阶级的一代新人，对学校教育体制施行了一系列改革，最重要的改革措施包括鼓励学生独立思考，在学校开展竞技运动与各种比赛活动、建立学生自治制度等。其中，在学校开展竞技运动是阿诺德教育改革的重要内容。他鼓励学生充分利用课余时间组织各种体育比赛，在锻炼体魄的同时，培养学生的进取精神、公平竞争精神和团体意识。他注重竞技运动对青少年道德情操方面的教育功能，将其改造成为培养学生能力的教育手段。

在竞技运动引入学校教育的过程中，阿诺德创造了近代英国学校独特的体育组织模式——“竞技运动自治”制度。这一制度的核心是鼓励学生自我管理，由高年级学生管理低年级学生，由此培养学生的管理能力。他要求学生参与管理学校的体育事务，将体育比赛的组织工作委托给学生自己去做，让他们在实际工作中经受锻炼，并取得未来承担领导职务的经验。在他的鼓励下，拉格比公学的学生自发组织了各种形式的俱乐部和运动队，进行自治管理，定期举办校内和校际比赛。

拉格比公学的体育实践为全英国的学校提供了一种崭新的教育模式与管理模式，成为全英各地学校仿效的榜样。其后，他的教育思想和经验被推广到欧洲大陆、北美及世界各地，成为近代教育的宝贵遗产。其中一些教育理念和措施至今仍为欧美大多数国家所继承延续。阿诺德的教育思想及其改革措施对现代奥林匹克运动的形成也产生了巨大的影响。1883 年，伟大的现代奥林匹克运动之父顾拜旦访问英国，专程到拉格比公学参观考察。当他看到了竞技运动与学生自治制度在学校教育实践中取得的显著成效后，为阿诺德的教育理念与竞技运动的巨大教育价值所深深折服，从而产生了复兴奥林匹克运动的信念。

## 二、近代体育手段的规范和推行

19 世纪以来，随着欧洲各国工业化程度日益加深，社会生存环境也相应地发生着变化，人们更多地关注自己的身体健康，各种体育活动和健身方法越来越受到社会各阶层的重视。在学校教育方面，体育运动因在对儿童和青少年培养过程中所产生的作用越来越显著，终于被全面引入欧美各国的学校，并且在学校和社会这两个领域之间互动。有关体育运动的理论性探索也伴随着体育地位的提高而开展起来。各种体育手段和方法的统一和有组织地加以实施，是这个阶段体育发展的突出特点。

运动项目的形成是体育方法手段规范化的重要标志之一。19 世纪以来欧洲各国，尤其是英国的竞技运动发展很快，运动项目急剧增多。如田径运动 19 世纪初在学校中便已出现短跑、长跑和越野跑的比赛。1850 年，牛津大学举办的一次运动会中开始出现人造的跨栏架，并增设了 100 码、330 码、440 码赛跑项目。次年该校的运动会上又增添了跳高和跳远的比赛项目。而投掷项目也在这一时期开始出现。球类项目也是如此。例如，在 1823 年，由于足球比赛中的一个偶然事件，催生了橄榄球运动项目。当时一位名叫埃利斯的学生，不顾足球的竞赛规则，用手抱着球奔跑。

受到这一事件启发，人们制订了相应的规则，由此产生了橄榄球运动。

竞赛组织的出现及日渐增多是近代体育方法手段规范化的又一标志。欧洲各国尤其是英国在开展体育运动的过程中，重视各运动项目竞赛方法的规范化和制度化。为此，由权威性运动组织制定的规则、裁判法和场地设施标准也相应出现，还建立了全国性和国际性的体育竞赛组织。而在19世纪50年代以前迁徙到美洲的大量移民把这些运动项目和传统带到了美国和加拿大。

在19世纪，各种竞赛活动和体育组织迅速超越出学校和上流社会的圈子，遍及欧美社会各阶层。各单项的全国性协会和竞赛组织在各国陆续出现，其中较早的当数1818年英国的林德划船俱乐部、19世纪中叶出现的柳堤保龄球俱乐部、1858年成立的全美棒球协会、1863年成立的英国足球联盟。除此而外，其他地方性或全国性体育组织也开始出现。这些体育组织的成立，使原来仅仅限于学校和俱乐部中间的比赛扩展到全社会，水平不断提高，从而为后来各国际单项运动联合会的诞生奠定了基础。同时，体育组织的成立还推动了竞赛活动的日益兴盛，促使运动技术的提高和规则更加完善。如1815年首次举行的牛津大学和剑桥大学划船比赛，到1856年便确定为每年定期举办的盛典，并一直持续到今天。

## 三、业余原则的产生

早在英国绅士体育时代，就出现了有关业余运动的争论。随着十八九世纪竞技体育的发展，运动者的身份问题变得越来越敏感，导致“业余原则”作为影响近代体育发展最重要和最具有争议性的价值观和制度之一得以确立。

关于运动者身份产生争议，最早见于1832年在英国牛津举行的划船比赛。当时，报名参赛的一位名叫戴维斯的选手被发现从事过船夫职业，他因此而被剥夺了参赛资格。17世纪中叶产生的第一个花样滑冰组织爱丁堡俱乐部则规定会员必须是有身份的绅士，须交高额会费并有各种严格的规定。1866年，英国业余体育联合会首次将业余原则写入了该会章程。该章程指出："业余选手是指从未参加过以获得奖金为目的的公开比赛，从未和职业选手一起参加过大奖赛的绅士，是指从来没有以体育教师和体育指导为职业获得谋生经费的绅士，以及从来没有当过机工，手工业者和壮工的绅士。"1867，英国业余田径俱乐部在伦敦成立，其章程中也明确规定："体力劳动者、领薪水的教练员及曾在某次比赛中收取过钱财的人，均不能参加业余者的比赛。"1894年在巴黎成立的国际奥林匹克运动委员会也将"业余原则"写入了自己的章程。近代体育的"业余原则"由此确立，并对20世纪以来的现代体育发展产生了重要影响。

近代体育的"业余原则"有其深刻的阶级背景，它实质上是近代体育阶级性的表现。自17世纪以来，在"绅士体育""纯洁体育"等口号遮掩下，体育一直是欧洲贵族和资产阶级上流社会的专利品。下层民众和工人阶级因其阶级地位和经济状况实际被排除于"绅士体育"之外。"业余原则"虽然有推动体育社会化，避免因奖金和金钱而玷污体育理想并使体育发生异化的愿望与动机，但客观上也强化了近代体育的阶级歧视和垄断性质。

## 四、体育科学和思想理论的初步探索

早在近代体育初步形成时期，约翰·洛克、伏尔泰、卢梭等思想家就从教育的角度提出了许多积极的体育主张。随着时代的发展，在实践中逐渐形成了更加切合实际的体育思想和理论。特别是随着人们对于体育研究和探索的深化，体育与各学科之间的相互间学习借鉴也开始加强。例如，19世纪40年代，由德国青年军官霍·拉特斯泰因（H.RATHOSTEIN，1810～1865）引发的有关体操体系的论争，就是建立在生理学和解剖学基础之上的。

近代体育科学理论的建设在这个时期初见端倪。近代体育的奠基者们从文艺复兴时期就开始运用医学和教育学的观点来观察体育现象，但当时科学和体育本身的发展尚不足以使其观察和思考具有系统性。17~18 世纪随着物理学、化学、教育科学和近代实验医学等科学的深入发展，为体育科学的形成提供了理论基础。例如，哈维（W. HARVEY，1578～1637）于1608 年发表《心血运动论》、波雷利（G. BORELLI，1608～1657）1670 年发表研究肌肉运动机制的论文、哈勒（A.V. HALLER，1708～1777）所著《人体生理学纲要》等，奠定了运动医学和运动生理学等学科的基础。学校体育的理论研究更是教育理论中不可缺少的组成部分。

体育与医学历来关系密切。近代体育奠基者们研究体育的基础之一就是医学。瑞典体操可以说是从医学观点改造德式体操的产物。但从医疗、运动创伤防治和体育保健的角度对体育进行专门研究则是 19 世纪中叶以后。施雷贝尔（D. G.M.SCHREBER，1803～1861）1855 年因出版《室内医疗体操》一书而被称为德国“系统的医疗体育的创始人”。有关运动生理的科学研究始于 19 世纪末。1794~1818 年，德国学者维特出版了《体育百科全书》，其中第 1 卷是对身体运动进行的解剖学和生理学分类。此外，德国的韦伯兄弟（E.WEBER，W.WEBER）于 1836 年发表了《人走步器官的运动力学》一书，对走和跑时人体重心的移动以及动作结构进行了分析。这是近代体育史上有关运动生物力学的最早研究成果。对体育运动中人体进行机能测定的研究首推法国的布洛卡（P.BROCA，1824～1880），他在 1861 年创制了多种人体测量仪器。其他如对体育运动中的心理学、社会学、经济学问题的研究，在 19 世纪 70 年代以前也受到了越来越多的关注。

在关于体育科学及其思想理论的探索过程中，围绕欧洲大陆的体操曾爆发了激烈的派系之争。19 世纪 40 年代，德国青年军官霍·拉特斯泰因发现瑞典林氏体操具有很多德国体操所没有的优点，特别是前者建立于生理学和解剖学基础之上，因而拉比后者更具科学性。在对瑞典体操进行认真研究和考察后，拉特斯泰因开始在德国撰文介绍瑞典体操。50 年代初，拉特斯泰因就任皇家中央体操专科学校校长之职后，便利用自己的地位开始将瑞典体操引入德国。他公开撰文指责德国体操体系，批评这一体系过分强调精神意志培养而忽视人体自身锻炼的价值，认为这是不科学甚至是不道德的。这一直言不讳的激烈指责在德国体操界引起哗然，从而导致一场论战的爆发。最后，在国王的亲自干预下，德国体操界取得了胜利，而拉特斯泰因被迫辞职返乡。但这场论争的意义和影响却十分深远，它引起了人们对于体育实践中各种问题的关注，成为推动体育科学化发展的一股动力。后来在美国、法国和那些有不同体操体系流行的国家都先后发生了论争。

## 五、学校体育课程设置与体育师资培养

早在 1777 年，匈牙利皇室决定就在学校中实施体育教学进行尝试。但由于条件不成熟，这一决定未能实现。19 世纪初，学校体育受到很多国家政府的重视，开始探索学校体育制度与课程设置问题。在这方面，丹麦是最先开设体育课程的国家。1809 年，丹麦政府下令中学必须开设体操课。1814 年该国政府又要求把体操课推广到小学，并成为普通教育的内容之一。此后，在 1820 年，瑞典政府也把体操列为学校课程。德国虽然早在 1804 年、1809 年和 1817 年连续就是否在学校开设体操课程进行激烈讨论，但直到 40 年代，体育才最终得以体操的形式进入学校。

在学校体育迅速发展的过程中，体育师资教育培养问题也被提到重要的议事日程上。从 19 世纪初开始，欧洲各国陆续开办了一些体育师范学校。其中较早的有：丹麦王家陆海军体操师范学校（1804 年）、文职体育教师学校（1808 年）、体操师范学校（1828 年）；瑞典王家中央体操学院（1814 年）、法国儒安维尔军事体育师范学校（1820 年）等。在体育师范学校中，被培养的教师在完成学业之后要通过严格的考核。这意味着体育师资培养已经初步标准化，体育教师不仅要掌握各种锻炼方法和健身技术，而且被要求学习解剖、生理等课程并通过考试。这进一步促进了

体育科学各学科知识的逐步深化和体系化。

## 六、社会主义的体育观与工人体育的兴起

资本主义工业文明导致了无产阶级出现在政治舞台上。19世纪初到40年代，无产阶级已经成长为一支独立的政治力量，显示出自己的意志与要求。随着无产阶级与资产阶级矛盾的激化，19世纪初欧洲各国都爆发了大规模的工人运动，无产阶级开始建立全国性的组织。在这样的背景下，工人阶级的健康问题与体育权益也成为无产阶级斗争的目标之一。

随着工人阶级独立政治运动和民族解放运动的兴起，工人体育出现了新的高潮。其中最具代表性的是德国工人体育。1850年以后，莱比锡等地出现了一些工人体育俱乐部。这些俱乐部加入了1860年成立的德国体操联盟。由于该联盟领导成员歧视工人运动员，不少工人后来退出了该联盟，重新组建了俱乐部。在民族斗争中也出现了一些类似的体育组织。1862年，捷克人民在抗击奥地利占领者的民族解放运动中，为了团结和训练自己的同胞，哲学博士米罗斯拉夫·笛尔什（Miroslav.TIRS，1832～1884）在布拉格创建了一个名为“雄鹰”的体操团体，在不到10年的时间里，在捷克和其他地区又相继出现了130 个体操团体，会员达12000人以上。

## 七、近代体育的早期传播

随着英国以及其他欧洲国家开始向美洲大陆移民和开辟国际市场，在欧洲兴起的近代体育开始超越地理环境的约束，逐渐传播到世界其他地区。近代体育的传播渠道大致有以下几种：一是以移民为体育文化传播的媒介，将原本在欧洲开展的近代体育带到世界其他地方，如美洲和大洋州的近代体育就是这样发展起来的。二是一些通过改革走上资本主义道路的国家，如俄国、日本

等，在实施教育改革的同时积极引进和推行近代体育。三是一些殖民地、半殖民地国家被欧洲列强侵略，被动地接受随之而来的近代体育。近代体育在其传播过程中往往伴随着新旧文化的斗争，并且与一些国家的民族解放斗争交织在一起。

从时间上看，近代体育最早通过移民传播到美洲。17 世纪末以后，大批新教徒从欧洲陆续迁居美洲。在这一过程中，他们把九柱戏、溜冰、撞球、雪橇、滑雪、拳击、角力、赛马、划船、板球等许多体育项目带到了美洲大陆。美国和加拿大是接受近代体育最早的国家。

北美原是英国的殖民地，1775 ~ 1783 年独立战争以后建立了美利坚合众国。19 世纪初，德国移民贝克（C.BECK，1798 ~ 1866）、福林（C. FOLLEN，1796 ~ 1840）等人将德式体操传入美国。在他们的带动下，成立了大批体操俱乐部。1850 年美国德式体操联盟成立，次年举办了第一届国民体操节。1861 年该联盟又创办了美国第一所体操师范学校，刘易斯（D. LEWIS，1823 ~ 1886）率先在学校开设了教师指导的体育课程。南北战争（1861 ~ 1865）以后，体育的重要性被社会所普遍认识，体育师资的培养逐步正规化和系统化。学校体育受到联邦政府和州政府的重视，体育场馆、体育专业教育、各种比赛活动、体育组织、体育科学研究以及体育器材、服装的生产营销等都迅速发展起来。随着学校体育场馆的建设速度加快，校际比赛也日趋活跃。自 1850 年以后，校际比赛的主要项目如划船、垒球、田径、足球等蓬蓬勃勃地开展起来。南美洲在 16 世纪以后被西方殖民者占领，近代体育随之从欧洲传入,像足球运动在巴西、阿根廷等南美国家尤为普及。

在近代体育从欧洲向美洲乃至世界的传播过程中，基督教青年会起到了非常重要的作用。这一组织于 1844 年在英国诞生，很快就在欧美各国发展起来。1855 年在加拿大成立了基督教青年会世界协会。根据 1866 年的章程，青年会的宗旨是“改善青年的灵魂、精神、社会和身体状况”。青年会高度重视文化和体育活动，要求每个城市青年会都设置体育部，推广体育活动，篮球、排球等许多体育活动都是青年会发明并且传播到世界各国的。而对于许多殖民地半殖民地的落后国家，青年会既是体育文化的传播者，又是竞赛活动的组织者，同时还是早期体育师资和管理人员的培养者。基督教青年会在推广近代体育方面的贡献应当充分肯定。

近代体育传入亚洲晚于美洲，刚开始主要是在日本、印度、中国、菲律宾等国家传播。日本是接受近代体育较早的国家之一。1868 年明治维新以前，日本还处在封建社会，文化和体育深受中国的影响。骑术、剑术、游泳等传统体育项目在贵族和武士中间十分流行。明治维新以后，日本走上了资本主义道路，国家的实力迅速强大起来，大批日本学者前往欧洲各国考察近代教育与体育，政府还派出很多留学生出国学习近代体育。其中，以德国体操体系对日本的影响为最大。这些措施都大大促进了日本体育的近代化。

印度也是较早传入近代体育的亚洲国家之一。18 世纪中叶，英国乘莫卧儿帝国无力抵御外来侵略之机，把印度变成了殖民地。在英国侵略印度的初期，曾经利用印度人组建雇佣军，对他们进行军事训练，西方的军事技术和兵操因而开始传入印度。从 19 世纪 30 年代起，流行于英国的麦克拉伦体操逐渐进入印度，在国立和私立学校开展。虽然英国殖民主义者占领印度以后将体操和军事训练作为学校体育的核心内容，但由于指导者都是一些缺乏教育经验、只懂作战的军人，他们习惯于采用强制手段来维持纪律，而忽略了体育活动的乐趣，使得学生对体育课非常不满。

近代体育在非洲的传播十分迟缓。非洲是人类文明发达最早的地区，同时在近代史上也是最贫穷落后的地区。15 世纪以后，欧美殖民者相继入侵非洲。到第一次世界大战前，除了埃塞俄比亚和利比亚等少数国家名义上还是独立的主权国家而外，大部分非洲国家丧失了主权，沦为殖民地。19 世纪 30 年代之前，近代体育的一些活动内容伴随着殖民主义者的入侵传入非洲，但是这些体育方法远未传播到非洲原住民中间，而只是殖民统治者的一种消遣。非洲土著民族实际上根本无法接触近代体育。从总体上看，近代体育在非洲实际上只是在南非这样的殖民主义政权下的白人生活区域开展，其中大部分是原来在英国就很盛行的板球、马球和网球等项目。

**思考题**

近代体育在欧洲兴起的时代背景是什么？
德国体操体系的特点是什么？
夸美纽斯、顾茨姆斯、杨氏、施皮斯等人分别在德国体操体系的形成与发展过程中做出了什么贡献？
英国户外竞技的特点是什么？在近代体育形成发展中的地位和作用如何？
阿诺德的教育改革内容有哪些？对近代体育发展的贡献是什么？
什么是“业余原则”？它出现的背景是什么？

# 第五章　近代体育的演进与发展（19世纪后期~1945年）

## 教学提示

近代体育科学的产生及其标志性成果

军国主义体育思想、自然主义体育思想、奥林匹克主义、马克思主义体育观

竞技运动的发展及其在欧洲和世界的传播

现代奥林匹克运动的产生与发展

苏联体育模式的产生与形成

1871年普法战争结束到1945年第二次世界大战结束，世界经历了一个前所未有的剧烈变动时代。19世纪后期，近代工业革命进入了大机器生产时代，自由资本主义逐渐向垄断资本主义过渡。以英国为首的帝国主义列强凭借先进生产力带来的强大政治、经济、文化和军事优势，完成了对世界市场的占领与瓜分。与此同时，马克思主义成为无产阶级革命的旗帜。20世纪上叶，资本主义的危机进一步加剧，先后爆发了两次世界大战，并诞生了以苏联为首的一批社会主义国家。在此背景下，近代体育的发展经历了一个重要的转折时期。历时几个世纪发展的德国体操体系的主流地位逐渐为英国户外竞技体系所取代。在伟大的体育活动家顾拜旦及其战友们的努力下，首届现代奥运会于1896年在希腊举行，成为现代体育的划时代事件与里程碑，推动世界体育进入了一个新的阶段。

# 第一节　近代体育科学的产生与体育思想的演变

## 一、近代体育科学的产生

随着近代科学、教育和体育的发展，人们对体育的认识进入了一个新的阶段，开始以相关学科为理论基础，从不同角度对体育进行系统、深入的研究。体育学科的建立与科学的体育理论的提出，反映了近代体育科学化发展趋势。

17~18 世纪，人们主要从哲学和教育学角度来认识体育，确立了体育在学校教育中的地位，奠定了体育教学的组织、手段、教材体系和教学方法的基础。到 19 世纪，近代实验科学的发展为探索体育运动的内在规律提供了强大的武器。科学家们开始运用自然科学和人文社会科学的各种成果与方法来观察、探究和认识体育运动的规律，并在此基础上逐渐确立了新的体育观与体育科学体系。近代体育科学研究成果表明，体育运动并非是封闭的和纯生物性的活动，而是自然与社会环境不可分割的统一体。各种身体练习不仅会增强人体的肌肉群和运动能力，而且对人体内部器官和生理功能以及人的意志、精神、感情、思维和人格发展会产生重要影响。因此，体育运动在本质上表现出人的生理与心理的统一性，人的活动与自然环境的统一性，以及个人与社会的统一性。也就是说，体育运动的功能不仅仅是人的体质发展，而是以人的身心全面发展为目标。

从 19 世纪末到 20 世纪初，尤其是在第一次世界大战后，近代体育科学体系逐渐形成。一方面，战争促使各国政府普遍认识到青少年的体质健康和体育的关系，体育运动开始受到政府的重视，很多国家运用立法和行政等手段，来推动和促进开展体育科学研究。另一方面，英国的竞技体育和户外运动模式以及奥运会为世界大多数国家接受并采用，取代了以往形式单一的体操。以田径、球类、游泳、体操等项目为主体的竞技运动成为世界体育发展的主流形式。在广泛开展竞技运动的同时，对运动成绩的追求刺激了运动训练的科学研究。同时，生物学和医学发展初步奠定了对体育进行分类研究的基础。第一次世界大战后，欧美各国以及亚洲的日本先后成立体育研究组织团体，开展体育科学研究。如德国在 1912 年成立了运动医学学会；法国在 1921 年成立了运动医学协会；日本也在 1924 年成立了国立体育研究所。

国际运动医学联合会的成立是体育科学发展的重要里程碑之一。1928 年，来自 20 个国家的 281 名学者在阿姆斯特丹奥运会期间举行了第一次国际运动医学研讨会，首次对参加奥运会的运动员进行了系统的科学评测和研究。到第二次世界大战前，虽然体育科学的基本方向依然是根据医学、生物学和教育学的基本原理去解释青少年身体发育和锻炼之间的关系，尚未形成完整的科学体系，但已经开始走上独立的学科发展道路。

近代体育科学有以下标志性发现和成果：

（一）体育运动应符合解剖学和生理学规律。匈牙利的格奥尔格·德梅尼（1850 ~ 1917）的研究表明，身体练习必须避免静止的、不自然的姿势，动作速度应当与身体部位的体积成反比；要获得有效的影响，必须进行全振幅的动作。同时强调，在学习动作时，永远都应由简到繁，由易到难，由生到熟，由熟到巧。

（二）体育运动应遵循人的身心统一性原则。俄国著名生理学家谢切诺夫（1827 ~ 1905）在实验科学研究的基础上，提出了人体运动的统一性原则。根据他的研究，人的思维与肌肉、心理与生理、外在运动与内部器官功能之间，存在着不可分割的统一关系。他的研究成果使体育科学走出了以往狭隘的纯生理研究体系，确立了人的身心全面发展这一近代体育最重要的原则，深化了人们对体育运动的认识。

（三）体育运动应适应年龄特征和心理学规律。丹麦医生弗罗杰·萨多林在其 1900 年出版的《体操和儿童》一书中，用一系列有充足依据的事例证明，强迫低年级学生像高年级学生或成人那样集中注意力是毫无根据的。他认为呆板的动作和刻板的运动公式对儿童特别有害，强调发展具有想象力的儿童游戏。法国体育心理学派的最早开拓者格奥尔洛·拉齐涅认为，9 岁以下的儿童的体育活动应发展诸如消化、血液循环、呼吸这样一些所谓“大的生理功能”。9～13 岁之间的儿童，应重点发展其神经系统，形成运动的习惯，提高肌肉的协调性，增强视力和听力。从 13 岁起，逐渐增大肌肉活动的强度。

（四）体育运动适应社会需要的原则。俄国的彼得·弗兰采维奇·列斯加夫特（1837～1909）从体育的社会作用角度对体育进行了研究，他认为，体育的发展除受生理规律所制约外，体育是造就协调发展的人的必需手段，而协调发展的基础是人的体力和智力的统一，这种发展是受意识的主导作用而实现的。因此，体育教学的实质，是部分地传授历史过程积累的教育素材。同时，只有当“体育教学”建立在科学基础之上，身体才能获得正常发展。列斯加夫特虽然没有触及体育的社会本质，但他所制订的理论原则仍对世界的体育理论起了重大影响作用。

## 二、近代体育思想的演变

19 世纪 70 年代到 20 世纪中叶，由于国情差异和对体育的认识及需求不同，欧美各国的体育实践经历了不同的发展道路，产生了各种体育思想和理论。其中影响较大有军国民主义体育思想、自然主义体育思想等。而顾拜旦的现代奥林匹克主义与马克思主义体育观是这一时期体育思想发展的高峰。

### （一）军国主义体育思想

军国主义体育思想在我国曾被称为“军国民主义体育思想”，是 19 世纪后期产生于德国的一种体育思想。这种体育思想鼓吹将军队的军事训练方法直接运用于学校体育教学实践，使体育与军训高度结合，其目的是将青少年学生培养成为具有“爱国”“忠君”意识的士兵。其实践形式就是在学校中强制推行实施带有强烈军事性质的兵操和室内体操。

19世纪末到20世纪初，自由资本主义进入到帝国主义时代。为了争夺世界市场和霸权，19世纪最后30年，帝国主义列强之间的矛盾空前激化，欧洲各国无不全力进行扩军备战，准备通过战争的手段来谋取更大的利益。德国作为后起的资本主义国家，在普法战争后更尝到了战争的甜头，因而竭力推行国家体制的战争化和军事化，宣扬具有专制主义和极端民族主义色彩的军国主义。1890年、1891年、1898年德国内阁连续发布训令，要求在各地政府、学校和社会上强制推行军训性质的兵操和室内体操，以培养青年的民族主义和“爱国主义”精神和军事作战素质。军国主义体育思想就是在这样的背景下形成的，并对19世纪末20世纪初一些欧洲国家和日本、中国等亚洲国家产生了较大影响。

军国主义体育思想在欧洲和亚洲一度流毒甚广。由于这一体育思想最大程度地满足了专制政府进行国内统治和对外扩张的需要，能有效而迅速地培养出忠君“爱国”的战争机器，因而在19世纪末20世纪初尤其受到德、日等后起的帝国主义国家统治者的支持吹捧，在学校和社会上大力推行。普法战争后，军国主义体育思想对法国等欧洲国家也产生了很大影响。军国主义体育思想是欧洲19世纪末20世纪初体育发展的一股反动潮流，带有浓厚的封建主义和帝国主义性质。在这一思想支配下的体育手段简单粗暴，枯燥乏味，违背青少年身心发展规律和民主自由精神，因而20世纪以后受到广泛抵制，最终遭到唾弃。

### （二）自然主义体育思想

自然主义体育思想是19世纪末20世纪初形成于美国的一种体育思潮，又称为“新体育”学说。它源于卢梭自然主义教育观，并以美国杜威的实用主义学说为其主要理论根据。1910年，美国体育家伍德（T.D. WOOD，1865 ~ 1951）、赫塞林顿（C. HETHER-

INGTON）和威廉姆斯（J.F. WILLIAMS，1866 ~ 1966）等人首先提倡自然体育。一战后，奥地利的高尔霍夫（K. GAULHOFER，1885~1941）在欧洲提出一套自然体育的思想体系。20 世纪 20 年代中期，自然体育思想在美国形成了系统的理论，其主要标志是威廉姆斯的《体育理论》一书的问世。

自然主义体育思想主张教育和体育要尊重和顺从青少年身心发育规律，通过体育活动促使儿童和青少年的个性自由发展。在体育教学实践中，要求以学生的兴趣和爱好为中心，倡导“体育即生活”，提倡“教育化的体育”，反对军国主义体育思想所代表的非理性的、人为的和器械化的体育形式，主张以符合人身心发展规律的自然体育活动取代强制性的军事体操。自然主义体育的倡导者们认为，体育是促使人身心全面发展的一种教育手段，应包括机体教育、神经肌肉活动教育、品德教育和智力教育四个方面。

在自然主义思想指导下，奥地利教育家高尔霍夫及其助手施特莱歇尔（M. STRECHER，1891–？）设计出一种较为符合学生需要的体育实践形式，初步实现了学校体育改革。根据自然体育思想，这一新体育体系与传统体操体系彻底决裂，主要以户外自然运动和游戏活动为主。这些活动趣味性强，符合儿童及青少年身心发展特征，因而在教学实践中深受欢迎，成效显著。其结构和内容、形式都很接近现在的体育课，影响深远。

自然主义体育思想对近代体育特别是学校体育产生了重大影响，带来了 20 世纪初体育教育领域的革命。自然主义体育思想重视人在体育活动和教学中的地位与作用，强调体育在教育中的地位与作用，促进了体育教学规律和体育教学法研究的开展，由此而产生了“设计教学法”“分组教学法”等教学方法。同时，自然主义体育强调体育运动要符合人的生理、心理规律与特征，从而促进了运动生理学、运动心理学和运动解剖学等体育基础理论学科的形成。但是，自然主义体育思想在实践中也出现了一些问题和消极影响。主要表现是过分强调体育的教育功能而忽视增强体质这一主要任务、不恰当地强调儿童中心主义而削弱了教师的主导作用，强调培养学生的兴趣，却一度助长了“放羊式”教学和“选手制”在学校体育中的流行等等。

自然主义体育思想包含了丰富的民主价值、自由精神和科学基础，是近代体育思想的重要成果，正因为如此，20 世纪 20 年代以后，它在欧美和亚洲各国逐渐取代了军国主义体育思想，对现代学校体育教育理论与实践产生了广泛而深远的影响。

## （三）奥林匹克主义

奥林匹克主义是现代奥林匹克运动的伟大先驱和缔造者皮埃尔·德·顾拜旦（1863～1937）提出来的。它是现代奥林匹克运动的思想基础和行动指南，也是 19 世纪末 20 世纪初产生的最重要的体育思想和理论体系之一，对 20 世纪世界竞技体育的发展产生了巨大的影响。

奥林匹克主义产生于顾拜旦创建现代奥林匹克运动的早期实践。在创建现代奥林匹克运动的实践过程中，顾拜旦深感当时竞技运动虽然在操作体系上和方法手段上已较为成熟，但却缺乏一个哲学基础和基本的价值目标，因此他试图以“奥林匹克主义”这一概念和思想来弥补这一缺陷。为此，顾拜旦就“什么是奥林匹克主义”进行了长达几十年的思索。

早在现代奥林匹克运动的酝酿时期，顾拜旦就注意到，古希腊人组织竞赛活动，不仅是为了锻炼体格和显示壮观的场面，而且是为了教育人。他指出：只有通过竞技运动，才能培养人的坚强意志，磨练身体，发展思想，增强能力，从而塑造出完美的人格与个性。他还提出：“奥林匹克运动和奥运会是为民族和广泛的国际和平主义服务的，并促进社会和平、健全的道德和良好的教育。”在其晚年，顾拜旦对奥林匹克主义的思考更趋深入。1935 年 8 月 4 日，顾拜旦在柏林广播电台发表了《现代奥林匹克主义的哲学基础》的演说，首次明确提出“奥林匹克主义”应包括五大要素：宗教、精英、休战、神圣、心灵美。从而确定培养具有纯洁而崇高的信仰、道德高尚、人格完美、身心一致的现代精英以及实现世界和平——是现代奥林匹克运动的神圣任务和终极目标。

顾拜旦所提出的奥林匹克主义的核心，是通过体育运动和竞技比赛，来培养和塑造身心和谐发展的现代人，并由人的全面发展来促进社会进步，进而实现全人类和平相处。为此他在《现代奥林匹克主义的哲学基础》的演讲中指出："古代奥林匹克主义与现代奥林匹克主义的第一个主要特点就是它是一种宗教。通过身体练习来塑造人体就同雕刻一座雕像一样。古希腊运动员参加比赛是为诸神争光，而现代运动员应为祖国、民族和国旗争光。我认为有理由恢复奥运会就是根据这样一个原则，即以国际主义和民主来改造并扩大宗教意识，从而建立新的奥林匹克主义。它具有时代特点，但这也正如在古希腊引导青年在宙斯神坛下去争取他们的比赛胜利一样。"

顾拜旦所提出的奥林匹克主义是现代体育思想发展的重要成果和伟大里程碑。奥林匹克主义的提出使现代体育第一次有了全世界共同的发展目标与旗帜。由于拥有了这样一个全人类共同认同的哲学基础，因而使现代奥林匹克运动与其他国际性体育赛事和各类锦标赛有了本质区别，成为具有伟大理想和目标、影响深远的国际社会运动。在现代奥林匹克主义指引下，体育运动和奥运会超出了一般运动会的意义和价值，成为促进人的全面发展，推动社会文明进步，直至实现全世界与全人类的和平相处的手段与途径。20世纪以来，在顾拜旦这一思想原则基础上，随着现代奥林匹克运动的发展，奥林匹克主义不断充实和完善，并被明确载入《奥林匹克宪章》之中，成为推动人类和平进步，促进世界体育发展的伟大旗帜。

### （四）马克思主义体育观

马克思主义体育观，是指在科学共产主义奠基人马克思、恩格斯历史唯物主义和辩证唯物主义思想指导下的体育观。这一体育观形成于19世纪中期，成熟于19世纪后期，对19世纪末和20世纪的世界体育运动实践产生了重大影响。

马克思主义体育观产生的背景，是19世纪上叶随着欧洲工业文明和资本主义经济的迅速发展所导致的工人阶级劳动和生活环境的严重恶化和阶级矛盾日益尖锐。随着19世纪上叶欧洲大机器工业迅猛发展，欧洲工人阶级迅速沦为机器的奴隶，备受资本家残酷的剥削和压榨，其生产环境、生活条件及健康状况日趋恶化。针对欧洲各国工人阶级每天要在极为恶劣的条件下工作16~18小时，很多人30~40岁便丧失了劳动力这一悲惨现状，马克思主义奠基人在其《英国工人阶级的状况》和《资本论》等一系列著作中，无情地揭露和谴责了资本主义制度的野蛮与罪恶及对劳动者基本生存权的剥夺与践踏，要求保护儿童与青少年包括体育在内的教育权利，明确提出了劳动者接受教育和体育的权利问题，并将其作为无产阶级解放的天然组成部分之一。

作为一个科学的体育思想体系，马克思主义体育观包含了哪些主要内容呢?

其一，个人全面发展观。马克思主义体育观的核心是“个人的全面发展”观。这一学说是马克思和恩格斯通过对资本主义制度下导致人的片面发展的批判体现出来的。

在马克思于1845~1848年与恩格斯共同完成的《德意志意识形态》一书中，首次正式使用了“个人全面发展”这一概念，提出“个人全面发展的职责、使命、任务就是全面发展自己的一切能力，其中也包括思维能力”和“个人的独创的和自由的发展”❶。马克思和恩格斯把生产过程中的智力与体力的分离或统一看做是个人片面发展还是全面发展的实质所在，同时把人的身心分离的程度视为个人片面发展程度的根本标志。马克思把全面发展的个人称作“适应不断变动需求而可以随意支配的人员”和能够“把不同社会职能当做互相交替的活动方式的全面发展的个人”。❷可以看出，个人劳动能力的全面发展，即作为劳动能力构成要素的智力与体力在个人身上的统一和充分发展，是马克思主义体育观中关于“个人全面发展”的本质所在。

❶ 马克思恩格斯全集第3卷. 330

❷ 马克思恩格斯全集第23卷. 535

其二，体育的阶级性。马克思主义体育观的一个鲜明特征，就是站在无产阶级的立场上，抨击与批判资本主义制度对劳动阶级剩余价值无情剥夺及为了获取利润而对广大工人阶级身心健康的极度漠视与摧残。因此，马克思主义体育观明确提出，体育应为无产阶级服务。马克思在《临时中央委员会就若干问题给代表的批示》中指出："把有报酬的生产劳动，智育、体育和综合技术教育结合起来，就会把工人阶级提高到比贵族和资本家高得多的水平。"由此可见，马克思主义体育观认为，体育是有阶级性的。在阶级社会中，体育绝不仅仅只是简单的身体锻炼，而是一种由阶级地位决定的政治权利、生活方式和消费行为。在无产阶级争取自我解放的斗争中，体育也是斗争的武器和追求的政治权利之一。

其三，体育是一种社会实践。1866 年，马克思曾提出："体育，即体操学校和军事体操所传授的东西。"[1] 从马克思主义的观点来看，体育既是发展人的身体的活动，又是发展人的社会性的活动。马克思、恩格斯主张把学校与军事训练结合起来，在《资本论》等著作中多处强调作为体育方法的体操和军事训练的重要意义。马克思主义体育观是在批判继承历史上各种先进体育思想，尤其是空想社会主义者的教育思想和实践基础上发展起来的。它的主要贡献在于第一次阐明了人的全面发展问题的历史性和阶级性，提出了体育是无产阶级和社会发展的需要的科学理论，明确指出了实现人的全面发展的社会条件和途径。这是马克思主义对现代体育思想和理论建设的伟大贡献。

## 第二节　近代竞技运动的传播与发展

### 一、近代竞技运动在欧洲的传播

19 世纪 70 年代初，兴起于英国的竞技运动逐渐传播到欧洲各

[1] 马克思恩格斯全集第 16 卷. 218

国，至19世纪末又由欧洲传播至全世界。到20世纪上叶，竞技体育已取代了传统体操的地位和影响，演变成为世界体育发展的主流。

作为一个相对独立于欧洲大陆的岛国，英国在体育领域一直保持着自己固有的户外运动和竞技运动传统。与长期在欧洲大陆占主导地位的体操体系相比，英国的户外运动和竞技体育具有接近自然、崇尚竞争、情感丰富，教育性、休闲性、娱乐性突出等特点。加之许多竞技运动项目对场地设施的要求不高，适合于在城市广大低薪阶层和工人阶级中开展，因而对进入近代工业时代的大众、尤其是青少年具有很大的吸引力。

早在19世纪上叶，竞技运动便随着欧洲移民远传至北美，在美国和加拿大等国的民间和学校中广泛开展。早期流行的主要是赛马和拳击等运动。19世纪40年代，棒球运动在美国产生，1845年成立了第一个棒球俱乐部，次年制定出了统一的棒球规则。19世纪初期，英式橄榄球传入美国。19世纪40年代，由英式橄榄球演变而来的美式橄榄球在耶鲁大学、布朗大学、哈佛大学、特里尼蒂大学等开展起来。南北战争（1861～1865）后，美国迅猛的工业化变革带动了城市化浪潮，竞技运动的教育功能和作为城市市民文化的重要组成部分越来越为人们所认识。由于联邦及各州政府重视，体育场馆建设、体育专业教育、竞技运动的管理与组织、各种体育组织的建设和体育科研在这一时期获得快速发展。19世纪80年代产生了第一个体育教学大纲，各州相继制订和颁布了许多体育法令。与此同时，网球、高尔夫球、拳击、游泳、橄榄球、篮球、排球等项目的竞赛越来越普及，户外运动逐步取代了体操在学校中的首要地位，各项运动协会相继建立。由于深受民众特别是青少年的欢迎，竞技运动成为美国文化的重要组成部分并在社会与学校中形成了经久不衰的传统。

但在欧洲大陆，虽然19世纪50年代英国的竞技运动便开始传入并受到青少年的喜爱，但由于文化传统和体育历史方面的原因，欧洲大陆体育界却一直将其视为“粗俗野蛮”的和“下等人”

的活动，予以长期的抵制与非议。19世纪后期，随着大机器工业生产的出现和迅速发展，欧洲大陆各国的都市化生活节奏加快，人们对体育运动的娱乐性、休闲性及情感性需求大大增加，需要新的具有消除紧张状态的身体活动形式。在这样的背景下，英国的户外运动与竞技运动对欧洲人的吸引力越来越大，开展越来越普遍。

至19世纪后半叶，竞技体育在欧洲大陆的传播已成不可阻挡之势，对欧洲体育界形成了前所未有的巨大冲击与挑战。19世纪70年代，竞技运动与传统的欧洲体操发生了激烈冲撞，在欧洲体育界爆发了长达10年之久的关于体操与竞技孰优孰劣的论战。社会实践使人们认识到，工业时代紧张的生活节奏需要更富于游戏性和情感性的体育手段与方式，竞技运动将个人与社会、身体与情感、力量与技巧高度结合在一起，较之以人体解剖学为基础的形式单调枯燥的体操动作更能满足大机器工业时代人们的需要。于是在19世纪70年代，竞技运动终于得以在“体操危机”中在欧洲迅速传播开来，并逐渐成为欧洲体育发展的主流。

德国是欧洲大陆最早引进英国户外运动与竞技运动的国家。1874年，布劳斯维的教师柯霍将足球运动引入学校，接着又将板球和棒球作为学生的户外活动项目，受到学生的极大欢迎，并迅速传播到其他学校，引起了社会和官方的重视。1882年，普鲁士教育大臣果斯列尔颁布了著名的《果斯列尔游戏训令》，肯定和强调了学生参加竞技运动和户外运动的重要性，并以行政手段命令各地开展竞技运动。在社会和政府的推动下，竞技运动在德国得到了迅速普及和广泛开展。

法国在普法战争失败以后，在“爱国主义”的口号下，曾一度流行以军训为主的兵操和德国体操。但教育界和文化界的一些精英很快发现，在青少年中强行推行军国主义色彩浓厚的德国体操和军事训练内容是犯了一个“爱国主义错误”，不利于法国青少年的成长。因此，在他们的大力宣扬和传播下，竞技运动在19世纪末终于在法国得以普及，足球、网球、田径等各种运动俱乐部雨后春笋般创建起来，并先后成立了各种全国性竞赛组织。

在德、法两大国的带领下，竞技运动在北欧各国也得到广泛传播，不仅各种球类项目深受社会欢迎，也成为学校体育的重要手段之一。

英国户外运动与竞技运动在北美和欧洲的传播具有重要意义。它标志着竞技运动作为一种独立的体育理论与方法手段体系，开始取代体操运动成为欧洲体育的主流，并为竞技体育在全世界的传播以及近代体育的国际化奠定了基础。

## 二、“业余原则”的确立

“业余原则”是近代竞技体育发展的一个基本原则。其基本精神是，运动者不能将体育作为盈利或谋生的手段，也不能领取任何物质性的奖金或奖励，而只能作为教育手段和“高尚的”的娱乐方式。产生这一原则的背景是，18 世纪英国竞技运动发展的初期，其参与主体是上层资产阶级、贵族子弟以及部分中产阶层组成的“绅士”和“上流社会”。他们衣食无忧，只是将竞技运动作为一种娱乐和休闲的手段。至 19 世纪中叶，以拉格比公学校长、近代著名教育家托马斯·阿诺德等为代表，将竞技运动引入学校，使其成为实现“身心并完”教育目标的重要手段和组成部分。英国近代思想家、教育家和社会学者们重视竞技运动和户外活动的教育功能，鼓励青少年在课余时间从事体育活动，参与田径和球类比赛，以达到健身、娱乐及教育目的。但他们反对通过竞技与比赛谋利，认为那样会使体育变成商品，从而扭曲体育的教育和娱乐功能。由此形成了体育运动的“业余原则”。

18 世纪后半叶至 19 世纪初，英国社会出现了明显的阶级分化。一些出身下层社会的工人和市民开始利用自己在体育方面的一技之长作为谋生的手段，通过参加足球、拳击等当时被认为是“下层社会”的竞技和表演，获取酬金以作为基本生活来源，成为早期的职业运动者。与此同时，工业文明所带来的社会财富的增加与丰富、铁路和公路的便利、休闲时间的增加等，使包括城市工人阶级在内的下层大众对观赏体育比赛的兴趣日益浓厚，也为职业运动的产生提供了土壤。在这种情况下，当时英国的主流社会要求维护竞技比赛的“纯洁性”呼声高涨，促使有关体育组织制定有关“业余运动”和“职业运动”的明确界定。

“业余原则”正式确立的标志，是1866年英国业余田径俱乐部制定的章程。该章程首次对“业余运动员”的身份进行了明确规定：1）从未参加过公开比赛；2）从未从运动中领取过奖金；3）从未领取过出场费；4）从未与职业运动员同场竞技；5）从未被传授和向任何人传授将体育作为谋生的手段；6）其职业为机械工人，手工工人或体力劳动者。第六条后来在1880年取消，但其他条款一直有效。

当英国在19世纪成为世界上最大的殖民帝国时，体育的“业余原则”也随着竞技体育而传播至世界各地，成为近代体育的一个重要原则。19世纪后半叶，以顾拜旦为代表的近现代奥林匹克运动先驱们深受古希腊体育影响，将体育视为一种高尚而纯洁的事业，进一步肯定了“业余原则”的价值，并将其作为复兴奥林匹克运动的基本原则和精神。1896年在希腊举行的首届奥运会上，在运动员身份和资格的确认方面，严格执行了业余原则，从而使现代奥运会从一开始就把职业选手排除在门外。

但是，到19世纪末20世纪初，职业运动在英国、法国、德国、意大利、美国、荷兰等国不断发展，职业俱乐部不断成立，各类职业比赛也越来越普遍。虽然这些比赛大都局限在属于蓝领工人的传统体育项目中，但仍然对当时主流社会的“业余原则”产生了强烈的冲击和威胁。1925年，国际奥委会和国际运动协会对“业余”的规定达成三项原则：其一，职业运动员不得参加任何奥运会比赛项目。其二，成为了职业运动员后，不得再恢复为业余运动员。其三，因参赛而损失的薪金，不得补偿。由此再一次强化了奥林匹克运动的“业余原则”，并使其成为国际奥委会和许多国际单项体育联合会长期的指导原则和方针。尽管这一原则在实践过程中一直受到质疑与挑战，但随着奥林匹克运动的影响日增，这一原则20世纪体育的实践和发展产生了巨大而深远的影响。

## 三、国际体育组织的产生

19世纪后叶，随着科学技术的进步和世界市场的形成，体育的发展出现了国际化趋势。在帝国主义列强瓜分世界市场和争夺殖民地的浪潮中，欧洲的商人、军人、传教士和各种文化人涌向世界各地，将近代体育和竞技运动传播到全世界。伴随这一过程，国际间的体育交流和比赛也开始出现。如1851年在伦敦举行了第一届世界国际象棋锦标赛；1858年在澳大利亚举行了国际游泳锦标赛；1877年举行了首次具有国际性质的温布尔登草地网球赛等。这些早期的国际体育比赛因没有公认的权威性组织和统一的比赛规则，因而具有明显的地域性和自发性，组织水平和赛事水平也不高，但这些运动会却是近代国际体育赛事的开端。

19世纪末20世纪初，随着竞技体育在全世界的传播，各类世界性运动组织应运而生。1881年，第一个国际单项体育组织——国际体操联合会成立，这是体育发展史上第一个国际性的体育组织。此后，各种单项运动国际体育组织如雨后春笋般建立起来。其中重要的有：国际橄榄球协会（1890）、国际赛艇联合会（1892）、国际滑冰联合会（1892）、国际奥委会（1894）、国际自行车联合会（1900）、国际足球联合会（1904）、国际汽车联合会（1904）、国际业余游泳联合会（1908）、国际冰球联合会（1908）、国际田径联合会（1912）、国际击剑联合会（1913）、国际网球联合会（1913）、国际业余拳击联合会（1920）、国际举重联合会（1920）、国际乒乓球联合会（1926）、国际登山联合会（1932）、国际业余篮球联合会（1934）、国际羽毛球联合会（1934）等等。至20世纪上叶，绝大多数竞技运动项目成立了国际性体育组织。

国际单项体育组织的出现，使各运动项目在世界范围内有了统一的领导核心与管理机构以及统一的比赛规则，使竞技运动完成了由民族文化和地域文化向世界文化的过渡与跨越。至20世纪初，一个由国际奥委会与各国各地区奥委会、国际单项运动联合会与各国各地区单项运动联合会构成的庞大而有效的世界体育组织体系开始形成，成为领导近现代世界体育发展的核心力量。这也是近现代体育发展成熟的重要标志之一。

在这些国际体育协会的领导和组织下，尤其是国际奥委会的领导和推动下，从19世纪末开始，先后举行了很多重要的大型国际体育赛事。如1891年汉堡、伦敦、柏林等地分别举行的首届欧洲花样滑冰赛、首届世界举重锦标赛和欧洲田径锦标赛；1892年在维也纳举行的欧洲速滑锦标赛、1893年在阿姆斯特丹举行的首届世界速滑锦标赛等等。其中最重要的是1896年在希腊雅典举行的首届奥林匹克运动会的举行。这些国际性大型体育赛事的举行，成为推动近代体育国际化和在全世界传播竞技体育的引擎与最有效的手段，对20世纪世界体育运动产生了极为重大而深远的影响。

## 四、20世纪上半叶竞技运动发展的成就

20世纪上半叶，人类先后经历了第一次世界大战（1914～1918）和第二次世界大战（1939～1945）。战争的浩劫给人类带来了深重的灾难，也对世界体育发展带来了毁灭性的影响和破坏。战争期间，体育运动的发展停滞，人的体育权利被剥夺，体育场馆设施被破坏，国际体育赛事也被迫终止。在第一次世界大战期间，本应于1916年举行的第6届奥运会被迫停办。而在第二次世界大战期间，本应于1940年举行的第12届奥运会和1944年举行的第13届奥运会都未能如期举行。

然而，在20世纪上半叶的和平时期，尤其是在两次世界大战之间的20年间，世界竞技运动也取得了突出的成就。主要表现在以下几个方面：

其一，竞技运动发展为世界体育的主流形式。在20世纪第一个十年，也就是在第一次世界大战前，竞技运动的教育价值和社会

功能已为欧美社会与体育界完全接受，并成为学校体育的基本手段和内容之一。第一次世界大战后，欧美军界和教育界在竞技运动的教育功能上达成了共识，认为竞技运动不仅可以培养青少年对战争的适应能力，缓解生活压力，在促进青少年健康成长、培养其独立思考能力和良好道德作风方面更具有不可取代的作用。因此，美国和欧洲各国都大力提倡和开展竞技运动。苏联在1925年颁布的联共（布）《关于党在体育领域的任务》的决议中也指出，竞技运动对形成青年的军事技能、培养劳动人民的意志力、集体主义精神、坚定沉着等品质都有积极作用。20年代末到30年代初的世界性经济危机期间，运动场和赛场的观众席成为缓和社会矛盾、缓解生活压力、宣泄社会情绪的重要手段。第二次世界大战结束后，无论是在社会还是学校，竞技运动的主流地位已不可动摇。

其二，世界竞技运动体系开始形成。以国际奥委会和各单项运动协会的建立为标志，一个世界竞技运动体系于20世纪上半叶开始形成。在组织上，形成了以国际奥委会、国家和地区奥委会、国际单项运动协会、各国和地区单项运动协会为中心的世界性体育组织体系。在竞赛上，形成了以奥运会、洲际运动会为中心的综合性运动会体系和各单项运动的国际赛事体系。

其三，竞技运动项目日趋完善。在20世纪上半叶，各运动项目在组织建设、规则制定、运动竞赛管理、促进技战术发展和场馆设施标准制定等方面取得了突出成就。如1903年在比利时举行了首届世界体操锦标赛；1927年在柏林举行了首届欧洲乒乓球锦标赛（后被追认为首届世界乒乓球锦标赛）；国际足联于1930年在乌拉圭举行了首届世界杯足球赛等等。在各项目的运动技术和战术方面也获得了较大的发展。如田径短跑项目于1936年柏林奥运会时正式使用起跑器，标志着起跑技术的革命。而专门的运动服装、钉鞋的使用和煤渣跑道的出现，有力地促进了田径项目的发展。球类运动的规则、技术、战术和场地设施也在这一时期日趋成熟。如1925年足球制定越位规则，导致“WM”阵势于1930年诞生，并风行20多年。20年代篮板由铁丝网改为木板后，大大促进了这一运动项目的成熟。其他项目如拳击、滑冰、网球、游泳、国际象棋等，也都逐渐完善。运动项目的完善，有力地推动了各类运动竞赛的普及，使比赛更为激烈，扩大了竞技运动的影响，也吸引了更多的人来参与体育锻炼和观看比赛。

其四，运动训练更趋于科学化和专业化。20 世纪上半叶，体育训练方法进一步科学化和体系化。随着运动成绩的提高，训练日趋专业化，专项训练方法和原则逐渐形成。20 年代中期，欧美各国开始采用围绕某一项目进行相关辅助练习的训练方法。30 年代这一方法演进为按奥运周期安排素质训练的“螺旋训练模式”，成为第二次世界大战后综合训练法的雏形。在 30 年代中期，训练负荷与休息问题也引起了运动科学家们的注意，并发展成为间隙训练法，明显提高了中长跑和游泳成绩。这一时期，心理学关于区分个性心理和性格特征等方面的研究成果被用于指导训练实践，由此促进了运动心理学研究的开展。另外，在运动生理学方面，肌肉松弛法和“自生训练法”被作为恢复体力、放松神经的有效手段。40 年代捷克著名运动员扎托皮克，按照“超量恢复”原则，采用了大运动负荷量训练法，19 次打破多项长跑世界纪录，从而促使大运动负荷量训练法在各种项目的训练中被广泛采用。

## 五、职业运动的兴起

随着竞技运动的发展，职业运动开始发展起来。近现代职业运动最早出现于英国。19 世纪中期，由于体育比赛吸引了越来越多的观众，英国一些出身贫寒的平民开始靠体育方面的一技之长来谋生。他们靠从事板球、足球、拳击、网球、划船等比赛的门票收入和赞助费为生活来源，具有了职业运动员的一些特征。这些以体育为谋生手段的运动员的出现，对英国的竞技运动形成了很大冲击。1866 年，英国业余体育联合会宪章对业余选手的身份做了明确的界定，实际上也就明确了职业运动员的身份与概念。

但是，随着竞技运动的广泛开展，各类比赛越来越频繁，其比赛的胜负也越来越唤起公众的关注和热情。以足球为例，19 世纪 70 年代以后，英国的一些足球俱乐部为了提高其比赛成绩，开始购买运动员，并按运动员的身价支付酬金。1885 年，由于布莱克本流浪者队和达温队雇佣“外籍”球员的行为引起了激烈争议，英国足协于当年 6 月 20 日宣布承认各俱乐部购买外籍球员并支付报酬的做法，从而给予了职业足球以合法地位。从此后，英国的职业足球运动开始形成燎原之势，并与当时坚持业余原则的国际足联发生了长期的争执。1923 年 12 月，英格兰足协在伦敦全会上对职业足球下了如下定义：运动员分为职业的和业余的两种。所有在足协登记注册将足球作为自己的职业的，或通过踢球接受报酬的、或在其住宿、交通等必需费用之外再接受任何形式报酬的均为职业运动员。1930 年，在各国职业足球快速发展的背景下，国际足联被迫同意举行不分职业和业余的新的世界锦标赛，即首届世界足球锦标赛（后改称世界杯足球赛）。

虽然有英国足协于 19 世纪末带头承认职业足球，但由于当时以国际奥委会为代表的业余体育具有强大势力和影响，欧美各国足球职业化的步伐十分缓慢。直到 20 世纪 30 年代才开始陆续正式公开承认职业足球。1926 年，西班牙足协率先承认职业足球。其后法国、意大利、阿根廷、智利、巴西、乌拉圭等国均于 1939 年宣布开展职业足球。由此，职业足球终于成为现代体育的正式组成部分，并逐渐扩展到其他运动项目。

美国的职业运动也出现较早。早在 19 世纪中前期，就出现了以赛马和拳击为职业的运动者。19 世纪中叶，棒球运动在美国开始流行。1869 年，辛辛那提红袜队成为首支职业棒球队。1871 年，全美职业棒球运动员联合会成立。1876 年，成立了全国职业棒球联盟。1881 年，全美职业棒球联合会成立。1900 年，全美职业棒球联盟宣告成立。与职业棒球不同的是，美式橄榄球的职业化出现较晚，在 1887 年以前，该运动主要在美国大学中开展，直到这一年成立美国橄榄球联合会和美国橄榄球联盟后，这一运动才走向社会，出现职业球员。

## 六、竞技运动的国际化传播

至20世纪中期，竞技运动基本上完成了国际化过程。

在亚洲，南亚的印度、巴基斯坦、东亚的菲律宾、南亚的泰国等国长期作为英美法等国的殖民地，其教育深受英美文化影响。从19世纪中期始，英国的户外运动和竞技运动传入这些国家和地区。至19世纪末，这些国家大中城市的各级学校均采用英美体制，竞技运动成为学校体育的主要组成部分，在学生中普遍开展曲棍球、板球、足球等运动。

东亚的日本在明治维新（1868）后，在教育改革的同时积极主动地引进了近代体育，于1872年颁布《教育基本法》，使体操和兵操成为学校的必修课，德式徒手操和器械体操受到重视。1900年瑞典体操经美国传入日本，成为学校体操课主要内容。与此同时，英美的户外运动与竞技运动也被引入日本，但直到第一次世界大战之前仅仅是学校课外活动内容。20世纪初，由于受奥运会等世界竞技运动发展的影响以及希望在世界面前展示其新崛起强国的形象，日本政府及体育界开始重视发展竞技运动。19世纪末，在基督教青年会的推行下，篮球、排球、足球、田径、游泳、棒球、橄榄球等在日本各级学校中广泛开展，各类运动组织纷纷成立，校际比赛频繁。1912年，日本运动员首次参加在瑞典斯德哥尔摩举行的第5届奥运会。1913年，中国、日本、菲律宾共同发起举行远东运动会。

在西亚和北非的土耳其、伊朗、埃及、黎巴嫩等阿拉伯地区，近代体育和竞技运动的很多项目也于19世纪末相继传入。足球、排球、篮球、曲棍球等项目尤其受到青少年的喜爱和欢迎。

南美洲的巴西、阿根廷、墨西哥等拉美国家虽然在19世纪初便获得独立。但因其文化深受欧洲的西班牙、葡萄牙和法国等国影响，故以德国体操为主体的近代体育开展也较早。19世纪后期，近代竞技体育由欧洲和北美传入这些南美各国，其中足球、篮球、棒球、网球等球类运动尤为流行。

在竞技体育的国际化传播过程中，基督教青年会起了重要的桥梁作用。1869 年该会在美国旧金山、华盛顿、纽约等大城市建造了当时最完善的体育馆。为了在全世界推广竞技运动，1885 年波士顿青年会在马萨诸塞州斯普林菲尔德学校设立体育部，专门培训青年会体育干事，并派遣他们到世界各地从事体育传播工作。同时，该校还为世界各国培养了大批体育专业人员和师资。从 19 世纪末到 20 世纪初，基督教青年会的体育干事在亚洲、南美洲和非洲各国进行了大量工作，宣传体育运动、建立体育组织、培训体育人才，组织各类运动竞赛，使竞技运动得以在这些国家和地区迅速传播和开展起来。

## 第三节　现代奥林匹克运动的产生与发展

### 一、现代奥林匹克运动的产生

19 世纪末，随着竞技运动在欧洲和全世界的传播和发展，世界体育发展迫切需要一个统一的思想体系、组织体系和实践操作体系。于是，在伟大的现代奥林匹克先驱顾拜旦的发起和领导下，诞生了现代奥林匹克运动，开辟了世界现代体育发展的新纪元。

顾拜旦出生于法国巴黎的一个古老的贵族家庭，曾就读于巴黎政治科学学院。顾拜旦从小就对古希腊历史和文化有特殊兴趣，1881 年，由德国科学家主持的长达 30 年的希腊奥林匹亚考古取得了重大成果，淹没在时间尘土之下 1400 余年的古希腊奥运会遗址和大批文物重现人间，这对年轻的顾拜旦产生了极大震撼，使他立志于通过教育和体育来改革社会。1883 年，他渡海前往英国考察，对英国的教育思想和实践作了深入的研究。其中，英国蓬勃开展的户外运动和竞技运动，特别是托马斯·阿诺德以竞技运动来培养学生品质的教育理念和实践对他影响尤深。1887 年他发表

《法国和英国中等教育制度对比》的报告，提出学习英国的教育思想和引进竞技运动，以此来推动法国的教育和社会改革，引起很大反响。1888 年他被任命为法国“学校教育、体育训练筹备委员会”秘书长。

1889 年，顾拜旦受政府委托对国内外体育发展状况进行研究，代表法国参加在美国波士顿举行的“国际体育训练大会”。在此过程中，他强烈感到世界体育发展正面临一个深刻变革时期，迫切需要产生一个统一的哲学基础和行动纲领，形成一个具有崇高目标和理想的世界运动。由此，复兴奥林匹克运动的想法在他思想中开始形成。

1889 年 7 月，在巴黎召开的国际田径代表大会上，顾拜旦首次公开提出了复兴奥林匹克的设想。1892 年，在庆祝法国“体育运动协会联合会”成立 5 周年大会上，顾拜旦发表著名的“复兴奥林匹克”的演说，热情洋溢地发出呼吁：“我希望能同你们在符合现代生活条件的基础上合作，筹备并完成一件有意义的大事——复兴奥林匹克运动会。”这一建议博得了与会者的热烈反响和掌声，并促使这一工作走上实施阶段。1893 年，顾拜旦以法国田径协会秘书长的身份，与英国业余田径协会主席赫尔伯特、美国普林斯顿大学教授斯龙、瑞典巴里克将军等人共同组建了恢复奥运会的“筹备委员会”。

1894 年 6 月 16 月，“国际体育运动代表大会”在法国巴黎的索邦神学院（巴黎大学前身）隆重开幕，到会代表 79 人，代表着 34 个国家的 49 个体育组织。大会一致同意顾拜旦的主张，通过了《复兴奥林匹克运动会》的决议。6 月 23 日，与会代表宣誓信守业余原则后，通过了成立国际奥林匹克委员会（IOC）的决议，批准了顾拜旦制订的第一部奥林匹克宪章，选举希腊诗人维凯拉斯为国际奥委会第一任主席，顾拜旦任秘书长。会议还决定从 1896 年起，每隔 4 年按古希腊奥运会传统，举办现代奥运会。第 1 届现代奥运会决定在希腊举行。国际奥委会的成立，标志着现代奥林匹克运动的诞生。

## 二、第一届奥运会的举行

1896年4月6~15日，经过国际奥委会的艰苦努力，第1届现代奥运会在希腊雅典胜利举行。这是近现代世界体育发展史上的划时代事件和里程碑，标志着近现代体育以竞技运动为形式，进入了全球化时代和更高发展层次。

1896年4月6日下午，第1届现代奥运会开幕式在雅典体育场隆重举行。国际奥委会主席维凯拉斯和秘书长顾拜旦出席开幕式，约8万名观众观看了开幕式。希腊国王乔治一世宣布第1届奥运会开幕并致辞。来自14个国家的241名运动员参加了田径、游泳（包括跳水）、举重、摔跤、体操、自行车、射击、击剑、网球9个大项目的比赛。由于各国的国家奥委会尚未成立，因此运动员多以个人身份前来参赛。美国选手J. 康赖利在开幕当天的三级跳远比赛中以13.71米的成绩取得了现代奥运会第一个冠军。最壮观的场面出现在马拉松比赛中，当时只有13万人的雅典竟有10万余人夹道为运动员喝彩，希腊运动员路易斯获得冠军后，全希腊为之沸腾。

第1届奥运会获得了圆满的成功，但其准备过程却历经艰辛。由于经费不足，运动会险些流产。经过顾拜旦等人的积极努力，才获得了希腊国王对原计划的最后批准，而反对举行奥运会的希腊首相因此而辞职。为了解决经费问题，大会组委会发起全国募捐运动，并发行了以古奥运会为题材的纪念邮票来为大会筹资。希腊富商G. 阿维德罗夫个人捐助了100万德拉马（希腊货币）为大会修建了大理石运动场。在全社会的努力下，终于解决了大会的经费问题，使首届现代奥运会得以顺利举行。以顾拜旦为代表的国际奥委会和希腊人民为现代奥林匹克运动的产生做出了不可磨灭的贡献。

## 三、20世纪上半叶奥林匹克运动的探索与发展

第1届奥运会胜利举行后，到第二次世界大战结束前，20世纪上半叶一共举行了9届夏季奥运会（不包括因两次世界大战而停办的第6、第12、第13届奥运会）、4届冬季奥运会。在此期间，国际奥林匹克运动对奥林匹克思想、组织及运动实践都进行了长期的探索。到第二次世界大战前，取得了以下显著成果：

### （一）奥林匹克思想体系逐渐形成

顾拜旦在创建现代奥林匹克运动之初，即提出了奥林匹克主义，为现代奥林匹克运动确立了明确的目标，这就是：通过现代竞技运动的教育价值，实现人的身心均衡发展以及全人类友好相处。然而，这一思想需要在奥林匹克运动实践中不断地完善和发展。

1908年，在伦敦圣保罗大教堂一次宗教仪式上，宾夕法尼亚大主教在讲话时提到："在奥运会上，参与比取胜更重要。"这句话深深启发了在场的顾拜旦，他后来对这句话进行了进一步发挥与阐释："生活中最重要的事情不是胜利，而是斗争；不是征服，而是拼搏。"这样就形成了奥林匹克运动的一个重要思想与名言："重在参与，而非取胜"。

1920年，国际奥委会正式将"更快、更高、更强"这句口号确定为奥林匹克格言，并在当年于比利时安特卫普举行的第7届奥运会上正式使用。这句话出自顾拜旦的好友、巴黎阿奎埃尔修道院院长H.迪东在一次户外运动会上的讲话。奥林匹克格言用十分精炼的语言，充分表达了奥林匹克运动所倡导的不断进取、永不言败的奋斗精神。

### （二）奥林匹克运动的组织体系开始形成

20世纪上半叶，国际奥林匹克运动开始形成以国际奥委会为龙头，以国际单项体育联合会和国家奥委会为两翼的三大支柱相

互配合的组织体系。从而奠定了国际奥林匹克运动顺利发展的组织基础。

在最初的三届奥运会上，由于组织体系不顺畅而出现了许多问题。在第4届伦敦奥运会以后，奥运会组织上的混乱现象得到明显转变。英国是现代竞技运动的发源地，在组织大型赛事方面有长期的经验。在这届奥运会上，英国人首次采用将各单项比赛的组织和裁判工作交给各单项运动协会去做的模式，从而开创了国际奥委会与各国际单项体育联合会之间长期合作的历史。1926年国际奥委会建立了由各国际单项体育联合会代表组成的技术委员会，使国际奥委会逐渐摆脱了奥运会的具体技术性事务，而能够更多地在奥林匹克运动的领导、协调、决策上发挥作用，同时也使它在国际体育上的领导地位得到确认。

在处理国际奥委会和国家奥委会之间的关系方面也取得了重要进展。在第一次世界大战前，成立有国家奥委会的国家只有29个。到第二次世界大战前，建立了国家奥委会的国家已达到了60个。这些国家奥委会在各自的国家与地区积极推进奥林匹克事业的发展，处理与本国有关的奥林匹克事务，使奥林匹克运动在世界范围内的发展有了坚实的国家组织基础。在国际奥委会与各国奥委会的共同努力下，国际奥林匹克运动获得了稳步发展。如第一次世界大战之前的五届奥运会中，运动员人数最多的一届仅为28个国家和地区。而在第一、二次世界大战之间的五次奥运会上，参赛选手人数最多的一届已达49个国家和地区。

### （三）奥运会的活动内容日渐稳定

20世纪上半叶，奥运会的活动内容逐渐趋于稳定和成熟。具体表现在以下方面：

#### 1. 奥运会比赛项目趋于稳定

在最初的几届奥运会上，运动项目的设置不稳定，其增减表现出较大的随意性。经过20世纪上半叶的奥林匹克运动实践，国际奥委会已经注意到了在奥运会项目设置上，要尽量符合社会的需要。20 世纪 20 年代以后，奥运会项目开始逐渐稳定。1930 年确定奥运会的正式比赛项目有田径、体操、防御性项目（拳击、击剑、摔跤、射击）、水上运动（赛艇、游泳）、马术、现代五项、自行车、举重、帆船和艺术比赛（建筑、文学、音乐、绘画、雕塑）。组委会可选择的项目有草地网球、水球、冰球、手球、篮球和回力球。

1928 年在阿姆斯特丹举行的第 9 届奥运会上，女子田径项目首次被纳入了比赛项目，增强了奥林匹克运动的普及性和影响。另外还规定，除集体项目外，每个项目一个国家只能派 3 名运动员参赛。这些举措，无疑使奥运会的举办向着规范化方向迈出了重要的一步。

1924 年 1 月 25 日 ~ 2 月 4 日，首届冬季奥运会在法国夏蒙尼举行，项目有冰球、花样滑冰、速滑、滑雪、溜滑石和雪车等。冬奥会也是每四年一届，与夏季奥运会同一年举办。

### 2. 场地设施逐渐标准化

在最初的几届奥运会上，由于各国缺乏统一标准，致使奥运会的场地很不规范，场地设施条件也明显滞后。如一至五届奥运会的跑道周长不一致：第 1 届奥运会的跑道周长是 333.33 米；第 2 届是 500 米；第 3、4 届是 536.45 米；第 5 届是 383 米。早期奥运会的场地设计也不合理。如首届奥运会运动场建成了“U”字形，其直道为 192 米，弯道弧度小，不仅不利于运动员跑速的发挥，而且容易发生事故；第 2、3 届奥运会则没有修建运动场，在巴黎的田径比赛使用的是坑坑洼洼的草地跑道。这些都对运动员参加比赛造成了不良影响。

为了解决以上问题，国际奥委会与各单项运动联合会就统一标准问题进行了协调并取得了良好的效果。1920 年第 7 届奥运会上，首次使用了 400 米环型跑道，并于 1928 年正式确定为奥运会的标准跑道。1924 年的巴黎奥运会上开始采用 50 米长的游泳池。

1932年洛杉矶奥运会上正式启用了奥运村这一形式来接待运动员。奥运村不仅为运动员提供了休憩之所，而且是交流思想、增强各国运动员友谊的理想场所。在这届奥运会上，还首次使用了1、2、3名不同高度的授奖台和采用了双镜头照相机进行终点摄影，电动计时和终点摄影仪也第一次非正式地在奥运会上使用。运动场上也首次有了大屏幕记分牌，并出现了自动打印机网络。1936年在柏林举行的第11届夏季奥运会上，田径、体操、游泳等主要项目有了各自的场地，还修建了可容纳10万人以上的大型体育场和近2万观众的游泳池。在这届奥运会上，首次采用了电影这一形式对奥运会进行了完整的记录，这不仅给奥林匹克留下了宝贵的历史资料，而且也扩大了奥林匹克在全世界的影响。奥运会的首次闭路电视转播也是在柏林奥运会上开始的。场地设施的发展进步，更为奥运会的顺利举行提供了良好的物质条件。

### 3. 奥运会赛制进一步成熟

在最初的几次奥运会上，比赛时间的安排具有很大的随意性。如春、夏、秋三季均有过奥运会比赛。其会期更是长短不一，既有开10天的，也有开6个多月的。20世纪20年代以后，在奥运会的会期安排上开始有了统一尺度。为了解决以往会期长短不一的缺陷，1930年国际奥委会执委会和国际单项体育联合会代表理事会协商决定，将奥运会会期统一限制为16天。

此外，在早期的奥运会上，比赛规则也很不健全。如马拉松的比赛距离每届都不一样；举重和摔跤比赛，既无体重级别的区分，也无比赛时间的限制，如1912年奥运会上，瑞典和芬兰运动员的摔跤比赛曾进行了9个小时；比赛的度量制选择也不一致，有用英制（码制）的，也有用公制（米制）的；对参赛者的资格也缺乏明确规定，就连报名时间也没有截止日期。到第二次世界大战之前，这些问题都得到了妥善的解决。

经过国际奥委会与各单项运动联合会的共同努力，至第二次世界大战之前，以现代奥运会诞生以来初步形成的框架为基础，奥林匹克运动在其思想、组织和活动内容等各方面都基本成型，现代奥林匹克运动的基本运行模式得以基本确立。

## 第四节 苏联社会主义体育模式的形成

1917 年十月革命的胜利，在俄国建立了世界上第一个社会主义国家，也开启了世界体育史的一个新纪元。随着社会主义制度的确立，苏联于 20 世纪上半叶进行了社会主义国家发展现代体育的尝试，产生了以国家集中管理型的体育管理体制。这一体育体制为第二次世界大战后诸多社会主义国家的体育实践提供了经验。

### 一、苏联社会主义体育的初期实践（1917 ~ 1924）

1917 年十月革命胜利之后，虽然巩固政权、给城市以粮食和使生活正常化等方面是新生红色政权的当务之急，但苏维埃国家的领导人对劳动者身体健康问题也予以了高度重视。在人民教育委员会的会议上，列宁指示，必须在学校中普遍开设体育必修课。在党、苏维埃政权和军事组织领导下，一些体育团体、俱乐部和体育小组相继在一些大城市中建立起来，群众的体育运动热情高涨，大批青年工人参加了体育组织，不少城市开始举行足球、篮球及其他项目的比赛。一些学者、医生和教育家开始着手拟定社会主义的体育规划。

1918 年春，外国武装干涉严重威胁着新生红色政权。为了培养和塑造更多的红军战士，保卫新生的红色政权，大力开展体育工作成为一项重要的政治任务。1918 年第七次党代会上，列宁指示必须对所有成年人实施全面系统的军事训练。同年成立了普及军事训练委员会，专门负责对 16 ~ 40 岁的男子的军事训练工作，同时也实际担当起了领导全俄体育事务的工作。1918 年，该委员会制定了“俄罗斯劳动学校章程”，拟定了无产阶级第一部学校体育大纲——青少年学生体育大纲。1919 年 10 月，遵照俄国共青团的有关决议，在各城市和地方建立了共青团委员会的运动部，其任务是在青少年中宣传与推动体育运动。

新生苏维埃政权在解除了战争的威胁之后，很快将发展体育运动，提高人民的健康水平提上了议事日程。1920 年 7 月 27 ~ 28 日，为庆祝第三国际第二次代表大会召开，在莫斯科红场举行了大型的文娱和体育表演。此后不久又举行了一场由共产国际代表大会代表组成的运动队同莫斯科青年队的足球比赛。这是苏联运动史上的第一次国际比赛。

1925 年 7 月，为了解决社会主义制度下体育发展实践中出现的有关理论问题，联共（布）中央政治局开会对体育问题做了专门的研究，通过了《党的体育任务》的历史性决议。这是苏联体育史上最重要的决议之一，对苏联体育事业的发展产生了深远影响。该决议对于苏联体育发展的重大理论意义在于，它指明了社会主义体育的性质与任务，这就是：“必须把社会主义的体育体制视为整个政治和文化教育以及群众保健事业的不可分割的部分。换言之，应将苏维埃体育视为共产主义教育的不可分割的部分。”决议认为，苏联体育的任务不仅是身体锻炼和实施军训的工具，更是对全苏人民进行社会主义教育，使之紧密团结在联共（布）、共青团和工会组织周围的有力武器。这就将体育提高到了无产阶级政治的认识高度，指明了苏联社会主义体育的基本性质。决议指出，苏维埃体育的目标是使全体人民和青少年通过体育运动增强意志力，形成集体主义素养以及吃苦耐劳、坚忍不拔的精神和其他优良品质。这些都确定了苏联社会主义体育的目标，为苏联体育的发展指明了方向。

## 二、建立社会主义的体育体制

在国民经济恢复时期，苏联体育发展的基础较差，经费和场地设施严重不足，缺乏体育专业指导人员和实践经验。在这样的条件下，只有国家的集中管理才能把各部门和各社会组织的活动统一起来，保证苏维埃体育的快速发展。1923 年 6 月 27 日，全俄中央执行委员会成立了最高体育委员会，负责协调全国的体育运动管理事务。

1929 年 11 月 23 日，鉴于仅具有协调职能的最高体育委员会已经不再符合新的形势与苏联蓬勃发展的体育事业的需要，联共（布）中央委员会作出决议，建立由苏共中央执行委员会领导的全苏体育委员会。次年 4 月，这一决议获得通过。根据这一决议，全苏体育委员会的职权是：领导和监督各级体育委员会的活动，对苏联和各加盟共和国的体育立法提供咨询。此外，它还负责大型运动设施的建设、科研、专业人员的培养、宣传、出版及组织举办全国和国际体育赛事等方面的领导工作。

1936 年 6 月，由于全苏体育委员会及其下属组织的工作不能令苏共中央满意，为了加强对体育运动的监督和领导，苏联政府决定成立苏联人民委员会附属的“全苏体育运动事务委员会”。这一新设机构的职能与原来的全苏体育委员会相同，但更加强了政府对体育事业的领导与监督作用。

全苏体育运动事务委员会的成立，标志着以政府集权管理为特点的苏联体育体制的确立。这一体育体制是社会主义国家特有的国家直接管理型体育体制，在第二次世界大战后对东欧和亚洲新生的一批社会主义国家的体育体制产生了重要影响。

### 三、学校体育教学法的制定与劳卫制的推广

早在 1923 年，苏联刚脱离战争的阴影，体育最高委员会便要求全苏学校必须开设体育课。同年，在全苏最高体育委员会的直接参与和指导下，制定并通过了《学校体育教学法基本条例》。至 1924 年秋，全苏开设体育课的学校已有 824 所。到 1925 年，增加至 2182 所。1927 年，人民教育委员会制订了全苏首部统一的教学

大纲，结束了学校体育教学中各自为战的混乱状态。1930 年，苏共中央与苏联政府颁布了有关在学校中“全面开设体育必修课”的法令。根据这一法令，所有中小学校必须将体育课作为一门独立的课程开设，国家将对学校体育教育工作的执行情况进行检查与监督。为了配合这一法令，全苏教育委员会主持制定了新的体育课教学大纲，并确定了教材的常规要求。这一法令颁布以后，全苏学校都统一开设了独立的体育课程。

为了培养社会主义建设者和保卫者，1931 年 3 月，全苏体育委员会制定并颁布了“苏联劳动与卫国标准制”（简称劳卫制）。1931 年颁布了一级劳卫制标准，包括跑、跳、投掷、游泳等 15 个达标运动项目及一些有关体育理论、军事知识、自我控制、自我救护等方面的知识。1933 年，颁布了劳卫制二级标准，包括 22 个达标运动项目和 3 个理论方面的测试。这一标准对青年的身体训练水平提出了更高要求，必须经过系统的训练方能达标。1934 年又颁布了“劳卫制预备级”，这是劳卫制的最低级别，包括 16 个运动项目的达标标准。1939 年，颁布了上述各级劳卫制的改订标准。使这一制度更为完善合理。

劳卫制的颁布对推动苏联体育运动的发展起到了巨大作用，成为苏联学校体育和社会体育发展的共同标准与依据。

### （三）确立竞技运动在体育事业中的地位

早在帝俄时期，竞技运动在俄国的学校和社会中就有了一定发展基础。十月革命之后，在联共（布）和苏维埃政府的支持下，竞技运动很快在群众中恢复并开展起来。1922 年国内战争结束后，苏联各地和一些加盟共和国开始举办地区运动会，还举行了一些全国性的单项运动会。1923 年和 1924 年，分别举办了第 1 届、第 2 届全苏体育节。

但是，当时体育界对竞技运动的看法十分混乱，其中具有代表性的有两类，一是当时一些所谓“无产阶级体育派”以极左的面目出现，提出竞技运动与体操都是“资产阶级体育”，主张以劳动工具和生产车间取代体育器材和体育场馆，以劳动取代体育。另一类则是所谓的“儿童论”派和“卫生工作者”派，认为足球、拳击、重竞技及器械体操等项目会伤害人的身体，不宜推行，只宜提倡卫生操、游戏、散步等轻微活动。在这两派“体育理论家”的干扰下，苏联早期的竞技运动受到很大影响，足球、田径、摔跤、举重、游泳、拳击等项目都被禁止。

针对这种理论上的混乱情况和体育发展实践的需要，1925 年联共（布）通过了关于《党的体育任务》的决议。该决议充分肯定了开展竞技运动对吸引群众参加体育活动、展示集体与个人运动能力的重要意义；肯定了通过竞技运动建立和加强苏联与世界人民之间的联系和友谊方面的重要价值；分析了在苏联开展竞技运动的科学基础，明确提出苏联体育的内容应包括竞技运动、体操、劳动、日常生活卫生及合理的劳逸制度。该决议的发表对于解决当时苏联体育界和理论界在一些重大问题上的分歧和混乱起到了正本清源的指导性作用，也排除了对竞技体育发展的障碍。

《党的体育任务》决议发表以后，苏联的竞技体育发展很快走上了正轨。1928 年，举行了第 1 届全苏运动会。这是苏联体育史上最重要的运动会之一，其规模在当时世界上也是罕见的。在为期两周的比赛中，7225 名运动员参加了田径、足球、篮球、游泳、自行车、重竞技、射击、划艇和民间舞蹈等项目的比赛。他们分别来自全苏各地，其中还包括 600 名运动员来自捷克、德国、英国、法国、芬兰等国的运动员。

全苏运动会的举行，极大地推动了苏联竞技运动的发展。20 世纪 30 年代，苏联虽然没有参加奥运会和绝大多数国际体育组织，但所取得的运动成绩却举世瞩目。如 1938 年有 21 个成绩进入了当年世界 50 个优秀成绩之列；在 1939 年的 50 名世界优秀运动员中，苏联运动员就占了 36 名，其中尤以铁饼、标枪、铅球等投掷项目的成绩最佳，其他如足球、篮球、排球、冰球、举重、摔跤、体操、游泳等项目的实力和训练水平都居世界前列。这些都为第二次世界大战后苏联在奥运舞台上大展雄风打下了坚实的基础。

## 思考题

近代体育科学有哪些标志性的成果?
什么是军国主义体育思想?其产生背景是什么?
自然主义体育思想的主要内容是什么?
什么是奥林匹克主义?其主要观点有哪些?
马克思主义体育观有哪些主要内容?
近代英国户外竞技运动有哪些特征?它是如何在欧洲和世界传播的?
现代奥林匹克运动是如何产生的?
苏联体育模式的特点是什么?

# 第六章　现代体育的形成与确立（1945～1990）

**学习提示**

“冷战”对世界体育发展的影响
东西方不同体育体制的形成与特点
现代职业运动的形成与演变
现代体育科学体系的形成与完善
现代国际体育组织与大型赛事
二战以后各国学校体育的发展
二战以后世界大众体育的演变
《国际体育宪章》的发表

从 1945 年第二次世界大战结束，到 1991 年苏联宣布解体，以苏联为代表的社会主义国家阵营与以美国为首的西方资本主义国家阵营进行了长达半个世纪的“冷战”。与此同时，在争取民族独立和解放的浪潮中，以中国为代表的第三世界国家迅速崛起，成为国际社会一支重要力量。国际政治力量的角逐成为支配 20 世纪下半叶世界体育发展的主要因素之一。二战结束以来，虽然多次发生局部性和地区性战争，但总的说来，世界处于一个相对长久的和平与稳定时期，为世界体育的发展提供了一个较好的外部环境。从 20 世纪 60 年代起，科学技术，尤其是电视、电脑和通讯技术的突飞猛进，推动世界进入信息时代和高科技时代，对体育发展具有深刻而广泛的影响，推动了世界体育的迅猛发展和变革。

## 第一节 “冷战”对世界体育发展的影响

第二次世界大战结束后，世界分裂为以苏联为首的社会主义国家阵营和以美国为首的资本主义国家阵营，进入了长达半个多世纪的“冷战”时代。两大阵营除了在意识形态、社会制度以及经济、军事等领域力图压倒对方以外，还将体育，尤其是奥运会等重大国际赛事作为压倒对方，体现其制度和意识形态优越的重要阵地。由于两大阵营在意识形态，经济基础和社会制度上的差异，形成了东西方不同的体育发展模式与道路。

### 一、二战后苏联与各社会主义国家的体育

第二次世界大战后，为了在体育领域与西方国家竞争，以苏联为首的一批社会主义国家充分发挥和利用了其社会制度的特点与政府集权的优越性，在大力发展群众体育的基础上，优先发展竞技体育，并在国际赛场上取得了巨大成就。

#### （一）二战后苏联竞技体育体制的建立

早在第二次世界大战前，苏联便建立了以国家为主体、政府为主导和计划经济为基础的体育体制。但是，由于当时苏联政府认为奥运会等国际赛事是受资本主义国家支配，为国际资本主义服务的，因此一直拒绝与国际奥委会发生关系。直到第二次世界大战结束后于1948年在伦敦举行的第14届奥运会，苏联政府仍未派团参加。之后由于冷战开始，苏共中央和政府认识到了奥运会等国际重要赛事是显示社会主义国家优越性和与西方国家竞争的重要舞台，因此决定参加于1952年在赫尔辛基举行的第15届奥运会，由此拉开了长达半个世纪的两大阵营在体育领域对抗的序幕。为了实现在奥运会以及其他重要国际赛事中战胜西方，夺

取优异成绩这一目标，苏联在原有的政府主导型体育体制基础上，强化了对竞技体育的直接管理，形成了新的以竞技体育为中心的体育体制。

1945 年第二次世界大战刚结束，苏联人民委员会便通过了《关于资助各级体育运动委员会及改进其工作的决议》，强调体育运动委员会的任务就是增进国民健康和增强体质。提出必须加强各级体委的领导作用，完善其组织结构和补充专业干部。1946 年底，苏共中央又下达了《体育运动委员会执行党和政府关于发展群众体育，提高全苏联运动员运动成绩的指示的几个步骤》的文件。除重申群众体育运动的重要性外，还强调了体育的新的功能，即提高国家声誉，加强社会主义国家的交流，在国际赛场上战胜欧美资本主义国家。从此，提高竞技体育水平，使苏联运动员在一些主要的运动项目中占据世界领先地位，便成为苏联国家体育部门的主要任务和指导方针。1948 年，苏联部长会议通过了《关于鼓励运动员提高运动成绩的决议》，规定对打破世界、全苏和加盟共和国运动纪录的运动员实施奖励，分别授予金质、银质、铜质奖章。

苏联的中央集权政治体制和计划经济体制为实现苏共中央提出的上述任务提供了制度上的保证和条件。在苏共中央和苏联政府的直接领导下，迅速建立起了一个以竞技体育为中心，以奥运会为主要目标，以政府直接管理为手段，以计划经济为基础的体育体制。其特点是将体育事业纳入中央和各级政府的直接管理之下，形成了一个自上而下的垂直型体育行政管理体制。为此，在苏联政府下面设立了全苏体育运动委员会，统一负责管理全国的体育事业。苏联的各加盟共和国、州、地区和市均设立相应的体育运动委员会，分别在所辖地区行使体育运动管理职能。各级政府通过行政拨款方式为体育事业的发展提供主要的资金来源，并为运动员的训练与选拔、场馆设施、退役安排等提供保障。东欧各社会主义国家和中国等社会主义国家也先后仿效苏联的做法，建立了相类似的体育体制。

为了在最短的时间内培养出高水平的运动员，苏联以政府为主导，形成了一套依靠各级政府体育部门层层选拔和培养优秀运动员的选拔和训练体制。这一体制主要包括选拔有运动天赋的儿童和少年进行早期的专项训练，为他们设立半专业和专业化的青少年业余体育运动学校。1952 年苏联首次参加赫尔辛基奥运会大获成功后，这一竞技专业人才培养体制迅速建立起来。20 世纪 60 年代初，苏联决定申办奥运会。全苏体育运动委员会因此而确定了“奥运会至上”的国家体育发展方针，并于 60 ~ 70 年代制定了一系列相关政策，以促进竞技体育的迅速发展和提高。如在全苏各地建立体育院校和运动专科学校来培养优秀运动员；政府拨巨资修建体育场馆设施；高度重视开展体育科学研究；设立奥林匹克选手选拔和集训制度；建立全苏联统一的运动员等级制度和运动员奖金制度等等。这些政策和措施都有效地刺激了苏联竞技体育水平的提高。

### （二）社会主义诸国仿效苏联体育体制

社会主义阵营的其他国家纷纷仿效苏联，建立了本国的国家体育运动委员会，实行政府对体育进行直接管理和领导的体制。如阿尔巴尼亚（1948 年）、保加利亚（1948 年）、罗马尼亚（1950 年）、捷克斯洛伐克（1950 年）、波兰（1950 年）、匈牙利（1950 年）、民主德国（1952 年）、中国（1952 年）等等。这些国家按照苏联的目标与模式，将竞技体育的发展和在奥运会上夺奖牌作为其体育发展战略的重点，先后采用了苏联的体育体制与发展模式。这一模式包括统一的学校体育课程和教材、半专业性质的青少年业余体育运动学校、专业性的运动队、奥林匹克选手选拔和集训制度、运动员等级制度和运动员奖金制度等。

例如，波兰在 20 世纪 50 年代初先后创办了 4 所高等体育院校和 3 所中等体育专业培训学校；保加利亚创办了中央体育科学学院、科学院附属体育研究院、季米特洛夫体育学院；民主德国陆续制定了“促进体育发展 6 年计划”“青少年体育奖”“体育功劳奖”“促进体育发展的规定”等国家体育政策，以此来刺激竞技体育的发展。

为了保证在国际赛事中战胜美国和西欧等资本主义国家，苏联与东欧各社会主义国家还按照“社会主义大家庭”的分工合作原则，有计划地进行项目布局，重点发展本国的优势项目。如捷克斯洛伐克的体操、拳击、长跑、跳高、击剑、射击；南斯拉夫的足球、举重与体操；保加利亚的举重、艺术体操；民主德国的田径、游泳、体操和划船等等。这种国家集团之间有计划、有重点的项目分工，保证了苏联和东欧社会主义国家在奥运会等国际重大赛事中取得了和西方国家抗衡的实力。

### （三）苏联等社会主义国家集团参加奥运会

第二次世界大战之前，苏联将奥运会视为西方资本主义国家政治的产物和“资产阶级体育”的象征，采取不与国际奥委会合作的政策。第二次世界大战后，随着两大阵营的形成与冷战的开始，苏联领导层开始对奥运会产生了浓厚的兴趣。他们从奥运会在全球的巨大影响中认识到，它不仅是一个文化和体育的大舞台，更是一个重要的政治舞台，是显示社会主义优越性和击败西方资本主义的重要阵地。出于以上考虑，1951 年 4 月，苏联成立了国家奥委会，并向国际奥委会提出了入会申请。实际上，对于国际奥委会而言，没有苏联以及东欧国家的参与，奥运会就无法真正成为国际体育的代表。因此，吸纳苏联以及东欧诸国加入奥林匹克大家庭，一直是国际奥委会梦寐以求的。

1951 年 5 月，国际奥委会第 46 届维也纳年会作出决议，接纳苏联为国际奥委会会员。在此前后，东欧诸国也先后与国际奥委会恢复或建立了关系。社会主义阵营正式登上了奥运会舞台。奥运会和国际体坛正式进入了两大意识形态集团竞争的时代。

1952 年 7 月 19 日～8 月 3 日，第 15 届奥运会在赫尔辛基举行。苏联首次派出由 295 人组成的庞大代表团。苏联运动员在比赛中一举获得 71 枚奖牌（金牌 22 枚，银牌 30 枚，铜牌 19 枚），其奖牌总数仅比位列第一的美国少 5 枚。苏联体操运动员丘卡林一人获得跳马、鞍马、全能金牌，同时还是男子体操团体冠军的成员，成为此届奥运会获金牌最多的运动员。除苏联以外，其他社会主义国家也在比赛中取得了好成绩，如匈牙利获金牌 16 枚，银牌 10 枚，铜牌 16 枚，列奖牌总数第三；捷克斯洛伐克获得 7 金 3 银 3 铜，奖牌总数列第六。苏联与东欧社会主义国家在竞技体育领域所取得的成就震撼了世界。

赫尔辛基奥运会标志着以苏联为首的社会主义国家体育在国际体坛的崛起，开启了美苏两大阵营在奥运会上抗衡的时代。在 1956 年的墨尔本奥运会和 1960 年的罗马奥运会上，苏联连续两次在金牌和奖牌总数上压倒美国。民主德国则于 70 年代跃升为仅次于美国和苏联的世界第三体育强国。在 1972 年的慕尼黑奥运会上，民主德国获奖牌总数第三。在 1976 年蒙特利尔奥运会上，民主德国以 40 金、25 银、25 铜一举压倒美国，位居第二，仅次于苏联，被誉为“东德旋风”。这些成就不仅表现了苏联及其盟国的体育实力，更显示了苏联社会主义制度及其体育体制在迅速提高国家运动水平和在国际赛事中取得优异成绩方面的巨大能量和优势。

### （四）苏联体育体制的问题与困境

苏联和东欧社会主义国家在奥运会上的成功掩盖了其体制的缺陷。一直到 20 世纪 80 年代中期，苏联才开始对其体育体制和政策进行一些反思，如过分突出体育的政治功能而导致了国家包办体育事业；过分强调竞技体育优先而忽略了大众体育的发展；体育机构人浮于事，效率低下；从儿童时期就开始的选拔、集训和淘汰制度在给运动员成长造成沉重压力的同时也带来了教育、就业等社会问题；计划经济的体育体制一方面让政府背上了沉重的经济负担，另方面却又造成体育发展经费的严重不足等等。随着各种矛盾和问题的日益突出与累积效应，体制上的缺陷和弊端逐渐严重束缚和阻碍了国家和社会体育事业的健康发展。至 20 世纪 80 年代末，随着各种社会矛盾的激化，苏联以及其他东欧社会主义国家的体育已经面临不进行改革就难以为继的困境。

## 二、欧美西方国家的体育发展模式

在第二次世界大战之前，西欧国家、美国、加拿大和澳大利亚等资本主义国家的近代体育已经历了很长的发展历程，形成了在“业余原则”指导下的民间自治型竞技体育体制。这种体育体制的特点是竞技体育事务由民间体育社团自治管理，政府基本不直接介入包括体育竞赛在内的社会体育事务。但在第二次世界大战之后的“冷战”背景下，两大意识形态集团在体育领域激烈竞争导致了国际体坛的高度政治化，对这些国家的体育体制产生了深刻影响。一方面，由于社会制度和文化传统的因素，这些国家的政府一般不直接控制和管理体育；但另一方面，各国政府又通过不同的方式和手段来影响和干预体育的发展。由于国情的不同，各国的体育体制和发展模式又略有差异，大致形成了民间社团主导型、政府委托型、政府指导型等不同体育管理体制。

### （一）社团主导型体育管理体制

这类体育管理模式以美国为代表，包括德国、意大利、瑞典和挪威等国。其运作方式是以民间体育协会和运动俱乐部为基层组织，以社会和民间组织为承办主体，自筹资金，自我管理。但学校体育教育属于教育范畴，被置于政府教育部门的直接指导和管理之下。

在社团主导型体育管理体制中，为保证竞技体育的自治地位，政府基本不干预体育管理事务，也不设立专门的体育管理机构。国家体育政策的制定和实施、体育资源的配置以及体育管理工作完全由体育社会团体承担。形成这种模式的原因之一与美国传统的“业余体育原则”和“体育属于社会和人民”这一基本信念有关；二是这些国家市场经济高度发达，社会体育团体和组织依靠市场手段和各种体育基金会能够满足其自身发展的经费需求；三是这些国家的社会体育团体和组织已形成了相对成熟而完善的管理体制与运行机制；四是政府重视政策投入与宏观管理。

以美国为例，无论是业余还是职业的运动竞赛均由民间体育社团和组织管理，政府一般不插手竞技运动事务。其主要的竞技运动组织有中学生体育联合会、大学生体育联合会、全美业余体育联合会、国家奥委会、各单项运动协会、各大职业联盟等。1978年，美国国会正式颁布了《业余体育法》，明确规定政府不得介入竞技体育的管理事务，并赋予美国国家奥委会唯一代表联邦政府实施体育监督和管理的职能，对列入奥运会及泛美运动会比赛项目的体育事务拥有管理权限。这一法令，提高了美国国家奥委会的地位，使之成为既能在国际上代表美国参加各种体育活动，又能在国内行使协调职能的拥有实权的机构。

在美国，大众体育的推广因与大众健康紧密相连，涉及到教育、人权、卫生、健康和福利等一系列法律与政策问题，因而受到联邦立法机构和美国政府的高度重视。与竞技运动社团化管理不同，美国联邦政府和各州政府承担着指导、推动、协调和监督大众健康事业的重要责任与职能。联邦卫生与社会服务部是负责组织协调大众体育健身与休闲资源的职能部门，其任务是向大众提供尽可能多的参与体育健身的机会。它的具体职能包括：对体育休闲活动进行规划和管理；指导与组织各种体育休闲活动；给各州政府和地方政府提供用于体育场地设施的规划和开发的资金；制定有关大众体育与健康的法律法规；在各类体育组织间起信息沟通和联络作用等。

### （二）政府委托型体育管理体制

20世纪50年代以来，实行这一体育体制的有英国、澳大利亚，西班牙等国。鉴于“冷战”以来国际体坛的竞争日益激烈，本国运动员在国际赛事中的表现和成绩会对国民的民族情绪及国家在国际政治中的地位造成直接或间接影响，因而西欧一些国家的政府在坚持“业余原则”和政府不直接干预竞技体育传统的前提下，加大了对体育管理的力度，根据本国的情况建立了政府委托型体育管理体制。

委托型体育管理体制的主要特点是，其一，体育管理组织由政府建立，执行国家和政府的有关体育政策与方针；其二，主要领导人由政府任命；其三，政府提供一定的发展经费；其四，体育管理组织在性质上仍属于民间社团组织，不隶属于政府内阁的一个部门，具有相对的独立性，受政府委托行使体育管理职能。这类体育机构的典型代表，有英国体育理事会，澳大利亚体育委员会、西班牙体育理事会、新西兰希拉利委员会等等。

委托型管理体制使体育管理机构成为一种半官方机构，既与政府部门保持一定距离，使其避免受政党变化的影响，又在很大程度上使政府的体育意志得以体现，保证政府所确立的体育政策和目标得以实施。

### （三）政府宏观主导型体育管理体制

实行这一体育体制的主要有加拿大、法国、希腊、日本等国。其特点是：政府在中央或联邦政府中设置专门的体育行政管理机构，承担宏观的体育管理职能，包括体育政策的制定与实施、体育经费计划的编制、全国的体育资源协调和配置、国家体育政策与计划实施过程监督等。但具体的体育事务性工作则完全交由民间体育社团去承担。

这一体育体制形成的动因，是“冷战”时代一些西方国家在与苏联和东欧国家的体育竞争中处于劣势，政府急于提高本国的体育竞争实力，但民间体育社团又难以完成这一任务，因而一些原来由民间社团管理体育为主的西方国家开始转向以政府为主导、民间社团承担具体事务性工作所致。这一体制的优点是国家得以在体育政策方针的制定与实施方面起到主导作用，在体育管理过程中能够体现国家的意志，避免了政府陷在具体的体育事务之中，造成机构臃肿和效率低下，同时也有利于激发民间体育社团组织的作用与积极性。

综上所述，二战后世界进入“冷战”时代，对世界各国的体育体制和发展模式产生了深刻影响。其总的趋势是体育与政治的关系日益密切，竞技体育在不同程度上受到东西方各国政府的高度重视。但由于社会制度、经济水平、文化传统以及体育发展基础与水平不同，各国只能根据国家体育发展战略和目标，力图建立与本国国情相适应的竞技体育体制与运行机制。从效果上看，苏联体育体制由于国家和政府的高度参与，得以发挥其制度的巨大优势，在很短时间内便发展成为世界竞技体育强国。但与此同时，由于政府包办体育，又带来了一系列长远的弊端和负面作用。西方国家的体育体制虽然避免了苏联体育体制的缺陷，但须建立在高度发达的社会经济与体育基础上。对于广大发展中国家而言，要想迅速提高竞技运动水平，在奥运会等重要国际赛事上取得优异成绩，西方发达国家的体育体制未必能够满足其发展目标与要求，因而只能依据本国的国情和体育发展目标来制定自己的体育发展道路。

## 第二节　现代职业运动的发展与演变

### 一、二战后职业体育发展的特点

第二次世界大战后，欧美近代体育传统的“业余原则”受到冲击，职业运动在西欧、北美、澳大利亚以及南美迅速发展。到20世纪90年代末，以欧洲和美国为中心，形成了以足球、篮球、排球、网球、棒球、高尔夫球、橄榄球、冰球、拳击、赛马、汽车等项目为主的世界职业运动体系，并在此基础上发展成为一个规模巨大的新兴产业门类。竞技运动职业化及其所带来的体育产业化和全球化成为20世纪下半叶世界体育发展的一个重大变化和特征之一。

二战后职业体育高速发展具有以下几个特点：

## （一）商业化和产业化是二战以后世界职业运动发展的核心

随着战后西方国家经济迅速发展和市场经济体制的不断完善，从 20 世纪 50 年代起，以欧洲的足球和美国的橄榄球、棒球、篮球等项目为主导，逐渐形成了一个以高水平体育赛事为载体，以职业俱乐部和职业联盟为基础，以出售电视转播权、运动员转会市场、门票、广告、赞助、博采以及其他相关商业活动为手段的大众休闲娱乐产业。例如，1988 年，美国体育产值已达 631 亿美元，超过石油化工业（533 亿），汽车业（531 亿），以及航空、冶金、木材加工业等重要工业部门产值，排行第 7 位，占美国国民生产总值的 1.3%。

## （二）职业体育主要在西方市场经济发达国家中开展

由于职业体育在本质上属于一种以营利为目的的市场经济行为和商业活动，因而依赖于一个较完善的市场经济环境与体制。正因为如此，二战以后的西欧、美国等市场经济发达国家成为体育职业化程度最高的国家。欧洲的英国、德国、法国、意大利、西班牙、荷兰等国家以足球、网球、汽车等职业运动项目为中心，逐渐形成了一个规模巨大的国际体育产业市场。美国则以传统的橄榄球、职业棒球、篮球、冰球、拳击等项目为中心，形成了本国高度发达的体育产业市场。相对而言，由于社会制度的不同，二战后各社会主义国家没有开展职业运动，但因其运动员由国家培养，形成了一种具有某些职业运动员特征的专业运动员体制。

## （三）体育文化传统在职业运动发展过程中发挥了重要作用

在职业化过程中，并不是所有运动项目都可以职业化。只有那些在某一国家、地区或民族中最受欢迎的少数运动项目才具备职业化条件。如在美国，橄榄球、棒球、篮球和冰球都是其独特的传统竞技项目。而在欧洲，足球、板球、曲棍球、汽车等在民间具有悠久的传统。职业运动正是在这些具有深厚民间基础的竞技项目中发展起来的。另外，像南美的巴西、阿根廷、乌拉圭等国虽然属于发展中国家，但以足球这一传统项目为主，建立了自己的职业足球联赛。

### （四）电视媒体在推动体育职业化和产业化进程中起到了关键性作用

在战后体育职业化和商业化进程中，大众传媒起到了关键性的推动作用。早在 20 世纪 50 年代欧美的体育职业化浪潮中，媒体就起到了重要作用。例如，1953 年欧洲冠军杯足球赛的创办，法国的《队报》就起到了关键性的作用。20 世纪 60 年代，家庭电视机的普及和卫星电视的出现使现代体育的传播方式发生了革命性的变化。1964 年东京奥运会首次实现了卫星同步直播比赛，从此开创了电视体育时代。1966 年在英格兰举行的第 8 届世界杯上，也开始使用卫星向全世界进行实况转播，4 亿人次的观众通过电视观看了比赛。1978 年在阿根廷举行的第 11 届世界杯足球赛投入了 7 亿美元兴建彩电转播系统，使全球有 96 个国家和地区的 12 亿人能够完整地看到世界杯的盛况。1984 年美国洛杉矶奥运会期间，电视观众达到 20 亿。2000 年悉尼奥运会共有 320 个国家与地区转播了赛事，电视观众达到 37 亿。

电视直播赛事在世界现代体育史上具有深远的意义，改变了现代体育的进程与面貌。它使体育比赛的看台无限扩大，使全世界的观众可以同时观看体育比赛。这不仅使以高水平赛事为主体的竞技运动在全世界的影响迅速扩大，还创造出了空前庞大的球迷群体和规模巨大的跨国性广告市场，从而直接掀起了 20 世纪 70 年代以来的体育商业化浪潮和体育产业革命，使体育从传统的消费型活动转变为规模巨大的新兴产业。由于电视和大众传媒的高度参与，职业运动在 20 世纪 70 年代以后地位和形象发生了很大变化，成为西方社会的主流文化之一。同时，职业体育与大众传媒的结合也推动了体育的大众化和全球化。

### （五）竞技体育的职业化也给现代体育的健康发展带来了许多新的问题

二战以后，体育的职业化和商业化也带来了诸多严重问题和负面影响。兴奋剂、假球、赌球、黑哨、行贿、球迷骚乱、拜金主义、种族主义、民族极端主义、职业运动员变成社会的新贵阶层等现象越来越严重。有些甚至演变成为严重的社会问题，对世界竞技体育的健康发展构成了极大危害和负面影响。这些在很大程度上都是由于职业体育在本质上是一种以逐利为目的的商业行为所引起的。如何在利用市场机制和商业手段推动职业体育发展的同时，减少和制约上述异化因素和现象对现代体育和社会所产生的危害，已成为现代体育和现代社会亟待解决的问题。

## 二、欧洲与南美职业足球的发展与演变

20世纪50年代，在欧洲和南美各国，职业足球进入了一个发展高潮。欧洲一些拉丁语系国家如西班牙、意大利、葡萄牙和法国等在国内职业联赛基础上，开始形成一个跨国性球员转会市场。

法国和葡萄牙最初主要是从海外领地或殖民地购入优秀运动员，后来转向拉美市场。意大利各俱乐部更是大力从南美买入优秀运动员。由于外国高水平运动员通过转会市场向这些国家集中，使这些国家的足球水平大大提高，国内联赛更加吸引人，造就了庞大的球迷群体，俱乐部票房收入增加。同时，也推动了洲际和国际间的足球比赛，极大地刺激和推动了世界职业足球的发展。

例如，西班牙皇家马德里队于20世纪50年代初起，购入一批国外著名球星，如阿根廷的斯蒂法诺和里亚尔、法国的科帕、匈牙利的普斯卡斯等，使其不仅成为国内联赛的霸主，还一举夺得最初五届欧洲俱乐部冠军杯赛冠军和第1届洲际杯赛冠军，称

雄欧洲足坛。皇家马德里队的成功使欧洲各国的足球俱乐部纷纷仿效其做法，从国外，尤其是那些足球资源雄厚但经济相对贫穷的国家买入优秀运动员，以提高本队的实力和水平。

在球员转会市场繁荣的基础上，欧洲各国的国内职业联赛不断完善和发展，形成了较成熟的联赛制度、球员转会制度、俱乐部管理制度以及赛事营销机制等。与此同时，欧洲各国都出现了一些著名的俱乐部，如英国的利物浦队和曼联队；西班牙的皇家马德里队和巴塞罗那队；意大利的 AC 米兰队、国际米兰队、尤文图斯队；德国的拜仁慕尼黑队等等。这些职业俱乐部都拥有大批球迷，财力雄厚，可以购入大批球星，成为推动欧洲足球发展的中坚力量。

各国职业俱乐部的发展以及国内和洲内职业联赛的兴盛与完善，是推动欧洲职业足球快速发展和高度繁荣的强大动力。1954 年 6 月 15 日，欧洲足联在瑞士巴塞尔正式成立，成为欧洲足球的领导组织和管理机构。在各国国内职业联赛兴盛的基础上，以欧足联为主导，建立了著名的欧洲足球三大联赛。1955 年 4 月，由各国联赛冠军参加的欧洲冠军杯（1992 年更名为欧洲冠军联赛）创立。同年国际城市博览会杯（1971 年更名为欧洲联盟杯）创立。1958 年，由欧洲各国国家队参加的欧洲国家杯（1968 年更名为欧洲锦标赛）创立，其首次决赛于 1960 年进行。1960 年，举行了首届欧洲和南美洲间的洲际杯比赛。这是由两大洲的冠军俱乐部参加的赛事。1960 至 1961 赛季，由各国杯赛冠军参加的欧洲优胜者杯拉开战幕。

20 世纪 70~80 年代，通过卫星电视进行赛事直播直接推动了欧洲各国职业足球的发展。以意大利、英国、西班牙、德国、法国等国的职业联赛以及上述三大欧洲职业足球联赛为龙头，欧洲职业足球进入了全面繁荣时期。一方面，高酬金和成熟的球员转会市场吸引了大批南美等地的高水平运动员加盟各俱乐部，使欧洲成为世界足球运动水平最高的地区。另方面，通过电视转播，使欧洲职业足球成为跨国和跨洲的全球文化，在全世界拥有大批球迷，产生了巨大影响。

欧洲职业足球的繁荣也带来了很多负面问题，其中最突出的是球场暴力问题和足球流氓的出现，其典型事件是海瑟尔足球惨案。1985 年 5 月 29 日，欧洲俱乐部冠军杯决赛在比利时布鲁塞尔的海瑟尔体育场举行，比赛的双方为英格兰的利物浦队与意大利的尤文图斯队。赛前双方球迷发生严重冲突，造成 39 人死亡，其中主要是意大利球迷，另有 250 人受伤。事后所有英格兰球队被禁止参加欧洲足球赛事 5 年，使英国足球发展一度受到较大影响。海瑟尔惨案对欧洲足球乃至世界职业足球发展产生了深远影响。在此之前，虽然足球比赛也曾因安全等因素发生过多次死亡事件，但由于球迷骚乱而导致如此严重的惨案，这还是第一次。这一事件发生后，职业足球作为一种影响巨大的社会文化现象引起欧洲各国政府和各界的高度关注，促进了足球比赛安全条件的改善。

南美的巴西、阿根廷等国虽然经济较为落后，但由于足球在其社会生活中有着悠久而深厚的传统，因此职业足球也较为发达。巴西的桑托斯队、弗拉门戈队、圣保罗队，阿根廷的博卡青年队、河床队等都是世界著名的职业足球俱乐部，培养出了如贝利、马拉多纳、济科等一代世界足球明星。1960 年，举行了首届南美解放者杯比赛。该项赛事每年举行，由上一赛季南美各国联赛的冠军队参加。至 20 世纪末，其冠军由阿根廷、巴西、乌拉圭三国瓜分。由于南美各国足球水平较高，使该项赛事成为欧洲冠军杯联赛之外水平最高的区域性国际足球赛事。20 世纪 70 年代后，由于国家经济发展水平和联赛及俱乐部管理经营等多方面原因，大量球星被欧洲职业俱乐部买走，导致这些国家的职业联赛水平下降。

## 二、美国职业体育的发展

虽然美国早在 19 世纪中叶就已经出现了商业性的体育赛事，并于 1869 年成立了第一支职业棒球队，但在 20 世纪 60 年代以前，由于受两次世界大战及经济萧条等影响，其发展速度不快。

20世纪60年代以后，由于战后经济的繁荣和普遍实行每周40小时工作制，美国大众有了更多的闲暇时间和消费能力。人们不仅投入各种体育健身活动，而且热衷于到赛场去观赏高水平的职业比赛，支持自己所喜爱的球队和球迷，职业体育开始迅速发展起来。随着电视的普及，至20世纪70年代，美国已经形成规模巨大的职业体育产业和独特的职业体育文化。

完善的管理体制和市场运作机制，独特的体育娱乐文化传统和媒体的深度参与，成为战后美国职业体育发展的主要动力与支柱。

美国的职业体育以四大职业联盟为主体，包括全美橄榄球联盟（NFL）、美国职业棒球大联盟（MLB）、美国篮球联盟（NBA）和美国冰球联盟（NHF）。另外还有女子篮球、足球等各类职业联盟。至20世纪末，全美各职业联盟共有792支职业队，为全球之最。

从20世纪50年代起，经过近20年的不断完善和改革，至90年代初，美国职业体育已经形成了一套较为成熟和行之有效的管理体制和营销模式。美国职业体育实行联盟制，即合作管理模式。由参加联盟各职业队的老板组成业主委员会，他们具有对联盟竞赛与经营事宜的“立法权”。经营工作由联盟总裁负责。总裁由业主委员会选聘，任联盟首席执行官（CEO）。首席执行官对业主委员会负责，并对联盟的正常工作有决策权、惩处权及裁定权。

作为一种商业化行为，美国职业体育通过向球迷和观众奉献高水平的比赛来赢利，其主要收入来自电视传播权、门票、场租（包厢、货摊租金、停车等）及特许纪念品销售。到20世纪90年代，上述四项收入（平均值）占总收入的百分比分别为37.0%、42.3%、15.2%及5.5%。根据美联邦统计局的统计，1999年体育馆普通门票和包厢门票收入分别为1047亿和32.5亿美元。比赛场馆内电子牌广告一项收入就达166.8亿美元。对拳击、网球、高尔夫球等单项商业赛事而言，除前述四方面的收入外，赞助也是一项很重要的收入。赞助商出资赞助赛事，赛事主办者以赛事冠名及场地广告作为回报。据有关统计，20世纪80年代初，美国职业体育的总收入在30亿美元左右。至90年代中期，已突破70亿美元。其中，职业橄榄球联盟的收入为17亿美元左右，职业棒球大联盟为15亿美元左右，职业篮球联盟为7亿美元左右，职业冰球为4亿美元左右。由此，可以看到美国职业体育的规模与各个项目的影响。

美国职业运动员一旦成为明星，便成为美国式的英雄，受到球迷的崇拜。由于电视转播和广告为联盟、俱乐部和运动员本人带来高额收入，不少出身贫寒的运动员一旦成为职业球星，就一跃为千万甚至亿万富翁。20世纪60年代以来，随着一批黑人运动员如拳王阿里、田径运动员刘易斯、篮球运动员“魔术师”约翰逊和迈克尔·乔丹、高尔夫运动员泰格·伍兹等在职业体育领域独领风骚，大大提高了黑人在美国社会中的地位和影响力。职业运动员的名气和收入使之成为很多青少年的梦想，同时也激励更多的家庭支持自己的孩子去从事体育训练，发掘青少年的体育天赋。

以电视为主力的大众传媒在美国职业体育发展中扮演着极为重要的角色。美国电视通过转播职业赛事，不仅为自己赢得了大量观众和广告，更通过传播体育运动和制造体育明星对美国社会文化和价值观产生了深刻影响。至20世纪90年代，美国各电视频道体育节目所占用的总时间高达1年1.8万小时，其中近80%是播放有关职业体育的节目。职业赛事转播已经成为美国电视的支柱性节目，与此同时，出售电视转播权也成为美国各职业联盟和职业俱乐部收入结构中最主要的收入来源。电视媒体与职业体育已经高度结合在一起，成为20世纪70年代以来美国职业体育最重要的发展趋势和特征之一。

## 三、其他职业体育项目

除了以上项目外，20世纪60年代以来，一些传统职业项目在欧洲和美国也获得了迅速发展，其中影响最大的有网球、汽车、拳击等。另外，很多传统业余体育项目如田径、体操、游泳、高尔夫球等也开始了职业化进程。

## （一）职业网球

作为长期被视为欧洲最贵族化的运动项目之一，网球虽然从19世纪下半叶始就形成了相对稳定的公开赛，但却长期拒绝职业化。直到二战以后，才逐渐形成了以温布尔登网球公开赛、美国网球公开赛、法国网球公开赛和澳大利亚网球公开赛四大传统比赛为主体的职业网球赛事体系。以历史最悠久的温布尔登网球锦标赛为例，该项赛事由全英俱乐部和英国草地网球协会于1877年创办。20世纪初，该项赛事演变为国际性比赛。但直到20世纪70年代前，该项赛事只允许业余选手参加。1968年国际网联同意职业选手参加该项比赛，并设巨额奖金吸引全世界一流好手参加，从而使该项赛事一举成为世界上水平最高，也最为著名的职业赛事。其他如美国网球公开赛（创建于1881年）和法国网球公开赛（创建于1891年）也大致经历了相同的职业化历程。除了以上四大公开赛以外，还有戴维斯网球公开赛等多项职业赛事。

## （二）汽车运动

世界上第一个汽车赛事于1894年在法国举行。但大规模的职业汽车赛事则兴盛于20世纪60年代以后。至20世纪末，在汽车制造商、国际汽车运动联合会及媒体的共同打造下，形成了多项世界级汽车职业大赛。其中最主要的有世界一级方程式锦标赛（F1）和WRC两种系列赛事、勒芒24小时耐力赛与巴黎一达喀尔拉力赛两种单项赛事。

世界一级方程式锦标赛（Formula-1 World Championship，简称F1）于1950年首次举行。这是世界最高级别的系列赛事之一，以规定的车型在封闭的赛道中比赛，每年在世界各国举行。世界汽车拉力锦标赛（World Rally Championship，简称WRC）是世界职业汽车运动的另一大系列赛事，也是在世界各国举行。其赛段为各种临时封闭后的普通道路，包括山区和丘陵的盘山公路、沙石路、泥泞路、冰雪路等，也有无法封闭的沙漠、戈壁、草原等地段，参赛车辆均为各大汽车厂家年产量超过2500辆的原型轿车，只是必须经过不同程度的改装方可参赛。

勒芒24小时耐力赛（法文为24HEURESDUMANS）创建于1923年，每年6月举行。除1936年、1940～1948年因战争等原因未举行外，历年都举行该项赛事。其赛道是将法国勒芒地区的高速公路和街区公路封闭成一个环行路线，单圈长13.5公里，是沥青和水泥路面。比赛一般从第一天的下午4点开始，一直持续到次日的下午4点，历时24小时。每部赛车由3名赛手分别驾驶（80年代中期以前为2名赛手），采用换人不换车的方法。该项赛事是全球各种耐力赛时间最长的比赛。

格拉纳达—达喀尔拉力赛是比赛距离最长的赛事，于1979年创办。1995年以前的16届比赛为巴黎—达喀尔拉力赛。该比赛每年1月从西班牙南部的格拉纳达出发，穿越非洲5个国家，行程达10109公里，最终到达塞内加尔的达喀尔。与WRC不同的是，该比赛为多车种的比赛，比赛路段分布在宽阔甚至漫无边际的撒哈拉沙漠、毛里塔尼亚沙漠以及热带草原。与WRC相比，基本上没有现成的道路，车手和领航员除了依靠组委会的路线图以外，还要借助指南针直至今天的GPS全球定位系统，才能到达和通过每一个集结点，过程异常艰苦。

### （三）职业拳击

拳击是近代世界体育最早职业化的运动项目之一。二战以后，职业拳击迅速发展，逐渐形成以世界拳击协会（WBA）、国际拳击联合会（IBF）和世界拳击理事会（WBC）世界三大拳击组织为主体的世界职业拳击赛事体系。除这三大拳击组织外，还有不少大大小小的职业拳击组织。

经过多年的实践，至20世纪末，以三大拳击组织为中心，世界职业拳击运动基本上形成了一套相对成熟的运作模式。它们大致都是以各级拳击组织举办不同层次的职业拳击竞赛为主要活动内容，以执委会和各级拳击组织为骨干，以商业运作为主要手段，形成了一个较为完整的职业体育管理体制和运行机制。

三大世界职业拳击组织在各大洲都设有下属组织，每年都要举办各种赛事，运动员根据比赛成绩积分排名。世界三大拳击组织通常只负责组织本协会内积分排名靠前的运动员对上届拳王的挑战赛，并与其他拳击协会共同组织拳王比赛。世界拳击组织的经费来源主要有两条途径，一是举办比赛的批准费，一场高水准的重量级拳王赛的批准费约10万美元。二是该组织注册运动员的注册费，以MBA为例，该组织每年经费收入大约为100万美元，主要用于日常工作、会议和支持贫困国家发展职业拳击运动。职业拳击本身是商业化的孪生子，但各职业拳击组织的性质却是非赢利性的，包括主席在内的所有成员都是兼职的，没有专职工作人员。

## 第三节　现代体育科学体系的形成与发展

### 一、现代体育科学化的动力与背景

20世纪下半叶，科学化也成为世界体育发展的主要特征之一。其标志是现代体育，包括竞技体育和大众体育的科技含量越来越高，大量最新科学成果被应用于体育训练、比赛、管理、设施、场馆、用品、通讯、服务等各个领域。与此同步，围绕高水平竞技的需要，包括运动医学、运动力学、运动材料学、运动训练学、运动竞赛学等领域的研究日趋深化。另外，体育人文社会科学体系和体育管理营销学体系的形成，成为了二战以后体育科学发展的另一重要成就与标志。

现代体育科学发展的主要动力来自以下因素：其一，20世纪下半叶以信息科学技术为前导的高科技时代的到来，促使大量高新技术被运用于运动训练和比赛；其二，“冷战”时代东西方两大意识形态集团的对峙，促使各国不断加大科技投入，以便在奥运会等重大国际赛事中取得压倒对方的优势。与此同时，欧美职业运动的兴盛推动体育运动迅速发展成为大规模产业，巨大的商业利益促使各国职业俱乐部和运动实体高度重视体育科研，提高训练比赛的科技含量。其三，战后各国政府重视以体质健康为目标的大众体育和学校体育，通过各种方式和手段激励并推动有关领域的研究。

在上述背景下，20 世纪下半叶以来，各国体育运动的竞争，从某种意义上来说已成为科学的竞争。传统的运动解剖学、运动生理学、运动生物力学、运动创伤学、运动医学、运动心理学在原有的基础上进一步发展。同时，对各种影响体育运动的因素进行定量分析的新学科也相继建立，大脑神经生理学、运动技能学、体育统计学、体育测量与评定等是这些学科的代表。

## 二、体育人文社会学体系和体育管理营销学体系的形成

二战以后，世界体育科学发展的一个重要变化和趋势是体育人文社会科学体系的兴起。随着国际奥林匹克运动、职业运动和大众体育发展成为世界主流文化，其实践也带来了许多社会、政治、文化、教育、法律、道德、管理、经济、传播等方面的问题。20 世纪 50~90 年代，世界体育先后受到政治干扰、民族主义、种族主义、恐怖主义、金牌至上、过度商业化、球场暴力、假球赌球、兴奋剂等问题的严重挑战，促使世界各国政府和体育界不得不更多地从人文社会学角度来审视体育问题，需要学术界更多地运用人文社会学各学科的方法和理论来从事体育研究，提供有价值的研究成果和解决对策。

在此背景下，从 20 世纪 60~80 年代，体育人文社会科学研究越来越受到重视，除了传统的体育基本理论和体育史学研究外，体育哲学、体育社会学、体育文化学、体育法学、体育教育学、体育传播学、体育新闻学、体育人口学、体育美学、体育伦理学、

体育生态学、比较体育学、奥林匹克学等新学科开始崛起。围绕这些新学科，出版了很多学术专著，有的还进入了大学课程体系，编写了教材。至20世纪末，体育人文社会学已经形成了一个较完整的学科体系。

与体育产业化、职业化和全球化进程同步，有关体育组织管理、赛事管理、场地经营、体育博彩、体育营销、体育广告、球员转会等领域也日趋科学化和统一化。从20世纪80年代起，欧洲、美国和日本不少学者借鉴管理学和经济学的基本原理，结合体育的实践经验和特点，创立了新兴的学科，如体育管理学、体育经济学、体育营销学、体育经纪学、体育运作组织学、体育博彩学、体育情报学，等等。

体育人文社会学体系与体育管理营销学体系的形成，是20世纪下半叶体育科学发展的重要成就。这两大学科体系的形成改变了以往体育科学以自然科学为主的状况，使现代体育科学更加完善，成为一种横跨自然科学、人文社会科学和管理学三大科学的完整体系，有力地推动了现代体育的发展与变革。

## 三、体育科研机构的建立和学术活动的开展

在"冷战"时代，一方面出于政治的需要，东西方各国都将提高运动成绩，在奥运会上夺取金牌作为自己的国家体育战略的核心，另一方面，由于世界竞技运动的迅速发展，使运动员仅靠自身天赋和教练员的经验已难以取得优异成绩，在训练和竞赛方面必须加大科研的投入。因此从20世纪70年代以来，欧美各国都成立了很多体育科研机构，集中大批生理、生化、解剖、医学、心理学、营养学、运动生物力学、材料学等领域的专家学者，着重研究运动员的选材、训练、营养、心理以及运动器材和场地等问题。

这类体育科研机构有两种形式：社会主义国家大多是由国家建立的科研中心和研究所，如苏联的全苏体育科研中心、民主德

国的国家体育科研所等；而西方国家则多将体育科研放在大学里，如 1988 年成立的西班牙巴塞罗那自治大学奥林匹克与体育运动研究中心，1989 年成立的加拿大西安大略大学国际奥林匹克研究中心，1996 年成立的澳大利亚新南威尔士大学奥林匹克研究中心等等。这些体育科研机构的成立，有力地支持和推动了这些国家的竞技运动水平的提高和体育研究的发展。另外，苏联、民主德国、瑞士、波兰、西班牙等国还陆续建立了体育情报研究中心来收集体育信息以指导体育科研。

除了上述科研机构外，20 世纪 60 年代以来还成立了很多新的国际性学术组织和机构。以奥林匹克运动研究为例：1961 年 6 月 14 日，国际奥委会在希腊雅典正式成立了国际奥林匹克学院（IOA）。1982 年 10 月，国际奥委会又在洛桑奥林匹克博物馆内成立了国际奥委会奥林匹克研究中心（OSC），设有文献部、图片部、声像与多媒体部、档案部，并定期举办学术讨论会。20 世纪 50 年代以来，很多国家根据奥林匹克宪章的要求，建立了国家奥林匹克学院（NOC）。一些国家的大学还建立了有关奥林匹克运动的研究中心或研究所。这些组织和机构均定期召开年会，出版学术杂志，交流学术研究成果等。如 1956 年墨尔本奥运会期间，召开了首届奥林匹克科学大会，这是国际奥林匹克运动和体育科学的最高层次讨论会，由每届奥运会主办城市举办。1986 年在德国科隆举行了首届世界大众体育大会，这是国际奥委会专为发展和推动大众体育而举行的科学讨论会，之后每两年举行一次。1989 年在美国科罗拉多举行了首届国际奥委会世界体育科学大会，这是国际奥委会为促进体育科学理论与运动实践的结合而专门组织的自然科学类世界性体育科学大会。国际奥委会和一些国家的科研组织还出版了不少学术期刊，如国际奥委会出版的《奥林匹克评论》《奥林匹克信息》《奥林匹克杂志》和国际奥林匹克史学会主办的《奥林匹克史》等等。

综上所述，从 50 ~ 80 年代，世界体育运动发展的一个重要趋势是体育的科学化。其具体表现则是竞技运动创造新的成绩与纪录越来越依赖于高科技成果，无论是竞技体育还是大众体育、学校体育的高科技含量和知识含量越来越高，由此推动了体育科学研究的全面发展。为了适应现代体育发展的需要，各种相关学科的理论、方法被引入体育科学研究之中，促使大量新兴学科和边缘学科产生。体育科学研究开始从以自然学科为主，发展为一个包括体育自然学科群、体育人文社会学科群以及体育管理营销学科群在内的多学科体系。学者们从不同角度和学科对体育运动进行全面、立体和深入的研究，向现代体育运动实践提供有价值的研究成果和解决问题的对策，从而促进世界体育运动健康地向前发展。

## 第四节　现代国际体育组织与大型国际体育赛事

二战以后，随着世界竞技体育的繁荣和发展，在原有基础上，又增加了不少新的国际单项体育组织。同时，各种大型国际性赛事频繁举行，推动了世界体育的发展，构成了20世纪下半叶全球体育多姿多彩的画面。

### 一、国际体育组织的变化

第二次世界大战后，亚洲和非洲许多国家摆脱了西方的殖民主义统治而纷纷独立。以苏联为首的社会主义阵营的出现给国际政治格局带来了重大变化。欧美少数国家在国际事务中的支配地位受到动摇与挑战。在国际体坛上，社会主义国家与一大批新兴独立国家要求在国际体育事务中取得相应权利和地位的呼声越来越高。与此同时，体育与政治、社会、经济、文化等方面的关系越来越密切，在国际事务和社会生活中的意义与作用也越来越为各国政府及各方面所重视。在此背景下，许多战前成立的国际体育组织力图通过改革以适应时代发展的需要，而一些新的国际组织则不断涌现。

二战后新成立的国际体育组织主要有：国际皮艇和划艇联合会（1946）、国际手球联合会（1946）、国际健美联合会（1946）、国际排球联合会（1947）、世界跳棋联合会（1947）、冬季两项联合会（1948）、国际象棋运动通讯联合会（1949）、国际柔道联合会（1951）、国际钓鱼运动联盟（1952）、国际雪橇联合会（1958）、国际桥牌联合会（1958）、国际潜水联合会（1959）、世界航海模型联合会（1959）、国际有舵雪橇联合会（1961）、国际业余自行车联合会（1965）、国际体育联合会总会（1967）、国际技巧联合会（1973）、世界羽毛球联合会（1978）、国际围棋联盟（1982），等等。

上述国际体育组织的相继问世，加上二战前建立的各个国际单项体育组织，使现代体育的各个主要运动项目有了统一的领导核心。这些国际单项体育组织均有自己的机构和规章制度，行使其规章所规定的各项管理职权，并定期组织所辖项目的洲际或国际有关赛事。这些国际单项运动联合会与国际奥委会、各国的奥委会及单项运动协会，形成了一个结构完整、功能齐全、相互协调的国际竞技体育组织系统。

二战后，为了适应新的形势和需要，国际奥委会发生了深刻的变革。20世纪50～60年代，由于“冷战”的影响和亚非大批新兴国家的独立，使奥运会的组织结构和功能复杂化。但国际奥委会为了保持自己的传统和独立性，一度采取封闭政策，在经济上坚持拒绝任何商业化行为的业余原则，在政治上奉行所谓不与政府打交道、独立于政治之外的原则，以至于60～70年代在政治、经济等各方面都遇上了很大困难。80年代萨马兰奇担任国际奥委会主席后，大胆实施改革，使国际奥委会由封闭走向开放。一方面，国际奥委会扩大了委员名额，增加了亚非第三世界国家的委员、运动员委员和妇女委员；另一方面，国际奥委会建立了主席常驻总部制度，增加和强化了各专门委员会，设立了体育仲裁法庭，在瑞士注册使之具有了法律身份和地位。同时还加强了与各国政府之间的联系，注重与各国奥委会和各国际单项体育组织之间的协调。通过这一系列变革与措施，使国际奥委会重新充满活力，功能大大增强，领导国际奥林匹克运动走向了20世纪80~90年代的繁荣，并为这一国际最大的体育组织在21世纪的发展奠定了基础。

## 二、大型国际体育赛事

二战以后，随着国际间体育合作日渐紧密，竞技运动在世界范围不断扩大和发展。在国际奥委会和世界单项运动组织的领导下，形成了一个以奥运会为最高层次、以各运动项目的国际和洲际锦标赛为中心的国际体育赛事体系。

二战后国际体育比赛发展的特点主要是：其一，奥运会作为世界体育的最高表现形式，其地位和影响极大提高，成为世界体育的旗帜和影响最大的国际体育运动。其二，各单项运动国际比赛的技术水平、组织水平、管理水平和经营能力迅速提高，影响扩大。有的国际性单项赛事如世界杯足球赛、欧洲足球锦标赛、F1方程式车赛、网球四大公开赛等在全球影响巨大，成为现代世界文化的重要组成部分。其三，新的运动项目的出现使国际体坛更加丰富多彩，尤其是汽车赛、摩托车赛、水上技术运动、航空、跳伞、滑翔运动等高技术含量的运动项目的开展，构成了20世纪下半叶世界竞技运动的一大特色。

### （一）奥林匹克运动会

从二战结束到20世纪80年代末，是东西方两大阵营的“冷战”时代。在这一时期，自1948年伦敦举行第14届奥运会始，到1988年汉城第24届奥运会止，共举行了12届夏季奥运会。从1948年瑞士圣莫里茨第5届冬季奥运会始，至1988年加拿大卡尔加里第15届冬奥会止，共举行了11届冬奥会。这一时期的奥运会的主要特点是：

### 1. 奥运会受政治因素影响

20 世纪下半叶，东西方两大政治集团进行了长达半个世纪的“冷战”，亚洲、非洲国家掀起了独立浪潮，中东巴以冲突成为世界战争和恐怖主义的温床。这些给这一时期的奥运会打下了深刻的烙印。冷战时期，奥运会成为东西方两大阵营竞争的战场，备受东西方两大阵营的高度重视，各国政府直接或间接的投入不断增大，从而极大地提高了奥运会的国际影响和地位。

在政治目标推动下，以苏联为首的社会主义国家采取了政府管办合一的方式来训练培养专业运动员。国家和政府为此直接投入大量资金和人力物力，确保了这些国家在奥运会上竞技水平和比赛成绩的大幅提高。面对这一挑战，西方一些国家的政府也不得不改变其一贯不干预体育的做法，开始直接或间接地支持竞技体育发展。如澳大利亚政府仿效苏联体制，于 1981 年成立了澳大利亚体育学院，其经费主要来自政府拨款。该学院在全国选拔有潜力的青少年进行系统训练，以将其培养成奥运会优秀选手。1985 年澳大利亚体育运动委员会成立，其主要任务就是发展竞技体育。1989 年澳大利亚议会作出决议，要求澳政府必须增加财政拨款以保证该国竞技体育的提高。又如加拿大政府从 80 年代起便将竞技体育置于其直接控制之下。为了在 1986 年的冬季奥运会中取得金牌，加政府给 10 个冬季项目协会拨出巨款，要求这些协会在教练员、训练设施和训练手段方面进行改善。政府的重视和参与，有力地促进了这些国家竞技体育的发展。

但另一方面，政治的干扰使奥运会深受困扰。如 50~60 年代，因台湾问题和国际奥委会一些人坚持错误的做法，致使中华人民共和国长期被隔绝于奥运会之外。1972 年慕尼黑奥运会受到恐怖主义分子袭击，致使 9 名以色列运动员遇害，酿成奥运史上最大的惨案。1976 年加拿大蒙特利尔奥运会因种族歧视问题受到 30 多个非洲国家的抵制。1980 年莫斯科奥运会因苏联入侵阿富汗，受到当时 147 个国际奥委会成员中多达 2 / 5 的国家公开抵制。1984 年美国洛杉矶奥运会受到苏联东欧集团国家的抵制等等。政治干扰成为“冷战”时期历届奥运会的鲜明特色。

### 2. 奥运会规模和影响不断扩大

1948 年在英国伦敦举行的战后首届（第 14 届）奥运会只有 59 个代表团、3738 名运动员参加。1952 年的第 15 届奥运会在赫尔辛基举行时，参赛的国家和地区增加为 69 个，运动员首次超过了 5000 人。1968 年第 19 届奥运会于墨西哥城举行时，参赛代表团达到 113 个，运动员人数为 5526 人。1976 年的第 21 届奥运会在加拿大蒙特利尔举行时，参赛运动员增至 6026 人。至 1988 年第 24 届汉城奥运会举行时，参赛国家与地区多达 159 个，运动员多达 8465 人。比赛项目也从 1948 年的 19 个大项 149 个小项增加到 1988 年的 23 个大项 257 个小项。这些都显示出奥运会在这段时期不断发展和扩大。

### 3. 奥运会的商业化

从二战后到 20 世纪 80 年代末，奥运会的运作方式分为两个明显的阶段。第一个阶段是从 1948 年第 14 届伦敦奥运会至 1980 年第 22 届莫斯科奥运会。这一时期因国际奥委会坚持业余原则和拒绝商业化，虽然在一定程度上保持了奥运会的独立性，但也导致了 1972 年蒙特利尔奥运会财政出现巨额赤字，以致出现各国政府和城市不愿申办奥运会的严重危机。第二阶段以 1984 年在洛杉矶举行的第 23 届奥运会为标志。面对严峻的经济危机，国际奥委会在萨马兰奇主席领导下实行了改革。在洛杉矶奥运会组委会主席尤伯罗斯的主持下，本届奥运会大胆引进商业运作机制，以商业性开发为主筹集资金，改变了以往历届奥运会靠政府补贴和巨额亏损的格局，首次实现奥运会盈利 2.5 亿美元。此后的历届奥运会按此商业化模式运作，均取得了成功。

奥运会引进商业机制揭开了奥运历史新的篇章，推动了 20 世纪 80～90 年代奥林匹克运动的繁荣。但同时也导致了 90 年代奥运会过度商业化等一系列问题。1984 年洛杉矶奥运会成为了 19 世纪中后叶以来统治世界体育百余年的业余原则崩溃的标志，同时也宣告了体育商业化时代的到来。

### 4. 职业运动员进入奥运会

二战以来，传统的“业余原则”越来越成为困扰国际奥林匹克运动的严重问题。一方面，苏联等社会主义国家运动员因受国家的资助，其业余身份一直备受争议；另一方面，由于世界职业运动的发展，业余运动员的成绩和水平与职业运动员的差距越来越大，以至许多奥运会项目的成绩难以代表世界体育最高成就，其观赏性和代表性都大打折扣。同时，国际奥委会坚持业余原则的做法，还受到贵族化体育和阶级歧视的指责。

20 世纪 70 年代，国际体坛的职业化和商业化趋势已不可避免。这对一直坚持业余原则，拒绝职业运动员的奥运会形成了巨大压力。1974 年国际奥委会删除了其宪章第 26 条中的“业余”一词，但仍未正式承认职业运动在奥运会中的合法性。1980 年萨马兰奇出任国际奥委会主席后，决心推动这一问题的解决。在他主持下，国际奥委会于 1982 年同意让各国际单项协会决定参加奥运会的运动员的人选，这实际上是同意让职业运动员参加奥运会。但是，仍然不允许运动员在奥运会期间接受任何奖金。1984 年的洛杉矶奥运会上，国际足球协会的职业足球运动员被允许参加奥运会的比赛，但规定各队中超过 23 岁的职业球员不得多于 3 人。1988 年的第 24 届汉城奥运会上，职业网球选手首次被允许参赛，德国网球选手格拉芙获女子单打冠军。这也是奥运史上第一个职业运动员获得冠军。以此为标志，开启了奥运会职业化的历程。1992 年的巴塞罗那奥运会上，以著名球星迈克尔·乔丹和“魔术师”约翰逊领衔的美国职业篮球队“梦之队”参加了比赛，并以绝对优势取得冠军。1998 年的冬季奥运会上，职业运动员被允许参加冰球比赛。

国际奥委会从坚决抵制到有条件地接受职业运动员进入奥运会，反映了20世纪下半叶世界体育发展大势，也表明奥运会开始适应现代社会对体育发展的新要求。职业运动员参加奥运会，不仅使长期困扰国际奥委会的运动员身份问题迎刃而解，更提高了奥运会上足球、篮球、网球等项目比赛的观赏性，大大提升了全世界体育迷观看这些比赛的兴趣，也使电视转播收视率极大提高，从而使奥运会在影响和收入等方面受益匪浅。

**5. 现代奥林匹克运动著名人物**

杰西·欧文斯（1913～1980）：美国田径运动员。在1936年第11届柏林奥运会上，他夺得100米、200米、跳远、4×100米接力四枚金牌。他的优异成绩，有力地回击了当时希特勒纳粹德国嚣张的种族主义气焰。1955年，担任美国国务院负责体育事务的大使级官员。他去世后，被誉为20世纪最伟大的运动员。为纪念他对世界体育运动的贡献，美国体育机构设立了“杰西·欧文斯奖”，以奖励在体育运动中成绩杰出的运动员。

萨马兰奇（1920～）：西班牙人，国际奥委会第7任主席（1980～2001）。被誉为现代奥林匹克伟大的改革家。1980年担任国际奥委会主席。之前曾先后担任西班牙驻苏联大使、西班牙议会议长、西班牙国家奥委会副主席、主席、国际奥委会副主席等职。他在任期间，大胆对国际奥委会进行一系列改革，支持尤伯罗斯在1984年洛杉矶奥运会上的商业化改革并取得成功，促使职业运动员参加奥运会比赛，增加了女性国际奥委会委员，成立了运动员委员会和大众体育委员会，加强了国际奥委会与世界各国政府及组织之间的联系与合作。这些措施使国际奥林匹克运动走出了他上任伊始所面临的困境，成为生机勃勃、影响巨大的国际体育组织。1999年“盐湖城丑闻”发生后，在他的领导下，国际奥委会采取了果断措施，大力改革与完善国际奥委会，使其形象和声誉得到维护和提高。

皮特·尤伯罗斯（1937～）：美国人，第23届奥运会组委会主席。现代奥运史上商业化改革的先驱。1959年毕业于圣何塞州立大学。后经营旅游业。1978年10月，作为唯一的申办者，洛杉矶市获得1984年奥运会主办权。鉴于1976年加拿大蒙特利尔奥运会债台高筑的教训，美国联邦政府和加州议会拒绝为奥运会提供资金。在此背景下，尤伯罗斯担任了该届奥运会组委会主席。在他的领导和艰辛努力下，采取了以商业性开发来筹集资金的手段，并使该届奥运会盈利2.5亿美元，一举改变了奥运会此前只能靠政府补贴并巨额亏损的局面，创造了奥运会史上的新纪元。尤伯罗斯所创造的体育商业化模式为此后的奥运会以及其他大型运动会所采用，促使世界体育进入了一个空前的繁荣时代。为此他获得了奥林匹克运动最高荣誉——奥林匹克金质奖章。2004年6月，尤伯罗斯当选为美国奥委会主席。

## （二）单项世界大赛

除了奥运会外，各国际、洲际单项运动组织举办的世界性和洲际性单项比赛也成为二次大战后世界体育的盛事。其中影响最大的是国际足联举办的世界杯足球赛、欧洲足联举办的欧洲杯足球赛、南美足联举办的南美解放者杯足球赛、国际田联举办的世界田径锦标赛、国际篮联举办的世界篮球锦标赛、国际排联举办的世界排球锦标赛、国际体操联合会举办的世界体操锦标赛，等等。下面是一些影响较大的国际单项运动会：

### 1. 世界杯足球赛

世界杯足球赛是国际足联举办的最高足球赛事。足球于1900年列为奥运会项目，但只限于业余运动员参加。国际足联于1928年开始另行组织世界杯足球赛，不限运动员职业或业余身份，每四年举行一届，由各国派出代表团参加。首届世界杯于1930年在乌拉圭举行，共13个国家参加了首届世界杯比赛，东道主乌拉圭队获得冠军。

第二次世界大战之前，只举行了三届世界杯足球赛。除首届世界杯之外，另两届分别于1934年在意大利、1938年在法国举行。这三届世界杯影响并不大，参加比赛的队伍也不多。

世界杯足球赛在全世界产生巨大影响是在二战以后。1950年第4届世界杯足球赛在巴西举行。之后每四年举行一届。由于欧洲和南美职业足球的开展以及匈牙利、南斯拉夫等东欧国家足球运动的崛起，使世界杯足球赛水平极大提高，相继诞生了贝利、贝肯鲍尔、克鲁伊夫、马拉多纳等世界球星，推动世界杯成为最受欢迎的国际赛事之一。

在1954年瑞士首都伯尔尼举行的第5届世界杯足球赛中，重新启用了分组赛加淘汰赛的赛制，将参赛的16支队伍分成4个小组，每个小组设两支种子队。赛制规定，小组赛中种子队互不碰面，只与另外两支弱旅进行比赛，每个小组的前两名进入下一轮，如果积分相等，则采取加赛的办法决定胜负。1974年第10届世界杯期间，又在赛程上采取了重大改革，将决赛分三个阶段进行，先由16强分4个小组，各小组进行单循环赛，再由各小组前2名共8个球队分成两个小组进行单循环赛，最后由各组第1名决冠亚军，各组第2名决三、四名。此外，以净胜球数区分排名的方法也首次得到采用。

1954年伯尔尼世界杯上首次引入了电视转播机制。1966年在英格兰举行的第8届世界杯足球赛上，首次使用卫星向全世界进行实况转播。1978年在阿根廷举行的第11届世界杯赛前，阿根廷专门投入7亿美元兴建了彩色电视转播系统，使全球有96个国家和地区的12亿人能完整地看到世界杯的比赛盛况。电视转播不仅大大地增加了世界杯足球赛在全世界的影响力，而且还以出售电视转播权和场内广告等形式，为主办国和国际足联创造了巨大的财源。

### 2. 世界田径锦标赛

二战后国际田联曾举行多次世界性的比赛，但一直没有自己较为固定的赛事。直到1983年，才在芬兰赫尔辛基举行了首届世界田径锦标赛。最初为四年一届，后改为两年举行一届。这项赛事成为世界田径运动层次最高的赛事。

首届世界田径锦标赛正值“冷战”高峰时期。东西方两大阵营将世界田径锦标赛视为仅次于奥运会的竞争场所，展开了激烈争夺。在首届比赛中，民主德国队一鸣惊人，以 10 枚金牌力压美、苏两国，成为世界田径的霸主，显示了该国竞技体育的雄厚实力，被称为“东德旋风”。而美国队和苏联队则分别以 8 枚和 6 枚金牌位居金牌榜二、三位。第 2 届世界田径锦标赛于 1987 年在意大利罗马举行。仍然是民主德国队、美国队和苏联队分别以 10 枚、9 枚和 7 枚金牌位居金牌榜前三位。

### 3. 世界排球锦标赛

世界排球锦标赛是由国际排联主办的最早也是规模最大的世界性比赛。第 1 届世界锦标赛始于 1949 年，每四年举行一届。由于排球运动是世界上最普及的运动之一，因而该项赛事受到各国普遍重视。世界排球锦标赛原来与奥运会同年举行。1962 年起改在奥运会后第 2 年举行（女子第 5 届除外）。冠军获得者可直接参加下届奥运会。

世界排球锦标赛最初只有男子比赛，女子比赛始于 1952 年。最初的比赛并不受洲际人数的限制，即提出参赛申请的队，都可获得参赛资格，但从 1986 年（男子第 11 届，女子第 10 届）起，由于排球运动已成为一项世界性的热门运动，希望获得参赛资格的国家越来越多，因此国际排联规定只允许 16 个队参加世锦赛，其具体参赛资格为上一届比赛获得第 1~第 7 名的球队，举办国 1 个队、5 大洲锦标赛的 5 个冠军队、最后资格预定赛（巡回优胜杯）的前 3 名，共 16 支参赛队伍。1998 年国际排联对世锦赛的参赛资格作了修改，对国际排联直辖举办的最后资格预选赛，从原来的前 3 名增加至前 9 名有资格参加比赛。取消“世锦赛上届比赛 1~7 名有当然参赛资格”的规定，只有东道主可以直接参加比赛。

除了世界锦标赛，世界杯也是国际排联举办的高水平国际性赛事，每四年举行一次。首届世界杯排球赛于 1965 年在波兰华沙举行。但只有男子比赛。从1973年始举行女子世界杯排球赛。自1991年起，世界杯赛被改为在奥运会的前一年举行，相当于奥运会的资格赛。获得前3名的队伍则有资格进入奥运会。参赛资格为男女各12支队伍，分别由举办国1个队、五大洲锦标赛冠军队5个队、五大洲锦标赛亚军队5个队、锦标赛之后的奥运会主办国1个队参赛。竞赛方法采用单循环制。

#### 4. 世界体操锦标赛

世界体操锦标赛由国际体操联合会举办，始于1903年。前6届每隔两年举办一次，从第7届（1922年）起，改为每四年举办一次，与奥运会相间进行。由于第一、二次世界大战，比赛曾两度中断。1950年在瑞士巴塞尔举行了二战后的第一次，也就是第12届世界体操锦标赛。

从1978年起世界体操锦标赛重新改为每两年举行一次。为了不在奥运会之年同时举行锦标赛，在1979年举行了第20届世界体操锦标赛。20世纪90年代初因国际体联的竞赛改革和苏联解体带来的影响，1993年未举行世界锦标赛，而在1994年举行了团体世界锦标赛。1995年又恢复了两年一届的世界锦标赛。1992年始举行单项世界锦标赛。共举办了四届。

除了上述单项运动赛事外，其他很多项目也拥有各自影响较大的单项赛事，如世界篮球锦标赛、世界乒乓球锦标赛、世界羽毛球锦标赛、国际象棋锦标赛等等。这些单项赛事与奥运会一块儿，构成了20世纪下半叶绚丽多彩的竞技体育画面。

### （三）大型国际和洲际运动会

二战以后，除了奥运会外，还举办了一些有影响的大型综合性运动会。其中较重要的有：

#### 1. 世界大学生运动会

世界大学生运动会是国际大学生体育联合会为促进各国大学

生体育运动的开展和增进世界大学生之间的友谊而设立的一项国际性综合性的运动会。因其规模，参赛国和人数都仅次于夏季奥运会，故有“小奥运会”之称。

世界大学生运动会的前身可以追溯到1923年在巴黎举行的国际大学生运动会。1924年国际学生协会（C.I.E）在华沙成立，其职能之一就是负责组织学生运动会。从1925年~1939年，该协会共组织举办了五届国际大学生运动会。由于因第二次世界大战爆发，运动会被迫停止。

二战后，苏联等社会主义国家于1946年成立了国际学联（U.I.E），并于1947年举行了战后的第一届运动会，但政治色彩浓厚，只有少数几个西方国家被邀请参加。在此背景下，以西方国家为主，于1949年9月成立了世界大学生体育联合会（FISU）。从1949年到1955年共组织了四届世界大学生运动会，苏联与东欧诸国未参加。1957年，世界大学生体育联合会为庆祝法国学生联合会成立50周年组织了“统一”运动会，邀请东西方运动员参加。在这次运动会上，两大世界学生体育组织达成共识，于1959年在意大利都灵举办首届世界大学生运动会。这次运动会成为世界大学生运动的里程碑。40个国家的将近1400名运动员参加了比赛，并首次使用大运会会旗。从此世界大学生运动会成为全世界大学生的体育盛会。

大运会的领导机构是世界大学生体育联合会组织（FISU）。其总部设在比利时的首都布鲁塞尔。至20世纪90年代，参加大运会的国家已由最初的40余个发展到130多个。大运会每两年举行一届。参加者为17~28岁的业余大学生运动员。运动员的参赛需由本国的学生体育协会或组织推荐。大运会分夏季和冬季运动会。夏季运动会比赛项目有田径、篮球、击剑、足球、体操、游泳、跳水、水球、网球、排球等。此外，主办国可增设3项其他项目的比赛。冬季运动会的比赛项目为6项。

在20世纪60~70年代，大运会发展并不平坦，多次为政治、经济等原因所困扰。但在国际体育界人士的努力下，由于引进了商业机制，80～90年代这项赛事影响逐渐增大，发展成为仅次于奥运会的世界性综合运动会。

### 2. 亚洲运动会

亚洲运动会是亚洲国家的体育盛会，也是全球规模最大的洲际运动会之一。亚运会的历史可以追溯到1912年开始，因第二次世界大战而终结的远东运动会。第二次世界大战结束后，亚洲一些国家开始倡议举办亚洲运动会。1947年，国际奥委会印度委员、印度体育领导人古鲁桑迪主张创办一个包括所有亚洲国家参加的洲际运动会，以此来促进亚洲各国体育水平的提高。1948年7月第14届奥运会期间，赴伦敦参加奥运会的13个亚洲国家体育代表团团长，邀请中国、韩国、菲律宾、印度、缅甸、斯里兰卡6个国家和地区的代表召开了有关成立亚洲运动会联合会的第一次筹备会议。会上商定1949年2月在印度新德里举行第1届亚洲运动会。后由于印度国内的原因，运动会未能如期举行。

1949年2月，9个国家的体育组织代表在印度首都新德里举行会议，宣告成立“亚洲运动会联合会（AGF）”，选举印度的辛格为第一任主席。与会各国代表还以奥林匹克宪章为基础起草了亚洲运动会联合会宪章。

第1届亚运会于1951年3月4日在印度新德里举行，共有11个国家和地区的489名运动员参加了6个项目的角逐。以后每四年举行一届。比赛项目有田径、游泳、举重、射击、自行车、篮球、排球、足球等。主办国可以根据情况适当增减项目。但规定每届不得少于8个项目，其中田径和游泳为必选项目。为了亚运会能够持续不断地发展，1982年12月5日，在亚洲运动会联合会总会上，决定设立一个常设机构，并将“亚洲运动会联合会（AGF）”改组成为“亚洲奥林匹克理事会（OCA）”。

### 3. 非洲运动会

非洲运动会是由非洲最高体育理事会主办的非洲地区大型综

合性运动会。创办于 1965 年。1987 年以前不定期举行，1987 年后每四年举行一届。

现代奥林匹克运动会的创始人顾拜旦于 1920 年首次提出了举办非洲运动会的设想。但直到 1965 年 7 月 18 日～25 日，在非洲最高体育理事会的领导和协调下，首届全非运动会才得以在刚果首都布拉柴维尔举行。来自非洲 30 个国家的 2500 名运动员参加了田径、足球、自行车、游泳、摔跤、网球、手球、排球、篮球、拳击 10 个项目的比赛，其中女运动员仅参加了田径和篮球项目的比赛。由于受到早期遗留问题困扰，原定于 1969 年在马里举行的第 2 届运动会被迫取消，刚刚诞生的非洲运动会只举行了一届便告中断。直到 1973 年，第 2 届非洲运动会才在尼日利亚首都拉各斯举行。

由于非洲大陆的经济困难和一些国家政局动荡，原定每四年举办一届非洲运动会的愿望始终未能实现，比赛时断时续。第 3 届因故推迟一年。而最初定于 1982 年举行的第 4 届非洲运动会因肯尼亚的经济状况不得不延期至 1983 年，后来又推迟到 1985 年，最后又延期到 1987 年。从第 4 届以后，非洲运动会才开始走入正轨，每四年举行一次。

### 4. 泛美运动会

泛美运动会是北美、中美和南美洲地区的大型综合性运动会，创办于 1951 年，每四年举行一届。泛美运动会可以追溯到 1936 年柏林奥运会，在会议期间，美洲国家代表聚会并通过了定期举办泛美运动会的决议。1940 年，美洲 16 个国家的代表在阿根廷首都布宜诺斯艾利斯举行了首届泛美体育代表大会，通过了成立泛美体育运动委员会的提案。原定 1942 年在布宜诺斯艾利斯举行第 1 届泛美运动会，但因第二次世界大战的爆发而未果。

1948 年伦敦奥运会期间，美洲国家体育领导人召开了第二届泛美体育代表大会，决定重新举办泛美运动会。1951 年 2 月 25 日，首届泛美运动会在布宜诺斯艾利斯开幕。来自美洲 21 个国家的

2513名运动员参加了比赛。此后泛美运动会每四年举行一届，定于奥运会的前一年举行。从其设置的比赛项目和参赛运动员人数来看，90年代以前它曾是世界上仅次于奥运会的大型综合性运动会。

泛美运动会的领导机构是泛美体育运动委员会，1940年成立，1955年重新命名为泛美体育组织（Pan American Sport Organization）。目前，泛美体育组织的成员国有北美、中美、南美和加勒比海地区的42个国家，其总部设在墨西哥城，正式工作语言为西班牙语和英语。

泛美运动会的赛项设置大多数是奥运会正式比赛项目，但也设有一些在美洲广泛开展的具有地域特色的运动项目。如1987年在美国印第安纳波利斯举行的第9届泛美运动会，除设置了当时夏季奥运会所有的23个赛项外，还增设了棒球、轮滑、垒球和跆拳道，共有27个比赛项目。

### 5. 泛阿拉伯运动会

泛阿拉伯运动会是二战后由阿拉伯国家发起组织的大型综合性运动会。第二次世界大战后，阿拉伯国家纷纷独立。为了促进阿拉伯国家之间的文化交流，1946年11月多个阿拉伯国家签订《文化交流条约》，其中要求促进体育交流。

在埃及、摩洛哥等国倡导下，1953年7月26日~8月10日，第1届泛阿拉伯运动会在埃及亚历山大城举行。来自黎巴嫩、巴勒斯坦、叙利亚、伊拉克、约旦、利比亚、科威特和埃及8个国家的650多名运动员，参加了10个运动项目的比赛。此后，泛阿拉伯运动会为不定期举行的大型综合性运动会，每届运动会限阿拉伯国家参加，由专门的组委会理事会指导和管理，阿拉伯联盟提供赞助。至20世纪90年代前，一共举行了六届。其比赛项目主要为奥运会项目。1985年的第6届运动会上开始出现妇女比赛项目。

### 6. 英联邦运动会

与其他的区域性运动会不一样，英联邦运动会是以历史、文化和语言渊源联系起来的国际性大型运动会。其所有参赛国都是英语国家和英国以前的殖民地国家及地区。

早在1930年，英国为了促进其殖民地国家之间的交流，在加拿大的澳华俄举行了第1届英帝国运动会，11个国家的400名运动员参加了比赛。除了1942年和1946年因为世界大战而中断以外，此后每四年举行一次，从未间断。由于历史的原因，从1930年~1950年称为英帝国运动会。1950年后，一些国家开始独立，故从1950年~1962年改称为英帝国和联邦运动会。1966年始称为英联邦运动会。截至1998年9月，共有来自欧洲、亚洲、非洲、南美洲71个成员国。

英联邦运动会的比赛项目最初只有6项。1938年增加了自行车，1958年又增加了击剑和举重。按照协议，东道国有权在规定项目之外再选择两个比赛项目。从那以后，几十年中又经过了多次项目增删。1985年，英联邦运动会联合会作出决定：仅设田径和游泳为规定比赛项目，其余8项可由东道国从射箭、羽毛球、滚木球、拳击、皮划艇、自行车、击剑、体操、柔道、赛艇、射击、乒乓球、网球、举重、摔跤和帆船16个项目中任选。

英联邦运动会由运动会联合会负责组织和指导，现已没有过去的殖民地色彩，但对维系英联邦成员国以及英联邦运动会联合会各成员协会之间的松散关系仍起着一定作用。

## 第五节　学校体育与大众体育的发展

### 一、学校体育的发展

二战结束后，鉴于战争的经验和教训，世界各国都对青少年健康与身心发展十分重视。各国政府采取了各种手段和措施来促进学校体育的改进。尽管各国国情不同，措施各异，但在政府的高度重视和全社会的关怀下，学校体育获得了较大发展。

### （一）各国政府高度重视儿童与青少年的健康与身心发展

欧美各国在战后深感青少年健康是关系到国家命运和前途的大事，因而更加重视国家与政府在促进和指导学校健康和体育方面的作用。美国联邦政府于 1956 年成立了专门负责青少年身体、文化和道德的总统委员会。针对青少年体质有所下降的状况，1959 年艾森豪威尔总统亲自召开了体育工作会议，作出了统一学校身体锻炼标准的决议，并成立了总统直接领导的咨询机构——美国身体训练研究委员会。1971 年，尼克松总统下令将这一机构作为联邦政府的咨询和观察机构，并采取了增加高等院校体育奖学金和纳税优待来鼓励各企业修建运动场馆及其他娱乐设施等措施来吸引青少年参加体育活动。1980 年，卡特总统要求各州设立州长直属的体育发展机构来推动学校体育运动、完善体育设施和运动场馆建设。由于联邦政府与各州政府的高度重视，因此美国的中小学和大学在战后修建了大量体育设施和场馆，学校体育活动开展得十分活跃。这对推动美国学校体育和竞技体育的发展起到了重要作用。

欧洲各国也都采取了相应措施来促进和改善本国的学校体育工作。欧洲委员会召开了多次会议，专门研究青少年体育发展的政策制定问题。如 1976 年 ~ 1978 年，召开了“学校体育情况研讨会”；1975 年召开了“小学体育和竞技运动教育研讨会”；1977 年在卢森堡召开了“体育和竞技体育教师培训研讨会”；1978 年在斯德哥尔摩召开了“失学学生的体育运动问题研讨会”；1982 年在顿斯贝格召开了“儿童体育研讨会”等等。在这些会议中，欧洲委员会强调促进儿童身体的和谐发展，抵制对儿童身体任何形式的非法利用，要求保证青少年拥有一个非常适宜和完善的体育管理环境，并强调父母、老师、教练员、青少年部门、当地社区等相关社会角色对促进青少年健康和体育活动的重要性。

二战后苏共中央、苏联政府和共青团也作出了一系列决议，要求在学校中推行劳卫制锻炼标准，改进学校体育，促进青少年健康。共青团中央分别于1954年和1958年召开第七、第八次代表大会，强调重视青年的体育、休息和娱乐。20世纪60年代，苏联的学校体育快速发展，制定了新的各级学校体育教学大纲，大批受过专门训练的体育教师和教练员进入学校，运动设施和场馆也有了明显改善。在此基础上，出现了各种全苏学生竞技比赛，如从1956年起开展“奥林匹克希望”运动会、从1962年始举办“金色冰球与皮球”赛事、从1966年始举办“健与美”比赛等。1972年，颁布了新的劳卫制，使学校体育更加规范化和标准化。

### （二）体育教学内容和手段的改进

二战后欧美各国学校体育在教学内容和手段方面发生了较大变化。美国在其竞技体育传统基础上，大力开展各类校内和校际比赛，其课外学生自治型体育更加完善和普及。据美国总统体育锻炼与运动理事会的统计，20世纪90年代初，在全美4800万小学、中学和大学学生中，参加各种形式的体育锻炼和运动的学生总数为3000万人以上。在12~17岁学生中，最喜爱参加的运动项目是游泳、自行车、篮球、旅行、排球、保龄球、橄榄球、钓鱼、棒球、跑步、垒球、足球等。而据美国全国高等学校联合会于1992年公布的统计数据，1992年全美共有540万大学生定期参加体育运动，其中男学生350万人，女学生190万人；在美国大学中，最普及的运动项目是橄榄球，其次是篮球，以下依次是棒球、田径、足球、摔跤、网球、高尔夫和游泳。20世纪80年代末，在男学生中参加活动人数增长幅度最大的是足球（已达23.61万人）和摔跤（已达23万人）；在女学生中，最普及的运动项目是篮球（39.16万人），其次分别是田径、排球、垒球、网球、足球、游泳、曲棍球、高尔夫。以各类课外竞技运动为中心开展学校体育，已经成为美国学校体育和青少年运动的一大特色。

二战以前，由于受国际形势影响，欧洲的法国、德国、意大利等国普遍推行军事化体育，从小学、中学到大学都对军事体育高度重视，在内容方面则多以瑞典体操为基本教材，内容显得单调。战后西欧各国学校对体育教学手段与内容进行了改革，转而开展深受广大青少年喜爱的各种田径、球类、体操等竞技运动项目。同时强调通过体育课和课外活动来培养青少年的个性、情感和团体意识，注重体育的健身和娱乐功能。如20世纪80年代，英国高教委员会就建议，在各级学校中除了提倡男女生均可参加的足球、橄榄球、板球等传统集体项目外，还要大力开展适合个性发展的多样化体育项目。1978年日本文部省的《学习指导要领》也提出：应将学校体育与终身体育连接起来，要让学生体验运动乐趣，让学生终生热爱体育运动。这样，学校体育便由“以运动为手段的身体和运动技术的教育”转向“把运动作为生活的目的和内容的教育”。

为了使体育教育更加科学，战后美国、英国、法国、意大利等国政府都曾拨款资助科研立项，就青少年学生健康和学校体育等开展科学研究。各国教育部门都要求根据学生的体质情况，按不同的体育内容进行分组教学；更多地在教学中采用运动处方、程序教学、小班上课、单独辅导、电化教学等手段。教材内容也不断根据时代的要求进行改革，使之适应现代化社会和学生的特点。

二战后欧美各国十分注重制定青少年健康标准。50～60年代，欧洲各国政府教育部门纷纷下达指令，要求各级学校加强学生健康、体格和素质测验，用测验和测量结果及数据来评价学生的健康情况和体育成绩。许多西方国家在学校体育课程中推行了体育测试达标制度。

### （三）重视发挥学校体育组织和机构的作用

欧美各国重视学校体育组织和团体在开展及推动体育活动和比赛方面的主导作用。由于战后高校体育越来越多地采用商业化机制和手段，给高校体育的管理带来了许多新的问题，因此欧洲和美国的高校对体育管理越来越重视，以往高校学生自治型的管理模式逐渐为学校直接管理模式所取代。其中以美国的学校体育管理演变最为典型。

美国开展中学竞技运动的基层组织是各校在校方指导下的学生自治型体育部或运动俱乐部。这些体育组织和团体负责校内外的竞技比赛活动，按计划参加社区、城市或州的比赛。由若干学校组成的校际比赛联盟是美国中学竞技运动的基本形式。这些校际联盟是由各校自愿组成的，每年举行比赛。有的校际联盟的历史在百年以上，拥有大批由家长、校友和邻里等组成的观众，比赛时场面异常热烈。为了协调地区的各项赛事，各地区的地方竞技运动理事会负责向学校提供校际运动的计划和建议。同时，各州还成立有中学运动协会，负责本州竞技运动的组织和管理，如制定比赛规程、监督安全条例的执行、裁判员的注册登记以及定级等。全美中学竞技运动的最高领导机构是创建于 1992 年的“中学运动协会全国联盟”，该联盟负责组织管理全国的中学竞技运动。

美国大学的竞技体育早期实行学生自治管理体制。但随着大学的校际比赛越来越呈现出商业化和职业化性质，原来以业余体育为背景的学生自治型管理模式已难以适应新的情况。因此，二战后，各高校普遍加强了对学校竞技运动的管理与控制。其管理体制分为两种结构模式。一种是附属于一个系或部门；另一种是完全独立于任何系或部门，单独设立大学竞技体育部，由校长或副校长直接进行管理。后者自 20 世纪 60 年代后成为美国高校管理竞技体育项目的主流模式。

1972 年美国国会通过第九教育修正案，对美国高校体育产生了深远影响。该法案延伸了 1964 年公民权利法案中的反歧视条款，要求“每一项受联邦政府资助的教育计划和教育活动，都不能把任何一名美国公民排除在外，也不能拒绝向任何一个美国公民提供利益，或在该领域歧视任何一个美国公民”。由于该法案在体育参与上提供了平等的性别机会，短短几年内女子体育项目得到快速发展。1981 年 1 月开始举办女子大学生锦标赛。

全美大学生竞技的领导者是创建于 1906 年全美大学生体育联合会（NCAA）。据 1988 年的统计资料，其所属会员约 700 个，管理着 18 个运动项目，每年约有 27 万大学生参加校际竞技运动。NCAA 管辖的竞技运动分为三个等级，即甲级、乙级和丙级。甲级是最高水平的比赛。至 20 世纪 80~90 年代，随着广泛采用商业化运作，已成为事实上的职业运动，学校通常向这些学生运动员提供数量可观的运动奖学金和其他优惠条件。丙级则属于传统的业余性学校竞技运动，旨在丰富学生的课余文化生活，禁止提供运动奖学金。另外全国性体育组织还有全美校际竞技体育联合会（NAIA）和全美专科学校竞技体育联合会（NJCAA）等，但影响较小。

## 二、大众体育的发展

二战以后，随着生产力的发展和经济的增长，欧美各国生活水平普遍提高，闲暇时间的增加，使大众对健康、休闲、娱乐的要求日趋高涨。一方面，现代社会的高节奏、高压力生活方式使人们需要更多的体育与娱乐来缓解身心压力；另一方面，战后欧美各国政府对推动大众体育予以了高度重视，制定了促进大众体育发展的措施，修建了大量公共体育场馆和健身设施，从而促进了战后大众体育的迅速发展。

### （一）20 世纪大众体育理念的形成与《国际体育宪章》的发表

20 世纪大众体育理念的提出可追溯至 1919 年 1 月现代奥林匹克运动之父顾拜旦提出的“体育为大众”（All Sports for All）的口号。顾拜旦在致力推动国际奥林匹克运动发展的过程中，尤其强调大众体育活动是奥林匹克运动的基础。在 19 世纪以来近代体育贵族化倾向严重的背景下，顾拜旦所提出的这一口号不仅奠定了国际大众体育的理论基础，更为 20 世纪以来大众体育的形成和发展吹响了号角。

第二次世界大战后，包括中国在内的 45 个国家于 1946 年倡导成立了世界卫生组织（WHO）。同年世界卫生组织在其章程中提出“健康是最基本的人权，而不论其种族、性别、宗教与政治信仰、经济或社会地位如何”。世界卫生组织庄严承诺“在全世界的范围内推动人类身体的、社会的和文化的全面的健康”，并发起了“国际健康为大众运动”。世界卫生组织极为关注大众体育运动在推动这一运动中的作用，使得大众体育成为“国际大众健康运动”不可分割的组成部分。世界卫生组织倡导的“国际健康为大众运动”是人类历经两次世界大战的惨痛经历后反思的结果，它也进一步奠定了国际大众体育运动的理论基础。

20世纪60~70年代，针对当时欧美体育界普遍存在的阶级、民族、种族、性别、职业等方面的歧视和不平等现象，追求体育运动中的平等权利成为了大众体育的主要目标。1966年，欧洲理事会由下属的“继续教育与文化发展理事会”对“大众体育”的定义和宗旨进行了阐述，提出：“大众体育旨在帮助所有公民，不论年龄、性别、职业与贫富，认识和理解体育的价值，促使人们终身积极参加各种体育活动。”这一定义使得大众体育理念的内涵更为丰富和具体。1969年12月，国际健身与大众体育协会在挪威奥斯陆成立，大会发表的宣言指出：“应促进所有的人在一生中积极地参加体育活动。人们的性别、年龄、种族、阶层、居住环境和心身疾患都不应成为其参加体育活动的障碍。”在这种背景下，经过长期的斗争，20世纪70年代国际体育界在争取体育运动的平等权利方面取得了重大成就。1975年，欧洲体育部长会议发表了《欧洲大众体育宪章》，其中明确提出：“人人都有参加体育活动的权利。”

1978年11月21日，联合国教科文组织大会第20次会议在巴黎召开。大会一致通过了《国际体育宪章》，也称为《体育运动国际宪章》，其内容包括前言和11条相关条款。前言指出：基于《联合国宪章》中对基本人权、人的尊严与价值的信念以及促进社会进步与提高生活水平的决心，同时根据《世界人权宣言》关于每个人有权享有其中规定的一切权利与自由，而不因种族、肤色、性别、语言、宗教、政治和其他方面见解、民族血统与社会出身、财产、门第等因素受到任何歧视的原则，“确信有效地行使人权的基本条件之一，是每个人应能自由地发展和保持他或她的身体、心智与道德的力量，因而任何人参加体育运动的机会均应得到保证和保障；确信保持和发展人的身体、心智与道德力量能在本国和国际范围内提高生活质量，相信体育运动在培养人类基本价值观念方面应作出更有效的贡献，这种价值观念是各国人民得以充分发展的基础，因而强调体育运动应谋求促进各国人民间与个人间更加密切的交流，以及无私的竞赛、团结友爱、相互尊重与了解和对人的正直与尊严的充分尊重。”

《国际体育宪章》的第一条指出“参加体育运动是所有人的一项基本权利”；第二条提出“体育运动是全面教育体制内一种必要的终身教育因素”；第三条要求“体育运动纲领必须满足个人和社会的需要”；第四条要求“体育运动的教学、训练和管理应由合格的人员担任”；第五条指出“适当的设备和器材为进行体育运动不可缺少的条件”；第六条提出“研究与评定工作是发展体育运动不可缺少的部分”；第七条提出“情报与文献工作有助于促进体育运动”；第八条要求“遵守体育伦理道德维护体育的纯洁性”；第九条要求“大众媒介应对体育运动施加积极影响”；第十条提出“国家机构应在体育运动中起主导作用”；第十一条提出“国际合作是促进体育在全世界范围内协调发展的重要前提”。宪章还对以上每一条款作了具体的规定和说明。

《体育运动国际宪章》是联合国教科文组织发表的国际体育共同宣言和准则，是20世纪体育思想发展的重大成就和里程碑。它与《奥林匹克宪章》一道，成为指导世界当代体育运动发展的两大纲领性文件。《国际体育宪章》立足于维护体育运动中的基本人权和人的体育权利，提出参加体育运动是所有人的一项基本人权，提倡终身教育中的体育要素，反对任何体育运动中的异化行为和违犯体育伦理道德的现象，要求各国政府在体育运动中起到主导作用；这些都为世界体育运动的发展确立了共同的思想原则与价值基础，从而对世界体育运动的发展产生了巨大而深远的影响。

## （二）各国政府对大众体育的重视与管理

二战结束后，一方面出于对战争经历的反思，另一方面出于“冷战”时代的政治、经济、军事诸方面的考虑，东西方各国政府都对大众体育予以了高度重视。而二战后世界各国的经验也表明，政府在推动大众体育的发展方面起着关键的作用。综合而言，各国政府在推动和促进大众体育发展上主要起到了以下作用：

### 1. 政府加大对公共体育设施的投入

为了满足国民的健身娱乐需求和拉动经济需求，西方主要发达国家的政府在二战后十分重视场地设施的建设。例如，1961 年，美国房产与城市发展部颁布了“开放场地计划”，根据该计划，联邦政府和州政府拨出专项资金，用于社区公园、公共休闲场地及体育场馆的建设。1965 年美国国会通过了《土地与水资源保护法》，要求联邦政府每年拨款 7.8 亿美元用于大众体育场地设施的建设。1965 年，颁布了《联邦规划休闲法》。该法案规定，休闲的目的要同其他目的同等对待。通过这项规定，为开展水上运动休闲服务的联邦水资源项目得到了开发。1965 年，美国国家公园服务部和美国森林服务部又通过了著名的“第 66 号令”，向大众提供了大量的国家公园和森林，以作为公众的休闲场地与体育活动场所。同年美国联邦政府还建立土地与水资源保护基金。该项基金向各州与地方社区建立户外运动的场地与设施提供财政支持。1968 年，为了满足独木舟、徒步旅行、自行车等休闲体育活动的需要，联邦政府出资修建了“自然与风景河流系统”和“全国休闲与风景道路系统”。美国政府的以上法令和措施，为大众体育的开展提供了必要的资源条件和法律保障。

再以联邦德国为例。1961 年，联邦德国政府在德国体联和德国奥委会等体育社团的帮助下，开始实施《黄金计划》。该计划最主要的目的就是努力开发服务于全体国民的体育场地设施。至 1975 年，政府用在体育场地设施建设方面的费用达 174 亿马克。

1976年~1990年，这一费用已达400亿马克。1990年起，政府又投入巨资实施《德国东部黄金计划》。由于政府的大力支持，德国成为欧洲大众体育开展最普遍的国家之一。

再看日本。二战以后，随着日本国民经济的逐步复苏，日本政府极为重视为居民服务的体育场地设施的建设。1959年4月，日本政府开始发放社会体育设施（体育中心）建设补助费。1968年4月开始发放野外活动设施建设补助费。1971年4月开始发放综合国民体育馆和综合室内游泳池的建设补助费。除政府积极投资修建体育场地设施以外，日本还通过减免税收等经济手段积极鼓励公司和企业投资修建体育健身中心和其他体育设施。1988年日本体育企业在各地设立了44000个办事处，雇用员工47万人。社区和学校体育设施达16000多个，雇员26.4万人。1980年，日本的私营大型健身中心仅100个，1985年为450个，1988年则增至1059个。1976年6月，日本文部省发表题为《关于推进学校体育设施开放的事业》的通知，努力促使学校体育场地设施向社区居民开放。日本文部省1995年和1996年用于大众体育场地设施建设方面的费用分别为252.09亿日元和242.63亿日元。

欧美各国政府对大众体育的重视和投入产生了良好的效果。如根据英国体育理事会关于参加大众体育活动人数和群众喜爱项目的调查结果表明，至20世纪90年代初，英国全国有73%的男子和57%的女子参加体育活动。90年代初，英国参加体育活动的总人数为2900万人，比1987年增加200万人。全国有2/3的人经常参加体育运动或积极性休息与健身活动。

实际上，欧美各国政府对大众体育设施建设的投入，除旨在满足国民的体育健身需求外，同时也是各国政府拉动经济增长的一种方式。各国政府认识到，通过这种投资既能够增强国民的健康，实现多种社会功能和目标，得到民众的支持；也可以带动许多相关产业的发展，解决大量的就业问题，因而成为一项长期坚持的国策。

### 2. 政府加强对大众体育的管理

20 世纪 60 年代中期以来，随着国际大众体育运动的逐步深入，越来越多的国家认识到大众体育的重要性。1980 年，美国总统卡特指出“参加体育活动是最可期待的抵押性投资”。1996 年美国总统克林顿提出了一个著名的格言：“健康是 21 世纪的通行证。”1996 年 9 月，澳大利亚体育、国土与地方政府部部长与澳大利亚健康与家庭服务部部长共同启动了《活跃澳大利亚》计划。他们代表政府发表的声明指出：“不积极参加体育活动是健康的大敌。”该计划强调向地方和基层的居民提供更多的参与体育活动的机会。由于政府对大众体育的重视，使得 60 年代中期以来，欧美政府对大众体育的管理力度不断增强。

以美国政府对大众体育的管理为例。美国联邦政府认为，在大众体育诸多因素中，最核心的问题应该是能否向大众提供足够的体育、休闲和娱乐的场地与设施。联邦政府通过多项立法，向美国公民提供了高质量的、足够的休闲场地和体育设施。美国的国土资源约有 1/3 直接归联邦政府管理，其中 70%归内政部，25%归农业部，休闲体育是主要用途之一。联邦政府对休闲体育的管理包括：向人们提供进入休闲场地与设施的便利条件，提供信息和进行指导。

美国政府于 1963 年批准成立了内政部户外休闲局。1978 年，户外休闲局被重新组合为内政部遗产保护与休闲服务处，它承袭了户外休闲局的所有职能。1981 年该处被取消，其所有职能被内政部公园服务处承袭。这些联邦休闲管理机构的建立，对美国大众体育产生了深远的影响。其作用主要体现在两个方面：其一，由其制定并由国会 1965 年通过的《土地与水资源基金法》为大众体育场地设施的建设提供了大笔资金，促使美国大众体育设施建设在 70~80 年代中期达到了高潮；其二，指导各州和地方政府制定各自的休闲计划。

大约有 29 个联邦政府机构，向州及地方政府提供有关休闲场地和设施建设、维修的拨款。这些款项主要用于对场地和设施进行规划和开发、组织特殊群体（老年人、残疾人、低收入者）的休闲体育活动、水资源的开发以及夏季休闲指导。美国基本上没有垂直的大众体育管理体系，联邦政府对地方政府主要是提供拨款、指导和信息沟通，联邦政府还有10个机构，通过18个项目向公共与私人休闲体育活动提供低息财政援助。有30个以上的联邦政府项目为休闲场地和体育设施的开发、管理、保护以及组织活动方面提供技术援助。

美国总统健康与运动理事会也是涉及大众体育管理最显著的联邦政府机构，这个理事会虽然没有管理职能和权威，但它的主要作用表现在信息传播和健康宣传方面。针对美国形形色色的与体育有关的社会组织，美国联邦政府还经常在这些组织之间进行协调，支持各种社会组织开展体育活动。在美国政府的支持和协调下，全国大学体育协会、终生体育基金会、美国业余体联、美国健康、体育、休闲与舞蹈协会等社会团体，在推动大众体育的开展方面发挥了重要作用。

### 3. 将大众体育作为促进社会稳定和发展的工具

二战后，随着对体育运动的社会意义及功能认识的深化，欧美各国政府都将开展大众体育作为促进社会稳定和发展的手段与工具。如20世纪60年代，美国黑人反对种族歧视和争取平等的运动风起云涌，为了平息黑人运动带来的社会压力，减少种族冲突，美国政府下令，要求全美的公园与户外运动设施平等地向黑人，尤其是黑人青年开放。

再以英国为例。20世纪50～60年代，针对诸多社会问题，英国许多政界人士发表报告，将人们孤独冷漠和大肆犯罪的不健康的社会心理及行为与缺少体育活动的机会联系在一起。如著名议员克罗舍尔和阿尔伯马尔分别于1959年和1960年发表报告，指出青少年刚刚毕业就走上犯罪道路与缺少体育休闲活动的机会密切相连。沃尔夫登体育委员会1960年向英国国会提交的报告指出，缺少体育设施与犯罪率升高有关联。关于体育与社会稳定的关系的问题一直是英国政界讨论的一个重要议题。在 70 年代中期，随着英国经济的日趋恶化，失业人口的增多，社会犯罪率增加，根据英国政府的指示，各地修建了大量体育设施，努力满足失意群体的体育需求。1981 年，英国体育理事会发动了“行为体育”（Action Sport）运动，旨在通过向基层社区派遣体育指导员，以整合对社会怀有不满情绪的社会群体。其他如法国、意大利、西班牙等国政府在 20 世纪 70~80 年代也将体育和其他形式的休闲活动作为对付严重社会问题的手段。

## 三、大众体育的国际性组织及其交流与合作

20 世纪世界大众体育发展的一个重要特点是相关国际组织的建立和积极加强合作与交流，使国际大众体育运动的浪潮在全球的范围内蓬勃兴起。

### （一）国际奥委会与国际大众体育运动

20 世纪 70 年代以前，国际奥委会的工作重点是围绕竞技体育展开的。大众体育似乎与奥林匹克的竞技体育成了互不相干的两个领域。但是，从顾拜旦时代开始，国际奥林匹克运动就将开展和促进大众体育作为奥运会的基础与目标，奥林匹克宪章也明确规定，国际奥委会努力促进大众体育的发展。20 世纪 60 年代以来，在国际大众体育浪潮的推动下，国际奥委会越来越重视推动和倡导大众体育对奥林匹克的意义。1983 年，国际奥委会成立了“大众体育工作组”。成立该机构的目的是探讨如何通过奥林匹克运动，帮助和促进国际大众体育运动的发展。1985 年，在国际奥委会主席萨马兰奇的支持下，国际奥委会大众体育委员会正式成立，萨马兰奇亲自担任该委员会的主席。该委员会由国际奥委会委员、各国际单项体育联合会的代表、各国奥委会的代表、运动员以及个人委员组成。该委员会的目标是：贯彻和落实奥林匹克

宪章的基本原则和有关规定，鼓励和支持其他大众体育组织在大众体育方面的工作，鼓励其自身的发展，以使所有的社会成员通过经常参加体育活动，进一步获得健康和社会收益；帮助上述组织、各国际体联、各国奥委会、各国体育组织（政府和非政府机构），通过各国奥委会，特别是在发展中国家，开展大众体育活动；通过“国际大众体育大会”宣传大众体育，传播大众体育知识；等等。

1994 年 9 月，在法国巴黎召开了主题为“体育的社会环境”的百年奥运纪念大会。会上国际奥委会大众体育的理念和思想得到了详尽的阐述。大会关于国际奥委会大众体育的目标的决议被国际奥委会第 105 届大会采纳，并写进《奥林匹克宪章》。

国际奥委会大众体育委员会的工作主要包括两方面的内容：一是召开国际大众体育大会；二是开展全球性“奥林匹克日赛跑”和资助各国的大众体育活动。1986 年，国际奥委会在德国法兰克福组织召开了第 1 届国际大众体育大会。1994 年，世界卫生组织开始与国际奥委会一起资助和组织国际大众体育大会。1996 年起，联合国教科文组织、国际体育联合会总会也加入了这一行列。国际大众体育大会向各国提供了一个理想的进行大众体育的知识传播和经验交流的场所。1987 年 6 月 23 日，为了纪念奥林匹克日，国际奥委会大众体育委员会启动“奥林匹克日赛跑”活动。奥林匹克日赛跑全程为 10 公里，不论男女老幼均可参加。1987 年，45 个国家的奥委会组织了该项活动，而在 10 年后的 1997 年，198 个国家奥委会中有 170 个国家的奥委会组织了该项活动。

1992 年，在第 3 届国际大众体育大会期间，在萨马兰奇的提议下，成立了国际大众体育组织协调委员会。该委员会包括国际体育科学和体育教育理事会（ICSSPE）、国际劳工体育联合会（CSIT）、国际大众体育联合会（FISPT）、各国体育组织国际总会（IANOS）、国际健身与大众体育协会（TAFISA）。该委员会的主要工作任务包括：为其成员组织协同工作创造条件和环境；在其成员组织之间促进信息的传播以及观点交流；与国际奥委会大众体育委员会开展合作；等等。

## （二）世界卫生组织与国际大众体育运动

世界卫生组织（WHO）的中心任务是在全世界的范围内推动健康事业的发展,是一个在全球有广泛影响的国际组织。20世纪70年代以来，世界卫生组织十分重视通过国际大众体育运动来推动全球健康事业的发展。80年代末以来，世界卫生组织与国际奥委会及其他体育组织在大众体育领域进行了广泛的合作。

1977年，世界卫生组织制定了“健康为大众”的政策框架，并在1978年召开的阿拉木图（苏联）大会上发起了国际“健康为大众运动”。1986年，世界卫生组织在加拿大渥太华召开了第1届国际健康促进大会，发表了著名的《渥太华健康促进宪章》。1993年10月25日，第48届联合国大会将1994年确定为“国际体育和奥林匹克理想年”。国际奥委会和世界卫生组织要求所有成员国采取措施鼓励和促进体育运动的开展，以使人们形成一个良好的生活方式。1994年4月7日~10日，世界卫生组织与国际运动医学联合会在德国的科隆联合召开了“健康促进与体育活动”国际会议，会上两个国际组织建立了“体育为健康”联合委员会。

1994年3月，在乌拉圭篷塔丹召开了第五届世界群众体育大会，其主题是“体育为大众与健康为大众”。在本次大会上，国际奥委会与世界卫生组织发表联合声明，承诺两个重要的国际组织在推动国际大众体育运动方面开展合作。声明指出，国际奥委会和世界卫生组织拥有一个共同的目标：通过体育和体育锻炼促进健康。两个组织都确信体育在促进个人身体和心理健康以及赢得个人幸福方面的积极作用。国际奥委会和世界卫生组织承诺促进体育和体育教育的发展，以使他们成为一种能够保护和促进健康，预防疾病的生活方式的完整的组成部分。国际奥委会和世界卫生组织采纳的大众体育和大众健康政策如果不能够在各国及其地方得到贯彻，就不可能产生效果。两大国际组织要求建立支持性的体育基础设施，这些设施应向包括全世界的儿童、青少年、成年人及老年人等所有人开放。

1995年5月，世界卫生组织还与国际奥委会联合赞助了由联合国教科文组织主办的在加拿大魁北克进行的国际体育论坛。1997年2月27日~28日，世界卫生组织在日内瓦召开了以“积极生活：体育为健康”为主题的非正式会议。参加会议的代表包括与世界卫生组织有合作关系的健康促进与体育活动机构、各国非政府组织、国际性和地区性的体育组织以及若干国家的体育研究机构。与会代表一致同意推出建立在伙伴关系基础上的“积极生活与体育为健康运动”。代表们还极力主张建立由世界卫生组织负责沟通与联络的“积极生活”国际咨询组织。

### （三）国际健身和大众体育协会与国际大众体育运动

国际健身与大众体育协会是一个重要的国际大众体育组织，它是伴随着西方大众体育的兴起而诞生和发展的。1969年12月，欧洲8个国家的代表在挪威首都奥斯陆联合召开了“第1届国际健身与大众体育协会世界会议”。从此该项大会每两年召开一次。该会议已经成为各国进行大众体育信息传播与大众体育知识交流的重要场合。1969年诞生之初，国际健身与大众体育协会只拥有47个会员国，至1997年，其成员国已增加到126个国家，已成为国际体坛具有重要影响的体育组织。

国际健身与大众体育协会除努力推动大众体育信息的传播和交流外，还积极致力于开展全球性的大众体育活动，并已产生了广泛的国际影响。“国际挑战日”是这些活动中最具特色，影响最为广泛的国际大众体育活动。从1993年至20世纪末，全球共有来自各大洲的58个国家参加了该项活动，累计近一亿人次。欧洲是参加这一活动最为广泛的大洲。

国际奥委会、世界卫生组织、联合国教科文组织、国际健身与大众体育协会、国际大众体育协会是目前推动国际大众体育发展的最重要的国际组织。此外在国际奥委会的倡议下，许多国际单项体育联合会及各国奥委会也设立了大众体育委员会。在这些组织和机构的推动下，20世纪下半叶国际大众体育运动获得了重大发展，其成就超越了以往任何时期，并为21世纪世界大众体育的发展奠定了基础。

**思考题**

“冷战”对世界体育发展产生了什么影响？

“冷战”时代形成了哪两种体育体制？它们的特点是什么？

二战后世界职业运动发展的特点是什么？

二战后体育科学发展的重要成就与标志是什么？

20世纪下半叶国际奥林匹克运动发展有哪些特点？

20世纪下半叶学校体育发展有何新变化？

20世纪下半叶国际大众体育发展的特点是什么？

什么是《国际体育宪章》？它对于世界体育运动发展有何重要意义？

# 第七章　现代体育的演变与发展（1990～2004）

**学习提示**

后冷战时代世界体育的演变
维护体育人权与国际大众体育的发展
盐湖城丑闻与国际奥委会改革
高新技术与体育科技的发展
国际体坛加强反兴奋剂领域的合作
世界体育产业市场的形成与发展
国际球员转会市场的兴盛与“博斯曼法”的制定
跨国性体育传媒对世界体育运动发展的影响

1991 年的“8·19 事件”，导致了苏联的迅速解体。1991 年 12 月 21 日，俄罗斯等 11 个独立国家领导人在哈萨克首都阿拉木图举行独立国家首脑会议，通过了《阿拉木图宣言》等文件，正式宣告了苏联的终结。苏联的终结，标志着第二次世界大战以来东西方的“冷战”时代结束。这不仅对 20 世纪末和 21 世纪的世界政治格局产生了极为深远的影响，同时也改变了世界体育的面貌与格局。随着支配 20 世纪下半叶国际体坛的“冷战”政治因素消失，充满政治色彩的东西方体育对抗开始让位于世界各国经济水平与体育实力的全面竞争。与此同时，在高新技术的带动下，传媒与体育的结合越来越紧密，跨国性传媒公司成为了前所未有的体育传媒帝国，推动了体育全球化和产业化的加速。但是，随着体育产业市场高度扩张，国际资本和传媒巨头对世界体育的影响和控制也不断加强，对世界体育的发展影响深远。另外，兴奋剂和违禁药品越来越对国际体坛造成严重危害和挑战。这一切，为21世纪体育的发展奠定了基础，也留下了许多有待解决的问题。

## 第一节　后冷战时代世界体育运动的演变

### 一、苏联解体对世界体育格局的影响

1991年底苏联解体后，二战以来由苏联和东欧诸国组成的社会主义国家阵营也宣告解散。由于国家与政府直管型体育体制迅速崩溃，以往主要依赖政府提供的体育资金来源枯竭，加之国家经济严重衰退，使苏联等国的体育运动不可避免地陷入了严重的困境之中，在20世纪90年代经历了艰难的历程，并导致了世界体育格局的改变。

苏联解体后，俄罗斯承受着因经济转型而带来的巨大压力，无力去养活一个前苏联计划经济体制之下为国增光的体育大军。作为前苏联体育遗产的主要继承者，俄罗斯在接收所带来的荣誉的同时，也背上了沉重的包袱。据有关统计，1985年，仅莫斯科一个城市便有270万人参加群众性体育锻炼。作为后备培养体系的初级体育学校有50万人接受训练，中级体校有35万人，高级体育学校有8万人接受训练。而专门的奥运项目计划大约有1万名高素质的运动员接受训练，其中60%在90年代成为俄罗斯国家队的基本人员。但到了90年代中期，接受系统训练的人数已经下降到了不足80年代中期的一半。大量优秀人才和教练员纷纷到西方淘金。更为严重的是，当时俄罗斯国民生产总值不到前苏联的三分之一，文教体育的预算更只有前苏联的五分之一甚至六分之一。

国家对体育事业的长期投入不足，使运动员的训练受到严重干扰。业余体校和基层体育俱乐部萎缩了近五分之三。全国只有大约25%的体育设施可以使用，而且经常因为缺钱而出现断暖、

断电、断水等情况，运动员不得不停止训练。由于经费不足，运动员和体育设施管理机关开不出工资，一些体育场不得不被迫作为停车场、集贸市场、仓库等来创收，以解决日常生计问题。比如 1980 年莫斯科奥运会的主会场卢日尼基体育中心，90 年代却变成了莫斯科市内最大的集贸市场。特别是 1998 年的金融危机，更是加深了俄体育的困境。1993 年开设的体育科学院银行，旨在资助俄罗斯体育运动发展，包括为保证俄罗斯运动员参加国际体育比赛提供信贷，也因为金融危机而不得不关闭。至此，俄罗斯好多民间体育组织断了粮，无法生存下去。另外，由于生活窘迫，大批优秀教练员和科研人员或者转行谋生，或者到国外就职，一些优秀运动员也纷纷流散到国外职业俱乐部。

上述困境给俄罗斯体育带来了巨大冲击。以奥运会成绩为例，1988 年汉城奥运会是苏联最后一次参加的奥运会，在这届奥运会上，苏联获 55 枚金牌，奖牌总数 132 枚，奖牌总数和金牌都名列第一。民主德国以金牌 37 枚、奖牌总数 102 枚名列第二。而美国仅以金牌 36 枚、奖牌总数 94 枚名列第三。1992 年巴塞罗那奥运会，前苏联各国以“独联体”名义共同组团参赛，共获金牌 45 枚，奖牌总数 112 枚，仍名列金牌和奖牌第一。至 1996 年亚特兰大奥运会，俄罗斯仅获金牌 26 枚，奖牌总数 63 枚。而美国则以金牌 44 枚、奖牌总数 101 枚的巨大优势跃居第一。东欧原社会主义国家体育在 20 世纪 90 年代的境况和遭遇与俄罗斯相似，其在奥运会上的成绩都出现了不同程度的下滑。

俄罗斯体育的衰败，引起了国民的不满，也引起了政府的重视。亚特兰大奥运会后，俄罗斯政府采取了一系列措施，如加大投资、加强管理、恢复后备队伍的建设等，以图重振以往的辉煌。这些措施取得了一定成效。2000 年悉尼奥运会上，俄罗斯体育较之上届有一定进步，共获金牌 32 枚，奖牌总数 88 枚。虽然仍位居美国的金牌 39 枚，奖牌总数 97 枚之后，但差距较之上届已有所缩小。

苏联的解体和东欧集团体育水平的下降，改变了“冷战”时期的世界体育格局。二战后冷战时期东西方两大意识形态集团在国际体坛上的对抗与竞争的时代结束了，国际政治对体育运动的干扰和影响减弱了。国际体坛得以更好地遵循体育运动自身的规律去解决体育发展过程中出现的各种问题，并在维护体育人权、反兴奋剂、铲除体育腐败等国际合作方面拥有了更为广阔的空间。在竞技体育领域，以往奥运会上美苏两强对峙的格局被打破，变为多强竞争的新格局。同时，以体育产业化和职业化为特征，世界体育进入了一个新的繁荣时期。

## 二、各国政府加强对竞技体育的支持与投入

“冷战”时代结束后，世界体育运动格局由东西方两大政治集团的较量，转变为各国经济和体育实力的竞争。由于奥运会的影响持续扩大，很多国家政府意识到在奥运会等重大国际赛事上取得优异成绩对提高国家和民族的声望与影响方面具有重要意义。因而一些原来坚持政府不干预竞技体育事务的国家开始改变其体育政策，在对大众体育高度重视的同时，加强了对竞技体育的投入和干预。

以澳大利亚为例。20 世纪 80 年代末，由政府资助建立了以苏联竞技体育为模式的澳大利亚体育学院，成为国家培养优秀职业运动员的基地。20 世纪 90 年代初，为了配合悉尼申办 2000 年奥运会，政府开始对竞技体育高度重视。1990 年，澳大利亚议会作出决议，要求政府对竞技体育提供财政方面的支持，以保证在竞技体育方面有长足的进步。1992 年澳政府的体育政策出台，将竞技体育确定为国家发展体育运动的重点。1993 年澳全国竞技体育管理委员会成立，加大了政府对竞技体育的指导与管理。1994 年全国竞技体育管理委员会出台了奥林匹克运动员培养计划，其重点在于发现和培养奥运会冠军。同时，该国政府逐年增大对竞技体育的投入。1992 年政府拨款 293 亿澳元用于体育场馆设施建设、城市道路交通改造等。1994 年又在原有基础上增加 135 亿澳元，

用于资助高水平运动员的训练和改善通讯设施等。政府的支持和投入保证了2000年悉尼奥运会的顺利举行，并使澳大利亚夺取了16枚金牌，58枚奖牌，取得了历史上最好成绩。悉尼奥运会后，澳大利亚政府于2001年出台了新的体育发展政策，一方面强调推动和普及大众体育和社区体育，同时也要求保持和提高竞技体育水平。悉尼奥运会后，为了保持本国的体育发展势头，2001年政府给体育拨款达到547亿澳元，其中80%用于竞技体育，20%用于大众体育。

再以英国为例。作为世界竞技运动的发源地，英国的竞技运动有深厚的基础。但是由于政府奉行不干预竞技运动政策，因而在奥运会上的成绩每况愈下。20世纪80年代，英国在奥运会上金牌数排名一般在10名上下徘徊。1988年汉城奥运会英国获5枚金牌、24枚奖牌，排名第10。1992年巴塞罗那奥运会，英国获5枚金牌、20枚奖牌，排名第13。而在1996年亚特兰大奥运会上，英国仅获得1枚金牌、15枚奖牌，成绩严重下滑，沦为三流体育国家，引起了英国公众普遍的不满。为此英国政府决定加强对竞技体育的干预和投资。1995年英政府的体育政策出台，首次提出要借鉴前苏联体育模式，建立培养优秀职业运动员的训练基地；同时提出要在学校中寻找有潜力的年轻运动员。1997年“世界选手项目”开始运作，政府从体育彩票中拨出500万英镑专项基金用于支持奥运会选手的训练和生活。1999年，英格兰体育委员会正式出台国家体育发展战略，将提高竞技水平作为国家体育政策的主要目标之一。2000年，为了培养世界级选手，英政府专门投资建立了国家运动训练基地和运动训练学校。这些措施对推动英国竞技体育发展起到了明显的作用。2000年悉尼奥运会上，英国夺取了11枚金牌、28枚奖牌，金牌总数排名第10，取得了较好成绩。

在20世纪90年代，澳、英两国的体育政策变化具有一定代表性。虽然各国国情不同，但共同的趋势是政府对竞技体育发展加强干预，增加投入，加大支持力度，通过各种方式提高本国的竞技运动水平，以帮助本国运动员在奥运会等重大赛事中取得优异成绩。

## 三、维护体育人权成为国际大众体育发展的关注中心

“冷战”时代结束以后，国际体育界不再受意识形态纷争的干扰，而将更多的注意力放在了在体育运动领域维护人权和追求体育权利平等问题上。20 世纪 90 年代，发展大众体育被提高到人的权利平等的高度。国际社会、国际体育界及各国政府都开始对体育领域内的人权问题予以高度关注。

在争取妇女体育权益方面，1994 年修改的《奥林匹克宪章》第 2 条第 5 段中规定：“国际奥委会积极鼓励通过相应方式促进妇女在各个层次和结构中参与体育，特别是在国家和国际体育组织的管理层中，严格执行男女平等原则。”对妇女体育给予了规章制度上的保证。在国际奥委会等组织的推动下，20 世纪 90 年代召开了一系列有关妇女体育的国际会议。如 1994 年，在英国布来敦召开了国际妇女体育大会，会议发表了《布来敦宣言》，提出了著名的“妇女体育 10 原则”。宣言要求妇女应该在体育和社会、体育设施、中小学、大众体育、竞技体育、体育管理、教育和训练、体育信息和研究、资源、国际和国内的比赛 10 个领域内，享有与男子同等的权利。之后，又相继在纳米比亚和蒙特利尔召开了国际妇女体育会议，要求各国政府和体育组织将保护妇女的体育权利和反对歧视作为一项政策来贯彻实施。1996 年 10 月，国际奥委会在瑞士洛桑召开了首届世界妇女与体育大会。这是每四年召开一次的、国际奥委会最高级别的全球性妇女体育会议。2000 年 3 月 8 日，国际奥委会第 2 届妇女与体育大会在巴黎召开。大会的主题是“妇女与体育在 21 世纪新前景”。来自 143 个国家和地区的约 470 名各界代表讨论了新世纪妇女体育的发展问题。这些，都显示出妇女体育权益问题得到了国际社会和体育界的高度关注。

20世纪90年代，国际社会和体育界还对儿童与未成年人的体育权益问题，尤其是“体育童工”现象给予了高度关注和干预。1989年联合国颁布的《儿童权利公约》提出，儿童和18岁以下的青少年应享有与成年人同等的权利。根据这一原则，儿童和青少年过早参加高水平竞技体育训练和比赛的问题引起了国际社会的重视。1993年，联合国颁布了《儿童权利说明》，认定儿童有5种权利：有权利做适合自己身心健康的事；有权利要求说明情况，然后自己作决定；有权利保持身体和心理的健康；有权利自由选择同伴；有权利享受教育。针对儿童与未成年人过早参加高水平运动训练与比赛，造成他们被人为地与世隔绝，难以受到完整的教育，甚至被迫接受高强度、大运动量训练，其身心受到严重摧残等现象，《儿童权利说明》特别提出在下列两种情况下儿童和青少年的权利尤其应受到社会的保护：一是体育对他们的剥削；二是儿童在竞技运动中为了金牌的需要而成为买卖对象。《儿童权利公约》与《儿童权利说明》两个国际性公约和文件成为了体育领域内保护儿童与未成年人权益的重要里程碑。此后，各国政府和体育组织纷纷通过立法和制定有关政策等形式，对儿童和未成年人的体育权益予以维护。如英格兰体育委员会、英国足协与英国儿童保护协会加强了合作，于1999年成立了儿童和青少年运动员保护机构。该机构负责制定有关政策，提供咨询服务，向政府和体育组织提供建议等，以有效地维护儿童与青少年的体育运动权益。另外，从90年代中期始，一些国际体育组织把运动员参赛年龄提高到16岁。总的说来，由于体育运动的特点，儿童与未成年人的体育权益问题虽然已经引起国际社会的重视，但这一问题要得到真正解决，还需要国际社会、各国政府和体育界等各方面作出不懈的努力。

20世纪90年代，残疾人体育也得到了显著发展。20世纪80年代以来，在国际社会和体育界的努力下，残疾人体育获得了重要成果。自1984年第1届国际残疾人运动会在美国举行后，1989年国际残疾人奥委会在德国成立。此后，各国成立了大量残疾人体育组织。到1995年止，仅美国国内大大小小的残疾人体育组织就多达76个，而国家性的残疾人体育组织已有30多个。与此同时，在欧美举行了很多各种项目的残疾人运动会，对推动残疾人的体育和扩大残疾人体育的影响起了很大的作用。1993年国际残疾人奥委会成立了残疾人运动委员会。1991年，英国联邦运动会委员会同意让6项残疾人运动进入1994年的英联邦运动会。参赛的运动员被允许住在运动员村，在开幕式和闭幕式上允许他们穿本国家队的服装。

## 四、盐湖城丑闻与国际奥委会改革

1998年底，美国盐湖城冬奥会申办委员会爆出贿选丑闻。这一事件直接导致了国际奥委会在20世纪末进行了重要的改革，并对世纪之交的国际奥林匹克运动和世界体育运动发展产生了深远影响。

1995年6月16日，国际奥委会全会以89票对54票的表决结果，确定美国盐湖城为2002年冬季奥运会的举办地。1998年11月24日，美国媒体披露出该市奥申委一直在为某国际奥委会委员的女儿支付其在一所美国大学上学的“奖学金”。国际奥委会内部的腐败问题开始受到关注。同年12月12日，国际奥委会执委马克·霍德勒向媒体宣称，在确定亚特兰大、长野、盐湖城和悉尼为奥运会举办地时，有多名国际奥委会委员存在着向申办国索贿问题。霍德勒的言论立即引起舆论强烈反响。紧接着，一系列涉及国际奥委会委员的违规事件被陆续揭露，使一向以廉洁著称的国际奥委会陷入了前所未有的丑闻之中。

为了尽快平息这场风波，清除国际奥委会内部的腐败分子，挽回这一事件对国际奥林匹克运动造成的严重影响，以萨马兰奇主席为首的国际奥委会采取了果断措施。1999年3月17日~18日，国际奥委会召开了第108次非常全会，在全面调查的基础上对涉及贿赂案件的委员进行了严肃处理。来自利比亚、芬兰、肯尼亚、斯威士兰等国的4名国际奥委会委员被迫辞职。来自厄瓜多尔、苏丹、刚果、马里、智利、西萨摩亚等国的6名国际奥委会委员被开除。同时还有9名委员被警告。这些严厉的处罚，是国际奥委会百年历史中前所未有的。

为了避免再发生类似事件，国际奥委会还对国际奥委会委员的行为规范标准、委员人数及结构、委员遴选程序、委员退休年龄、奥运会的比赛项目、奥运会举办城市申办与遴选程序、定期公布国际奥委会资金流动状况等，都作出了重要的改革和决定。

盐湖城丑闻所导致的国际奥委会危机，反映了国际奥委会原有的组织结构和工作程序难以适应20世纪80年代以来奥林匹克运动的急剧发展变化。尤其是奥运会引进了商业运作机制和允许职业运动员参赛后，带来了很多新的问题。如举办奥运会为举办国和举办城市所带来的巨大商业利益与经济利益，使一些人不惜铤而走险，采取非法手段来谋求有投票权的委员的支持。应该说，正是国际奥委会对20世纪80年代以来国际奥林匹克运动迅速发展所带来的各类问题估计不足，没有在组织结构和运行机制上主动采取相应措施与对策，才导致了盐湖城丑闻的发生，给国际奥林匹克运动的声誉、形象和发展带来了严重损失。虽然以萨马兰奇主席为首的国际奥委会采取了果断有力的措施，及时挽回了影响，使国际奥林匹克运动避免了更大的挫折和损失，但对于国际奥委会和世界体育界来说，盐湖城丑闻仍然是一次沉重的教训，留下了很多值得反思和总结的东西。

## 第二节　高科技对世界体育发展的影响和国际反兴奋剂合作

自20世纪70年代中后期以来，世界进入了以信息技术为中心的高新技术蓬勃发展的时期。以数字技术为中心的信息产业革命有力地带动了全球高科技产业的增长与产业结构的升级换代。

现代科学技术的许多重要成就直接应用于体育运动，对世界体育的发展产生了重要影响。

## 一、高新技术与体育科技的发展

20世纪下半叶以来，由于高科技成果不断被应用于体育领域，使竞技运动，尤其是奥运会等国际重大赛事在某种程度上成为各国科技综合实力和水平的“竞技”。科学技术成为推动世界体育运动发展的一个重要动力与要素。至20世纪90年代，体育科学的发展呈现出以下趋势：

（一）体育科学朝着多学科综合性方向发展，形成一个包含体育自然科学、体育人文社会科学和体育管理科学在内的综合性学科体系。一方面，20世纪80～90年代，各类高新技术的出现，尤其是信息技术的发展，推动了运动医学、运动生理学、运动生物力学、运动心理学等传统学科的发展，以高新技术为基础的新兴研究领域和学科不断涌现，如体育信息学、体育统计学、体育建筑学、体育材料学等等。另一方面，体育人文社会学科的兴起成为这一时期体育科学发展的重要标志。随着20世纪80年代以来体育运动发展成为一个影响广泛、规模巨大的全球文化与新兴产业门类，同时也带来了许多新的社会问题，如球迷骚乱、兴奋剂、腐败、行贿、黑哨、假球、赌球等等。1985年发生的海瑟尔球迷骚乱事件促成欧洲许多国家的政府和学术界开始关注体育运动所带来的各种社会问题，促成了体育社会科学和体育管理学的形成与发展。至20世纪末，体育人文社会科学已经形成一个包含多种学科的较完整的体系。除了传统的体育史学、体育基本原理外，体育哲学、体育社会学、体育法学、体育传播学、体育教育学、体育管理学、体育经济学、体育营销学等，都在这一时期发展起来，并逐渐走向成熟。

（二）计算机网络技术被广泛应用于高水平运动员的训练和比赛中。网络技术的应用，尤其是因特网为体育科研和训练比赛提供了强大的工具和武器，如监控训练系统，技术动作的生物力学分析、模拟创新训练器械、远程训练辅导、获取各种比赛与训练信息等等。例如韩国将计算机分析系统成功地应用于国家射箭队的训练，使其在奥运会等国际大赛中取得了较好成绩。又如美国的职业篮球、职业棒球和橄榄球等项目，大量使用高速摄像机、计算机分析技术，对比赛双方的技战术进行详尽的数据分析和模拟，其目的是为本队的训练内容和比赛中的技战术安排提供详尽而有效的依据。另外，美国将计算机流体动力学（CFD）应用于游泳划水技术的研究，也取得了令人瞩目的成就。总之，在信息时代，计算机网络技术已经成为提高运动水平，推动世界体育运动普及和发展的重要动力之一。

（三）各国体育界更加重视将各类高新技术运用于体育运动实践，大量新型材料和尖端设备被运用于运动训练与比赛。如美国、英国、法国、德国、意大利、澳大利亚等国的训练基地和研究中心都配备了大量先进的科研设备，聚集了各个相关学科的高水平科研人才。例如，美国科罗拉多斯普林斯训练基地的运动医学研究中心不仅拥有大量先进的科研仪器和设备，还聚集了一大批世界一流的体育科学研究人员，其不少研究成果直接应用于高水平运动员的训练和比赛。又如意大利体育训练中心科研所的风洞实验设备，对提高该国不少项目的运动水平发挥了重要作用。为了提高运动成绩，各国体育界还普遍重视将各类高科技成果及时运用于体育训练和比赛，如新型离合式冰鞋、新型聚丙烯泳衣面料、自行车头盔合成材料、能随人体和环境湿度变化而自动存储和释放热量的智能服装材料、广泛应用于体育器材的碳素钢材料以及用于自行车、赛艇、赛车等的轻型合金材料等，都迅速被运用于体育运动领域。

### （二）国际体坛加强反兴奋剂领域的合作

20世纪80～90年代，国际体坛面临着兴奋剂泛滥的严峻挑战。运动员服用兴奋剂以提高运动成绩始于第二次世界大战以后。但直至20世纪70年代前，服用兴奋剂还限于少数自行车、举重、田径等项目的运动员。随着20世纪下半叶世界体育运动逐渐向商业化和职业化发展，体育运动为运动员带来很大名气的同时也带来了巨大的经济利益，使一些运动员铤而走险，借助药物来提高比赛成绩。同时，一些国家的政府为了提高本国在奥运会等重大赛事中的比赛成绩，也对运动员服用兴奋剂采取了默认、纵容的态度，少数国家的体育科研机构甚至直接参与兴奋剂的研究，遂使运动员服用兴奋剂问题越演越烈，至20世纪80年代以来演化成为困扰世界体育运动发展的严重问题。

国际体育界重视兴奋剂问题始于1960年的第17届罗马奥运会。在该届奥运会上，来自丹麦的自行车运动员努德·詹森因服用兴奋剂而导致其在比赛中死亡。这一世界体育史上首例因服用兴奋剂而导致运动员死亡的事件震动了整个国际体育界。此后，一些国际体育组织开始采取措施禁止运动员服用兴奋剂。1962年国际奥委会成立了药物委员会，通过了禁止使用兴奋剂的决议。但该委员会并未制定具体的政策来禁止使用兴奋剂。1968年该委员会进行了改组，制定了有关政策，并在1968年举行的第19届墨西哥城奥运会上首次对少数运动员进行了药物检测。在国际单项体育组织中，国际足联在1966年的世界杯足球赛中对运动员进行了小规模的抽样检测。国际田联于1972年成立了药物委员会，并在1977年的世界田径锦标赛中进行了强制性的检测。1978年国际田联规定，使用兴奋剂者将面临18个月的禁赛。与此同时，一些国家的体育管理机构也开始把禁止使用兴奋剂提上议事日程。法国和比利时于60年代中期率先禁止运动员服用兴奋剂。英国、土耳其、意大利于70年代也制定了相关法律。英国体育运动委员会于1970年初明确宣布反对使用兴奋剂。

但是，在20世纪90年代之前，国际社会和体育界在禁止兴奋剂方面一直未能取得实质性进展。其原因一方面主要是当时大多数国家的政府和国际体育组织仍对兴奋剂问题认识不足；另一方面在兴奋剂检测手段方面也受到人员、经费、技术等方面的制约；还有一个重要原因则是当时在东西方冷战背景下，国际社会和体育界在反兴奋剂问题上难以协调一致，共同采取有力措施来禁止使用兴奋剂。

1988 年汉城奥运会上，发生了加拿大运动员本·约翰逊服用兴奋剂丑闻。这一号称“20 世纪最大的兴奋剂丑闻”震惊了全世界，再次给国际体坛敲响了警钟。本·约翰逊是百米短跑运动员，他在汉城奥运会的百米决赛中跑出了 9.79 的最新世界纪录。然而仅仅数小时后，药检显示出他服用了兴奋剂，世界舆论为之哗然。约翰逊的比赛成绩最终被取消，他本人被立即遣返回国。本·约翰逊服用兴奋剂事件产生了深远影响，促使各国政府和国际体育界采取更加有力的措施来制止兴奋剂的扩散。

冷战的结束为国际体育界在反兴奋剂问题上实施更加有效的合作，采取协调一致的行动提供了条件。国际反兴奋剂斗争开始走向全球化合作阶段。1990 年，英国、加拿大、澳大利亚等国签订了《国际反兴奋剂协约》，同意在其国家内进行兴奋剂的检测并在体育组织内制定反兴奋剂的政策。随后，新西兰、挪威、瑞典、荷兰等国也在该协约上签字。1996 年北欧的一些国家联合制定了共同反兴奋剂条约。古巴、德国、波罗的海诸国也纷纷与其他国家达成协议，共同反对兴奋剂。与此同时，不少国家的政府也开始重视兴奋剂对本国体育发展的危害和对其国际形象的消极影响，不仅制定了国家反兴奋剂政策，而且在财政上予以有力支持。例如，至 1995 年为止，在世界范围内进行的 4 万余次兴奋剂检测中，90%的经费来自于各国政府的拨款。

在各国政府和体育界的共同努力下，国际反兴奋剂斗争在 20 世纪 90 年代末终于取得了重大进展。1999 年 2 月，国际奥委会在瑞士洛桑召开了首届世界反兴奋剂大会。大会同意成立一个国际性反兴奋剂机构，即“世界反兴奋剂委员会”（WADA）来协调各国和各个体育组织的反兴奋剂的政策和措施。大会还制定了首部世界反兴奋剂条款。1999 年 11 月，“世界反兴奋剂委员会”成立，总部设在洛桑。2002 年，其总部迁往加拿大的蒙特利尔。

2003 年 3 月 3 日，世界反兴奋剂大会在哥本哈根开幕，来自世界 140 多个国家和地区以及国际体育组织的 1000 多名代表出席了会议。会议一致通过了世界反兴奋剂组织（WADA）提出的《世界反兴奋剂条例》。该条例由兴奋剂控制、教育与研究、各方职责与义务和对条例的承认执行 4 个部分组成。条例不仅对兴奋剂的种类进行了统一规定，为各个国家和体育组织的反兴奋剂的测试提供了统一的标准，而且规定除特殊情况外，所有被查出服用兴奋剂的运动员都要受到强制性禁赛两年的严厉处罚。

《世界反兴奋剂条例》的制定和通过是国际反兴奋剂斗争所取得的重大成果。虽然反兴奋剂斗争的道路还很漫长，但这一条例的制定，为世界体坛反对兴奋剂提供了统一的法典和依据，从而为 21 世纪国际体育界在世界范围内反对兴奋剂的斗争奠定了重要基础。

## 第三节　世界体育产业市场的形成与发展

20 世纪 80 年代以来，由于世界经济的高速发展和大众传媒的推动，形成了规模巨大的全球体育产业市场。这一新兴产业市场的形成深刻地改变了世界体育的面貌，引发了新的体育革命，并成为世纪之交世界体育运动发展的重大事件和里程碑。

### 一、体育产业成为全球经济新的增长点

体育作为一类产业的出现最早可以追溯至 19 世纪中后叶兴起的英国职业足球运动和美国的职业棒球等运动。20 世纪以来，以欧美国家的足球、篮球、橄榄球、棒球、网球、拳击、汽车等职业赛事以及大众健身娱乐活动为主体，逐渐形成了以体育比赛和运动休闲、体育产品与服务以及各类体育组织、中介机构和营销公司为中心的新型产业门类。但是，直至 20 世纪 80 年代之前，

各国的体育产业规模较小，影响不大，多限于出售比赛球票等商业活动。

20世纪80年代以来，由于全球经济的快速增长、城市文化和职业体育的迅猛发展以及卫星电视对体育赛事的直播，促使体育产业获得了惊人的发展。以世界上体育产业最发达的国家美国为例，据有关统计，1988年，美国的体育产业产值已达到630亿美元，超过石油化工（533亿）、汽车工业（531亿）及航空、初级金属和木材加工业等重要工业部门的产值，约占当年美国国民生产总值的1.5%左右，在国民经济各大行业中居第22位。到1995年，体育产业的产值已占国民生产总值的2%，并上升为美国第11大产业。政府由此得到的财政税收近30亿美元，相当于政府用于体育开支的5倍。新兴的体育产业市场不仅为政府提供了巨额财政收入，还创造了众多的就业机会。据统计，1987年美国体育产业所提供的就业机会为37.6万个，相当于整个美国化工和人造纤维工业的就业人数，超过了煤炭、农业和汽车零件制造业的就业人数。

1984年洛杉矶奥运会是体育产业化的里程碑和分水岭。它开启了全球体育商业化和产业化的新纪元。此后，以奥运会和各类职业比赛为中心，形成了一个较为成熟的商业化运作体系。加上蓬勃发展的大众休闲体育，促使全球体育迅速发展成为一个规模巨大的新兴产业门类。

至20世纪90年代，体育产业呈现出迅猛发展的态势，成为一个规模庞大的全球性特殊产业门类，其中主要包括赛事经营、球员转会、电视转播权出售、体育广告、体育赞助、体育股票与博彩、体育休闲与旅游、运动场馆建造经营以及体育设施、器材、用品、服装、饮料等产品的制造销售等。在一些欧美发达国家，体育产业已经成为其国民经济主要产业部门甚至是支柱性产业之一。

日本为加大体育产业的发展力度，于1989年成立了“体育产业研究会”，负责研究体育产业的发展前景及体育产业专门人才的培养。体育产业被日本政府确定为21世纪的十大产业之一。日本的体育产业以体育用品制造业和体育场地服务业为主体，其体育产业生产总值由1989年的4.2万亿日元猛升至2000年的10万亿日元。为扩大生产规模，日本体育产业呈现出向海外扩张的趋势，在国外购买体育场馆和收买职业球队就地进行商业性经营。1991~1993年日本花费3.5亿美元购买美国的体育场馆，在夏威夷的48个高尔夫球场中，日本已收买了22个。同时，日本的运动器材和用品生产也在全球占有越来越大的份额。

英国体育产业以足球等各类赛事为主体，其产值于20世纪80年代末达到68.5亿英镑，超过了该国传统的汽车制造业和烟草工业的产值。政府每年从体育产业中获得税收达24亿英镑，相当于政府用于体育投资的5倍。至20世纪90年代末，英国的体育产业每年创造的价值达100亿英镑左右，每年向社会提供约50万个就业机会。

意大利的体育产业以“足球工业”为主体，即以著名的意大利足球甲级联赛为中心，形成了繁荣的足球赛事表演市场、球员转会市场以及围绕足球赛事的各类服务性市场。据1998年的统计数据，意大利当年的体育产业年产值达24万亿里拉（约182.5亿美元），人均达到320美元，跻身于意大利国民经济十大部门的行列。

从各发达国家体育产业在其本国国民经济构成中的地位来看，20世纪90年代中期，加拿大体育产业产值为89亿美元，占国内生产总值的1.1%；瑞士体育生产总值与其国民生产总值的比例为3.37%；德国为1.25%；西班牙为1.68%；法国为1.09%；意大利为1.06%；芬兰为1.70%；英国为1.56%。以上数据表明，至20世纪90年代，体育产业在这些国家中已经成为或正在成为本国国民经济新的增长点。[1]至20世纪末和21世纪初，体育产业已经成为全球，尤其是欧美各发达国家经济发展的重要产业门类之一。据有关统计，1999年全球体育年产值为4000多亿美元，并以每年

[1] 曹可强. 体育产业概论. 上海：复旦大学出版社，2004（2）. 5

20%的速率增长，占世界贸易总额2.5%左右的份额。其中美国的体育年产值近2000亿美元，占全球体育产值的一半以上。

## 二、国际球员转会市场的兴盛与“博斯曼法”的制定

从20世纪80~90年代，欧洲、南美、北美和亚洲等地区开始出现大规模的运动员、教练员的跨国、跨地区流动。这在足球、篮球等项目中尤为明显。由于西欧的意大利、西班牙、英国、德国等国经济水平较高且职业运动发达，致使南美、东欧等国大批优秀运动员通过转会市场加入到这些国家的职业俱乐部踢球。同时，欧洲各国的优秀职业运动员也在各俱乐部之间流动。球员转会市场的繁荣，造就出了一批以各国最优秀运动员组成的实力超强的“豪门”俱乐部和球队，使这些国家的职业足球联赛空前火爆，同时也有力地促进了这些国家足球水平的提高。

例如，阿根廷著名球星马拉多纳于1984年加盟意甲弱旅那不勒斯俱乐部后，仅仅用了3年，就帮助这支球队登上了1987年度意甲冠军宝座。又如1986年~1988年，荷兰的“三剑客”古利特、范·巴斯滕和里杰卡尔德相继加盟意大利AC米兰俱乐部，一举夺取了1987~1988赛季意甲冠军和欧洲杯冠军，并由此创造了辉煌一时的“米兰王朝”。日本的一些职业俱乐部则重金购入一批年龄较大的欧洲与南美著名足球运动员，如巴西著名球星济科、英国球星莱因克尔、南斯拉夫球星斯托伊科维奇等，大大提高了其国内足球联赛的水平。除了足球外，美国的NBA也开始吸收前苏联和东欧等国的优秀运动员参加比赛，使其真正成为了世界上水平最高的篮球职业联赛。在其他项目中教练员和运动员的国际间流动也越来越频繁，如俄罗斯的教练员在亚洲教体操，中国的教练员在英国教乒乓球，德国、英国的足球教练员执教中国的国家队等等。

20世纪末出现的全球大规模运动员“移民”现象是世界体育

史上前所未有的。造成这一现象的原因是多方面的。其一，20 世纪 80 ~ 90 年代欧美职业运动的繁荣催生了一个规模巨大的体育产业市场和运动员转会市场。运动员成为了俱乐部之间买进卖出的商品，加之欧美发达国家职业运动员的高收入对南美等发展中国家运动员具有很大吸引力，因而促使了世界优秀运动员的大规模流动。其二，1993 年 11 月成立的欧盟给欧洲各国运动员、教练员的流动提供了便利。根据欧盟的法律规定，在欧盟内，任何人可以任意在任何地方工作和定居。欧盟国家的职业运动员因此可以在欧盟国家里自由流动。其三，竞技体育的职业化、产业化和全球化为运动员的流动提供了市场，而各类国际体育组织和体育经纪人公司也给运动员和教练员的流动创造了条件。这些跨国性体育公司和经纪人在优秀运动员与职业俱乐部之间充当中介，根据商业利益需要确定运动员的价格，完成球员交易，并在一定程度上控制和垄断了世界球员转会市场。

运动员、教练员在世界范围内的大规模流动是 20 世纪末体育全球化的重要表现之一。大批优秀运动员通过转会市场自由流动，推动了职业运动的繁荣，创造出规模空前的体育产业和市场，改变了世界体育的面貌和格局。但另一方面，又造成了世界体育格局的不平衡，形成了新的垄断。其表现是高度发达的体育市场和高水平赛事以及优秀运动员被集中在一些发达国家，而很多发展中国家的体育赛事则因球星大量出走而导致水平和观赏性下降，对这些国家国内体育运动的发展造成了困难与损害。如 20 世纪 80 年代以来的巴西、阿根廷等国的国内足球联赛便是如此。另外，大批国外优秀球员到欧洲国家踢球，也对其本国运动员的成长不利。

球员转会市场是一种特殊的劳动力市场。由此带来了一系列矛盾和问题。如不同国籍运动员之间的转会问题，体育行业管理与各国法律之间的冲突问题，运动员与俱乐部之间的劳资纠纷问题等等。这些矛盾和问题的积累，最终导致了著名的“博斯曼案件”的爆发，并由此对即将进入 21 世纪的世界职业体坛产生了巨大震撼和深远影响。

博斯曼原是比利时的一名职业足球运动员。1990 年 4 月，他与比利时列日俱乐部的合同即将到期。当时，列日队提出按比利时足协规定的最低工资标准即每月 1000 美元与博斯曼续约一年。这一要求被博斯曼拒绝后，他被列日俱乐部转会到法国乙级队敦刻尔克队。根据当时欧洲足球界的转会制度惯例，合同到期后球员转会至另一俱乐部，该俱乐部须向球员原所属俱乐部支付一笔费用。据此，列日俱乐部与敦刻尔克俱乐部就博斯曼转会问题达成协议，后者向列日俱乐部支付租借博斯曼一年的租金 4 万美元。若一年后正式转会，则需另支付 16 万美元转会费。后因列日俱乐部自行更改条件，将转会费提高到 100 万美元，使该转会协议失效。同年 7 月，按比利时足协的规定，仍不肯与列日队签约的博斯曼被处以“无薪及不得代表列日队以外任何球队踢球”的处罚。这样，博斯曼便成为了一名特殊的“失业者”：他不愿再为列日队踢球，但又被后者根据行业规定剥夺了为别的球队踢球的权利。这使得博斯曼失去生计，只能靠领取救济金度日。

在这种情况下，博斯曼决定诉诸法律。1990 年 8 月，博斯曼将列日队、比利时足协和欧洲足联一起告上了法庭，要求赔偿 1000 万美元。1990 年 11 月，列日第一地方法院根据 1957 年欧洲经济共同体制定的《罗马条约》第 48 条规定，即任何一个成员国的劳动者都有权在欧盟各成员国之间自由流动，平等就业，裁定欧洲足联有关球员转会制度不合法，判博斯曼胜诉。1995 年 3 月，比利时最高法院裁定驳回欧洲足联、比利时足协和列日队的上诉。1995 年 12 月 15 日，欧洲法院作出了最终判决，裁定欧洲足球现行的转会制度与外援上场名额限制非法，并裁定博斯曼应获得赔偿。12 月 22 日，欧盟委员会要求欧洲足联立即接受该项判决。1996 年 1 月 19 日，欧盟委员会给欧洲足联下达了最后通牒，命令欧足联必须在 6 周内接受欧洲法院有关“博斯曼案件”的裁决。2 月 19 日，欧洲足联被迫接受欧洲法院判决，宣布废除外援上场名额限制及现行的转会制度。这场举世瞩目，长达 5 年的诉讼最终以博斯曼胜诉而告终。

“博斯曼案件”对欧洲足球以至世界职业运动带来了巨大震荡和深远影响。其一，这一案件确定了职业体育的经济活动性质，使其被置于有关法律和法规之下，结束了足球甚至整个体育界长期超然于法律之外以“行规”进行管理的“惯例”，标志着职业体育法制化进程的加速。其二，欧洲法院的裁决维护了运动员的个人权益，从而确立了世界职业体育的基本人权原则。其三，“博斯曼案件”又给欧洲职业足球造成了巨大冲击，传统的体育行业管理机制崩溃，出现了许多意想不到的负面效应。如富有的大俱乐部可以不受限制地买进最优秀的球员，而大量中小俱乐部则因财政拮据只能以三流球员为主，贫富差距拉大，竞争越来越不公平。另外，球员的双重国籍、合同期等问题也越来越突出。

面对欧洲职业足球因“博斯曼案件”而陷入的深刻危机，欧盟各国在坚持和维护法律的前提下，也提出了关注体育运动特殊性的问题。1997 年 10 月，各欧盟成员国在阿姆斯特丹共同通过了《关于体育运动的声明》（又称《阿姆斯特丹声明》），明确提出“对体育的特殊性应给予特殊关照”。该声明要求“欧盟各机构从现在起，讨论涉及体育的重大问题时，应同各体育协会磋商”。1999 年在希腊举行的欧盟体育大会上，制定了 4 条关于指导体育法律实践的基本原则：第一，运动员和俱乐部在欧盟各国间自由流动与开业的基本权利不应受到限制。第二，国籍是体育竞赛运动中的关键因素之一，因此各体育协会、联合会具有合法的权益对其进行保护。第三，欧盟竞争法应适用于职业足球领域，但由于体育运动本身具有特殊性质，因而不能将其视为与其他普通商业行业一样的行业。因此足球行业机构有权采取一些可能限制商业竞争机会的措施，但这样做的时候，必须有正当的体育运动方面的理由，例如为了保障体育比赛对手之间的相对公平。第四，欧洲足联一类体育组织实际上是垄断性机构，具有《罗马条约》第 86 条所描述的“市场支配地位”。如果这些体育组织滥用这种优势，将遭受欧盟竞争法的制裁。但是足球联合会与其他的普通商业行会不同，它们的特殊地位在《阿姆斯特丹声明》中是受到保护的。因此如果这类组织的一些行为虽然损害了有关当事人的经济利益，但只要其目的是为了更好地开展运动，则该行为应当区别对待。

总而言之，博斯曼案件反映了在全球经济一体化背景下法律与体育市场特殊性之间的矛盾与冲突。如何既将体育运动纳入法制的轨道，同时又兼顾体育运动的一些特殊性质与规律，以保证世界体育的良性发展，尚有待于国际社会与体育界共同努力，长期探索。

## 三、跨国性体育传媒对世界体育运动发展的影响

20 世纪 90 年代推动全球体育发展的重要因素之一是跨国性体育传媒的出现。这些跨国性体育传媒通过购买高水平体育赛事的电视转播权和职业体育俱乐部，以获取高额的电视广告收入以及卫星或有线付费电视收入作为回报，进而对这些赛事及运动项目的发展产生巨大影响。这些国际体育传媒的代表有美国娱乐与体育电视网（ESPN）、美国有线新闻网（CNN）、美国时代华纳传播公司、美国福克斯电视网、英国天空电视台等等。

上述跨国性体育传媒的出现推动了体育的全球化。由于现代传媒，尤其是有线电视和卫星电视技术的发展，使全世界的观众能在同一时间观看奥运会、世界杯足球赛、欧洲足球锦标赛、欧洲各国的足球联赛、美国的 NBA 职业篮球赛、F1 汽车方程赛、温布尔登等四大网球公开赛等顶极赛事，使其成为任何其他大众文化难以望其项背的全球性文化。

这些跨国性体育传媒大多拥有自己的体育电视媒体，以直播各类体育赛事为主，同时经营报纸、杂志、网站、影视等多种媒体。以 1979 年成立的美国娱乐与体育电视网（ESPN）为例，这家电视台的前身仅是美国康涅狄格大学篮球队的一个报道组。到 20 世纪 90 年代末，它已发展成为全球影响最大的跨国性体育有

线电视网，其ESPN台和ESPN2台每年向全世界近2亿家庭发送4900小时赛事直播节目或原创性体育节目。另外，ESPN旗下还拥有一个向180个国家与地区用21种语言播出的国际台和多个专题频道、80多个遍布世界各国的体育专业广播电台、全球最大的体育网站和全世界发行量最大的专业体育杂志《ESPN杂志》。通过向全世界传播体育，ESPN获得了巨大成功。1999年，其总收入达到13亿美元。2002年，这家电视台的资产总额超过200亿美元。

ESPN和其他跨国性传媒公司一道，在20世纪90年代革命性地改变了体育传媒的概念，深刻影响了现代体育发展的进程。这些跨国性传媒不仅推动了体育的全球化，还打破了以往“媒体只是报道新闻而不是参与新闻”的传统，直接参与组织体育赛事，购买职业球队，甚至对体育比赛的规则本身施加影响。如ESPN利用自己雄厚的资金和媒体影响，于1995年创办了每年举行一届的世界极限运动会（X—GAMES）。至20世纪末，这一新兴运动已经成为全世界影响最大的运动项目和国际赛事之一。

但是，跨国性体育传媒的出现也给世界体育的发展带来了新的问题。如为了吸引观众、广告商及赞助商，从而获取高额利润，欧美国家的体育媒体都刻意增加体育赛事与体育节目的刺激性和娱乐性，如打造各类“性感明星”，炒作各类有关体育明星的花边新闻，在比赛中力求增加广告时间等等。另外，由于现代体育，尤其是奥运会和各类职业比赛基本上是靠赞助、广告和卖转播权来获得资金，由此造成现代体育运动对这些跨国性媒体的依赖程度越来越深。这些都不利于体育运动按照自身的规律健康发展。

### 思考题

苏联解体使世界体育格局发生了什么样的变化？

20世纪90年代国际体坛在维护体育人权领域取得了什么新成就？

什么是“盐湖城丑闻”？它致使国际奥委会在哪些方面进行了改革？

20世纪90年代体育科学的发展呈现出了哪些新的趋势？

什么是《世界反兴奋剂条例》？其意义如何？

为什么说洛杉矶奥运会是体育产业化的里程碑和分水岭？

什么是博斯曼案件？这一案件的意义和影响如何？

跨国性体育传媒的出现对世界体育运动的发展产生了什么影响？

# 下 编

# 中国体育史

# 第八章 中国古代体育的形成

**学习提示**

西周的“六艺”教育
先秦诸子百家中主要学术流派的体育教育思想及实践特点
中国早期竞技运动的特点与形式
先秦至魏晋时期的养生思想与实践活动
中国早期武术活动的特点与发展
中国早期的民间及民俗节令中的体育娱乐活动

从公元前21世纪左右到公元前221年秦王朝统一中国，我国先后经历了夏（前21—前16世纪）、商（前16世纪—前11世纪）、西周（前11世纪—前770年）、春秋（前770—前476年）、战国（前475—前221年）。这一时期，统称为先秦时期。从夏朝开始，中国进入了以农耕为主的古代社会，形成了早期的国家政权，出现了文字，并发展出了灿烂的青铜文明。在社会制度方面，夏、商奴隶制社会在西周以后逐渐向封建社会过渡。在此背景下，中国古代体育的基本形态与特征开始逐渐形成。到春秋战国时期，随着中国古代文明进入了一个辉煌的发展时期，推动中国古代体育进入了第一个发展高潮。秦（前1221—前206）汉（前206~公元220）时期，随着统一的封建帝国的建立，中国古代体育得以高度发展。两晋南北朝（265~589）时期，由于各民族文化的互渗互融以及道教、佛教等宗教文化的参与，进一步推动了中国古代体育的演变，从而为中国古代体育在唐代的又一个发展高潮奠定了基础。

## 第一节　中国史前体育的表现与特点

中国是世界文明古国之一。与其他古代文明一样，中国体育也经历了悠久的史前发展阶段。早在石器时代，中华民族的祖先就已经结合社会生产和生活的需要，创造出了许多原始的体育活动形式，为逐步形成和完善具有本民族特点的古代体育文化创造了条件。

由于受原始社会生产水平的制约，在史前人类社会中，体育的产生和发展经历了漫长的过程。最初出现的只是与史前人类社会生活相适应的呈萌芽状态的体育行为，如与史前社会的采集和渔猎生产方式相适应的以走、跑、跳跃、投掷、攀登、搏斗等为主的各类运动技能及各种源自生命本能的游戏活动等。

考古学家发现的距今 170 万年前的云南元谋猿人、距今约 80 万年前的陕西蓝田猿人和距今约 50 万年前的周口店北京猿人，是迄今在中国发现的最具代表性的早期原始人类。研究表明，中国的原始人类面对险恶的自然环境，凭借着自己的智慧和在长期生产与生活实践中所积累的经验，不断制造出各种生产工具和生活用品。原始人类使用这些石制的工具从事渔猎活动。而这些生产活动又对其从事渔猎生产所必需的体能及运用工具的技巧提出了越来越高的要求。这促使原始人类一方面需要通过教育手段使下一代掌握生产技能和技术，另一方面则需要通过一些有意识的简单模仿和重复，来获得有关的生产知识和技能。这类活动可以说是史前体育活动的雏形。

在旧石器时代中晚期出现了石球。这些石球既是一种生产工具，又是一种游戏的器具。根据目前的考古发现，在距今约 10 万年的丁村人文化遗址中，第一次出现了较为规整的石球。之后，在距今约 4 万年前的许家窑人文化遗址中，出土了 2000 多个石球。根据考古学家的研究，这些石球应是装在被称为“飞石索”

的器械上的一种狩猎工具，但它同时也具有很强烈的游戏性和娱乐性，是原始教育与游戏的重要手段。石球是史前社会文化发展的重要标志之一，它的出现不但反映了原始渔猎活动由自然形态向社会形态的过渡，同时也为石球最终演化发展成为原始体育活动之一创造了条件。

在这一时期，另一个对人类历史发展具有划时代意义的重大发明是弓箭的出现。作为现代射箭运动的重要器械，弓箭最初是原始人发明的一种狩猎工具。考古工作者在山西朔县的峙峪人文化遗址（距今约28700年前）和其后的沁水县下川文化遗址中，都发现了弓箭的石镞。石镞的出现，表明人类已将物体的弹力和人的臂力结合起来了。与石球的出现一样，弓箭的发明标志着中国的史前体育进入了一个十分重要的历史阶段。

随着社会生产的发展和原始文化的变化，在新石器时代，原始体育活动形式逐渐丰富起来。从考古学角度看，石球的功能已日渐多样化，开始向体育与游戏用具的方向发展。例如在仰韶文化西安半坡遗址中，发现了一个三四岁女孩的墓葬内随葬有3个石球，显然这是墓主生前游戏的器具。这反映出石球在这一时期已经发展演变成为一种体育和游戏专用器具。在弓箭的发展上，这一时期除了发现有大量的石镞外，还出现了骨镞、角镞、蚌镞等。而与弓箭相关的狩猎工具木弩和弹弓也出现了。这一方面反映出弓箭制作技术的发展，另一方面，也反映出传授射猎技艺，培养男子的射箭技术成为原始教育的重要内容之一。另外，像矛、锤、钺、斧、棒、刀、匕首等越来越表现出由工具向兵器发展的特点，初步形成了远攻、近防、格斗等主要类型，反映出原始格斗技术和武艺开始萌芽。

随着原始经济的发展，原始教育和娱乐活动也逐渐发展和丰富起来。学习格斗技术是原始军事教育的重要内容之一。在此基础上出现了模仿战斗和格斗场景的“武舞”。在云南沧源先民的崖画中，有原始武舞的形象描绘。画中有诸多人一手执方盾、一手执两端粗中间细的武器，跳着粗犷而节奏鲜明的盾牌舞。这类舞蹈既具有祭祀和娱乐等多种功能，同时又是在一定礼仪要求下的一种军事训练活动。另外，1973 年中国的考古工作者在青海省大通县上孙家寨发现了一个马家窑文化的彩陶盆。陶盆内壁彩绘 3 组 15 个跳舞者，他们头上发辫状的物体整齐地摆向一方，并肩携手，翩翩起舞，动作十分明显。这些图像表现出史前人类集体舞蹈和娱乐的情景。

原始医疗保健术是史前体育的重要内容之一。为了抗御恶劣的自然环境和同疾病作斗争，人们逐渐积累了一些治病防病的知识，创造了健身舞蹈，以增强体质。据先秦古籍《吕氏春秋·古乐篇》记载，在尧舜时期，中原大地洪涝遍地，“阴多滞伏而堪积，水道雍塞，不行其原，民气郁阏而滞著，筋骨瑟缩不达，故作舞以宣导之。”这类传说中的“舞”是一种类似于现代体操的健身方法与治疗手段，反映出远古先民在与恶劣的自然环境的斗争中，已经总结出了一些通过肢体运动来活动关节、宣畅气血、祛除水湿之气的健身养生方法。

另外，史前体育与原始宗教有密切联系。新石器时代晚期，原始人的巫术和宗教行为中包含了大量的体育活动与竞技运动。在宗教性的舞蹈、戏剧表演中，那些狩猎、射箭、格斗、摔跤等实践活动被程式化和仪式化，最后积累发展为一种独立于宗教之外的教育手段与体育方法。

史前体育形态是随着史前人类的生产水平的提高和社会生活的发展而产生的。从原始人类初期的走、跑、跳跃到球戏、射箭；从最初的打制石器到后来以搏斗和进攻性器械为主的武技的形成，这一系列的原始体育形式的产生与发展经历了几十万年，都是人类对自身力量的朦胧意识与努力提高自身力量的结果。从人类的原始劳动和各种社会活动所反映出的原始竞技、舞蹈、医疗的产生与发展，表明人们的身体练习已成为具有多种意义的重要的社会活动。

# 第二节　中国古代体育教育体系的形成与发展

## 一、中国古代体育教育体系的形成

从先秦到两晋南北朝，中国古代教育发展先后经历了以武为主、文武并重和重文轻武三个发展阶段。夏、商和西周时期，祭祀与武备是国家的头等大事，因而武备在教育内容中居于主导地位。至春秋战国时期，随着以“百家争鸣”为特征的文化发展高潮的出现，形成了一个文武并重的社会风气。至西汉时期，由于封建统治秩序基本确立及汉武帝推崇“罢黜百家，独尊儒术”，官学中几乎完全排除了武的教育内容，在封建教育体系中形成了对后世影响深远的“重文轻武”之风。

### （一）先秦时期的体育教育

#### 1. 先秦的学校体育

由于生产力发展和奴隶制国家维护其统治地位与利益的需要，夏、商时期开始形成了早期的奴隶主贵族教育体系和早期的学校。这类贵族学校夏代称之为“校”，商代称之为“序”，周代称之为“庠”。“校”的原意是养马驯马及从事武备训练的场所。“序”是练习射箭的专用场地。所谓“庠”则是养老、敬老之地，但它又不同于现在的“敬老院”，除了敬养老人之外，这里还是向青少年传授礼仪和射箭技艺的地方。

夏、商时代的“校”与“序”一般是文武兼习，但以武为主。在专职老师（一般由有作战经历的老年人充任）带领下，主要学习射箭的技术。

西周时期，从中央王朝到各地区形成了较为完整的学校教育系统。其中周王朝都城的学校称为“国学”，地方办的学校称为“乡学”。国学中又分为“小学”与“大学”。贵族子弟从6~15岁在“小学”中学习，年满15岁称为“成童”，进入“大学”学习。

先秦的贵族学校有严格的管理制度。学生在学校中食宿，不得任意外出。学校有专门的射箭练习场。“大学”的这类场所有陆上和水上之分，陆上射箭场称为“射卢”或“宣府”；水上（实际上是水中的小岛）射箭场称为“辟雍”与“泮宫”。小学的专门射箭场称为“序”。学生在专职教师“师氏”“保氏”的指导下从事各种技艺与知识的学习。其目标是为奴隶主政权培养文武双全的人才。

### 2. “六艺”与“四术”

先秦贵族学校的教学内容有“四术”与“六艺”。“大学”教授“四术”，“小学”则学习“六艺”。“四术”是指礼、乐、诗、书四种专业知识与技能；“六艺”则包括了礼、乐、射、御、书、数六种技艺。

体育在西周教育内容中占有重要地位。先秦时期，“国之大事，在祀与戎”。掌握宗教祭祀知识与作战技能是对贵族成员的基本素质要求。因此，国家的“祀”与“戎”的需要直接转化为学校教育内容中的“礼”与“武”。而在这两大部分中，均包含有丰富的古代体育内容。例如，“四术”中的礼、乐包括了射礼与舞蹈，而“六艺”中的礼、乐、射、御四类教学内容更表现出丰富的体育性质。

“礼”是中国古代社会的典章制度与道德规范。在西周和春秋战国时期，特指以宗法制度、等级观念、祭祀礼仪及封建道德等为基础的上层社会行为规范。为了培养贵族子弟的等级意识与行为规范，“礼”的教育在先秦学校中占有头等重要的地位。其中，射礼教育是礼制教育的重要手段之一。学生通过学习围绕射箭比赛而制定的一整套严格的礼仪制度，达到强化等级意识、掌握有关礼仪知识与规范的目的。

“射”是先秦学校教育的重要内容之一。在西周和春秋战国时期，射箭是贵族男子必须掌握的技术。除了在战争中是主要的军事技术外，射箭在贵族社会中还具有表达礼仪、开展竞赛、娱乐休闲、选拔武士等多种功能，因此在西周学校教育中受到异常的重视。

先秦贵族学校的射箭教学内容为“五射”，即要求学生掌握五种基本技术：

（1）白矢：主要为拉弓的方法。

（2）参连：连续射箭的方法。在发箭时，能够同时手指夹住三支箭，以便可以连续发射。

（3）剡注：发射箭的方法。要求箭镞飞行时始终保持水平位置。

（4）襄尺：对拉弓时肘部动作与姿势的要求。要求射手在拉弓时，肘部始终保持平稳，达到肘上可以放一杯水，射箭时水不洒出的水平。

（5）井仪：指开弓时拉得圆满充分，达到像一口井一样。

“御”是指驾御马车的技术。由于先秦战争主要是车战，因而对于贵族青年来说，学会娴熟地驾车，掌握“御”的技术是非常重要的。“御”的技术主要有五种，称为“五御”，分别是：

（1）鸣和鸾：指行车时马铃具有节奏感，指驾车平稳的技术。

（2）逐曲水：指顺着曲折的水道或河边驾车，以练习驾车转弯和避开障碍物的技术。

（3）过君表：指驾车迅速通过狭窄的门户和道路的技术。

（4）舞交衢：指在复杂的道路情况下自如驾控车马的能力与技术。

（5）逐禽左：在狩猎时，能够将车驾驭到猎物的左边，以便让车上的射手拉弓射箭（先秦车战中射手一般站在车的右边）。

“乐”在先秦教育中不仅指会唱歌奏乐，而且包括了舞蹈。西周时期的舞蹈中也包含有很多体育内容。无论祭祀、庆典或是欢娱饮宴，都有乐舞相伴，因而学校中很重视乐舞的教育。西周时代的乐舞是加强礼仪教育和身体练习的重要手段。它主要分文舞和武舞两大类。文舞包括了小舞、羽舞、皇舞、旄舞、人舞、大舞等；武舞则包括了大武、干舞等。这些舞蹈或节奏舒缓；或激烈跳荡。既有娱乐的功能，又有娱乐健身的功能。

### 3. 先秦诸子的体育教育思想

春秋战国时期是一个剧烈变革的时期，也是中国历史一个文化大发展的时期。在这一时期，西周以来确立的政治文化秩序经历了“礼坏乐崩”的大动荡，代之以一个以官学弛废，私学兴盛、百家争鸣的文化兴盛时代。在教育思想方面，西周“为政尚武”的教育体系被“文武并重”“文武分途”的新教育体系所代替。一批著名思想家的有关体育的论述对中国古代体育教育的发展产生了深远的影响。

孔子（前 551 ~ 前 479），名丘，字仲尼，鲁国人，是中国封建社会中伟大的思想家和教育家，他的思想和学说影响了中国几千年。孔子的体育教育思想主要表现在：

崇“仁”尚“礼”的体育思想。孔子认为教育的目标是要培养“文武兼备”的“仁者”。在孔子的思想体系中，“仁”是其核心部分。孔子提出了“仁者爱人”的观念，主张“仁者不忧，知者不惑，勇者不惧。”❶把“勇”“仁”“知”作为培养人才的重要内容。孔子赞成和提倡西周的“六艺”教育，通过礼、乐、射、御、书、数等技能教育来培养全面发展的人才。另外，孔子在政治上有守旧的倾向。他将西周社会视为理想的时代，主张恢复“周礼”。如孔子特别欣赏西周的“射礼”，要求将礼制教育贯穿于射箭的全过程中，主张在射礼中以所谓的“君子之争”来培养贵族子弟尊卑有序、谦让有礼的观念与风范。

“寓教于乐”的体育实践。孔子精于射箭和御车，他 15 岁便开始学习射术。另外，孔子还喜欢郊游和登山。《论语·先进》记载了孔子和他的学生出外郊游，在沂水中畅游及在春风中起舞咏

---

❶ 杨伯峻注释. 论语·宪问. 北京：中华书局，1980. 155；刘宝楠. 诸子集成·论语·宪问. 北京：中华书局，1954 年（12）. 第一册. 卷 17. 319

诗的生动画面。

荀子（约前 313～前 283 年），名况，字卿，是战国末著名思想家和教育家。他的学识十分渊博，是孔子之后儒家最有影响的人物之一。荀子接受了道家的自然观，提出“养备而动时，则天不能使之病”“养略而动罕，则天不能使之全”的运动养生观。[1]他认为经常进行有规律的运动，能增进健康、抵抗疾病。同时，荀子还注意到了乐舞等文体娱乐活动在陶冶性情、愉悦身心等方面的作用。

墨子（约前 488~前 376 年），名翟，鲁人，是墨家学派的创始人。他的主要思想有“兼爱”“非攻”“节俭”“尚贤”等，在当时拥有很大影响，甚至与儒家齐名。墨子反对战争，主张以武力来制止非正义的战争，因而强调兼爱非攻的贤良之士同时应该是优秀的射御之士。他的教育体系中射御占有重要位置，很多学生跟随他“学射”。墨家尚侠，提倡重诺轻生的任侠精神，其弟子以武勇名动一时，史载“墨子服役者百八十人，皆可使用赴火蹈刃，死不还踵，化之所致也”。[2]因此，墨家教育和训练弟子的基本目标，就是培养信仰坚定、身强力壮、技艺高强的慷慨赴死之士。墨家首开了中国古代的任侠之风，对中国古代的游侠剑客文化产生了很大影响。

#### 4.“经学入仕”的文官制度与学校体育的衰落

秦汉时期，由于封建大一统帝国的建立，结束了长期战乱的局面。两汉时期，“文治”在国家政治的重要性方面超过了“武功”，导致了春秋战国时期“文武并重”的教育目标发生变化。汉武帝元朔五年（公元前 124 年），采纳了董仲舒的建议，“罢黜百家，独尊儒术”，确立了儒家思想的正统地位，并在长安设置太学，开创了政教分离的官办教育。汉代官方学校教育以“经学”

---

❶ 王先谦. 诸子集成. 北京：中华书局，1954（12），第二册. 卷 14. 206，254

❷ 高诱. 诸子集成·淮南子·泰族训. 北京：中华书局，1954（12）. 第七册. 卷 20. 357

和"辞赋"为基本教育内容，先秦以"六艺"为代表的学校体育退出了学校教育内容。

两汉长期的和平稳定还使封建国家的取士选吏标准发生了变化。汉初以武力和战功为标准的选官制度逐渐为经学和德行标准所取代。以经学入仕的政策不仅形成了中国古代学校教育单一的经学教育体制，同时还造成了影响深远的重文轻武的社会风气。

## 第三节　中国古代早期竞技运动

### 一、射礼的兴盛与衰落

商周时期青铜器的广泛使用，为箭镞的制作提供了优越的条件。西周时期射箭不仅具有军事价值，而且成为宗教祭祀、外交盟会、宫廷宴会、农村节社等活动不可缺少的重要内容。周朝的男子以射艺为荣，家里生了男孩，要在大门左边挂上一张弓，作为添丁的标志，同时还要向天地四方射箭，以示庆祝。

西周时期射箭活动已经发展成为以"射礼"为形式的大规模的竞赛活动。射礼又称礼射，是西周时期统治者以射箭比赛为形式的重要礼仪活动和教育手段。《礼记·射义》记载，在周天子、诸侯及公卿士人进行射礼活动时，都必须先举行有关祭祀和礼仪活动，以明确和强化上下尊卑长幼等社会地位。因此，射礼的目的，在于通过射箭比赛强化统治阶级与宗法社会的等级意识。

西周的射礼，按等级分为四类：大射、宾射、燕射、乡射。大射是在周天子祭祖、祭神等大典上举行的射礼活动；宾射是周天子在欢迎诸侯来朝时的仪式上举行的射礼活动；燕射是周天子与群臣在宴会与娱乐时举行的射礼活动；乡射则是卿大夫、士等各地的贵族统治者在民间举行的射礼。射礼有非常严格的等级规范，不同等级人参加射礼时，其所用的弓、箭、靶（侯）、音乐、色彩、礼仪等均有极为严格的规定。如在大射中，周天子射虎侯，诸侯射熊侯，卿大夫只能射豹侯。这些是绝不能逾越的。

西周的射礼一般分为四个步骤。第一步是“戒宾”，由主持人宣布比赛规则与注意事项；第二步是“示射”，在参赛者中选出三对选手，由“司射”来“教射”，演示比赛规则与有关要求；第三步是“竞射”，由“宾党”（客队）与“主党”（主队）进行比赛，具体为按相同等级身份分别编为2人一组进行两轮比赛，每轮一人发4矢，按党（队）累计成绩，每轮分别计胜负；第四步是“兴舞”，“竞射”结束后，参赛者随音乐起舞，向周天子表示敬意，同时也向胜者表示祝贺。

西周的射礼是中国古代组织最严密的竞技运动会。它既是进行礼治教化的手段，同时还具有祭祀神灵、宣示和平、增进友谊、强健身体、娱乐游戏等多重功能。在操作方面，射礼有详细的竞赛规则，有缜密的组织分工和专职人员，有音乐伴奏，有名次和奖励等。这些完善的规程和组织管理措施使射礼成为堪与古希腊奥运会相媲美的大型古代竞技运动。春秋时期，由于以往西周的严密的礼制社会崩溃，射礼作为这一等级社会的文化逐渐退出了历史舞台。

## 二、蹴鞠的出现与发展

蹴鞠又称蹋鞠，宋明时期也称圆鞠、筑球等，是中国古代的足球运动，也是世界上最早的足球运动。“蹴”的意思是踢，“鞠”是古代的球。蹴鞠究竟始于何时何地已不可考，其最早的文字记载见于《战国策·齐策》。该书曾提到古代临淄地区（今山东淄博）十分富裕，那里的老百姓都喜欢吹竽、鼓瑟、击筑、弹琴、斗鸡、走犬、六博、蹋鞠等活动。这表明至迟在战国时期，蹴鞠已是城市平民喜爱的体育娱乐活动之一。

两汉三国时期，蹴鞠在民间开展得十分广泛。据有关记载，当时老百姓经常在街弄小巷中蹋球。而在皇宫和很多达官贵族的私宅中，都建有专门的蹴鞠场地。有的地方和军队中还以蹋球作为练兵的手段之一。

两汉时期蹴鞠不仅是一种大众体育活动，而且是军队练兵的手段之一。西汉刘向《别录》认为蹴鞠是一种练兵的方法，不仅可以通过游戏来训练士兵，还可以从中选出优秀的士兵。《史记·卫将军骠骑列传》和《汉书·卫青霍去病传》都记载了名将霍去病在与匈奴作战时，在军营中让士兵踢球，以此来娱乐生活，健身强体，振作士气。《汉书·艺文志》中载有《蹴鞠》一书的书目，该书是见诸于文字记载最早的蹴鞠专著，可惜早已失传。

两汉时期蹴鞠有两种形式。一类是观赏性的蹴鞠表演，另一类是竞技性的蹴鞠比赛。前者主要是在音乐伴奏下进行踢控球技能的表演。四川、山东、河南等地出土的汉代画像砖、画像石中多见单人或双人边击鼓边蹴鞠的画面。

汉代的竞赛性蹴鞠是分为两队进行比赛。东汉人李尤在其《鞠城铭》中描写了比赛的情况："圆鞠方墙，仿象阴阳，法月衡对，二六相当，建长立平，其例有常，不以亲疏，不以阿私；端心平意，莫怨其非。"这是一篇十分珍贵的古代蹴鞠的文献资料。其意为：球是圆的，象天，属阳；球场是方的，象地，属阴。球和场地是仿照天圆地方的阴阳原则而建的。比赛设置裁判以遵循竞赛的法则和惯例。裁判铁面无私，不能偏袒任何一方。队员们态度端正，心平气和，输了球也不彼此埋怨。

这首《鞠城铭》提供了汉代蹴鞠比赛的具体情况。学术界一般认为"法月衡对，二六相当"指的是球门呈圆形或半圆形相对而设，双方各出6人参赛。铭文中强调蹴鞠运动中的球风与道德的重要性，反映出汉代蹴鞠已出现较为完备的竞赛制度与比赛要求。

## 三、其他古代竞技运动

赛车：春秋战国时期骑术尚未流行，马车是人们主要的交通工具，车战也是主要的战争形式之一。在这种情况下，驾车比赛也成为了春秋战国时期上层贵族盛行的竞技运动之一。诸侯和贵族经常举行大规模的车赛。据《韩非子·喻老》一书记载，赵国的赵襄王为了参加赛车，曾向一位名叫王子期的驾车高手学习御术。《史记·孙子吴起列传》中记载了著名的田忌赛马（赛车）的故事：由于田忌在赛车比赛中输多胜少，军事家孙膑给他出主意，让他以自己的“下驷”（一车四马）与对手的“上驷”比赛，而以自己的“上驷”与对手的“中驷”比赛，以自己的“中驷”与对手的“下驷”比赛。三场比赛下来，田忌一负二胜，赢得千金。这则故事也反映了当时车赛的情况。

投壶：是由射礼演变而来的一种投掷竞赛游戏。其方式是在一定距离内，将箭掷于特制的壶内以决胜负。早在春秋战国时期，贵族士大夫便模仿射礼的制度规则，将射箭变为掷箭，以酒壶代替箭靶，在筵会酒席上投掷竞赛，作为礼制教育手段和娱乐活动。汉代还发展出了专用于投壶的箭与壶。四川、山东、河南等地出土的汉代画像砖中都有投壶的画面。根据有关史料记载，古代投壶比赛一般由两人以上进行，有严格的规则和礼仪，并设有“司射”作为裁判和计分。箭以拓木或棘木制成，大端为“本”，小端为“末”。投掷的距离有三种，室内为5尺，大堂中为7尺，户外为9尺。参赛者须在规定的距离外将箭的小端掷入壶中方为“中”，得到一“筹”（分）。12筹为一局，采取三局两胜制。春秋战国时期投壶有繁琐礼仪，秦汉以后逐渐演变为纯娱乐性的竞技游戏，还出现了各式各样的掷法比赛，如连掷3箭的参连法；置若干个壶多人抢掷的抢掷法；左右手掷的左右开弓法；两箭并握手中一并掷出的双中法；掷箭于地反弹进壶的跳箭法，等等。在投壶比赛时，往往还有“雅歌”伴乐和击鼓助兴。

拔河：古又称“牵钩”“施钩”。是一种多人分为两队拔绳的比赛活动。最早产生于先秦时期的荆楚地区，其初始可能与水战时的拉纤训练有关，后逐渐演变为一种在节日庆典活动上的比赛游戏。至南北朝时期，“牵钩”已发展成为正月望日或清明节等节日庆典中举行的大型民间群众性比赛活动。据《隋书·地理志》《荆楚岁时记》等书记载，拔河比赛往往在乡社大型祭祀和祈祷活动中举行，比赛时大鼓擂动、群噪歌谣、绵亘数里、万众欢腾，场面极为热烈。

## 第四节 军事体育与早期武术

军事体育是军队训练的基本内容之一，其目的在于提高士兵的身体素质与基本技能。夏商周时期，保持强大的军事力量是古代王国的重要职能。春秋战国时期战争频繁，战争发展到步战为主，步兵的综合素质训练向制度化和标准化发展。汉王朝曾与匈奴等西部游牧民族之间进行长期艰苦的战争。汉末三国时期到两晋南北朝，国家陷入长期分裂，异族入侵，战祸连绵。各种战争和长期战乱促使封建政权高度重视士兵的体能和作战技能的训练。与此同时，以民间性格斗技艺为特征的武术活动也开始发展起来。

### 一、士兵的基本素质训练

在冷兵器时代，军队的战斗力高度依赖士兵的基本体能和技能素质。古代军队均高度重视士兵的跑、跳、投掷等基本身体素质训练和有关技能训练。

（一）奔跑：原始社会时期，奔跑能力对于狩猎活动有重要意义。夏商周时期，战争是古代国家头等重要的大事之一。当时的战争以车战为主，车兵是军队的主体，称为甲士，由奴隶主贵族及其子弟担任。另外，每车还配备一定数量的步卒，由平民或奴隶组成，称为“先马走”。作战时，甲士乘车，“先马走”在车前引路或在车后跟进。因此，训练“先马走”的长途奔跑能力是十分重要的。周代《令》铭文记述了这样一个故事：周王从淇田场返回王宫时，命令步卒与马车赛跑。并说，你们若能一直跟上我的马车跑回宫中，我就赏赐你们十家奴隶。两名步卒紧随马车，一直跑到王宫，周王如约赏赐。

战国时期，随着战争的性质的改变与规模的扩大，西周和春秋时期以车战为主的作战方式发展为以步战为主，士兵的长途行军和奔跑能力更加重要，成为军队的经常性训练内容之一。为了接近实战，当时的军队非常重视全副武装的负重行军和奔跑。《墨子·非攻》记载，吴王阖闾训练士兵七年，常让部队穿戴甲胄，手执兵器长途行军，日行三百里才休息。战国时期魏国军队最重视步兵的长途行军训练和提高奔跑能力，国家用免除家庭赋税的办法来鼓励士卒练习负重跑。据《荀子·议兵》记载，魏国选取武卒时，要穿上三重甲胄，手执十二石的弓弩，身背箭矢五十枝，肩扛长戈，腰挂利剑，带上三日之粮，一天之内奔跑百余里路。中试之后，则免其税赋，奖赏田宅。这样的国家政策，有力地推动了民间长跑训练的开展。直到两汉和魏晋南北朝时期，由于战争方式以步兵为主、骑兵为辅，决定了长途行军和奔跑训练仍是步兵的主要训练项目。

（二）跳跃：商周到春秋时期，车战要求甲士迅速跃上跃下战车，跳跃能力成为基本的战斗素质要求与技能之一。因此，军事训练很重视跳跃能力的提高。当时跳跃的名目很多，有逾高、曲踊、距跃、绝远、超距、超乘等。所谓逾高就是跳高，曲踊为跪跳（从跪姿一跃而起），距跃、超距、绝远均属跳远。《左传·哀公八年》载，在吴鲁交战中，鲁大夫微虎要夜袭吴王，在选拔突击队时，让人在帐前设一定高度标准的横杆，三次跳过的士卒即为合格。他用此法从七百人中选出了精兵三百人，孔子的弟子有若也被选中。这反映出当时车战对跳跃能力的要求。《左传·僖公二十八年》中也记载，晋国一位姓魏的大将违反军令，晋公本想杀他，但后来见他能“距跃三百，曲踊三百”（从战车上跳上跳下各三百次），是位能战之将，就赦免了他的死罪。春秋以后步兵和骑兵取代了车兵，因而跳跃在军队训练中的重要性有所下降。

（三）投掷：中国古代军队的远射武器主要是弓箭而非标枪一类投掷武器，因此投掷训练仅是士兵的基本体能训练项目之一。据《史记·白起王翦列传》记载，在秦国军队中，士兵经常以“投石”作为比赛游戏。

（四）骑射：春秋时期，中国中原地带尚无骑马的习俗。马车是重要的交通工具，诸侯之间的战争以车战为主，士兵的训练主要是射御技术。但是，居住在我国西部和北方的游牧民族很早就有骑马的习俗，并凭借其骑兵的机动性和突击能力，不断对以农耕经济为主的中原地区进行骚扰。春秋战国时期，游牧骑兵越阴山，渡黄河，对中原地区构成严重威胁。至战国后期，为了改变以车兵和步兵为主的中原军队在与游牧骑兵作战时的劣势，赵国的武灵王对军队进行了大胆改革，引进胡人的衣冠和骑术，变中原地区长袍大褂的“深服”为适宜骑马的窄袖短襦之“胡服”，变车兵为骑兵，变射御为骑射，从而创建了一支强大的骑兵，大大增强了赵国的军事力量。此后，骑兵成为中国军队的基本建制之一。秦朝和两汉都拥有强大而精良的骑兵，在抗击匈奴等北方游牧民族的战争中起到了重要作用。从此，骑射成为中国古代军队的基本训练内容之一。

（五）技击：战国以前，战争方式以车战和射御为主，近身格杀一类“技击”不是战斗的主要形式。战国时期转为大规模的步战，士兵的近身格杀搏斗成为战斗的重要方式。因此，除了行军、布阵、射箭等技能外，士兵还必须掌握矛、戟、戈等“长兵”以及长剑、环首大刀等“短兵”的使用方法。军队的训练也围绕这些制式武器的使用技术而展开。战国时期，齐国最重视士兵的技击训练，因而有“齐人隆技击”的记载[1]。秦、汉统一的多民族封建国家建立以后，由于长期受来自西北方向游牧民族的威胁侵扰，国家必须保持一支强大的常备军，单兵作战技能的提高成为军队训练的重要内容。这一时期军队步兵训练科目主要有行军、布阵、射箭及使用长矛、长戟、环首大刀等制式武器的方法，《汉书·艺文志》将这类武技归于“兵技巧”类，其中所记载的关于射箭的专著最多，共有《蓬门射法》《阴通成射法》《李将军射法》等

[1] 诸子集成·荀子·议兵. 北京：中华书局，1954（12）. 第一册. 卷10. 180

七部三十七篇；另有《蒲苴子戈法》四篇；《剑道》三十八篇；《手搏》六篇；《蹴鞠》二十五篇等。这些典籍虽然都亡佚了，但却反映出汉代军事训练与军事体育的基本情况。

## 二、古代军队合成演练中的体育

西周时期，为了训练与检阅国家的军事力量，有“三时务农，一时讲武”的制度，称为“讲武之礼”。“讲武”一般是在冬季农闲时进行。周天子于每年孟冬十月举行大规模的校阅，通过这种场合训练军队，选拔人才。“讲武”包括集体项目与个人项目。集体项目主要是大规模的军队操练，由周天子亲自检阅；个人项目主要有射箭、驾车和摔跤。

为了将“讲武之礼”与实战及娱乐相结合，西周时期周王和诸侯的军队在春、夏、秋、冬四季定时举行大规模会猎活动。这种会猎不是单纯的打猎，而是一种礼仪活动和国家举行军事训练、检阅军队的特殊形式与手段。春季会猎主要训练集合布阵；夏季会猎主要训练野营和整编军旅；秋季会猎训练发兵出征；冬季会猎则对周王及诸侯军队进行总检阅。会猎的目的，一是通过各种仪式礼仪来明确和强化周天子与大小诸侯之间的上下尊卑关系；二是训练军队的基本作战技能，包括使用“五戎”（弓箭、殳、矛、戈、戟五种兵器）与驾驭马车的技术；三是“围猎”，即通过打猎来进行军队集群的合成演练，包括军队的集结、部署、指挥、调动、进退、射猎、献猎物、封赏等等。

先秦两汉时期，中原地区及关中平原人口相对不太稠密，城市郊野有大片森林荒野，野兽成群，为有组织地大规模狩猎提供了条件，因而从西周天子到两汉帝王，都热衷于这类大型的狩猎活动。不过到两汉以后，田猎已成为单纯的皇室贵族的娱乐活动，不再有军事训练和礼仪活动的目的。

## 三、早期的中国武术

武术是产生于中国古代的一种民间格斗技艺。它与古代军队的作战技术有很深的渊源，但与高度组织化和制式化的军队作战技术相比又具有独特的文化特质和功能，表现出民间性、技击性、健身性、表演性等多种文化功能与价值。

### （一）步战与武术

夏、商、周时期实行分封制，贵族有率领子弟及部属自备车马兵器服从国王征召参加战争和会猎的义务。因此，这一时期国家的军事训练是全民化的，实行“三时务农，一时讲武”的制度，民间习武与国家的军事训练高度统一。同时，商周战争形式以车战为主，军事训练的重点是适应车战需要的射御技术，技击与格斗技术相对不受重视。这一点，从西周的“六艺”教育中就可以证明。因此，这一时期，武术尚未从军事技术中分化出来。

春秋战国时期，随着社会结构的变化和战争规模的扩大，作战方式与兵种也发生了相应的变化。车战已远不能适应战争发展的需要，进而向大规模的步战过渡。步战要求士兵掌握戈、矛、剑、盾等各种制式武器的使用方法，能够在贴身近战格斗中战胜敌人，保存自己。技击格斗技术由此而变得十分重要。虽然在战争中士兵的技击格斗技术须服从密集作战阵型的整体要求，且使用的武器是制式化的，但是军队近战技击格斗技术的发展，为民间武术的形成打下了基础。

### （二）游侠与武术

春秋战国时期，诸侯争霸，民间出现了一批被称为“武士”“死士”“私剑”“剑客”“刺客”“游侠”的群体。他们大多出身于下层布衣寒士阶层，身怀武技，以武为业，或形成社团，或纵横江湖，或奔走于豪门，或豢养于权贵。春秋时期的墨家就是一个具有民间性质的武装组织。墨家子弟以武力实现其“兼爱”理想，“赴火蹈刃，死不旋踵”。战国时期，一些公侯贵族为了其政治目的而大量聚士养士，形成了“游侠”“私剑”之风。据《庄子·说剑》记载，战国时期赵文王喜欢击剑，门下养了剑士三千余人，日夜相击较技，一年就死伤百余人。当时齐国的孟尝君、赵国的平原君、魏国的信陵君和楚国的春申君等门下都养着数千名剑客死士，“皆借王公之势，竞为游侠”[1]。这些“游侠”“私剑”的共同特点，就是以武勇与剑术效力于主人，从事护卫、行刺、暗杀等各项任务。秦汉时期，游侠成为一种民间社会现象。这些人以武为业，轻生重气，结党连群，因其具有“犯禁”性质。其武技以拳搏见长，善使长剑、匕首、铁锥、铁锤等便于藏匿携带的“短兵”,形成了一类与军事技术相比更加自由化和个性化的格斗技艺。这类技艺成为了中国武术的先声。

## （三）早期的拳搏

拳搏又称手搏，汉代时又称之为“弁”，是古代的徒手搏击技术。早在周代春秋时期，就将“无拳无勇”视为贵族男子的耻辱。随着战国和秦汉时期战争以步战为主，手搏成为军队中选材和基本素质训练的内容之一。如《汉书·甘延寿传》中记载，甘延寿“试弁，为期门，以材力爱幸”，即他通过手搏比试被选拔进入西汉最精锐的御林军部队“期门军”中，并以才干和武技得到皇帝的赏识。另外，汉代民间“游侠”“私剑”武技的形成发展，也促使拳搏技术得到很大发展，《汉书·艺文志》中载有“《手搏》六篇”的书目，归之于“兵技巧”类。这是中国最早的拳术著述，可惜已经亡佚。

## （四）剑术的产生与演变

剑是中国最古老的兵器和防身武器。早在殷商西周时，武士便佩带剑身较短的青铜剑用于防身，并作为身份的标志。春秋战

[1]（汉）班固. 汉书·游侠传. 北京：中华书局，1962（6）. 卷29. 游侠传第63. 3697

国时期，随着冶金锻造技术的发展，出现了铁剑和钢剑，剑的韧性和硬度得到提高，剑身加长，剑术也随之发生变化。20 世纪 70~80 年代出土的越王勾践剑和吴王阖闾剑等都代表了当时铸剑术的最高成就。战国时期为了适应步战的需要，出现了双手使用的铁制长剑。两汉时期战争的需要使单刃的环手大刀取代了剑在短兵器方面的地位，剑逐渐从军队制式武器中消失，转而成为公卿贵族和上流社会的身份性标志。但剑也成为民间“游侠”“剑客”们喜爱的武器，其技艺由单纯的格杀向健身、表演等功能发展。

春秋战国时期，随着剑术在民间的流传，出现了较为成熟的剑术理论和流派。《庄子·说剑篇》谈到了当时的剑术理论：“夫为剑者，示之以虚，开之以利，后之以发，先之以至。”[1]这是当时剑术理论的高度概括。战国时期，更出现了剑术流派。《吴越春秋》卷九记载了越女为越王勾践讲述剑道的故事，她从心理、技术、战术三方面阐述了剑术的动静、快慢、攻防、虚实、内外、呼吸等关系。这两篇剑术文章大致出现于战国末期。这表明，到战国时期，剑术在民间已经发展到较高水平，且已开始出现不同的流派和理论。

汉代佩剑是男人的标志，上至公卿王侯，下至市井少年都喜佩剑练剑，出现了不少流派和很多剑术高手。四川、河南、山东等地出土的汉代画像砖、画像石中多有单人或双人练剑比剑的画面。《汉书·艺文志》中有“《剑道》三十八篇”书目，是该书所载“兵技巧”类书目中篇数最多的，反映出汉代剑术已达到很高水平。据汉文帝曹丕所著《典论》中记载，汉末三国时期，剑术四方之法各异，唯有京师（魏都许昌）的剑术水平最高。当时各地剑道高手云集许昌。魏文帝曹丕本人精于剑术，他曾与剑道高手邓展比剑。邓展是当时著名的剑术家，又通晓各类兵器，且号称能空手入白刃。当时两人在宫殿中以甘蔗代剑进行比试，数回合之中，曹丕三次击中邓展的手臂，显示了他高超的剑术。

---

[1] 曹基础. 庄子浅注. 北京：中华书局，1982. 465

### （五）角力与角抵

角力又称角抵，是古代的摔跤术，原本是人类原始社会最常见的游戏活动之一。商周时期，角力是军队正式的力量性和对抗性训练项目。《礼记·月令》记载：每当初冬时节，周天子都要下令将帅训练部队，练习射箭、御车和角力。可见当时角力是与射、御同等重要的军事训练科目。战国时期，角力演变成为上层社会的观赏性游戏。秦汉时期，角力退出军队的训练项目，成为一种融竞技、健体、娱乐和表演为一体的体育活动，名称也变更为角抵。据《史纪·李斯传》记载，秦二世经常在甘泉宫观看角抵表演。可见这时角力已成为一种表演性的体育活动。至魏晋南北朝时期，角抵进一步发展成为竞技性的相扑。

## 第五节　体育养生思想的形成与早期实践

“养生”意为“养护生命”，是产生于中国古代的一类追求健康和长寿的理论方法体系的总称。养生源起于华夏民族早期的生活实践，经夏、商、周三朝至春秋战国时期，逐渐形成了比较完整的思想、理论和方法体系。两汉至魏晋南北朝时期，在医学和宗教的共同推动下，发展出了一个较成熟的养生学体系。中国传统养生学所包括的内容较多，一般而言，大致可分为导引行气（古代气功养生）、房中养生（古代性医学和性保健）、服食养生（通过饮食和药物来养生）、日常保健卫生等几大部分内容。中国古代的体育养生主要是指通过身心运动来追求健康长寿的思想、理论和实践体系。它主要包括了导引、行气以及日常生活保健的一些内容。

# 一、体育养生思想的形成

## （一）先秦时期养生思想的形成

在中国古代，很早就产生了追求健康长寿的思想和观念。早在商代的甲骨文中，就有不少卜辞的内容与疾病、寿夭等有关。大约出书于商末周初的《尚书·洪范》一书中提出了“五福六极”的观点，将长寿、富裕、健康、德行、寿终视为人生的五大幸福；而夭折、疾病、忧愁、贫穷、恶行、体弱则是上天对人的六种惩罚。这反映出商周时期特有的幸福观。主要记载周代和春秋时期民间诗歌的《诗经》中也有很多祈求希望健康长寿的诗句。如《小雅·楚茨》中有“报以介福，万寿无疆”“神嗜饮食，便君寿考”，《高颂·列祖》中有“绥我眉寿，黄耇无疆”等句，反映了古人对长寿和健康的希冀和追求。

春秋战国时期是中国古代养生思想和理论的奠基时期。在这一时期，以追求健康和长寿为目标，开始形成天人合一、清净自然、神形统一等思想为基础的古代养生思想和理论。道家哲学的代表老子在《道德经》中提出通过清净自然，少私寡欲，精神内敛来实现人的“长生久视之道”。道家哲学的另一代表庄子提出了“养神”的观点：“无视无听，抱神以静，形将自正。必静必清，无劳汝形，无摇汝精，乃可以长生。目无所见，耳无所闻，心无所知，汝神将守形，形乃长生。”[1]道家提出的清静养生与精神修炼达到形体健康长寿的观点对中国传统养生学的形成与发展产生了深远的影响，成为中国传统养生思想的基本理论之一。

与道家提出的以静养神观点相对应，中国古代著名的哲学典籍《易传·系辞》以阴阳的变化来解释天地自然和人类社会的运动规律，提出了“动而健，刚中而应”，“刚以动，故壮”的运

[1] 王先谦. 诸子集成·庄子·在宥. 北京：中华书局，1954（12）. 第三册. 卷3. 65

动养生观点，总结出了“天行健，君子以自强不息”的人生观。《吕氏春秋·尽数》也从自然规律中总结出了”流水不腐，户枢不蠹，动也。形气亦然。形不动则精不流，精不流则气郁”的运动养生观。这些观点都对中国古代体育养生的发展提供了强大的思想武器。

约成书于战国后期的《黄帝内经》是中国古代最重要的医学典籍之一。该书提出的“天人合一”养生思想奠定了中国传统养生学的理论基础。《黄帝内经》将人体健康长寿与天地自然的变化规律相结合，提出了“法于阴阳，和于术数，食饮有节，起居有常，不妄作劳”的养生观。在养生的原则与法则方面，该书作了深入研究和阐述，要求人们效法上古的“圣人”，把握阴阳，呼吸精气，积精全神，以此来实现人的长寿健康。该书《四气调神大论》篇还提出了“圣人不治已病治未病，不治已乱治未乱”的养生保健思想。

春秋战国时期养生发展的一个值得注意的现象是人们追求健康长寿的愿望开始与宗教信仰相结合而产生了神仙信仰。当时一些希翼“长生不死”的“神仙家”“方士”“术士”四处寻觅“不死之药”，研究各种“不死之道”。他们中间的一些人成为了导引、行气等运动养生和健身的专家，对中国古代养生学的发展产生了一定影响。

### （二）两汉魏晋南北朝时期养生思想走向成熟

汉代至魏晋南北朝时期是中国古代养生思想和理论走向成熟的时期。在这一时期，神仙信仰成为推动养生学发展的主要动力，汉末出现的道教也成为研究和实践各类养生术的宗教组织。这一时期养生学已经形成独立的体系，还出现了各种流派。据西晋养生家葛洪《抱朴子·内篇》一书记载，这一时期的养生家形成了导引行气、房中、服食三大流派。

东汉时期，在继承道家哲学、神仙信仰和原始巫术基础上，产生了汉民族的最大本土宗教——道教。在长生不死理想的推动下，东汉以来，道教成为研究和推动养生学发展的主要文化集团。很多道教徒对导引、行气等养生术进行了深入的理论探讨和实践，出现了很多著名的养生学专家和重要的养生学著作。魏晋时期，在道教和神仙思想影响下，很多上层知识分子对各种养生术也深感兴趣。这一时期奠定了中国传统养生学的很多基本思想和原则，其中最重要的有重人贵生思想、形神兼养思想、众术合一思想等。这些思想反映在东汉至魏晋南北朝时期的《太平经》《周易参同契》《抱朴子》《养性延命录》《黄庭经》等道教典籍中。

“重人贵生”思想是中国古代养生学的思想基础。东汉时期出书最早的一部道教经典《太平经》对这一思想进行了较为系统的阐述。该书强调了人的生命和健康的重要性，提出了“生为第一”的观点。该书还指出：人若想长寿，就要做到“爱气、尊神、重精”。爱气，就是爱惜守养体内的真气；尊神，就是通过意念内守的方式来养护精神；重精，就是重视自己体内的元气。这是中国养生学史上首次提出精、气、神的养生理论。南北朝时期著名道教养生家陶弘景（456～536）在其所编撰的《养性延命录》序文中也指出：天地万物之中，人最可贵。而对于人来说，生命最可贵。生命是精神之本，形体是精神的载体。正确的养生方法是游心虚静，息虑无为，习练导引行气，注意生活保健，以此实现健康长寿。这些思想都对中国养生学发展产生了深远影响。

在养生理论方面，东汉人魏伯阳所著《周易参同契》是一部重要的道教养生著作。该书创造性地将黄老思想、《周易》阴阳理论以及当时炼丹理论相结合，创造了一个相对完整而严谨的养生理论和实践体系，对后世养生学发展产生了重要影响。另外一部对养生理论建设作出了重要贡献的是魏晋女道士魏华存所撰的《黄庭经》。该书由《黄庭内景经》与《黄庭外景经》构成，其特点是根据道教养生家们的养生实践，用宗教语言来系统诠释人体的气穴关窍，创造了一个以精神意念修炼为主要特色的养生学体系。该书在后世备受尊崇，被誉为“寿世长生之妙典”。

三国时期，名医华佗提出了运动养生的著名观点："人体欲得劳动，但不当使极耳。动摇则谷气得消，血脉流通，病不得生。譬如户枢不朽是也。是以古之仙者为导引之事，熊经鸱顾，引挽腰体，以求难老。"[1]根据这一理论，他创造了著名的"五禽戏"。这是中国古代对运动健身理论的最重要的阐述，在中国古代体育养生学发展中占有重要地位。

"众术合修"养生思想是东晋时期道教理论家和养生家葛洪（284~364）提出来的。葛洪的养生思想集中反映在其所撰《抱朴子·内篇》之中。葛洪充分肯定人类追求自身生命健康方面的主观能动作用，提出养生首先应做到"不伤不损"，避免一切有损身体健康的事情。葛洪认为导引、行气、房中、服食有不同的养生效果，提出了"籍众术之共成长生"的重要思想。葛洪的这一观点是中国古代养生学走向成熟的标志，在中国传统养生学史上具有重要地位和影响。

除了以上养生学代表人物外，两晋南北朝时期对养生学思想和理论作出了重要贡献的还有嵇康、陶弘景、颜之推等人。嵇康（223~262）是西晋名士，他著有《养生论》《答难养生论》等论著，主张依靠人的主观能动性来积极养生，延长寿命。齐梁时著名道教养生学家陶弘景继承了葛洪"众术合修"思想，在搜集整理当时流传的各种养生学典籍基础上，精选编撰了《养性延命录》一书，分门别类地收录了当时的各种养生理论和方法，其中《服气疗病篇》与《导引按摩篇》记录了大量珍贵的行气导引方法。颜之推（531~595）的养生思想主要反映在所著《颜氏家训》中。其中《养生篇》提出，养生首先应避免各种祸患，全身保命，同时采用爱养神明，调护气息，慎节起卧，均适喧寒，禁忌食欲，将饵药物等手段，来实现健康长寿。这些养生思想和理论对后世都产生了较大影响。

---

[1] 陈寿. 三国志·魏书·方伎传. 北京：中华书局，1959. 第三册. 卷3. 804

## 二、体育养生方法体系的形成与发展

### （一）导引的形成与发展

春秋战国时期，在继承前人经验基础上，导引和行气两大体育养生流派开始形成。

导引术是中国传统体育健身方法和体疗方法之一，其特点是在理论上强调运动养生，在方法上以肢体运动、呼吸运动和自我按摩相结合，其目的是强身健体、治疗疾病。关于导引术的最早文字记载是《庄子·刻意》："吹嘘呼吸，吐故纳新，熊经鸟伸，为寿而已矣。此导引之士，养形之人，彭祖寿考者之所好也。"[1]这说明，至少在战国时期，已有一批专门从事导引术实践的人，他们通过呼吸运动和模仿动物的动作来"养形"，追求健康长寿。

导引术的另一重要功能是体疗治病。由此发展出了医疗导引术。《黄帝内经·素问·异法方异论》指出，在地卑阴湿环境中生活的人易得"萎厥寒热"之疾，应该以导引和按摩的方法来治疗。《灵枢·病传》也将导引、行气、乔摩（按摩）列为当时主要的八种医疗手段之列。

两汉时期，导引术获得了重要发展。20世纪70～80年代出土的《导引图》和《引经》反映了这一时期导引术发展的水平和情况。《导引图》1973年出土于湖南长沙马王堆西汉墓，是一幅彩色的帛画，上绘形态各异的导引术势44个，每图旁均有文字说明。从画面上看，男女各占一半，既有徒手操，也有棍杖、沙袋、盘碟、球类等器械动作；从文字说明来看，则包括了养生导引术和医疗导引术两大类，且有部分动作如"熊经""龙登"等是以动物动作来命名的。《引经》1984年出土于湖北江陵张家山西汉墓。其内容包括四季养生之道、36种导引术势的名称和动作、各

[1] 曹基础. 庄子浅注. 北京：中华书局，1982，227

类疾病的导引治疗方法等等，以汉隶刻写于竹简上。《引经》对先秦至西汉期间导引术的情况记载较之《导引图》更为详尽。它们反映出这一时期中国古代导引术的发展已经相当成熟。

三国时期，名医华佗（？~208）在导引术基础上创造了著名的五禽戏。这是一套类似现代体操的健身术。它分为五节，分别模仿虎、鹿、熊、猿、鸟五种动物的动作来治病健身。“体中不快，起作一禽之戏，沾濡汗出，因上著粉，身体轻便，腹中欲食。”[1]五禽戏的最大特点，是将古代导引术加以简约化和套势化，使其结构完整，编排合理，简约精要，易学易练。有利于传播和习练。五禽戏代表了先秦两汉以来导引术和中国体育养生术的最高水平和典范。

除了上述重要导引术经典外，两汉到魏晋南北朝时期还有《导引经》《养生书》《内解》《按摩经》《观卧引图》《导引养生图》《太清导引养生经》等重要导引专著，可惜多已亡佚。另外，很多道教经典都记载了导引术方法，它们都是中国古代体育养生的重要文化遗产。

## （二）行气的形成与发展

行气是中国古代以呼吸运动和精神锻炼为特色的一大类身心锻炼方法的总称。它与导引一起，共同构成了中国古代体育养生学的两大体系。行气与导引的区别是，它更强调在形体的相对静态中进行呼吸运动和精神修炼，以促进人的健康长寿。

行气术的产生年代已不可考证。目前发现的有关行气的最早文字资料是一件战国初期的行气玉佩铭。据考证，这件玉佩是公元前404年~公元前308年间的文物，上面的铭文是：

> 行气，深则蓄，蓄则伸，伸则下，下则定，定则固，固则萌，萌则长，长则复，复则天。天其本在上，地其本在下。顺则生，逆则死。

学者们一般认为，铭文内容记载的是练习行气术时在意念作

[1] 陈寿. 三国志·魏书·方伎传. 中华书局，1959（12）. 第三册，卷3. 804

用下的内气运行过程。这说明，早在战国时期，行气术已经发展到了相当成熟的水平，由一般的呼吸运动发展到了深入人体内部的气脉流注运转。

秦汉至魏晋南北朝时期，养生家们对行气术进行了深入的实践和研究，出现了大量行气术专著，如《食六气经》《胎息经》《行气治病经》《王乔养性治身经》《太上养生胎息气经》《太清调气经》等等。在实践基础上，还发展出了很多不同的行气技术流派，其中影响较大的有食气、胎息、六字气法、存思等方法。

食气：这是古代最早的行气术之一，是一种以吐纳咽气为特色的呼吸锻炼法。湖南长沙马王堆出土的西汉帛书中有《却谷食气篇》，文中对“食气”这种呼吸锻炼的特点、技巧、时间、方位、季节要求等都作了详尽的解释，并指出：“食气者为嘘吹。”嘘、吹是两种不同的吐气发声与口型。《庄子·刻意》中所说的“吹嘘呼吸，吐故纳新”，就是指食气的技巧。

胎息：是一种以闭气屏息为技术特色的锻炼技巧。早在东汉时就有记载。魏晋养生家葛洪特别推崇这种行气方法：“初学行气，鼻中引气而闭之，阴以心数至一百二十，乃以微吐之。及引之，皆不令耳闻其出入之声，常令入多出少。以鸿毛著鼻口之上，吐气而鸿毛不动为候也。渐习转增其心数，久久可以至千。至千则老者更少，日还一日矣。”❶

六字气法：这是一种在魏晋南北朝十分流行的呼吸锻炼法。始见于齐梁养生家陶弘景编撰的《养性延命录》：“凡行气，以鼻内（纳）气，以口吐气。微而引之，名曰长息。内气有一，吐气有六。内气一者，谓吸也。吐气六者，谓吹、呼、唏、呵、嘘、呬，皆出气也。”❷所谓“长息”，就是深呼吸。六字气法的特点是将汉代“食气”的嘘、吹两种吐气法发展成为了六种吐气技巧，每种吐气法分别有其功效，并按五行相配专治相应脏腑器官的疾

---

❶ 王明. 新编诸子集成·抱朴子·内篇·释滞. 中华书局，1985. 第2版. 第一辑. 卷8. 149

❷ 道藏养生书十种. 北京：中医古籍出版社，1987. 16

病："吹以去热，呼以去风，唏以去烦，呵以下气，嘘以散滞，呬以解极。"[1]由于六字气法功理完整，针对性强，易学易练，因而备受养生家们的重视。

存思：又称为存想。是魏晋南北朝时期在道教徒中流传甚广的一种以精神修炼为主的静功方法。多采用坐姿或卧姿。其特点是在调节呼吸和姿势的基础上，将意念专注集中于人体内外某一事物、脏腑、器官、穴位或想象的"身神"上，具体功法又有守一（意念专注于人体某一穴位）、存神（意守某一"身神"）、存日月、存星辰等等。魏晋时期著名的养生学典籍《黄庭经》将人体分为上下"八景二十四真"，每一脏腑器官和重要穴位都有一相应的"身神"，要求人们在练功时意想"身神"的名号、色彩、形状等等，以达到精神安静集中的效果。存思术的宗教色彩较浓，但对于静功的发展具有重要意义。

## 第六节 中国早期的体育娱乐活动与表演活动

### 一、百 戏

"百戏"是中国古代一类表演性娱乐活动的总称，其中包含有十分丰富的体育表演内容。根据现有史料，百戏源起于先秦时期的"讲武之礼"和公卿贵族节日宴庆的表演。秦和西汉称为"角抵戏"，东汉称为"百戏"。

春秋战国时期，原本作为军事训练和礼制教育的"讲武之礼"逐渐演变为国君和公卿贵族们节庆宴会上的娱乐表演，"以为戏乐，用相夸视"[2]。当时在上层社会的宴席聚会上不仅有各种乐舞表演，还有舞剑、角力（举重一类表演）、角抵（类似于摔跤）、

[1] 道藏养生书十种. 北京：中医古籍出版社，1987. 16

[2]（汉）班固. 汉书·刑法志. 北京：中华书局，1964. 卷23志第三. 1085

斗兽等表演活动。秦始皇统一天下后，“罢讲武之礼为角抵”，这时“角抵”已成为一大类技巧性表演娱乐活动的总称。西汉时期，由于丝绸之路的开通，长安等地与西亚诸国的来往交流日益密切，波斯、大宛、身毒（印度）及西亚诸国的艺人带来了大量杂技表演活动，“角抵奇戏岁增变，甚盛益兴自此始。”❶史载汉武帝曾于元封三年（公元前 108 年）和元封六年（公元前 105 年）两次在京城举行规模盛大的角抵表演活动，“作角抵戏，三百里内皆来观。”❷东汉时期，百戏活动由宫廷流传至民间，四川、山东、河南等地出土的东汉画像砖中均有很多百戏活动的画面。这反映出百戏活动在民间已经十分普及。

古代百戏的项目很多。其中比较典型的体育表演活动有跳丸（手执数枚石丸或铁丸上下抛掷）、跳剑（手执数剑上下抛掷）、跳丸剑（手执数枚球丸与短剑上下抛掷）、叠案（在若干张上下相叠的木桌上做手倒立等各种动作）、马戏（在奔马背上做手倒立等各种动作）、寻幢（用头、肩等部位顶长竿）、履索（在高空悬系的绳索上做各种动作）、冲狭（跳跃穿越刀圈火圈等）、燕濯（在障碍物上做各种鱼跃滚翻动作）、盘鼓舞（在盘或鼓上跳舞）、蹴鞠舞（边踢球边起舞）等等。

## 二、围 棋

围棋在先秦时称为“弈棋”，简称“弈”，是中国最古老的棋类游戏之一。围棋的起源今已不可详考，其最早的文字记载出现于春秋时期。《左传·襄公二十五年》有“弈者举棋不定，不胜其耦”的记载。《论语·阳货》也有“子曰：饱食终日，无所用心，难矣哉，不有博弈者乎”的说法，反映出早在春秋时期，围棋已经十分流行。战国时期出现了较正式的围棋比赛和专门的棋艺学

❶（汉）司马迁. 史记·大宛列传. 北京：中华书局，1959（9）. 卷 123. 3173
❷（汉）班固. 汉书·武帝纪. 北京：中华书局，1964（11）. 卷 6. 194

校，并出现了弈秋等高手。

两汉时期，围棋的发展日趋成熟。其时棋子为木制，棋盘多为石制，“棋局纵横各十七道，合二百八十九道，黑白子各百五十枚”。[1]河北望都县汉墓出土的石制棋盘即为纵横 17 线，为文献记载提供了佐证。其时还出现了《博弈论》《围棋铭》《弈旨》《围棋赋》等关于围棋的专著。

魏晋南北朝时围棋发展进入了一个高峰时期。当时的士大夫文人无不精于围棋，如三国时期的名人马融、孔融、曹操、孙策、诸葛亮、陆逊等人均酷爱围棋。当时不仅经常举行大规模的围棋比赛，而且按棋艺高低将棋手分为“九品”，即 9 个等级。这一时期围棋规则也发生了较大变化，南北朝时已经出现 19 线的棋局，变 289 路为 361 路。当时还出现了很多棋谱和围棋理论专著，围棋的战术原则和理论在这一时期已经基本定型。

## 三、民俗中的体育活动

先秦时期，各地都产生了很多带地域性的民俗性体育活动。秦汉时期，随着大一统封建帝国的建立和出现了较长时间的和平稳定时期，各种民间体育活动和民俗性游戏得以蓬勃开展起来。

同宫廷及贵族的体育活动相比，古代民间体育活动有其自身的特点。其一，它多表现为节令性的民间庆典活动，如清明踏青放风筝、端午龙舟竞渡、重阳登高等等。其二，不少古代民俗性体育活动保留有原始的信仰习俗，带有一定宗教祭祀色彩，如岁末傩舞除祟、三月上巳祓禊等。其三，民俗性体育活动具有浓郁的地方色彩和民族风格，有广泛的社会性和全民性，场面热烈，形式多样，内容活泼。以下是先秦至两汉魏晋南北朝的一些具有代表性的民间体育活动：

大傩：“傩”是由原始信仰和巫术演变而来的一种驱逐疫鬼，

[1]（梁）萧统.（唐）李善注. 文选. 北京：中华书局，1977. 卷 52

祈求健康的一种仪式。大约西周时已成礼制，两汉时期逐渐发展成为一种节令性的民俗活动。其主要形式为在腊月岁末在村社举行集体性的驱鬼活动，称为“大傩”。汉晋时期大傩是宫廷和民间“腊祭”活动主要内容之一，有“方相舞”“十二神舞”等名目，兼具祭祀、娱乐、舞蹈、健身等多种功能。每年腊月岁前一天，民间以村社和氏族宗姓为单位，都要举行大规模的傩舞表演，表演者一般头戴面具，手执干戚等兵器，伴随热烈的鼓点集体踏舞，表演驱鬼的情节，四周观者如堵，场面极为壮观。

祓禊：古代民间为除灾去邪而在河边举行的一种祭祀活动。起源于原始巫术仪式，西周时演变成为一种岁时的祭典制度。汉晋时期祓禊形式多样，最流行的是农历三月上巳日在河畔水边沐浴并举行祭祀活动。魏晋以后，改三月上巳日为三月三日。每年的这一天，人们成群结队来到河边，在举行祭祀活动后，男女老少纷纷跳入河中洗浴，以洁净身心。儿童与青少年们则在水中尽情游泳嬉戏。祓禊活动很大程度上成为了一种民间盛大的集体水上活动和游泳节日。

踏青：古代民间的春日郊游习俗。起源于古代的农耕祭祀活动。西周时有立春之日周天子亲帅三公、九卿、诸侯、士大夫迎春东郊的习俗，后演变为每年立春之日人们携家带口，结伴成群到郊外游玩的民俗。在《诗经》中，就有关于男女青年利用踏青郊游的机会互表爱慕，赠送信物的诗篇。两汉至魏晋南北朝，踏青春游成为全国性的民间习俗。不仅皇帝要在春天率百官举行大规模的郊祭，而且各郡县直至民间乡里都会举行各种春祭和踏青郊游活动。

登高：九月九日重阳节以登山为主要内容的民间习俗。最早可能源于荆楚地区民间避邪活动，《楚辞·九怀》中便有秋日登高悲怀的咏叹。据南朝吴均所著《续齐谐记》，东汉时民间有农历九月九日登山、插茱萸、喝菊花酒以避邪的习俗。此后重阳节登高遂成全国性的民间节令风俗。每年的这一天，人们会在门口插上驱邪避鬼的茱萸，兴高采烈地携着菊花酒去登山。重阳节实际上成为了中国古代的“登山节”。

竞渡：龙是中华民族古老的象征。据考古资料，划龙舟比赛起源很早，且与南方吴越民族的原始崇拜有密切关系。但是划龙舟成为大规模的竞技运动，则源于纪念战国时期伟大的爱国诗人屈原。南朝梁代宗懔所著《荆楚岁时记》中记载，当时荆楚地区为纪念屈原，民间于每年农历五月五日举行龙舟竞渡。龙舟比赛是中国流传最为悠久的民间竞技活动，其范围遍布全国。每到五月五日，全国各地都会举行盛大的龙舟比赛，河中千舟竞发，岸上万众欢腾，场面非常热烈。

**思考题**

简述中国古代学校体育发展与衰落的原因。
西周“六艺”教育中哪些内容与体育有关？
简述先秦诸子百家中主要学术流派的体育教育思想及实践特点。
中国早期竞技运动的特点是什么？有哪些主要形式？
以《鞠城铭》为依据，谈谈汉代蹴鞠的发展与特点。
试述先秦的养生思想与实践活动。
简述葛洪的养生思想与方法。
试述中国早期武术活动的特点与发展。
何为百戏？百戏是如何演变的？百戏中有哪些主要的体育活动？
中国早期的民间及民俗节令中有哪些娱乐体育活动？

# 第九章　中国古代体育的发展与演变

## 学习提示

唐宋马球运动的兴盛、特点与演变
蹴鞠运动的发展与演变
古代的捶丸、角抵、相扑等竞技活动
中国古代体育教育的演变与特点
武举制的创立与武学中的体育
中国传统养生学的发展与演变
中国武术的兴盛与成熟
中国古代娱乐体育的发展

从公元6世纪到1840年，是中国古代社会发展的中后期，也是中国封建政治、经济和文化发展的鼎盛时期。从公元589年隋朝建立，中经唐（618～907）、五代（907～960）、宋（960～1279）、元（1279～1368）、明（1368～1644）到中国最后一个封建王朝清（1644～1911），中国是世界上最强大的封建帝国之一，社会政治、经济和文化极度繁荣，曾长期领先世界各国。在这样的背景下，中国古代体育表现出前所未有的活力，创造出了灿烂的古代体育文化。隋唐建立了中国历史上最强盛的封建帝国，其经济和文化的繁荣以及中外密切的交流推动了体育的大发展。宋、元、明时期城市经济与市民文化的勃兴带来了市民体育的兴盛，中国古代体育由此进入了一个新的发展阶段。清王朝的建立使几千年以汉文化为主体的古代体育受到了冲击，一些传统体育项目如击鞠、蹴鞠等相继衰落以至消失，但同时也带来了一些新的体育活动项目。至1840年鸦片战争为止，中国古代体育已经发展演变为一个较为稳定的传统文化体系，成为灿烂的中国古代文明的有机组成部分。

## 第一节　中国古代竞技体育的发展和演变

### 一、古代竞技体育发展的动力与特点

唐、宋、元、明时期，是中国古代竞技体育发展的繁荣时期。在这一时期，以击鞠、蹴鞠等项目为代表的竞技运动无论是在发展的规模、普及程度还是技术与规则的成熟上，都达到了前所未有的高度，在同时期世界各国和地区中独步一时。

隋唐以来推动中国古代竞技体育大发展的主要因素大致有以下几点：其一，相对和平稳定的发展环境。从隋唐开始，中国结束了长达五个多世纪的分裂与战乱，进入了一个相对和平与稳定的发展时期。其间虽然也发生过较大规模的国内战争与民族冲突，也有过短暂的分裂与割据，但总的来说，国家安定与统一的时间大大高于动乱与分裂的时间，这就为古代竞技运动发展提供了必要的空间与环境。其二，封建政治、经济和文化的高度发展。这一时期，大一统封建专制制度的成熟，农业生产力的迅速提高和城市商品经济的兴盛，以及文化的空前繁荣，都为古代体育的发展提供了丰厚的条件与土壤。其三，这一时期中外来往交流空前频繁，尤其是唐代与元代堪称中国古代最开放的时期，给竞技体育的发展与传播提供了充分的文化营养。

在这样的背景下，隋唐以来中国古代竞技体育发展主要表现出以下特点：

其一，唐、宋、元、明四朝是中国古代竞技运动获得高度发展的时期。击鞠、蹴鞠、相扑等项目代表了同时期世界体育发展的最高水平，表现了中国古代文明和传统文化的杰出创造力与辉

煌成就。

其二，古代竞技运动主要是在大中城市中开展。成熟的竞技运动需要公众基础和相对稳定的参与群体，需要专门的公共设施与运动场地，也需要文化的传播与积累，这些都决定了它只能是城市文化的产物。中国古代竞技体育也不例外，像击鞠、蹴鞠、捶丸等运动都是随着城市经济和文化的发展而繁荣起来的。

其三，出现了体育组织和职业运动者。体育组织与职业运动者的出现是竞技体育高度成熟的表现。在宋代和明代，出现了圆社、英略社、踏弩社、水弩社、锦标社等大量民间体育组织与团体，还出现了"筑球军"这样的职业球队与职业球员。这些都代表了中国古代竞技运动的最高形式与水平。

其四，对抗性增强，规则成熟。相对于汉代的蹴鞠，以唐代的击鞠为代表，古代竞技运动的对抗性和比赛的激烈程度明显增强。同时，唐代的击鞠、宋代的蹴鞠、明代的捶丸等运动都出现了较为完整的运动规则。这是中国古代竞技运动走向成熟的标志。

其五，表现出阶级与等级特征。在等级制度森严的中国封建社会，中国古代竞技体育必然打上鲜明的阶级烙印。很多运动项目主要是在皇室贵族及统治阶级中流行。如唐代的击鞠运动就因其马匹、器械、设施、场地等方面的高消费特征，使一般下层大众难以参与，实际上成为皇室贵族阶层的专利品。

其六，吸取外来文化的营养。唐代和元代都是中国古代最开放的时代，中外频繁的文化交流促使很多外国的体育项目传入中国，并对击鞠等项目的发展产生了重要推动作用。

## 二、击鞠的兴盛与流行

击鞠是一种骑在马上挥杖击球以决胜负的古代集体性运动项目，是古代的马球运动，又称为"打球""击球"等，主要盛行于唐代，宋、明两朝也有开展。

## （一）击鞠的源起

关于中国古代击鞠运动的起源，目前尚无定论。有学者根据东汉时期曹植《名都赋》中“连骑（翩）击鞠壤，巧捷唯万端”的诗句，认为在东汉时期中国就有击鞠运动。但由于唐以前类似记载仅此一条，并且在诗句的含意上也有不同的解释，因而多数学者倾向于击鞠是唐代以后才流行的运动项目。根据有关文献与考古资料，目前学术界一般认为击鞠起源于波斯，唐代经由吐蕃（今青藏地区）传入中原并得到广泛流传。

击鞠在唐代流行的原因，首先得之于唐王朝对外来文化兼容并蓄的文化气派与开放政策，使击鞠这样的运动得以传入中国并广泛流行。其次是由于初唐和盛唐时期的统治阶级锐意进取，热衷于击鞠这类竞争激烈，对抗性很强的运动项目。而历代唐朝皇帝对击鞠的喜好，更对这一运动的普及起到了推波助澜的作用。三是唐代经济和文化发达，给击鞠这样需要一定物质基础的运动项目提供了开展的条件。

据唐人封演所著《封氏见闻录》中的“打球篇”记载，唐太宗李世民（627～649 在位）曾说：“闻西番人好为击球，比亦令习，会一度观之。”❶据此可知，击鞠是唐太宗时由吐蕃传入中原，并得到唐太宗的大力推崇和提倡。

## （二）唐代击鞠的兴盛

### 1. 唐代击鞠开展的基本情况

自唐太宗后，唐中宗李显（705～710 年在位）酷爱击鞠，多次率文武百官，亲临梨园亭球场观看击鞠比赛。“上好击球，由是风俗相尚。”❷此后击鞠成为皇室和京城的时尚。唐玄宗李隆基

❶ 赵贞信. 封氏闻见记校注. 北京：中华书局，1958. 卷 6

❷（宋）司马光. 资治通鉴. 北京：中华书局，1956. 卷 209. 唐纪 25. 6624

（712～755年在位）、唐穆宗李恒（821～824年在位）、唐敬宗李湛（825～826年在位）、唐宣宗李忱（847～859年在位）、唐僖宗李儇（874～888年在位）、唐昭宗李晔（889～904年在位）等历朝皇帝均喜好击鞠。这不仅反映出唐代击鞠之盛，更重要的是，皇帝本人如此喜爱和推崇击鞠，必然对击鞠运动在唐代的普及与发展起到直接且巨大的推动作用。如唐玄宗李隆基不仅自己喜好击鞠，球技精湛，而且于天宝元年以击鞠为"用兵之技"，下诏在全国军队中开展击鞠运动，由此推动了唐代马球在军队和全国范围内的普及和开展。

皇室的推崇带动了唐代整个上层社会的击鞠热。击鞠成为唐代皇亲国戚、达官贵族和富家子弟中最流行的运动。贵族达官们不仅参加宫廷组织的大型赛事，而且还在自己的豪宅内自筑球场，经常举行激烈的击鞠比赛。当时京城击鞠之风异常奢靡，贵族们"洒油以筑球场"❶，"昼夜酣饮作乐，燃十围之烛以击球，费钱数万"。❷

唐代击鞠的影响深入到社会各个方面，成为各种节日和庆典活动的重要内容之一。例如，每年的科举考试发榜后，朝廷要在长安城内的月灯阁球场举行盛大的击鞠比赛以示庆祝，称为"月灯阁打球之会"。据唐人王定保所撰《唐摭言》等有关资料记载，该项赛事十分隆重，不仅新榜进士们齐聚看台就座，而且前来观赛的观众达到数千人。比赛双方由皇家卫队"左右神策军"各派出一队"击球军将"参赛。新榜进士们也可主动请求下场参赛。比赛时参赛者"驰骤击拂，风驱电逝"，场下观众"大呼笑，久而方止"，场面极为热烈，反映出唐代击鞠已演变成为一项社会化程度很高的竞技活动。

自唐玄宗下诏以击鞠为"用兵之技"，要求军队作为训练手段后，这一运动在唐朝军队中普遍开展起来，出现了不少高手。如

❶（宋）司马光. 资治通鉴. 北京：中华书局，1956. 卷209. 唐纪25. 6624

❷（宋）司马光. 资治通鉴. 北京：中华书局，1956. 卷271

德宗时徐泗濠节度使张建封本是文人出身，但却酷爱击鞠，认为"此诚习战非为剧"。他经常参加激烈的击鞠比赛，以至当时在他手下的韩愈多次以击鞠"有危堕之忧，有激射之虞，小则伤面目，大则残形躯"❶来规劝他不要再参加击鞠，但张建封却照挥杖驰骋不误。当时甚至有因击鞠技艺高超而升至将军的。史载唐武宗时，就有一位叫周宝的军校，"官不进，自请以球见，武宗称其能，擢金武将军"。后来他还因球技高升至"检校工部尚书泾原节度使"。❷可见当时军队中对击鞠的重视。

### 2. 唐代击鞠的对外交流与传播

唐代还举行国际性的击鞠比赛。唐中宗景龙四年（710年），吐蕃遣使迎金城公主，唐中宗李显率群臣在梨园亭子观看击鞠比赛。开始时吐蕃高手连连获胜，中宗派出以临淄王李隆基（后即位为唐玄宗）、嗣虢王李邕、驸马杨慎交、武廷秀四人组成的阵容出场。李隆基等人驰马挥杆上阵，东西驱突，风回电激，所向无前，令对手无法招架，最终取得了比赛的胜利。

唐代击鞠于公元8世纪20年代前后东传到日本、渤海诸国。公元822年（唐穆宗长庆二年，日本弘仁十三年）正月，日本嵯峨天皇（809～823年在位）在京城丰乐殿宴请渤海国使团，席间观看了渤海国球队与日本国球队的击鞠比赛。比赛结束后，嵯峨天皇和东阁学士滋野还分别即兴赋诗《早春观打球》和《奉和早春观打球》，描述了当时的比赛情况。

### 3. 击鞠的场地与规则

唐代都城长安的宫城禁苑中建有很多击鞠专用球场。见诸史料记载的就有球场亭、西苑梨园、大明宫东内苑、龙首池（池填的球场）、麟德殿、清思殿、中和殿、飞龙院、雍和殿等处的球

❶ 全唐诗·韩愈·汴泗交流赠张仆射. 中华书局，1960. 卷3. 3786
❷（宋）欧阳修，宋祁. 新唐书·周宝传. 中华书局，1975. 卷186. 5415

场。1956年在西安唐大明宫遗址出土了一块石碑，上刻有“含光殿及球场”和“大唐大和辛亥岁乙未月建”，表明这是公元831年文宗李昂在位时修建的球场。

唐代击鞠的场地呈方形，一般三面筑墙，一面筑有殿亭楼台以供观赏者观看。韩愈《汴泗交流赠张仆射》一诗中曾对当时的击鞠赛场作了描写：“汴泗交流郡城角，筑场千步平如削。短垣三面缭逶迤，击鼓腾腾树赤旗。”[1]比赛分为两队进行对抗，每队人数一般在四人或四人以上，将球打入对方的球门以决胜负。1971年，考古工作者发掘陕西省乾县唐章怀太子李贤墓时，在墓道西壁发现了一幅壁画《马球图》，为研究唐代击鞠运动提供了珍贵的第一手材料。从中可以看到，唐代击鞠所用之球为红色的球，大小如拳，球杖顶端弯如弦月。双方十多名队员穿着不同色彩的衣服，骑在高大的骏马上挥杆奋击，比赛十分激烈。

#### 4. 妇女的驴鞠运动

唐代男子热衷于马上击鞠，这种风气也对女性产生了影响。一些妇女也参加击鞠运动。如今故宫博物馆收藏有“妇女打球图铜镜”，上雕有四位马上挥杆击鞠的女性画像。但由于骑马击鞠过于激烈和危险，不适合妇女参加，于是晚唐五代时期一些妃嫔宫女、豪门闺秀和艺伎歌女便骑在矮小温顺的毛驴背上打球，由此而产生了专门的女子击鞠项目——驴鞠。如唐代宗（763～779年）时，剑南节度使兼成都尹郭英义便在成都“聚女人骑驴打球”，[2]“教女使乘驴击球”[3]。五代时，后蜀皇帝孟昶的妃子花蕊夫人尤爱驴鞠，写下了不少有关打球的宫词。

唐代的击鞠运动是中国古代体育的辉煌篇章，也是古代中国竞技运动的典范和代表。它是唐代特定的历史文化背景与社会风气的产物。其比赛的激烈对抗性和规则的成熟性在儒家思想占统

[1] 全唐诗·韩愈·汴泗交流赠张仆射. 中华书局，1960. 卷3. 3786
[2] 刘昫等. 旧唐书·郭英义传. 中华书局，1975. 卷117. 3397
[3]（宋）欧阳修，宋祁. 新唐书·郭知运传. 中华书局，1975. 卷133. 4546

治地位的古代中国是较为罕见的。

### （四）宋明时期的击鞠

击鞠运动在宋代仍然较为流行，但已失去了唐代击鞠的气势和精神，其对抗性和竞争性减弱，逐渐变成一种娱乐性为主的运动。

宋代边患严重，击鞠作为一种训练手段而被视为“军中戏”受到朝廷重视。宋太宗曾下诏制定击鞠的统一竞赛规则。《宋史·兵志》记载，当时军队“时试之弓弩，课之武艺，暇则驰马击球以为乐”。南宋孝宗（1163～1189年）时，皇帝时常组织并亲自参加军队将佐们的击鞠比赛，甚至遇上风雨天也要张起油布帘幕打球，以图训练骑兵，抗金复国。

击鞠在宋代宫廷中虽不如唐代兴盛，但也是皇室喜闻乐见的活动。据《宋史·礼制》记载，宫中每年3月都要在大明殿前举行击鞠比赛。球场东西各设一高达丈余的木制球门，周围插有绣旗。比赛分为上下两场，上场为皇族显贵们分成两队进行比赛，下场由宫廷中带职业性质的“打球供奉”进行高水平竞赛表演。比赛时有乐队奏乐。比赛结束后，皇帝还要大宴群臣。

宋代城市文化发达，击鞠在民间也很受欢迎。但同唐代一样，由于对马匹、设备、器械、场地等要求较高，击鞠在宋代也主要是“一等富室郎君，风流子弟”的运动。北宋都城汴京宝津楼宴殿之南的横街有击鞠场。南宋时在都城临安还出现了击鞠社团组织——打球社。这些都反映出击鞠在宋代成为了上流社会的娱乐性竞技运动。

宋代击鞠分为双球门和单球门两种。双球门击鞠是在球场的东西两端各设一高达丈余的木制球门，双方各设两个守门员。比赛时将球攻入对方球门得分，以得分多少计胜负。单球门比赛只在球场南面的中央安置一个木板，木板底部开一孔，即为球门，门后加一个网兜。比赛时分为两队，将球打入球门得分，以得分多少分胜负。比赛上场人数可多可少，少则每队数人，多则每队50余人，但一般要求双方人数对等。

击鞠在同时期的辽、金、元等国也十分流行。这些游牧民族建立的国家本来就擅长骑马，因而对击鞠尤其喜好。《辽史·游幸表》中就有不少辽国皇室举行击鞠比赛的记载。击鞠高手则往往受到辽国皇帝的赏赐。如一位名叫耶律塔不也的，“以善击鞠幸于上。凡驰骋，鞠不离杖”。❶金代继承了辽人击鞠的习尚。《金史·礼志八》记载：“击球之戏亦辽俗也，金因尚之。”当时每逢重午、中元、重九行拜天之礼后，金人均要举行击鞠比赛。元人靠马背得天下，因此对击鞠情有独钟。当时从宫中到民间都不乏喜爱击鞠者。据有关史料记载，每逢重要的节日，元太子与王公贵族及各司官吏中的高手，都要聚集在元都西华门内宽广的球场上举行击鞠比赛。

击鞠在明代宫廷生活中时有记载。但已逐渐变成一种表演性的活动。唐宋时期那种达官贵人及富家子弟热衷于亲身参与击鞠运动一类的记载已很少见。明初永乐年间（1403～1424）尚有“击球射柳之制”。明成祖朱棣于每年5月5日及端午节等节日常到乐苑观看击鞠和射柳，“分击球官为两朋，自皇太子而下诸王大臣以次击射，赐中者币布有差”。❷但明中叶以后，这种分为两队直接对抗的击鞠记载已很少见。今故宫博物馆藏有《宣宗行乐图》，上绘明宣宗朱瞻基（1426～1435在位）“观打球”的场景：右立一门，左有五人，一人持球杖击球。这说明此时击鞠已变成一种间接对抗的娱乐项目。

清代体育活动深受满族统治者自身传统习俗的影响，击鞠这类主要在上层统治者阶层中开展的运动因此失去了发展的基础与动力。清代史料中有关击鞠的记载渐渐稀少以至终绝，反映出击鞠这一曾在中国历史上长期流传，盛极一时的古代竞技运动项目在这一时期走向了消亡。

---

❶（元）脱脱等. 辽史·耶律塔不也传. 北京：中华书局，1974. 卷141. 1494

❷ 张廷玉等. 明史·礼制. 北京：中华书局，1974. 卷57. 礼制11. 1441

## 三、蹴鞠的发展与演变

### （一）唐代蹴鞠的变化

与主要在上流社会开展的击鞠不同，蹴鞠因其费用低廉，简单易行而在唐代民间开展得十分普及。在寒食节等节令中，民间都要举行蹴鞠比赛。当时不少诗人的作品都反映了唐代民间蹴鞠开展的情况。如白居易《洛桥寒食日作十韵》“蹴球尘不起，泼火两新晴”；[1]韦庄《丙辰年州迁寒食城外醉吟五首》“永日迢迢无一事，隔街闻筑气球声”[2]等。从这些诗篇看，蹴鞠已成为民间寒食节的传统体育活动。

唐代宫廷中也流行蹴鞠。前蜀皇帝王建《宫词》中有“寒食宫人长白打，库中先散与金钱”之句。[3]这里的“白打”是蹴鞠的一种玩法。诗句反映了晚唐五代时宫女们在寒食节蹴鞠娱乐的情景。

蹴鞠在唐代发生了以下重要变化：

第一，发明了充气球。唐以前，蹴鞠所用的球是用皮革制成，中间填充毛发干草之类的实心球。唐时发明了充气的空心球，使球更轻更有弹性，加大了踢球难度的同时也使其娱乐性大大增加，对促进蹴鞠技术的发展和规则的改变产生了重要影响，从而推动了唐以来蹴鞠运动的大发展。唐人徐坚所著《初学记》载，“今蹴鞠曰球戏。古用毛纠结为之，今用皮。以胞为里，嘘气，闭而蹴之”。

第二，出现了“球门”。唐以前蹴鞠场地筑有鞠城与鞠室。唐代则出现了球门。唐人仲无颜《气球赋》有“苛投足之有便，知入门而无必”的诗句。该赋中还称当时的蹴鞠比赛“交争竞逐，

---

❶ 全唐诗. 北京：中华书局，1960. 14册. 卷449. 5067

❷ 全唐诗. 北京：中华书局，1960. 20册. 卷699. 8040

❸ 全唐诗. 北京：中华书局，1960（4）. 卷302. 3444

驰突喧阗”，可证明唐代蹴鞠是分为两队双球门的对抗竞赛。另据元人马端临《文献通考》载，唐代蹴鞠还有一种单球门的比赛方式，即在球场中央立两根高数丈的长竹竿，上面有网，网中有孔。比赛时分作两队，轮流射门，将球射过网中之孔即得分，得分多者为胜。这种比赛对射门的技术要求很高。

第三，活动形式多样化。唐代蹴鞠除了有球门的比赛外，还有一种不用球门的技巧性比赛也很流行。这类比赛分为“一般场户”和“白打场户”两种。“一般场户”是一人或多人的颠球和传球表演，根据人数变化，称为“一人场”（一个人的踢球表演）、二人场（两人的颠球传球比赛）直到“十人场”（10人的颠球传球比赛）。“白打场户”的踢法是分为两个或若干队，每队参赛人数由双方事先约定，但双方人数必须相等。比赛有规定的场地。

### （二）宋代蹴鞠的鼎盛

宋代是中国古代蹴鞠发展的黄金时期。这一时期，蹴鞠不仅在宫廷和民间广泛开展，而且有成熟的规则，还出现了宫廷专业球队和全社会性的蹴鞠团体。

宋代蹴鞠主要继承了唐代单球门比赛和无球门比赛两种形式。双球门的比赛基本消失。宋代单球门比赛称为筑球。宋代的球门与唐代大致相同，在两根高约三丈的竹竿上部结一网，网中有一直径一尺左右的洞，称为风流眼。比赛时双方分列于球门两边，每队人数为6人或12人，每位球员都有自己的位置和任务，分别称为球头、副球头、跷球、正挟、头挟、左竿网、右竿网、散立等。比赛时由控球方队员互相传球至球头，由球头射门。球穿过球门上方的“风流眼”即得一筹（分），如球未进从网上弹回本方场地，则继续下一轮进攻。如球穿越风流眼得分后由对方开球。如球未穿过风流眼，亦未触网而从球网上方或下方飞至对方场地，则由对方进攻。

宋代蹴鞠比赛设有专门的裁判和工作人员，称为部署、校正、社司、知宾等。比赛胜方有奖，一般是银碗和锦缎；负方有罚，其方式是在球头脸上抹白灰，甚至会受鞭打。这种比赛方法双方不直接身体接触，娱乐性和观赏性较强，很受宋明时期大众的喜爱。宋代的无球门比赛称为“白打”，其花样很多，规则与特点与唐代大致相同。

宋代蹴鞠开展得非常广泛。上至皇帝大臣，下至民间百姓都喜爱蹴鞠。如宋太祖赵匡胤（960～976在位）、太宗赵光义（976～998在位）、徽宗赵佶等都酷爱蹴鞠。当时在皇宫中还出现了蹴鞠专业球队，称为“左右筑球军”，每逢宫中举行大型宴会和庆典时，都有“筑球军”的比赛和表演。

由于宋代商业经济发达，城市文化繁荣，加之蹴鞠具有消费低、简单易学、娱乐性强等特点，因而在民间开展得非常广泛。尤其是在当时的汴梁、临安等大城市中，蹴鞠作为男子体育项目，与妇女打秋千一同成为了当时民间体育活动的标志。南宋著名诗人陆游的诗中多处描写了当时蹴鞠和秋千的普及情况，如“蹴鞠城东一市哗，秋千楼外两旗斜”[1]；“寒食梁州十万家，秋千蹴鞠竞豪华”[2]；“地近函秦气俗豪，秋千蹴鞠分明曹”[3]等等。

宋代蹴鞠的一个重要发展标志是在汴京、临安等大城市中出现了类似现代体育俱乐部性质的体育组织——齐云社，又称圆社。其主要成员为“一等富室郎君，风流子弟与闲人之所习也”。[4]齐云社经常举行蹴鞠比赛，制定有严格的社规，新参加者要履行一定的手续。齐云社是宋代商品经济、城市文化和体育活动高度发展的产物，它是中国古代蹴鞠发展的重要里程碑。这样高度社会化、制度化的体育组织在当时的世界上是绝无仅有的。

宋代还出现了很多蹴鞠明星。南宋人写的《东京梦华录》

---

❶（宋）陆游. 剑南诗稿·卷十二·三月三十一日作. 上海：上海古籍出版社，1985. 2册，953

❷（宋）陆游. 剑南诗稿·卷三十九·春晚盛事. 上海：上海古籍出版社，1985. 5册，953

❸（宋）陆游. 剑南诗稿·卷三·次韵子长题吴太尉云山亭. 上海：上海古籍出版社，1985. 1册，238

❹（宋）吴自牧. 笔记小说大观·梦粱录·卷十九·社会. 南京：江苏广陵古籍刻印出版社. 1981. 7

《梦粱录》《西湖老人繁华录》等书中记载了不少当时名动一时的蹴鞠高手的姓名，如北宋汴京皇家筑球军球头苏述、孟宣；南宋临安皇家筑球军球头陆宝、张俊、李正等；还有民间高手像临安的黄如意、范老儿、小张、张明、蔡润等。当时还有因蹴鞠技艺高超受皇帝赏识而位至高官者，其中最有名的当属北宋末年的高俅。他本是苏东坡的书童，后因踢球技术好而受到宋徽宗的厚爱，官至殿前步军都指挥使。

### （三）明清蹴鞠的发展与衰落

蹴鞠在元明时期持续发展。元代散曲中有大量民间蹴鞠活动的描写和反映。明初，明太祖朱元璋（1368~1398 在位）曾为了整顿军纪下诏严禁蹴鞠。但随着统一战争的结束，这项运动很快就在宫廷和民间广泛恢复和开展起来。明太祖的重孙，明宣宗朱瞻基率先打破了太祖的禁令。现存故宫博物院的《明宣宗行乐图》长卷中就有一幅明宣宗观蹴鞠的绘图。之后历代明代皇帝如明武宗朱厚照（1506~1521 在位）、明神宗朱翊钧（1578~1620 在位）和明熹宗朱由校（1621~1628 在位）等都酷爱蹴鞠。明宫中的长乐宫是皇帝们踢球和观球的场所，明神宗和明熹宗都常在这里踢球。

明宣宗以后，蹴鞠在各地很快重新开展起来。除了京师以外，江浙等商品经济繁华地区不仅是全国高手荟萃之地，而且蹴鞠成为这些地区社会和经济生活的一部分，以至于当时这些地区的青楼妓院都成为了蹴鞠娱乐的主要场所。

明代蹴鞠的方式仍承袭宋代以单球门的比赛和无球门的“白打”两类。但由于市民阶层成为蹴鞠运动的主体，因而踢法简单、场地要求不高、娱乐性强且适合于民间庭院和街道里弄的“白打”更受欢迎，成为明代主要的蹴鞠形式。

明代蹴鞠发展的一个重要成果是出现了多种蹴鞠专著，其中留存至今的有汪云程所撰《蹴鞠图谱》、无名氏所著《戏球场科范》和《蹴鞠谱》等。这些专著都详尽地记载了当时蹴鞠运动的规则、要求、技术、场地、器材、设施、术语等，为今天了解和研究古代蹴鞠提供了宝贵的资料。

清入关后，统治阶层文化习俗和社会时尚的变化，对蹴鞠等传统体育活动影响很大。蹴鞠在清初康熙年间尚有零星的记载，如康熙三十二年袁旭所编《燕九竹枝词》中尚有“如蚁游人拦不住，纷纷挤过蹴球场”，“偏是醉归人似蚊，太平鼓闹蹴球场”等句。但清中叶后，有关蹴鞠的记载几乎绝迹，反映出这项流传两千年的古代体育项目业已衰落以至消亡。

## 三、其他较流行的竞技活动

### （一）步打与捶丸

步打和捶丸都是从古代击鞠运动演变而来的竞技项目。步打是运动者站在地上手执球杖将球打入球门以决胜负的运动，类似于今天的曲棍球运动。捶丸可能是在步打的基础上进一步演变而来的，其方式是运动者站在地上手执球杖将球击入事先设置好的球窝（球洞）来计算胜负，类似于现代的高尔夫球运动。

步打大致起源于唐末五代。由于击鞠运动激烈，有一定的危险性，对马匹、设施要求也较高，因此步打作为一种既保持了击鞠的娱乐性，又避免其危险性的新型运动而产生。宋代步打受到民间和女性的欢迎，“时令供奉者朋戏以为乐”。[1]唐代宗大历十年（775年）进士王建曾作宫词：“殿前铺设两边楼，寒食宫人步打球，一半走来争跪拜，上棚先谢得头筹。”这首宫词描写了教坊伎女（宫人）被召进宫中表演步打球的情况。根据词中的描写，比赛是分作两队进行的，先进球的一方受到了皇帝的赏赐。

与步打相比，捶丸的最大变化是将球门改为球穴。捶丸的场地依山傍水，树石相间，事先在地面上挖好比球大一点的球穴，旁插彩旗作为标识，距球穴一定距离内还画有击球点，称为“球

[1] （元）脱脱等. 宋史·卷121·礼志·卷24. 北京：中华书局，1977. 卷121. 2842

基”，比赛所用球杖称为“棒”，并有各种长短形制，供打球者在不同情况下选用。比赛时人数可多可少，多至几十人的叫“大会”，七八人参与的叫“中会”，五六人的叫“小会”，两人对抗比赛称为“单会”。比赛时每人击三棒，三棒均将球击入穴者得 1 筹（分），先得 10 筹者为胜。另也有以先得 15 分（中筹）和 20 分（大筹）为胜者。

捶丸大约产生于北宋到元初，主要流行于宋、金、元、明时期。据元代《丸经》一书的序中说，宋徽宗、金章宗“皆爱捶丸”，可知这一运动至迟在北宋末年就已形成。元代杂剧中多提到捶丸，如无名氏杂剧《逞风流王焕百花亭》第二折中，剧中主角便自称会捶丸、气球（蹴鞠）和围棋等。现存于山西洪洞县广胜寺水神庙有元代壁画《捶丸图》，上绘云气树石间，二男子手执球杖，正准备将球打入地面的球穴内，形象地表现了元代捶丸的情景。现藏故宫博物院《明宣宗行乐图》中绘有明宣宗朱瞻基捶丸的场景。上海博物馆藏有明杜堇所绘《仕女捶丸图》，上绘四名妇女手执球棒击球的场面。明人周履靖跋《丸经》时也称，他壮年时在各地都邑间旅游时，犹见“好事者多尚捶丸”。这些都说明明代捶丸无论在上流社会还是民间都较为流行。但到了清代以后，文献和史料中再也不见捶丸的记载，说明这项运动至清代时已经消失。

《丸经》是关于古代捶丸运动的专著。该书作于元朝至元十九年壬午（1282 年），作者署名“宁志斋老人”。该书详细地记载了捶丸的方法、规则、要求、场地、器材、设施等，是今天了解和研究古代捶丸运动的极为珍贵的史料。

## （二）角抵

### 1. 唐代角抵

唐代角抵亦称为角力、相扑；《资治通鉴》中又称之为手搏，是古代的摔跤运动。隋朝以前，所谓“角抵戏”的概念既包括了摔跤运动，又是“百戏”的代名词，涵盖了当时所有技艺性的表演活动。唐以后，“角抵”渐从“角抵戏”中分化出来，成为一种独立的竞技体育项目。“角抵”也就和角力、相扑、手搏等一道，成为古代摔跤运动的专用名词。

隋朝时，民间盛行“角抵之戏”。每逢正月十五，都邑百姓都要举行盛大的角抵戏演出，互相夸竞，糜费财力。隋炀帝（605～617年在位）曾组织大规模的“角抵大戏”表演，“天下奇伎异艺毕集，看终月而罢”。[1]这一时期“角抵”的概念，还包括了各类杂技百戏表演，摔跤仅是其中的一个项目。

作为摔跤运动的角抵在唐代开始逐渐独立。史载唐玄宗每逢赐宴酬宾时，都要上勤政楼观看府县教坊所献上的旱船、寻幢、走索、丸剑、角抵、戏马、斗鸡等项目表演。唐穆宗即位时，曾“幸左神策军观角抵及杂戏”[2]。这里将“角抵”与其他“杂戏”并列，可见角抵已成为一项独立的摔跤运动。

角抵是唐代宫廷主要观赏性活动之一。皇宫为备宴会庆典之需，设有专门的摔跤队，称为“相朴棚”，内养有职业摔跤手，称为“相扑人”。如唐僖宗少年登基，太监们为了笼络他，便用蹴鞠、斗鸡、打猎等玩乐之事来诱惑他，并专门训练“角抵之徒”以供其玩赏。[3]唐代宫廷角抵场面尤为壮观，在皇帝和权贵们杯筹交错之际，左右大鼓擂动，跤手裸袒相搏，两两对抗。比赛场面常常十分惨烈，“戏酣，有碎首折臂者，至一更二更方罢”。[4]

角抵在唐代还曾是军队的训练项目之一。“左右神策军”是驻防京都的精锐卫戍部队，这支部队的角抵水平很高，以至于皇帝经常到这支部队来观看士兵之间的角抵比赛。唐玄宗天宝以后（742～756年），由于府兵制的变废，京师的六军宿卫都成了普通老百姓，当官的都去“贩缯彩，食粱肉”；而士兵中“壮者为角抵、

---

[1]（唐）魏征，令狐德棻. 隋书·炀帝纪. 北京：中华书局，1973. 卷3. 74

[2]（宋）欧阳修，宋祁. 旧唐书·穆宗本记. 北京：中华书局，1975. 卷8. 222

[3]（宋）调露子. 角力记. 北京：中华书局，1985. 5

[4]（后晋）刘昫等. 旧唐书·敬宗纪. 北京：中华书局，1975. 第2册. 卷17上. 520

拔河、翘木、铁杠之戏"❶，不得不沿街卖艺为生。

角抵在唐代民间也十分流行。据宋人撰著的《角力记》载，唐时角抵不仅在京师流行，而且江浙一带也"俗好角力相扑"。又如"五陵、鄱阳、荆楚之间，五月盛集，小嬉则竞渡，街房则相攒（俚语摔跤）为乐"。这些都反映出角抵在唐代民间很受欢迎。

### 2. 宋代相扑

宋代普遍称角抵为"相扑"，也称为"争交"或"角力"。由于商品经济发展带来的城市繁荣，使角抵在这一时期由宫廷体育演变为民间广泛开展的竞技活动。

相扑是宋代宫廷中正式的娱乐表演活动。在宫中养有120名经过严格训练的专业相扑手，称为"内等子"。他们是由禁卫军中选拔的高手组成，隶属于御前忠佐军头引见司。这些相扑高手平时受到严格训练和管理，经过严格的选拔赛后按成绩分等级获取钱粮报酬。内等子的主要任务是逢朝廷盛大宴会和庆典活动时进行相扑表演。皇帝出游时，这些相扑高手们也相伴左右充当警卫。

角抵在宋代的显著变化是这项运动在民间的盛行。在各地的瓦舍（宋代的民间表演和娱乐场所）中都有角抵表演和比赛，一般是先以女子相扑手进行比赛以招揽观众，然后才是职业相扑手进行表演。当时寺庙等人群集中的地方也常设有固定的相扑赛场，利用庙会节庆之日举行民间角抵比赛。如南宋临安城三处最有名的"角抵台"都建于寺庙旁，一是霍山行祠的"庙上露台上相扑"；二是护国寺的"南高峰露台争交"；三是南高峰荣国寺的角抵台。当时在这些地方经常举行大型相扑锦标赛和大奖赛。

宋代已有全国性的相扑选拔赛和挑战赛。每年春天各州郡都要举行相扑选拔赛，然后各地高手齐聚临安城外南高峰的护国寺和荣国寺，以擂台挑战赛的形式举行冠军总决赛，"择诸道州郡

---

❶（宋）欧阳修，宋祁撰. 新唐书·兵志. 北京：中华书局，1975. 第5册. 卷50. 1327

膂力高强，天下无对者，方可夺其奖”[1]。夺魁者获旗杖、银盆、彩缎、马匹等奖赏，有的还可获得官职。比赛时观者如堵，欢声震耳，场面热烈壮观。

宋代相扑发展的一个重要标志是出现了专门的相扑组织和团体。这些社团称为“角抵社”或“相扑社”，其成员大多是职业的“角抵手”。这些相扑组织制定有正式的相扑规则，称为“社条”，还设有专门的裁判，称为“部署”。相扑组织和规则的出现，标志着这项运动的发展进入了成熟阶段。

宋代的女子相扑也很有特色。她们大多是职业的卖艺者，通常是在正式的相扑大赛前进行表演以招揽观众。南宋时绰号为赛关索、嚣三娘、女急快等的女子相扑手都名震一时。

宋代相扑发展的另一重要成果是相扑专著《角力记》的出现。该书署名“调露子”著，是中国最早的摔跤史书。作者认为开展角抵的意义在于培养男子汉气质和灵巧智慧，并对角抵的发展历程进行了阐述，反映了宋代相扑活动开展的情况。这些都对了解和研究中国的摔跤史有极高的史料价值。

### 3. 元明时期的角抵与清代的摔跤

元代民间角抵相传不绝，虽然不似宋代那样有全国性的比赛，但每年的节庆庙会各地仍会举行角抵擂台赛。比赛由上一届擂台赛冠军做擂主，台下任何人都可以上台挑战，胜者成为新一任擂主，并获得“银碗花红表里缎匹”等奖品。

明代沿用唐代旧称，以摔跤为角抵。这一时期，角抵仍是朝廷宴会中的表演项目，在民间也有职业角抵手的表演，其比赛形式基本沿用唐宋旧制。但从有关史料上看，明代角抵无论是在宫廷还是民间，其规模和声势较之宋代相扑颇有不如。

清代角抵发生了较大变化。满蒙式着跤衣的“撩跤”“摔跤”

[1]（宋）吴自牧. 笔记小说大观·梦粱录·卷十九·社会. 南京：江苏广陵古籍刻印出版社，1981. 第7册

取代了汉族传统袒裸上身的“角抵”“相扑”，满语称为“布库”。摔跤是满族传统体育活动之一，清入关后将这一运动带入了中原，并在全国流行开来。

清宫廷设有“善扑营”，是由“八旗精练勇士”中选拔出来的200名摔跤高手组成，称为“扑户”，按技艺的优劣分三个等级，并按月按等级支给钱粮。“扑户”平时进行系统的摔跤训练，其任务一是充当皇帝的御前侍卫，二是在朝廷接待蒙古等少数民族部落时与其摔跤手比赛，三是在宫廷宴会上进行表演。

清代食俸禄的摔手称为“官跤”。民间的摔跤手则称为“私跤”，主要指那些以摔跤卖艺为生者，尤其是北京、保定、天津等地的集市和卖艺场所多有摔跤表演，民间还有不少私跤场，专门收徒教授摔跤技艺。

## 第二节　中国古代体育教育的演变

两汉以来，社会上重文轻武风气日盛，官学中排除了武艺等教学内容，像先秦“六艺”那样文武并重的教育体系为经学所取代。经过魏晋南北朝时期的民族大融合，到隋唐时期，汉文化深受北方游牧民族豪放阳刚的文化气质影响，社会风气为之一振，在一定程度上影响了这一时期的教育思想与实践。唐武则天时开武举，更有力地推动了武学正式成为古代教育体系的组成部分。宋明时期的书院教育虽然以文为主，但不少有识之士在“格物致知”思想指导下，重视身体力行的社会实践，在一定程度上注意到了体育的价值。

### 一、武举制的建立与发展

武举制，即通过科举考试的方式来选拔军事人才的体制。这一体制始于唐代，终于清末，在中国实施了千余年。武举制是中国古代科举制度的重要组成部分。它的出现有力地刺激和促进了古代军事体育教育制度的形成发展。

隋文帝开皇七年（587年），创立了科举制度，意在通过科考选拔官吏。开始只设“志行修谨”“清平干济”二科。隋炀帝时开设“进士科”。唐初在此基础上，增设秀才、明法等科。唐武则天长安二年（702年）时，增设武科，目的是在和平时期通过考试制度来选拔武官，由此而建立了长达千余年的武举制度。武举制的设置，推动了唐以来以军事技艺为核心的古代体育教育体系的产生与发展。

唐代武举考试的内容有长垛、马射、步骑、平射、筒射、马枪、翘关、负重、材貌、言语等。“长垛”“步射”“平射”等都是射箭考试；“筒射”是考察使用一种特制的短箭装置的技术；“马射”是骑马射箭考试；“马枪”是骑马刺枪考试；“翘关”即举重考试；“负重”是身负重物行走考试；“材貌”是考察应试者的体型条件，须身长六尺以上，“躯干雄伟”者方为合格；“言语”是应对考官的问题。由此可见，唐代武举科目设置实战性很强，也较为全面，主要有射箭、骑马、力量、体型、语言表达能力等。

武举制的创设，有力地推动了以上述应试科目为中心的武学教育体系的出现与发展。武举制使民间大批出身寒微，文化程度不高，但又孔武有力之士能够通过科考走上仕途，从而极大地刺激了下层民众习武的热情。为了开展武学教育，一些地方官府特地在乡村里间间设制了泥土或木制的马，请人教习骑射之术，促使武艺训练在民间广为开展。

宋代边患严重，朝廷为此努力推行武举与武选。宋代武举科考分为比试、解试、省试、殿试四级考试。“比试”是初级考试，由京城的兵部和地方的帅司主持，主要内容为武艺与程文。“解试”由兵部主持，内容为“弓马武艺试”与“程文试”。“省试”亦由兵部主持，内容有弓步射、马步射、弩踏、抡使刀枪器械等，其中又以步、马射为主。殿试则是由皇帝亲自进行考试，其内容虽然仍有阅视弓马武艺一项，但以策问为主，以时务边防或经史事涉军事内容为主，限当场做七百字成文。

明代武举考试程序更为完备，分为科、乡、会、殿四级考试。科试是基层地方考试，一般在府城一级进行；乡试是更高一级的地方性考试，由科考选拔出来的一、二等武学人才参加，在北京、南京等省城举行，每三年举行一次，中试者称为“武举人”；“会试”在北京举行，每三年一次，由兵部主持，后改由翰林院主持，考中者称为“武进士”；会试考中后，须参加“殿试”（廷试），由皇帝策问后封敕相应的官职。

明代武举科考内容主要为“弓马”与“策论”。考试时分为三场。初场考试马上射箭，靶置应试者侧面35步外，应试者驰马射9箭，4箭中靶为合格；二场考试“步下箭”，即站在地面上射箭，应试者距箭靶80步，射9箭有中靶者就算合格；三场考策题两道。三场成绩综合起来分为三等：文武皆优者为上等，策论颇优而弓马稍次者为二等，弓马颇优而策论不及者为三等。

清代以弓马得天下，十分重视选拔军事人才，将武举制度推至巅峰。其科考分为童试、乡试、会试和殿试四级。“童试”是初试，每三年举行一次，分为县、府、院三级考试，参考者称为“武童”，中者为“武生”。“乡试”在北京及各省城举行，三年一科，应试者为县、府武生，中者为“武举人”。“会试”在北京举行，亦每三年一科，由兵部主持，考取者称“武举进士”。“殿试”由皇帝及其委派的大臣主持，应试者为武举进士，其成绩分为一、二、三甲：第一甲三名，赐“武进士及第”，第一名为“武状元”，第二名为“武榜眼”，第三名为“武探花”；二甲赐“武进士出身”；三甲赐“同武进士出身”。分别以武职录用。

清代武举科考按内容分为三场。一场和二场考武功，称为“外场”。三场考文试，称为“内场”。一场考“马箭”，应试者驰马射箭，童试三箭中1为合格，乡、会、殿试三次发9箭，中2箭者为合格。二场考“步箭”与“技勇”。“步箭”考试应试者距箭靶80步，童试发5箭中2箭为合格，乡、会、殿试发9箭中3

者为合格；“技勇”的考试内容为拉弓、舞刀和掇石（将大石举至胸前），都是力量型项目。清代武举考试历代虽有若干变化，但大致内容基本延续下来。清光绪二十七年（1901 年），清政府实行“新政”，废科举，兴学校，由此实施了1199 年的武举制被废除。

## 二、武学中的体育实践

武学是宋明时期朝廷为培养军事指挥人才而建立的军事学校。武学的出现始于宋代，终于明代，实施 600 余年。

宋时西夏、辽、金、蒙古等政权先后对宋王朝构成了严重威胁。为了适应政治与军事的需要，同时与武举制度配套，北宋仁宗庆历三年（1043 年），设置了中国最早的职业军事学校——武学，其目的是将培养军事指挥人才纳入国家教育体制。此后历经几番兴废，至南宋高宗绍兴十六年（1146 年）重建后，武学终于成为定制。

宋代武学的生源一般为大臣命官子弟或门生，也有经官员保荐的民间有材力者。入学前须先考察弓马人材，达到一定标准者方能入学。北宋时武学生员编制为 200 人，南宋时生员编制限为百名。学制均为 3 年。武学教官称为“教授”，后改称“博士”，选文武官员中知兵法者充任。其课程主要有操练弓马，学习兵法，还讲授“历代用兵成败，前世忠义节”，进行军事史和忠君思想教育。学生经严格的考试后方能毕业，被派送到禁军任下级军官。3 年后经考察合格，可升任禁军将领。

武学的建立，是中国古代军事教育的重要里程碑。它使军事技术和军事知识的传授进入了学校教育体系。体育作为培养军事人才不可缺少的手段和环节，也成为了武学教学训练体系中的重要内容。武学培养了大批军事人才，为当时增强国防，解除边患和维持社会稳定起到了一定作用。

明代武学设置较宋代普遍。不仅京师建立武学，各地卫所都建有地方武学。也有一些是在地方书院中“设科分教”，进行武学教育，如嘉庆年间的肆武书院、辽武书院等。至明末崇祯时，因内忧外患，战祸四起，亟需大批军事人才，更诏令各府、州、县皆设武学生员，提学官一体考取。只是这样临时抱佛脚的举措，已不足以拯救处于农民起义和边患危机双重打击下风雨飘摇的明王朝了。

由于清朝八旗制度的特点，清代不设专门的武学，而是以八旗部族为中心，保持满族传统的青少年军事教育与训练体制，在此基础上通过武举和军功选拔军事指挥人才。由此，实施了六百余年的武学被终止了。

## 三、书院中的体育教育

书院之名始于唐代，本为校刊经典，征集遗书，辨明典章之处。至宋代，书院成为民间讲学之所，或为民办，或为官办，其中最为著名的有白鹿、石鼓（一说为嵩阳）、睢阳、岳麓四大书院。这些书院通常选山林名胜之地为院址，学生来自各地，不少名流学者讲学其间。元代各路、州、府皆设书院。明清书院仍然很盛，但大多成为准备科举的场所。清末废科举，书院亦改为学校。

书院教学内容以研习儒家经典为主，但很多书院在课余时间也开展游览、登高、弈棋等体育休闲活动。同时，宋明理学所大力倡导的“静坐”也成为书院学子们一种有效的养生手段。明代不少书院有提倡关心时政，学以致用的传统。明朝廷提倡“文科亦兼骑射”，要求地方官学恢复射礼。很多书院中亦建有“射圃”专门供学子们学射习射，如岳麓书院当时就专门建有射圃，准备有弓矢，“以待学者肆习”。

因先秦“六艺”教育受到孔子的推崇和继承，因而明代一些有识之士主张教育应文武并重，明末著名思想家、教育家颜元（字习斋）就是其中的杰出代表。颜元对宋明以来重文轻武的社会风气深恶痛绝，他在《传习录》一书中指出，当时的读书人终日坐在书房中，萎惰精神，筋骨疲软，导致天下无不弱之书生，无不病之书生。他认为，教育的目的就是要让学生掌握经世致用的知识，为国家培养有用之才。颜元激烈反对宋明理学的静坐主张，针锋相对地提出了“以动致强”的观点，提出“一身动则一身强，一国动则一国强，天下动则天下强”，强调通过社会活动和体育活动来完整人格。颜元还将其教育主张付诸实践。他主持漳南书院时，就制定了一个文武并重、全面发展的教学计划，在周（10天）教育安排中，学生除了学习文化方面的知识外，有两天是习射、举石、超距、技击、歌舞等课程。颜元这种以动致强，文武兼备的教育思想，在明代理学盛行、重文轻武的时代独树一帜，在中国古代教育史和体育史上都产生了较大影响。

清代规定，凡属满族八旗子弟参加科举考试均须加试骑射，因而不少清代书院重视骑射的教学和训练。如清康熙时白鹿洞书院的组织机构中设有治事斋，其中包括礼、乐、射、书、数、历、律七事，各有一学长管理。这证明该书院的教学内容中有习射活动。

总的来说，由于两汉以来经学入仕和隋唐以降科举制的影响，形成了中国社会长期的重文轻武风气，学校教育只重经学教育，排斥包括体育在内的其他教育内容，造成了中国社会长期的文弱之风和人才的偏废。其间尽管有武举制的推动和武学的建立，也有颜元那样的有识之士的呼吁，但无法改变中国古代封建教育体制和观念所造成的严重弊端和恶果。

## 第三节　体育养生的发展与演变

隋唐至明清时期，是中国古代体育养生走向高度成熟的重要发展和演变的时期。从隋唐开始，确立了体育养生在医学中的地位，道教徒们则在宗教信仰的推动下，创立了大量导引行气健身方法。宋明时期，随着城市商品经济的发展和市民群体的形成，体育养生开始脱离宗教修炼体系，向市俗化和平民化方向演进，产生了以“八段锦”为代表的体育健身体系。明清时期体育养生的另一重要成果，则是以“易经筋”为代表的武术内功健身体系的出现。

## 一、隋唐体育养生走向成熟

隋唐时期，中国古代体育养生逐渐走向成熟，进入了一个前所未有的发展高潮，为宋明时期体育养生的大发展奠定了基础。

隋唐时期，在中国古代养生理论的建设方面取得了突出的成就，运动健身观念有了进一步的发展。这一时期，仅《隋书·经籍志》和《新唐书·艺文志》中所载各类导引行气专著就多达百余种。唐代名医孙思邈（581～682年）提出了“小劳”（小运动量）的运动养生观：“养性之道，常欲小劳，使莫大疲及强所不能堪耳。”[1]唐代著名道士司马承祯（647～735年）所著《天隐子》和《服气精义论》是唐代最重要的养生理论专著之一，其中对导引行气理论进行了较为全面的阐述。唐代女道士胡愔则在其所著《黄庭内景五脏六腑补泻图》一书中，依据先秦《黄帝内经》天人合一养生思想，首次提出将导引术与自然季节变化及人体脏腑气运结合起来，创造了新的导引理论体系。他们都对古代体育养生理论的发展作出了重要贡献。

隋唐时期，导引按摩作为一种医疗手段，正式进入了官方医疗体系，并在医疗保健实践中得到广泛运用。导引术由此正式分化为以治疗疾病为主的医疗导引术和以保健为主的养生导引术两大类。隋代设太医署，设按摩博士2人。唐太医署设按摩博士1人，按摩师4人，按摩工56人，按摩生15人。这些按摩医师的主要职责是“掌教导引之法以除疾”。被称为隋唐三大医典的《诸病源候论》《备急千金要方》和《外台秘要》都载有大量医疗导引术，代表了当时世界上最先进的体育医疗理论与方法。其中，隋代巢元方所著《诸病源候论》一书记载医疗导引术达278条，

[1]（唐）孙思邈. 千金要方·道林养性. 北京：中医药出版社，1988. 458

是中国古代记载导引术最多的医学典籍，在中国古代体育养生史上具有重要地位。

隋唐时期，以保健为目的的养生类导引术和行气术也获得了重要发展。无名氏所编《古仙导引按摩法》是一部重要的养生导引著作，其中辑录有太清导引养生经、宁先生导引法、彭祖导引法、王子乔导引法等八种导引术，屡为后世养生家引用。司马承祯所创造的“天隐子导引法”、魏华存所创五脏导引法等，都是当时著名的导引健身法。行气术在唐代也获得了重要发展。如无名氏所撰《太清导引养生经》中出现了多种新的行气术，如虾蟆行气法、龟鳖行气法、雁行气法、龙行气法、淘气诀、咽气诀等。另外，隋代道士苏元朗继承和发扬了东汉魏伯阳《周易参同契》的理论和方法，开启了隋唐到宋明盛行一时的内丹炼养体系。

## 二、宋代体育养生的发展与变革

宋代商品经济和市民文化的发展，促使古代养生术发生了重要变化。一方面，养生术开始从道教的宗教修炼术向市俗方向转化，普及成为大众性的健身方法。另一方面，宋代印刷术和造纸术发达，重视对文化遗产的整理，推动了养生理论研究和导引行气一类养生术的汇集、整理和出版，直接推动了体育养生的发展。

大量养生学著作的出现标志着宋代体育养生发展进入了一个新的发展阶段。《云笈七签》是宋真宗天禧年间由张君房编辑的一部大型道教类书，其中卷32～卷36《杂修摄部》与卷55～卷62《诸家气法部》都汇集保存了很多极有价值的导引行气资料。宋代另一部与养生密切相关的道教类书是由南宋时曾糙编纂的《道枢》，其中有坐忘、服气、颐生、呼吸、胎息、元气、血脉、调气、养生等门类，其中很多导引行气资料十分珍贵，是研究唐宋时期道教养生的重要著作。宋代综合性大型类书《太平御览》中的《道部》和《方术部》分别设有“养生”类，其中也记录和保存了不少导引行气资料。另外，宋徽宗政和年间编纂的大型医学类书《圣济总录》中亦设有导引、服气两部，亦记载了不少导引行气方法。除了以上大型类书外，宋代还出版了很多重要养生和导引行气专著，著名的如托名晋人许逊著的《灵剑子》和《灵剑子导引子午记》、无名氏所撰《摄生纂录》、蒲虔贯所撰《保生要录》、陈直、邹铉所撰《寿亲养老新书》等。以上类书和养生学专著的出版，有力推动了体育养生术向民间的传播与开展。

“八段锦”体系的产生是宋代导引术发展的重要成果。“八段锦”是由若干种不同的导引动作和方法组成的健身套势，并以歌诀的形式流传，有立势和坐势两种。宋人洪迈所著《夷坚志》一书中提到，早在北宋政和七年（1117 年）民间已流行一种“嘘吸按摩”的“八段锦”。南宋时出书的《郡斋读书志》所引目录中有无名氏所著《八段锦》一卷，题为“吐故纳新之诀也”。南宋曾糙所编《道枢·众妙篇》最早记录了立式八段锦的七种基本方法内容，但还未采用歌诀形式，也无“八段锦”的名称。大约南宋时出书的《灵剑子导引子午诀》首次将《道枢》中的八段锦方法改为歌诀形式，其诀为：“仰托一度理三焦，左肝右肺如射雕，东肝单托西通肾，五劳回顾七伤调，游鱼摆尾通心肾，手攀双足理于腰，次鸣天鼓三十六，两手掩耳后头敲。”这一歌诀在南宋人陈元靓所纂《事林广记·修真秘旨》中也有记载，称为《吕真人安乐法》。这套歌诀虽未冠以“八段锦”名称，但已与明清流行的立势八段锦大同小异。

坐势八段锦的雏形也在宋代出现。《道枢·众妙篇》载有“七气之诀”，由叩齿集神、向上托举、挽弓踏弩、按摩面部、摇动身体、按摩肾堂、漱液咽津等组成一个完整的导引健身套路。这套功法虽未冠以“八段锦”名称，也未以歌诀形式出现，但从内容上看，与明代流传的坐式八段锦内容和创编思路基本相同，反映明清流行的坐势八段锦当是由“七气之诀”改造而来。以套势和歌诀为特色的八段锦的出现，标志着中国古代导引术的成熟，也是中国古代体育养生发展的里程碑。它使导引术的健身功效更加全面，方法简单易行，也更容易传播，从而大大推动了古代体育养生的普及与发展。

内丹在宋代成为行气术的主流。内丹是一种将心理修炼与呼吸吐纳相结合的静功方法。随着唐代曾风行一时的服食金丹（外丹）以求长生不死风气的衰落，内丹始在道教内部流行，并传播至社会上，产生了较大影响。内丹在源流上继承东汉魏伯阳所撰《周易参同契》，在理论上将黄老思想、《易经》阴阳学说以及“外丹”理论相结合，在方法上强调意念与呼吸相结合，形成一个较为完整而严谨的宗教修炼体系，但也包含了一定养生功效。唐代有不少道士研修内丹，产生了一些有影响的流派，其中晚唐五代时托名汉钟离和吕洞宾所创的“钟吕丹派”对后世内丹发展影响尤大。但无论是从理论方法的成熟还是从社会影响来看，内丹的真正勃兴和发展是在宋代。

北宋人张伯端（号紫阳，987 ~ 1082）是宋代内丹的推动者和集大成者。他于晚年撰写的《悟真篇》被认为是宋代内丹的奠基之作，与《周易参同契》一并被誉为内丹的两大圣典。张伯端在其内丹实践基础上，提出了“性命双修”的思想，主张先命后性，由命入性，通过命功（肉体）修炼，逐渐进入性功（精神）修炼的境界，最终实现“成仙”的目标。他在钟吕内丹的基础上，提出一个由“炼己筑基、炼精化气、炼气化神、炼神还虚”四步骤构成的内丹修炼体系。张伯端提出的内丹体系有较强烈的宗教色彩，但除了“炼神还虚”是纯宗教境界外，前面的几步实际上都是以意念控制加上呼吸运动的静功方法，有较强的健身养生效果，因而其理论和方法在宋代获得广泛传播，影响较大。

金元时期，道教全真派创始者王重阳（1112 ~ 1170）对张伯端内丹体系进行了改造和变革。他强调“性功”在内丹修炼中的地位和作用，主张引进佛教禅宗心性学说与参禅方法甚至教规戒律来作为内丹修炼的心理与精神的训练手段，提出了“先性后命”的理论体系和修炼次序。后人将王重阳这一新的内丹修炼体系称之为内丹北宗，将原来张伯端的内丹修炼体系称之为内丹南宗以示区别。

经张伯端与王重阳先后发扬和变革后，内丹在宋代风行一时。不少道教徒和文人对其进行研究和实践，出现了不少著名研究者和大量内丹著作。尽管在宗教因素的作用下，内丹表现出较浓厚的神秘色彩，但究其根本，它不过是中国传统的行气术之一，只要剔除其宗教性和神秘性的一面，它仍然不失为一种有效的传统身心保健方法。

宋代体育养生在民间也开展广泛。很多文人都对导引行气术加以研习。如著名文学家苏轼就著有《养生说》等20余篇有关养生的专论，还自行创编了一套导引行气术。另外像文学家欧阳修、科学家沈括等均对养生有所研究。

## 三、明清体育养生的盛衰

中国古代体育养生的发展在明代进入了一个前所未有的高潮时期。这一时期，以导引术为主体的健身体系得到广泛普及，宋代盛行一时的内丹为导引所取代，成为了养生发展的主流。同时，体育养生的文化载体也由魏晋唐宋时期的道教集团向更广泛的社会群体转化。体育养生演变成为一种大众性的健身体系。清代以易经筋为代表，传统导引术与武术相结合，导致新的体育健身体系——武术内功的出现。至清末，在近代体育的冲击下，传统导引术逐渐衰落，而内功则因武术的流传而得以留存。

明代体育养生思想与方法获得广泛传播。这一时期的养生家和医家对以往的养生典籍和功法理论进行了收集、整理和研究，对流传下来的导引行气方法加以整理和补充，并在此基础上加以丰富和创新。由于印刷术的发达，明代有大量养生专著刊行问世。这些养生专著大多加配了精美插图，以方便读者了解和领会各种导引行气术的方法动作要领。其中朱权《活人心法》、铁峰居士《保生秘要》和题名达摩著《易筋经》等对于明清体育养生发展具有重大意义。冷谦所撰《修龄要旨》、高濂所撰《遵生八笺》及周履靖所著《赤凤髓》等都是流传一时的导引名著。

经过长期发展演变，明清时期导引术形成了三大技术流派。一是以《活人心法》为代表的八段锦体系，其特点是继承华佗“五禽戏”传统，以养生长寿为宗旨，将多种导引术势和动作编排成套路，并以口诀形式流传。二是以《保生秘要》为代表的体育医疗体系，其特点是继承马王堆《导引图》和《诸病源候论》等体疗体系，在方法上采用针对性较强的一术（或数术）一病（或数病）的散式功法，其宗旨是治疗疾病。三是以《易筋经》为代表的武术内功系统，其特点是在传统导引术基础上，结合武术的特点与要求，以强身壮体，运气发力为目的，形成中国传统武术特有的身体素质和专项素质训练体系。以上三大导引流派互相渗透补充，共同构成了中国体育养生的动功体系，是我国传统体育中最有价值的健身方法体系之一。

八段锦在明代发展成熟并广为流传。明初朱权（号臞仙）所著《活人心法》一书中，首次记载了一套包括五言歌诀、图像和文字说明的坐势导引功法。该法由叩齿集神法、摇天柱法、舌搅漱咽法、摩肾堂法、单关辘轳法、双关辘轳法、托天按顶法、钩攀法八个术势组成，题名为“八段锦”。这就是后世广为流传的坐势八段锦。《活人心法》中未录该法创编者，但朝鲜人许浚在其所撰《东医保鉴》中则明确指出，该法为“臞仙所撰”，认为朱权是坐势八段锦的创编者。从内容和功法特点上看，这套坐势八段锦应是朱权在宋代“七气诀”基础上加以改编充实而来。由于这套功法动作编排合理，简单易学，运动量适度且活动部位全面，尤其适宜中老年人锻炼，再加上有歌诀、图形和文字说明，易于传播，因此一出现即在民间产生了巨大影响，广为流传，成为最著名的传统健身法之一。明清时期大多数重要养生著作都载录了该法。

明清时期另有立势八段锦流传。该法内容早在宋代《道枢》和《灵剑子导引子午诀》中出现，明清广泛流传。这套功法清末以前或称“导引诀”，或称“吕祖安乐歌”，未冠以“八段锦”。直到清末《幼学操身》（1881）和《新出保身图说·八段锦图》方将其命名为“八段锦”。为了与《活人心法》上所载八段锦相区别，习惯上依其特点称其为“立势八段锦”。其口诀与宋代稍有不同。诀为：“两手托天理三焦，左右开弓如射雕，调理脾胃须单举，五劳七伤往后瞧，摇头摆尾去心火，背后七颠百病消，攒拳怒目增气力，两手攀足固肾腰。”这套口诀在流传过程中因理解不同出现了南北两派，南派多用站姿，动作柔和，被称为“文八段”；北派多用马步，动作刚劲，称为“武八段”。

“二十四气坐功导引法”也是明代著名的健身导引术。该法出自明代署名“铁峰居士”所著《保身心鉴》一书。这套方法继承了唐代胡愔的五脏六腑导引法理论，按农历二十四个节气人体气运理论来创编导引术，一个节气一套坐势功法，兼有治病和健身的功效。该法在明清广为流行，为很多养生学著作所选录。

医疗导引术在明清时期也有新的发展。其代表作有明人曹士珩所著《保生秘要》。该书载录医疗导引术达百余种。与元代巢元方《诸病源候论》中所载导引术相比，这些导引术自成体系，特点是将静功行气术与导引相结合，其中很多方法是首次出现。明人罗洪先所撰《万寿仙书》载有“导引图诀四十九势”，周履靖所著《赤凤髓》中载有“诸仙导引图四十六势”，两法基本相同，均按各类不同病症以图诀形式提出相应导引治疗方法。另外明人龚居中所著医书《红炉点雪》中载有“却病秘诀”“运识五脏升降法”“动功六字延寿诀”等，都是颇有特色的导引法。

导引养生术在明清时期的一大变化是武术内功的出现。内功是中国传统武术特有的身体素质和专项体能训练体系。它是在传统导引行气术基础上结合武术技击要求发展而来的。由于内功从属于武术技击需要这一性质，故与养生治病为宗旨的传统导引术在宗旨、理论、方法上都有所区别。内功体系以《易筋经》为代表，该书中所阐述的内功理论及所载“易筋经十二势”“外壮神勇八段锦”“三十二势八段锦”等功法在清末民初有广泛影响。

传统体育养生在清代逐渐衰落。清代前期，体育养生承袭明代发展余绪，在民间仍广泛流传，在理论上也有一定建树。这一时期重要的体育养生名著如尤乘《寿世青编》、汪昂《勿药元铨》、徐文弼《寿世真传》、曹庭栋《老老恒言》（又称《养生随笔》）、方开《延年九转法》、罗福至《延龄纂要》、潘伟如《卫生要术》等。但总的来说，除了武术内功外，这一时期传统体育养生的创新性明显减弱，主要是对前人的养生成果加以整理和总结。1840年鸦片战争以后，随着近代体育理论与手段方法传入中国并在学校和社会广泛实施，以导引行气为主体的传统体育养生的地位和影响逐渐下降，至20世纪下半叶后其部分内容逐渐演变成为现代气功的一部分。

## 第四节　武术的兴盛与成熟

由唐宋至明清，中国武术经历了一个逐渐成熟的过程。一方面，冷兵器时代的军队单兵作战技能与枪、刀等制式武器的技艺通过各种途径向民间流传，另方面，以拳术、剑术和棍术等为代表的民间武技逐渐形成独立的体系。至明清时期，终于演变出以套路、流派和内功为标志，融技击、健身及表演为一体的民间武术体系。

### 一、唐宋民间武技的发展

隋唐实行兵归于农，兵农合一的府兵制。民户中三丁抽一，被拣点充当府兵的，被组织在以“府”为基本单位的军事编制中，平日务农，农隙习武，征发时自备兵器资粮，分番轮流宿卫京师，防守边境。府兵制的实施，使军队的骑射和格斗等技艺传向民间，加上武举制的建立，有力促进了民间武技的发展与普及。

唐代社会任侠尚武风气浓厚。很多青少年及文人士大夫好武喜剑。以大诗人李白为例，他自述“五年学剑术”[1]，“十五好剑术”[2]，青年时“仗剑去国，辞亲远游”[3]，至36岁时还“学剑来山东”[4]。李白生长于西蜀，少年即从师学剑，从此一生喜剑好武，可见当时文人的尚武之风。

唐代武技开始向表演和艺术化方向发展。如著名的剑术家裴旻的剑舞与当时李白的诗、张旭的草书并称“三绝”。又如公孙大娘的剑器舞名动一时，大诗人杜甫为之作名篇《观公孙大娘弟子舞剑器行》。这种剑器舞可能是剑术与舞蹈高度结合的表演项目，其动作矫如游龙，势若奔雷，具有很高的观赏价值，类似于当代的武术套路表演。

少林武术的源头可追溯至唐代。少林寺位于今河南省登封市北嵩山山麓，始建寺于北魏。少林以武显名始于隋末。据唐《少林寺碑》称，隋末天下大乱，“此寺为山贼所劫，僧徒拒之”。随后，寺僧又参与隋末战争，并协助唐军捕获王世充之侄王仁则，立下功劳，数次受到唐太宗的赏赐。由此可见，早在隋末唐初，少林寺就有尚武的传统。

宋代军事武艺进一步向民间流传。宋代实行募兵制和禁军制，通过武举和考试来选拔军官，又在禁军中设立专事训练的教头。宋神宗元丰三年（1079年）颁发了《教法格并图像》，以口诀图像形式，对军队的步射、执射、执弓发矢、骑射、马上使枪、马上野战、格斗技艺等都制定了统一的训练标准，“凡千有余言，使军士诵习焉。”[5]由于农民起义和民族战争频繁，社会动荡，这些措施有利于军事武艺的普及和发展。加速了宋代军事武艺向民间的传播普及，促进了民间武术的不断形成。

除了剑术以外，拳术与棒术逐渐成为民间武技的核心。宋代

---

❶ 全唐文·李白·结客五年场行，北京：中华书局，1983. 卷348.
❷ 全唐文·李白·与韩荆州书，北京：中华书局，1983. 卷348. 3531–3532
❸ 全唐文·李白·上安州裴长史书，北京：中华书局，1983. 卷348. 3533
❹ 全唐文·李白·五月东鲁行答客汶上君，北京：中华书局，1960. 第5册，卷178. 1812
❺（元）脱脱等撰. 宋史·兵制九，北京：中华书局，1977. 卷197. 志148，4859

统治阶级为防止农民起义，严禁民间私藏武器。这一举措反而刺激和推动了拳、棒一类民间武技的形成与流传，出现了不少拳棒高手。如据《庚申外史》记载，当时河南鹊山县有姓胡的使棒高手，“好使棒，棒长六七尺，进退技击如神，远近闻者称棒胡，其徒弟百余人”。以拳、棒、剑等武器为代表的民间武技的发展，标志着中国武术开始脱离军事武艺体系，发展成为独立的民间武术文化体系。

宋代出现了不少民间武术团体。按其性质，一类是为了抵御异族入侵而由民间自发组织的“弓箭社”，这是一种民间自发的带有军事组织性质的社团，“百姓自相团结成弓箭社，不论家业高下，户皆出一人。又自相举择家资武艺众所服者为社头、社副、录事，谓之头目。带弓而锄，佩剑而樵”。[1]另一类则是城市武艺爱好者和艺人的社团组织，如南宋都城临安民间有使棒的“英略社”、射弩的“锦标社”、摔跤的“相扑社”等等。

宋代武术进一步向演艺化方向发展。北宋太宗时，曾挑选数百军中勇士，教以剑舞，皆能掷剑于空中，跃其身左右承之，观者无不恐惧。剑在当时早已退出了军队制式武器序列，因而这种剑舞只是一种武术表演。当时皇宫中专门有在节庆宴会上做表演的“内等子”，其中除了相扑手外，还有“剑棒手”的格斗表演。

宋代已经出现了武术套路的雏形。据《梦粱录》等史料记载，宋时民间相扑比赛之前，都先以女相扑手数对“打套子”，也就是按预先设计好的双方对练动作来进行表演，类同于现代武术的器械对练套路表演。《东京梦华录》一书中还记录了当时的百戏表演：“数内两人出阵对舞，如击刺之状。一人作奋击之势，一人作僵扑。出场凡五七对，或以枪对牌，剑对牌之类。”这些都属于“打套子”的范围。

武术流派现象也在宋代出现了。在民间出现了具有个性特征的枪术，如金末农民起义军首领杨妙真“二十年梨花枪天下无敌

---

[1]（元）脱脱等撰. 宋史·兵志四. 北京：中华书局，1977. 卷 190. 志 138，4727

手”[1]。“梨花枪”后又称为“杨家枪”，显然不是军队的标准化枪术，而是来自民间的具有个人色彩的武技。这类以个人姓氏命名的枪术是宋代以前所没有的。“梨花枪”为后世所推崇，成为明清枪术正宗。

## 二、明清武术体系的形成

### （一）明清武术大发展的背景

明清两代是中国武术发展的巅峰时期，其间武术经历了三次大的发展高潮。一是明代中后叶抗击外来异族侵略者的战争导致了民间武术的大发展；二是明末清初民间秘密反清组织和团体的习武活动推动武术进入新的发展高潮；三是清末义和团运动促使武术在民间广泛传播。这三次发展高潮中，不仅武术名家辈出，而且涌现出了大量拳种和武术流派。

明代中后叶，在抗击外来异族侵略者的抵抗战争中，带来了明清第一次武术发展高潮。明代先后受来自西北方向的蒙古瓦剌部、鞑靼及来自东南沿海的倭寇（日本）的入侵与骚扰，至明末更受到来自北方关外清兵的威胁，战事频繁。在抵抗外敌入侵的战争中，各地百姓自发组织成乡兵，于务农之隙习武练兵，战事一起即应召作战。由于各地乡兵没有统一的训练标准，武术的地方特色和传统由此而产生。据有关记载，当时浙江义乌一带“善狼筅，间以叉槊”；河南嵩县一带善长“使短兵，长于走山”；“山东有长竿手，徐州有箭手，井陉有蚂螂手，善运石，远可及百步；闽漳泉习镖牌，水战为最；泉州永春人善技击”。[2]这些都说明，明中叶以后的乡兵制度为民间武术的形成提供了土壤，而抗击侵略者的民族战争则为武术的发展提供了气候条件。

---

❶（元）脱脱等撰. 宋史·叛臣列传中. 北京：中华书局，1977. 卷477. 列传236，13850

❷（清）张廷玉等撰. 明史·卷九十一·兵志三. 北京：中华书局，1974. 卷91. 志67，2252

在明中后叶抵抗异族侵略者的战争中，涌现出了不少著名武术家和拳种流派。如著名军事将领戚继光便在东南沿海抵抗倭寇入侵的战争中，悉心研究武术，写下了名著《纪效新书》。其中对当时民间流行的各种拳法武功进行了梳理，并从健身和军事训练等角度对其进行了研究与评价。又如在这次战争中，大量少林僧兵主动前往江浙沿海参战。他们手执铁棍，英勇杀敌，使少林武术得以名扬天下。再如明代内家拳高手单思南、王征南以及太极拳创始人陈王廷等都在这一时期从军参战，从而为他们的武术创造活动打下了基础。

明末清初的民间反清活动带来了第二次武术发展高潮。清政权建立后，遭到了汉民族的长期反抗。当时在北方出现了很多民间反清组织和秘密结社，通过习练武术来抵抗清政府，有力地促进了武术的流传与发展。如清末《少林拳术秘诀》就指出："少林技术之传，以明室鼎革后，至前清顺（治）、康（熙）数十年中为练习最精时代。顾斯时有明代天潢贵胄之裔，与故老遗民，忠烈之士，愤宗社之丘墟，痛种族之沦丧，……遂殚精奋力于技击之练习，欲以卧薪尝胆之志，而为灭胡兴汉之谋，于是朝乾夕惕，唯日孜孜而不已，且更互相研习，精益求精。"这段记载基本上反映了明末清初武术大发展的历史背景。

清末在山东、河北一带爆发的义和团运动，是明清时期武术发展的第三个浪潮。义和团原名义和拳，是以信奉民间宗教和习练拳术的农民为基础发展起来的。清中叶以后，由于阶级矛盾与民族矛盾的尖锐化，山东、河北、河南的一些地区形成了民间习武之风。最初有大红拳、小红拳、梅花拳等拳种在乡村中流传。至清末，一些以大刀会、八卦教、义和拳等为名义的民间秘密宗教组织在山东等地发展起来，其特点之一，就是以所谓"神拳"来吸引和组织民众。这种"神拳"在本质上是一种杂糅浓厚民间巫术迷信的武术拳技："捏言掐诀念咒，画符饮吞，排砖排刀，浑身上下无所不排，一夜即成，不畏棒击刀砍，不畏火炮洋枪，以其浑身工夫都用到刀枪不入之故也，所以又有金钟罩、铁布衫、无影鞭之名号。百姓为患盗贼，无法处置，闻大刀会能避刀枪，可以保身家，于是争相学习。”[1]

19世纪末，由于一些官员的支持，这类原本是民间秘密宗教结社组织终于汇成了汹涌的以“扶清灭洋”为口号的“义和团”农民运动。1900年，由于清朝统治者企图利用义和团来“灭洋”，义和团先后进入北京、天津等大城市。他们在各地公开设立“拳厂”，教习“神拳”，吸引了很多普通民众来习武学拳。虽然义和团后来被八国联军和清政府所镇压，而且“神拳”也具有浓厚的迷信和荒诞色彩，但从体育史的角度来看，这次农民运动毕竟推动了传统武术在民间的广泛普及，并由此形成了明清时期第三次武术发展高潮。

经过以上三次武术发展的高潮，明清两朝中国武术逐渐形成了独立的文化体系和特征。其标志则是套路的形成、流派的出现及内功的产生。

### （二）武术套路的形成

在宋代“打套子”基础上，明代武术家们按“势势相承”原则，进一步将各种不同的技击攻防动作按一定要求编排起来，形成不同特点与风格的技击动作组合，由此产生了中国武术的一个重要特色——套路。

在套路基础上，明代产生了大量拳种。这些拳种多以套路形式出现，并在此基础上形成不同的技击特点风格。如明代戚继光《纪效新书》与明人何良臣《阵纪》提到的宋太祖三十二势长拳、六步拳、温家七十二行拳、三十六合锁、二十四弃探马、八闪番、十二短、吕红八下等等，这些数字大多代表在这些套路中的相应技击动作组合。而类似拳术名称则不见于明以前的记载，表明明代武术大量拳种的出现，是以套路作为基础的。

武术套路的形成是中国武术发展成熟的重要标志之一。一方

[1] 李文海等. 义和团运动史事要录. 济南：齐鲁书社，1986. 1

面，武术套路的形成使武术更加便于习练和掌握，从而极大地促进了武术在民间的广泛传播；另方面，套路最大程度地蕴含和表现出了不同的技击风格与特点，使武术向着个性化和多样化方向发展，从而为明清武术流派的产生奠定了技术基础。另外，套路的出现还有利于提高武术的表演效果，使其更具艺术性和观赏性。

### （三）武术流派的出现

武术流派是指不同武术理论与攻防技术特征及风格所形成的派别体系，包括拳种与门派。拳种是由某种拳术（器械）为基础构成的技术理论体系与风格特征。而武术门派则是以某种拳术或器械为基础形成的传承体系。武术流派始现于宋代，而大量涌现于明清两代，是明清特定社会经济文化背景下武术发展的必然结果。

大量拳种的形成是明代武术流派发展的重要表现。据明人程宗猷《耕余剩技》、戚继光《纪效新书》、何良臣《阵纪》、郑若曾《江南经略》等记载，明代流行的拳术不下几十种，如宋太祖三十二势长拳、六步拳、猴拳、囮拳、温家七十二行拳、三十六合锁、二十四弃探马、八闪番、十二短、吕红八下、绵张短打、李半天之腿、鹰爪王之拿、千张跌之跌、张伯敬之打、巴子拳、南拳四路、北拳四路、西家拳六路、温家钩挂拳十二路、孙家披挂拳四路、张飞神拳四路、霸王拳七路、童子拜观音神拳、九滚十八跌打揿拿、九内红八下等破法、三十六拿法、三十六解法、七十二跌法、七十二解法等等。这些拳法数量之多，种类之齐全是明代以前从未有过的。

大量拳种的出现表明，作为中国武术主要技法之一的拳术在明代获得了重大成就与发展。这些拳术的出现对于军队和战争没有多少用处，但对于民间武术来说，却意义极为重大深远。另外，各类武术兵器的使用也向流派方向演进，表现出了浓厚的民间性与个性化特征。如枪法中就有李克复枪法、杨氏梨花枪、沙家枪、内家枪、马家枪、李家短枪、六合枪等。棍术中有少林棍、巴子棍法、青田棍法、沙家竿子、俞公棍等。

在不同拳种基础上，明清时期出现了不少有影响的武术门派。这些门派或以某宗教为标牌，如少林拳等；或以师徒相授形成的传承系统，如明代的内家拳；或表现为家族传承系统，如陈家沟陈氏家族所传的太极拳。

少林寺僧自隋末战争中助唐立功后，唐宋时期未见有习武记载。少林寺以武显名是在明中叶抗倭战争中。据《松江府志》《江南经略》《吴浙倭变志》等史料记载，当时少林、伏牛、五台等寺院的僧兵曾参加抗倭，“以少林寺僧兵极为骁勇”。在天真、天池二僧率领下，少林僧兵 40 余人在战争中屡次大破倭寇，曾“于烟墩斩倭八十余，解上海之围”。而另一支由僧月空率领的 30 多名僧兵部队也多所斩获，“敌遇者即仆”，后来在一次遭遇战中寡不敌众，全部牺牲。自此后，少林寺武功名声大震，在明中叶以后即以拳勇名天下。清初各地出现了大量民间反清秘密结社和团体，这些民间反清社团为了反清复明，殚精奋力于武技练习。少林武术成为这些民间反清秘密社团反清的手段之一，虽然清政府禁止民间习武，但少林武术在民间和社会上却得到更加广泛的流传。

内家拳的出现是中国武术发展史上的里程碑。内家拳据传由明初著名道士张三丰所创。历史记载有名可考的明代内家拳名家先后有张松溪、单思南、王征南等。内家拳的产生在中国武术史上具有以下重大意义：其一，在技击思想上确立“主于御敌”的原则。据《宁波府志·张松溪传》等记载，与少林拳等“主于搏人”的“外家”不同，内家拳主张“非遇困危则不发，发则所当必靡，无隙可乘”，强调习武是为了自卫而非攻击他人。其二，在理论上建立了“以静制动，后发制人”的技击理论。据黄宗羲《王征南墓志铭》载，“少林以拳勇名天下，然主于搏人，人亦得以乘之。有所谓内家者，以静制动，犯者应手即扑，故别少林为外家。”其三，首创了点穴法。内家拳创造了以击打对手经络穴位的独特技法。《宁波府志·张松溪传》记载内家武技特点称：“其搏人，必以其穴：有晕穴，有哑穴，有死穴，相其穴而轻重击之，无毫发爽者。”点穴法是武术与中医经络理论相结合的产物，也是中国武术所独具的技法，它是内家拳对中国武术的重大贡献。其四，是以“跌法”为主的搏击技法。内家拳在技击术上将传统的摔跌法、擒拿法等与点穴法相结合，创造了顺势借力，避实击虚，“犯者应手即扑”的技法。内家拳在以上方面的创新，对明清包括少林“外家”在内的武术发展产生了巨大影响，代表了中国武术在这一时期发展的最高成就。

太极拳是明清武术发展的又一重要成就。关于太极拳的起源有多种说法。学术界一般认为，太极拳于明末产生于河南温县陈家沟，其创始人为陈王廷。《陈氏家谱》称，陈王廷为明末武庠生，“在山东称名手，扫荡群匪千余人。陈氏拳手刀枪创始人也。天生豪杰，有战大刀可考”。据《温县志》载，明崇祯十四年（1641年），陈王廷曾任温县“乡兵守备”。明亡后他隐居乡里，晚年以《黄庭经》为伴，造拳自娱并教授弟子儿孙。据《陈氏拳械谱》，陈王廷所创太极套路有太极拳五路、长拳一百零八势一路、炮捶一路等。太极拳在很长时期内只在陈氏家族内部授受。至五世陈长兴（1771～1853）传与河北永年人杨露禅（1799～1872）后，方传授外姓，并广泛传播于各地，先后形成杨式太极拳、吴式太极拳、武式太极拳、孙式太极拳等不同派别，成为中国武术流传最广、影响最大的拳种之一。

## （四）武术内功的形成

内功的形成是明清武术成熟的又一标志。内功的形成经历了一个由道家养生治病的导引行气术向武术内功的发展过程。据有关史料，早在唐人所撰《剧谈录》一书中，就有道士身受“富有膂力，扛鼎挟舟”的武功高手重拳打击而“如扣木石”，“略不微动”的记载。清末民初的《少林拳术秘诀》也有明代内家拳大师张松溪从道士学气功的传说，称“道士善导引吐纳，能鼓气使身如铁，虽以极重之石锤击之，毫不为苦。又精于印掌，人立丈外，可以掌心力击翻之”。可见武术内功与道家养气炼气之术有很深的渊源关系。

内功以《易筋经》一书为代表。《易筋经》托名南北朝时来华的天竺僧菩提达摩著。但首次提到该书的是清中叶人王祖源。他于《内功图说·序》中提到曾于清道、咸年间（1821～1861）从少林寺得到《内功图说》一书，内中有“易筋经”十二势。这是历史上关于《易筋经》最早的记载，而“易经筋十二势”正是《易经筋》中的一套重要功法。参考中国武术发展的阶段特征和书中的内容，可大致推断该书应为晚明清初人所著。

武术内功的宗旨与传统养生导引术不同，后者是以健康长寿为目标，而前者则是要通过特定的训练手段达到“筋壮膜坚”“外壮神勇”“内壮言坚”等武术专项素质要求。在理论上，内功主张“外练筋骨皮，内练精气神”，讲究形神合一，内气外力，劲力贯串，运气发力，筋强体壮，搏人御敌。在训练手段方面，内功多采用桩功、气功及拍打法、揉法一类方法，并辅之以沙袋、石杵、木杵、木槌等器械，“意在磨砺其筋骨”“从骨中生出神力”“以意努之，硬如顽石，并指可贯牛腹，侧掌可断牛头，努掌可碎虎脑矣”。这些训练理论和手段方法构成了内功独特的健身价值，使其成为中国传统体育文化的精华之一。

## 第五节　中国古代娱乐体育的发展

唐、宋、元、明、清五朝，国家统一和安定的时期大大长于分裂和战乱时期，从而为社会文化的发展提供了必要的条件和前提。与此同时，经济的长期繁荣，尤其是城市商业经济的兴盛促使了体育更加向娱乐化方面发展，使各类娱乐性体育活动得以在民间广泛开展。以下择几种具有代表性的活动予以介绍。

## 一、围　棋

围棋在唐代演变普及成为一项大众化的娱乐活动。魏晋南北朝时期，围棋主要还是上流社会与文人士大夫阶层所垄断的贵族化游戏和“兵戏”。但在隋唐时期，围棋成为帝王将相、文人士大夫和民间渔樵野老都喜爱的游戏。史载唐高祖、唐玄宗等都酷爱下棋，唐高祖李渊嗜棋甚至达到了“通宵连日”的地步。当时著名围棋高手王积薪每次出游时，都必携带棋具，画纸为局，与棋子并盛竹筒中，系于车辕马鬣间，路上遇到村野匹夫，亦与之下棋对弈。唐诗中也有大量涉及围棋的诗句。如诗人杜甫就有“老妻画纸为棋局，稚子敲针作钓钩”等名句。[1]围棋的大众化反映在当时图典的归类中。专门收录隋以前典籍著作的《隋书·经籍志》将围棋归于兵法类，列于《子书·兵书》；而在《旧唐书·经籍志》和《新唐书·艺文志》中，则均将围棋列入“杂艺术”类。这反映出围棋在唐代已成为一种大众性娱乐活动。

唐代出现了职业性的“棋待诏”。他们是经过严格考试选拔进入翰林院中的职业棋手，称为“国手”。棋待诏虽然不立品秩，但却是一种正式的官职，隶属于翰林院。其任务一是陪皇帝下棋，二是与外国棋手比赛，三是研究棋艺。当时著名的棋待诏有王积薪、王书文、顾师言、滑能等。其中王积薪所著《围棋十诀》，是他对前人及自身围棋经验的总结，对后世影响深远。职业棋手的出现，对于推动围棋艺技的发展，扩大围棋的影响，提高棋手的社会地位等方面起到了重要作用。

围棋在唐代东传至日本、朝鲜等国。唐代中日文化交流频繁，日本共派出十三批遣唐使团全面学习唐朝的政治制度、文学、艺术、医学、佛学等。经由这些遣唐使，中国围棋得以东传日本，并逐渐发展为日本民族的传统娱乐项目，涌现出了许多围棋高手。

[1] 全唐诗·杜甫·江村. 北京：中华书局，1960. 第7册. 卷226. 2433~2434

唐代还举行过多次中日高手间的对抗赛。其中最惊心动魄的当属唐宣宗大中二年（848 年）三月围棋国手顾师言与日本国王子之间的比赛。当时日本国王子来唐进贡，唐宣宗李忱听说王子善棋，便令棋待诏顾师言与之对手。史载双方对局至三十三下，胜负未决。顾师言惧辱使命，汗手凝思，方敢落指。经过一番十分激烈紧张的博弈，日本王子瞪目缩臂，俯首认输。顾师言取得了胜利。日本的王子有如此高的棋技，以致职业国手顾师言也赢得十分艰难，可见当时日本国内围棋水平之高。另外，围棋在新罗国（朝鲜）也广泛传播。当时新罗人朴球棋艺精深，在唐懿宗（860~873在位）和唐僖宗（873 ~ 888 在位）时担任过棋待诏。

宋代围棋在理论上和技艺上均有较高成就。宋承唐制，设棋待诏之职。北宋著名的棋待诏有贾玄、刘仲甫等人，南宋则首推李逸民名气最大。由于城市经济与文化繁荣，宋代各大城市的街肆、寺院、道观中经常举行类于公开比赛的“棋会”，促进了棋艺的发展，造就了许多围棋高手。如后来成为一代国手的刘仲甫在未成名前，曾在其寓居的杭州一旅社门前悬一旗帜，上书“江南棋客刘仲甫奉饶天下棋先”，公开设擂挑战天下棋手，引起棋界震动。

宋代围棋研究取得了重要成就。围棋高手们注重总结经验，研究棋理，有不少围棋著述问世，其中著名的有宋太宗的《太宗棋图》、刘仲甫的《棋诀》、张靖的《棋书》、张拟的《棋经》等等。《忘忧清乐集》是我国现存最早的棋谱书，该书为南宋国手李逸民所辑，收集了两宋时期很多经典棋谱和棋论。其中所收录的张拟的《棋经》13 篇，对围棋战术理论有精深的阐述，对后世围棋发展起到了重要指导作用。

明代围棋的一大演变是出现了各种流派。历经唐宋时期的发展后，明代棋坛兴盛，各地高手云集，棋风各异，各秉师门，互相切磋，由此形成了很多不同的技艺流派，其中影响较大的有永嘉派、新安派、京师派等。除了这三大派，还有“八闽”“四明”“六合”“广陵”等较小的流派。各派皆有高手领军，如永嘉派的鲍一中、李冲、周源、徐希圣等；新安派的汪曙、程汝亮、方子谦等；京师派的颜伦善、李筌等。这些高手均身怀绝技，名倾一时。各派高手相互竞争，经常举行比赛，切磋棋艺，推动围棋进入了一个前所未有的兴盛局面。

明代有大量围棋专著问世，其中影响较大的有雍皞如的《弈正》、林应龙的《适情录》、王墀堂的《弈史》、王思正的《弈律》、陆元亨的《仙机武库》、过百龄的《官子谱》《三子谱》《四子谱》等。这些著作不仅代表了明代围棋发展的最高水平，也为清代围棋的发展奠定了理论基础。

清代是围棋发展的鼎盛时期，其间名家辈出，声震海内。史称前有过（百龄）、周（予）、黄（龙士）、徐（星友）；中有梁（魏今）、程（兰如）、范（西屏）、施（定庵），晚则有陈（子仙）、周（子松）。清初顺治、康熙两朝是清代围棋发展的导源时期，名手过百龄和周予都是明末清初人，对清代围棋大发展起到了先驱作用。康熙时有国手 14 人，黄士龙位列首位，被称为有清一代弈家正宗。徐星友曾著《兼山堂弈谱》《绘声园受子谱》等围棋理论名著。雍正、乾隆时期是清代围棋发展的极盛时期，范西屏、施定庵是清代首屈一指的高手，代表了清代围棋的最高水平。他们都是海昌人，被称为“海昌二妙”。范西屏著《四子谱》《桃花泉弈谱》、施定庵著《弈理指归》《弈理指归续编》，都是影响深远的围棋理论著作。范、施之后是陈子仙、周子松独步一时，但已不复有雍、乾时代的盛况与水平。

## 二、中国象棋

中国象棋，古代又称“象戏”、或“象弈”。关于其起源有各种说法，学术界目前尚无定论。一般认为，中国象棋的形成经历了很长的发展过程，在宋代方逐渐成型。史料表明，唐代象棋子和棋局还没有定型，曾至少流行过五种不同形式的“象戏”。但至迟在北宋末，已出现纵十路，横九路，有河界的棋盘，棋子共三十二只，“将”在“九宫”之中，具有了现代象棋的雏形。近代曾在开封出土一批北宋末年宋徽宗（1101～1125在位）时期的铜制象棋子，其形制为平面，大小不等，有正反两面，一面有图案，一面有将、士、象、车、马、砲、卒等汉字，用宋徽宗手书的瘦金体写就。[1]宋徽宗于棋琴书画无不精通，其御制的《宣和宫词》中有“咏象戏”诗，其中有“白檀象戏小盘平，牙子金节字更明”句，表明当时皇家御用的棋盘以白檀木制成，而棋子则是用象牙制的，十分珍贵。

象棋经北宋末叶定型以后，很快在民间普及开来。南宋人洪遵在其所著《谱双》一书中提到“象戏家喻户晓”。南宋都城临安（今杭州）出现了专制象棋的手工业者，而且街市上到处可买到制作精美的象棋子与棋盘。南宋时除了围棋设有棋待诏外，象棋亦设有棋待诏。南宋人周密所著《武林旧事》一书中列举了当时15名棋待诏的名单，其中有10名后面注有“象”字，显示这些都是象棋国手。其中有一位叫“沈姑姑”的，后注“象女流”，表明这是一位女棋手。南宋还出现了象棋理论著作，其中影响较大的有洪迈《棋经论》、叶茂卿《象棋神机集》等。

明代象棋进一步普及与发展。明初太祖朱元璋曾以好逸恶劳、玩物丧志为由禁棋。但不久这道禁令就失效了，象棋很快成为民间十分流行的游戏。明代出现了不少名震天下的象棋高手，如嘉靖年间（1522～1565）著名国手李开先被誉为“只此一艺，可高古今”；陈珍“独以象棋擅名，举世无以抗衡者”。吴桔隐与吴升甫号称“二吴”，两人挟棋游走天下以求对手，被公认为国手。明代出现了大量象棋著作和棋谱，其中著名的有无名氏所著《梦入神机》十卷，明金陵艾青山居士辑《金鹏十八变》四卷，金陵徐芝所选《适情雅趣》十卷，棋道人撰《自出洞来无敌手》一卷，朱晋桢辑《橘中秘》四卷，等等。这些著作和棋谱凝聚了明代象棋高手们的心血，对后世象棋的发展产生了重要推动作用。

清代象棋延续了明中叶以后的盛况。清初象棋名家有王再越，

[1] 李松福编. 象棋史话. 北京：人民体育出版社，1981. 16

他所著《梅花谱》在中国象棋史上具有划时代意义。清代象棋发展以乾（隆）、嘉（庆）两朝最盛。乾隆时期象棋发展达到了又一高峰，在民间形成了九大门派，其分别为毗陵派、吴中派、武林派、洪都派、江夏派、彝陵派、顺天派、大同派、中洲派。这些流派都有高手领军，名震一时。乾隆末嘉庆初苏州棋手吴兆龙“弈品居第一”，他著有《吴兆龙象棋谱》，是我国现存最早的一本象棋对局谱。与其同时的象棋名家还有刘尚龄、施嘉谟、宣才宝等。清道光后，象棋渐衰。无论是象棋名家还是理论建树都无法与乾、嘉两朝相比了。

## 三、秋　千

秋千是一种在高架上系绳板摇荡的运动。由于这一运动适合于在庭院中玩耍，遂成为封建社会妇女的传统娱乐活动之一。秋千在中国产生很早。史载其原本是北方少数民族的娱乐活动，先秦时传入中原。在汉代，秋千是皇宫中嫔妃们的游戏。魏晋南北朝时逐渐盛行于民间。唐宋时期很多古人的诗词都将秋千与蹴鞠相并列，如唐代诗人杜甫《清明二首》：“十年蹴鞠将雏远，万里秋千习俗同。”王维《寒食城东部事》：“蹴鞠屡过飞马上，秋千竞出垂扬里。”宋代陆游《感旧末章盖思有以自广》：“路入梁州似掌平，秋千蹴鞠趁清明。”《三月二十一日作》：“蹴鞠墙东一市哗，秋千楼外两旗斜。”这些诗歌都反映了唐宋时期妇女的秋千与男子的蹴鞠一块儿，成为了标志性的体育活动。

秋千也是一种节令性的体育活动。在每年的清明节和岁末的寒食节，男子聚集在户外踢球，而妇女们则在庭院内荡秋千。如唐朝诗人韦应物的《寒食》诗“彩绳拂花去，轻球度阁来”；五代时诗人温庭筠《寒食节日寄楚望二首》“采索拂庭阁，轻球落邻圃”等。这种习俗一直延续到明清，如《济南府志·风俗考》载，清明时节当地已婚妇女都要回娘家“作秋千之戏”。

## 四、风　筝

风筝古称飞鸢、风鸢，是一种历史悠久的传统体育娱乐活动。早在战国时期，就有了风筝的记载，《墨子》中有“公输子削竹木以为鹊，成而飞之，三日不下”的记载。《韩非子》一书也记载：“墨子为木鸢，三年而成。”此后风筝遂成为一种十分普及的民间娱乐活动。

至迟在宋代，风筝已成为传统节令性体育活动，在民间形成了清明放风筝的习俗，据《帝京岁时纪·清明》中记载，宋代清明扫墓时，倾城男女纷纷出外郊游，人们携带纸鸢线轴。扫墓毕，即于坟前放风筝。古人已认识到放风筝的健身作用，《续博物志·卷十》载，放风筝时，“引丝而上，令小儿张口望视，以泄内热。”北宋还出现以放风筝为业的职业艺人，他们在春季天天举行风筝比赛，赌赛输赢。风筝比赛不仅看谁放得高，而且还互相勾绊绳线，以绞断对方绳线为胜。据记载，当时风筝比赛的高手是周三和吕偏头两人。

明清时期风筝在民间极为普及。在当时留下的文学作品中有大量描写，如清代戏剧家孔尚任《燕九竹枝词》：“结伴儿童裤褶红，手提红索骂天公。人人夸尔春来早，欠我风筝五丈风。”净香居主人《都门竹枝词》：“风鸢放出万人看，千丈麻绳系竹竿。天下太平新样巧，一行飞上碧云端。”《金瓶梅》《红楼梦》等小说中也有很多放风筝的描写。

## 五、登　高

登高是古代一种节令性的户外登山运动，主要是在每年的九月九日重阳节进行。这一习俗起源很早，但盛行于唐代。

登高习俗的形成可追溯到战国时期。《楚辞·九怀》中就有咏唱暮秋登高的词句。至迟于东汉时已在民间形成了九月九日重阳节插茱萸、喝菊花酒、户外登高的习俗。唐代重阳节登高成为一项十分隆重的民间节日，人们在这一天都要相约亲朋，扶老携幼，带上菊花酒到郊外登山。即使不能去山林野外，也要去高台楼阁凭栏远眺。如杜甫就有“重阳独酌杯中酒，抱病起登江上台”的名句。唐代大医学家孙思邈在其《千金方·月令》中将重阳登高列为重要的节令性娱乐健身活动，“重阳之日，必以肴酒登高远眺，为时宴之游赏以畅秋志”。登高习俗至宋明时期仍延续不绝。是一项既有益于身心又富有社交性的体育习俗活动。

## 六、冰 嬉

冰嬉又称“走冰”，是古代满族传统的滑冰活动。其形式大致分为两种，一种叫“官趟子”，类似于今天的速度滑冰；另一种在滑冰的同时要表演各种花样和杂技，类似于今天的花样滑冰。除此外，还有冰上蹴鞠，高台滑冰等。在民间还有“冰床”之戏，类似于现在的滑橇。

满族祖居寒冷的东北，因而形成冰雪运动的传统。滑冰很早就成为满族八旗兵的军事技术和体育训练项目。清王室统一全国后，仍保持了以滑冰练兵的旧俗，每年要在北京太液池（北海）举行大规模的滑冰检阅，由皇帝亲自检阅八旗兵将的训练水平。现故宫博物馆藏有乾隆时所绘《冰嬉图》，生动地再现了当时风姿多彩的冰嬉表演场景。

在满族的影响下，清代北方民间也流行滑冰活动。据《燕京岁时纪》等典籍记载，每年冬季，在北京的北海冰面上都有很多人滑冰，“技之巧者如蜻蜓点水，紫燕穿波，殊可观也。”《帝京岁时纪胜·冰床》也载：“冰上滑擦者所著之履皆有铁齿，流行冰上，如星驰电掣，争先夺标取胜，名曰溜冰。”

清代还有冰上足球，其原本是满族八旗的训练手段，后逐渐演变为一种娱乐性很强的竞技活动。据《帝京岁时纪胜·蹙鞠》：“金海冰上作蹙鞠之戏，每队数十人，各有统领，分位而立，以革为球，掷于空中，俟将坠，群起而争之，以得者为胜。或此队之人将得，则彼队之人蹴之令远，欢腾驰逐，以便捷勇为能。将士用以习武。”通过这些记载，令人至今可以想象当时数十人在冰上踢球的热烈场面。

### 思考题

唐代马球有何特点？宋代马球发生了什么样的变化？
唐宋蹴鞠运动有哪些形式？其特点如何？
什么是捶丸？它有哪些特点？
中国古代的角抵与相扑有哪些区别？
中国古代体育教育有哪些特点？
什么是武举与武学？它们在中国古代体育史上有何意义？
孙思邈提出了什么样的养生观？
什么是八段锦？它是怎样形成和演变的？
什么是内丹？它在古代体育养生发展过程中有何意义？
明清导引三大技术流派有哪些？
明清时期武术发展有哪三次高潮？
少林拳、内家拳、太极拳在中国武术发展过程中有何重要地位和意义？
唐代以降围棋与中国象棋的发展过程如何？有何特点？

# 第十章　西方近代体育在中国的传播（1840～1911）

**学习提示**

西方近代体育传入中国的过程
洋务派在近代体育传入中国过程中的作用和地位
维新派和革命派的近代体育主张
教会学校和基督教青年会在中国近代体育传播过程中的作用与影响
中国近代学制的建立与近代体育
近代西方竞技体育在中国的早期传播与开展
近代体育冲击下的中国传统体育

中国近代体育，一般系指从1840～1949年这一时期内在中国流行和实施的体育。这一时期中国体育发展的主要特征是：西方近代体育在特定的历史背景下通过不同渠道与途径传入中国，逐渐取代了流传几千年的中国古代传统体育的主流位置，成为中国体育的主要内容与模式。伴随这一过程，中国体育与当时的世界体育发展主流模式逐渐融合一致，成为近代体育国际化的组成部分，从而为中国现代体育的形成奠定了基础。

1840年鸦片战争使几千年的古老封建帝国经历了亘古未有之变，至1911年辛亥革命成功的71年间，西方帝国主义列强通过一系列侵略战争，迫使腐朽的清政府签订了大量不平等条约，使中国逐渐沦为半殖民地半封建社会。但与此同时，西方近代工业文明以及许多近代思想和制度也通过各种渠道和途径传入中国，直接动摇了中国古老的上层建筑和封建文化的基础。19 世纪后半叶的洋务运动、1898 年的变法维新运动以及 1901 年清政府所颁布实施的“新政”等，都在对晚清中国政治、经济、文化等各方面产生深刻影响的同时，有力地推动了近代体育在中国的传播。与此同时，以武术为代表的中国本土民族传统体育也力图在时代的急剧变革中找到自己的位置。

## 第一节　西方近代体育传入中国

1840 年鸦片战争以后，西方列强依靠其先进的军事力量打开了中国闭关自守的大门，但这也在客观上为西方体育传入中国创造了条件。近代体育传入中国既有客观的因素也有主观的动机。从客观而言，晚清大批外国人来到中国从事各种职业的同时也将近代体育带进了国内；从主观来看，晚清政府为了维护自己的统治，曾先后聘请外国人在军队和学校中传授体育，并派出留学生出国学习体育。至 1912 年中华民国成立之时，近代体育在国内一些大城市的学校中得到初步开展。

### 一、洋务运动开启西方近代体育传入中国的先声

19 世纪 60 ~ 90 年代，在空前的民族危机和阶级矛盾面前，清王朝内部一些有实力的官僚以“求强”“求富”为目标，在“以夷制夷”，“中学为体、西学为用”的思想影响下，掀起了一个向西方学习，兴办工厂、矿山、铁路、电报、选派留学生等“洋务”事业的运动，史称“洋务运动”。掀起这一运动的官僚集团被称为“洋务派”。在这一时期，洋务派大量聘请欧洲英、德、法等国军官，仿照西方军队编练新式海陆军、开办军事学堂，并选派学生外出留学。在这一过程中，近代西方体育开始通过以下途径和渠道传入中国：

## （一）编练新军，操练近代兵操

洋务派编练新式军队始于镇压太平天国农民起义战争中。从1862年起，湘军、淮军以及清廷的警卫部队中，开始废弃传统的骑射、弓、刀、技勇等武艺，聘请英国军官充任教官，教清军使用近代枪炮，并以西方军队的“兵操”来加以训练。当时的“兵操”俗称“洋操”。实际上是西方近代军队以队列训练和基本军事技术为主要内容的军事体操。洋务派新军最先引进的主要是英国兵操，主要内容是队列操练与跑步、跳跃、行军、刺杀等步兵战术动作。1876年，李鸿章曾选派7名年轻中下级军官赴德国陆军学校学习，1879年学成回国后均担任教官，在军队中以德国兵操训练军队。1894年甲午战争后，清政府采纳德国军官汉纳根的建议，大量聘请德国军官来华，以德式兵操来训练新军。至19世纪末，各地清军大都引进并实施德国兵操。洋务派的新军操练，使欧洲军队普遍实施的近代兵操和部分近代体操项目得以较系统地传入中国，对中国近代体育的形成与初期传播产生了较大影响。

## （二）创办军事学堂，设置体操课程

19世纪后叶，洋务派为引进西方科技，培养人才，先后兴办了一些新式军事工业学堂和军事学堂。其中主要有福建船政学堂（1866年）、北洋水师学堂（1881年）、天津武备学堂（1885年）、广东陆师学堂（1886年）、广东水师学堂（1887年）、天津电报学堂（1880年）、上海电报学堂（1882年）、南洋水师学堂（1890年）等。这些较早创办的新式学校大多仿照外国同类学校设置课程，一般都开设有体操课程，并聘用欧洲人担任教习，尤以德、日两国人居多。据有关资料，当时北洋水师学堂一般由30人左右组成班组上体操课，开设的课程内容有击剑、刺棍、木棒、拳击、哑铃、足球、算术竞走、三足竞走、羹匙托物竞走、跳远、跳高、跳栏、爬桅等项目。此外在课余还开展游泳、滑冰、平台、木马、单杠、双杠及爬山等运动。当时天津的水师学堂、武备学堂、电报学堂等还举行过校际运动会。而水师学堂还开展特有的爬桅比赛。这些大体上可以代表这一时期洋务派新式学堂中体育教学的基本概况。

### （三）派遣留学生，学习近代体育

为培养军事工业人才及军官，洋务派曾选送不少学生赴英、法、德、美、日等国留学。这些学生回国后带回了一些西方近代体育。例如曾国藩、李鸿章于 1872 年始陆续选送 4 批共 120 名十余岁少年赴美国学习“军政、船政、步示、制造诸学”。这些少年中不少人在美期间接受了近代体育，经常参加棒球等运动，还组织了“中华棒球队”。他们学成归国后，将不少近代运动项目带人了国内。1895 年后，因受甲午战争刺激，国内掀起了一股赴日本留学高潮，大批中国留学生赴日本学习。据统计，自 1901 ~ 1906 年 5 年间，中国留日学生就多达 13000 余人。他们中间有不少是专门学体育的，回国后成为了我国第一代体育专职教师。

### （四）翻译西方书籍，传播近代体育知识

近代体育传播的另一重要途径，是翻译引进西方体育的有关书籍和知识。19 世纪后叶，在洋务派官员的鼓励支持下，翻译引进了一些体育书籍，向中国介绍了欧美体育的一些情况。当时清政府办的新学馆，如京师同文馆（1862 年）、上海方言馆（1863 年）、广州同文馆（1864 年）等都很重视翻译人才的培养。这些人才翻译介绍了不少国外体育项目情况。他们中间的一些人曾多次考察欧美国家的体育运动，回国后做了许多宣传和介绍工作。

洋务运动时期中国近代体育表现出以下特点：

其一，发源于欧洲的近代体育的一些内容首次被有意识地引入中国，从此后中国开始有组织地接受西方近代体育。这对于近代体育在中国的传播与形成过程而言，具有极为重要的意义。

其二，近代体育在洋务运动时期的引进与传播均以兵操为主。由于特定的历史背景，在洋务运动中中国最早引进和接受的不是

近代欧洲的学校体育体系，而是军事体育性质的兵操。这对于后来中国近代体育发展的走向产生了很大影响。

其三，洋务运动时期主要引进和接受的是西方近代体育的一些手段与方法。在“中学为体，西学为用”思想指导下，近代体育的思想、理论、制度等无论是在清朝军队中还是在早期的军事学堂中均未引起重视。

其四，传播范围窄小。近代体育在洋务运动时期的传播范围仅限于某些清朝军队的“新军”和一些新建军事学校，因而在社会上影响很小，其意义、价值与功能尚未为社会所认识。

## 二、维新派的近代体育主张

西方近代体育思想在中国的传播始于 1898 年的“戊戌变法”期间。其主要旗手是维新派的代表人物康有为、梁启超、谭嗣同、严复等。

1894 年中日甲午战争之后，面对中国更加深重的民族危机，许多不甘亡国亡种的知识分子和仁人志士拍案奋起，立志变法，主张改良，以求救亡图存。以康有为等为首的知识分子利用光绪皇帝的支持，于 1898 年发动了“戊戌变法”。改良派主张实行西方式的君主立宪制，在政治、经济、文化教育等领域提出了一系列变法主张，采用西方的资本主义制度来改良社会，使中国走上富强的道路。由于变法触动了上层保守势力的利益，仅仅实施百日后便因遭到以慈禧太后为首的守旧派的残酷镇压而失败。

变法虽然失败，但维新派所提出的一系列变法主张却产生了巨大影响。其中在文化教育方面，光绪皇帝根据康有为等人的建议，下诏宣布废除八股考试制度，取消旧式书院，兴办各种新式学校，设立译书局、报馆，派人出国留学等。在维新派的这些变法措施中，包括了在学校中实施近代体育的主张。

维新派的主要领袖康有为（1858 ~ 1927）在其代表作《大同书》中，根据西方近代教育和体育思想，首次提出了“德教、体教、智教”的全面教育主张。他主张重视青少年的身心健康发育和体育活动，提出“体育是教育中不可缺少之物”，把体育列为学校教育的重要组成部分。康有为认为，学校应根据青少年不同年龄阶段特点来制定其教育计划。如少儿时期的身体强弱关系到终身健康，因此儿童阶段应把体育放在第一位：“小学生专以养体为主，而开智次之；令功课稍少而游嬉较多，以动荡其血气，发扬其身体。”中学生则因其“身体尚弱”，故仍需“养体”。到大学生阶段，则应“亦重体操，以行血气而强筋骸”。他还在其所设计的新式学校方案中提出应有必要的体育设备，“体操场游步场无不广大适宜，秋千、跳木、沿竿无不具备，花木水草无不茂盛，足以适生之体”。康有为是中国近代史上最早依据西方近代教育和体育思想提出“全面教育”思想的知识分子。他的体育主张在半殖民地半封建的旧中国虽然有空想色彩，但却代表了时代的潮流和先进的思想，在近代中国教育史和体育史上具有重要的意义。

维新派的另一位重要领袖梁启超（1873～1929）提出要从培养全面发展的“新民”角度认识体育的价值。他在其名著《新民说》一书中，提出教育的主要任务就是要培养出一代具有“民德、民智、民体”的“新民”。在他的心目中，“新民”应具有公德、国家、进取、冒险、权利、自由、自治、自尊、合群、毅力、义务等思想以及尚武精神。为了培养一代“新民”，梁启超提出“德育、智育、体育三者，为教育上缺一不可之物”。在体育方面，梁启超主张少年儿童“习体操”，他还专为8～12岁的儿童设计了一份包括“习体操”在内的功课表。他还提出师范学校及女学中都要开设体操课，主张为学生业余生活时间安排游戏和体育，以促使其全面发展。1897年他担任湖南时务学堂总教习时，也对学生提出了重体育锻炼的要求。另外，梁启超还大力提倡尚武精神，欣赏日本的“武士道”精神，为此还撰写了《中国之武士道》一书，宣传为强国而尚武。他赞赏古希腊斯巴达的教育制度，称道近世西洋学校“注重于德育、体育”的传统，呼吁“锻炼强民之体魄”。

谭嗣同（1865～1898）是维新派中最彻底也是最坚决的斗士。他在激烈抨击封建文化的同时，竭力提倡西方近代新文化。在他写的《仁学》一书中，吸收了西方自然科学观点，大力宣扬“动”的哲学，认为“西人喜动而霸五洲，驯至文士亦尚体操，妇女亦游历，此其崛兴为何如矣。”他本人尚好体育，自谓“弱娴技击，身手尚便，长弄弧矢，尤乐驰骋”，曾师从北京著名武术家大刀王五习武，著有《剑经衍葛》一卷。他曾与同仁发起组织民间体育组织“延年会”，其章程中规定“每日六点钟起学习体操一次”。谭嗣同的主“动”思想及其体育实践在当时进步知识阶层中产生了较大影响。

严复（1853～1921）是近代著名启蒙思想家和教育家。他早年留学英国，后从事教育二十余年，大力提倡办新学，主张以教育救国。他所译赫胥黎的《天演论》、斯宾塞《劝学论》以及他1895年所著《原强》等文，在维新运动时期产生了巨大影响，成为当时最重要的启蒙著作。严复在《原强》中，根据进化论原理，积极主张运动强身，强调力、智、德三育为强国之本，认为教育应“以睿智慧，练体力，励德行三者为之事，均非体力强健者不为功”。他还根据西方进化论及自然科学知识，主张运动强身。在担任北洋水师学堂总教习（教务长）期间，严复尤为重视体育，在该校开展了田径、器械体操、足球、击剑、拳击、游泳、爬桅等多项运动，经常举行校内运动竞赛，还组织过校际间的比赛。严复的译著及其启蒙思想在当时产生了巨大反响，影响了一代先进知识分子。在他的倡导下，自强保种、尚武强国之风盛行一时。

从中国近代体育的发展历程来看，维新运动对促进西方近代体育思想进入中国起到了重要作用。其一，维新派思想家们最早将“德、智、体”三育并重的思想引进中国，从而从教育思想的角度和理论的高度确定了体育的地位与价值，这对于中国近代体育的发展具有至关重要的作用。其二，维新派所主张的尚武强国论为后来军国民主义思想及其体育实践在中国的盛行奠定了理论基础。其三，通过维新派的宣传，体育是“强国”“强种”的重要途径和手段这一观点逐渐为教育界和知识界所普遍接受，对包括青年毛泽东在内的当时一大批立志改变中国现状的进步青年产生了很大影响。当然，维新派对近代体育的认识也有明显的局限。由于其代表人物大多并非职业教育家或体育研究者，因而仅仅是在论述政治或教育问题时涉及一些体育问题，远谈不上有多少深入的研究。加之当时无论在教育还是社会上都缺乏近代体育的实践，因而维新派对近代体育思想的理解和认识还显得十分简单肤浅。尽管如此，西方近代体育思想通过维新运动传入了中国，推动中国近代体育的发展进入了一个新的阶段。

## 三、资产阶级革命派对近代体育的提倡

“戊戌变法”失败后，一批具有近代思想的知识分子开始探索寻求新的变革之路。与维新运动中的改良派不同，他们认为要改变中国任人宰割和贫穷积弱现状，就必须通过革命推翻腐朽的清王朝统治，建立西方式的民主共和国与资本主义制度。由于近代资产阶级革命派的很多代表人物都曾长期留学海外，不少人接受过系统的近代思想熏陶和教育，因此他们中间很多人对近代体育较之维新派有更多的了解和认识。他们积极倡导近代体育，十分注重体育实践，把体育作为重要的革命斗争工具。资产阶级革命派对近代体育在中国的传播客观上起到了积极作用。

### （一）孙中山的“强民自卫”体育思想

孙中山（1866 ~ 1925）是中国近代伟大的民主革命领袖与先行者。作为中国早期的资产阶级革命家，他从国力强弱和民族盛衰的角度，认识到体育“于强种保国有莫大之关系”。他指出，当今世界正处于一个竞争剧烈的时代，“不知求自卫之道，则不适于生存”，由此形成了他的“强民自卫”体育思想。按照这一思想，孙中山提出“夫将欲图国之坚强，必先图国民体力之发达”。在其早期革命实践中，他十分重视近代体育在革命准备阶段的组

织功能和在训练革命者身体素质与军事技术方面的巨大作用。在他的影响下，一批跟随他的革命志士先后在国内创办体育学校和体育组织，使其成为准备起义、发动革命的基地。

孙中山在倡导近代体育的同时，还大力提倡中国传统武术，他曾为精武体育会作了“尚武精神”的题词，他认为战争中“在短兵相接之时，技击与枪炮飞机有同等作用”。他对于“国人多弃体育之技击而不讲”，“以为无用”的观点提出批评，认为“岂非大失计耶”。孙中山本人保持着不吸烟、不饮酒的良好的生活习惯，并经常参加游泳、下棋、登山、旅游、打网球、骑马、散步等体育活动。孙中山简朴健康的生活习惯和爱好成为他个人巨大人格魅力的组成部分，在当时产生了很大影响。

### （二）秋瑾与大通师范学堂的体育实践

秋瑾（1875～1907）字璇卿，号竞雄，别号鉴湖女侠，浙江绍兴人，是近代著名的资产阶级民主革命家，也是近代体育在中国的最早实践者之一。她虽然出身于官僚家庭，但自幼锐志好学，不仅善诗能文，而且酷爱武术；精于骑马击剑，有女侠之风。

在列强入侵，国难当头之时，秋瑾于 1904 年 4 月冲破家庭牢笼，只身东渡日本，从此踏上了救国救民的征途。

1907 年春，秋瑾前往绍兴，主持大通学堂，出任督办。为了培训骨干，聚蓄革命力量，秋瑾在校中增设了“体育专修科”，自任教练，购买枪支弹药，进行军事训练。在此期间，她在绍兴仓桥设立了体育会，自任会长，试图训练一支女国民军。在体育会中，她除了训练学员的体操和兵操外，还亲自教他们骑马射击。她常身穿男式体操服，骑着高头大马，腰插手枪，手握倭刀，带领学生整队前往城外校场军训，或练习射击，或练习劈刀，一派生龙活虎的气象。

秋瑾是中国近代体育的先行者之一。她在大通学堂中创建的“体育专修科”是我国近代最早的体育教育实践之一，在我国近代体育教育实践上走出了重要的一步。

## 四、教会学校和基督教青年会对西方近代体育的传播

在近代体育传入中国的过程中，教会学校和基督教青年会起到了重要作用，是近代体育输入中国的一个重要途径与门户。尤其是以竞技体育为主体的英美体育体系，包括较为正规的田径、球类运动及其竞赛，大多首先是在教会学校和基督教青年会中开展，再传播到其他学校和社会的。

### （一）教会学校的体育活动

鸦片战争以后，随着外国传教活动的扩展，大批外国基督教传教士陆续来到中国，在城乡各地建立起许多教会学校和教堂。到 19 世纪末，在中国的外国传教士已达 3000 多人。至 1916 年止，外国人在中国共办了中心教会、教堂、礼拜堂达 7088 所。为了传教活动的需要，外国教会和传教士在中国各地按照西方近代学校模式兴办了许多新式学校，客观上起到了传播近代自然科学知识和推广近代教育体制的作用。

教会学校在传播西方近代体育教育方面起到了重要作用。由于教会学校是由美、英、法等外国人在中国办的学校，因此这些学校将西方近代教育和体育体系完整地搬进了中国。仿照欧美的教育和体育理念与体制，教会学校一般不开设体育课，而是根据学生自治原则，积极推行学生自治型的体育组织和团体，组建各类运动代表队。在课外广泛开展田径、球类、体操等各类竞技运动，并积极开展校际间的运动竞赛。北京、天津、上海、香港等地的教会学校，都是最先在中国推广近代竞技运动的地方。

大约从 19 世纪 80 年代起，香港、上海和北京的一些教会学校开始开展足球运动。19 世纪末，随着教会中学和大学在全国各大城市兴办，竞技运动在这些学校中普遍开展起来。上海圣约翰书院是中国最早开展竞赛活动的院校。该校于 1890 年开始举办以

田径为主体的校内运动会，此后形成传统，每年春秋举行两次。该校还于1896年成立了体育会，负责主办校内外的竞赛活动。与此同时，北京汇文书院和协和书院也开展了棒球、墙球、网球、足球等运动。1895年前后，经天津基督教青年会传入的篮球（当时称为筐球）运动在京津一带的教会学校中开展起来。1898年开始，山东烟台汇文书院等教会学校举行了以各种游戏性赛跑项目为主的田径运动会。1902年起，上海圣约翰书院和南洋公学开始举行一年一度的校际间足球对抗赛。1900年以后，教会学校之间频繁举行田径、球类等项目的校际运动会。如1904～1908年，上海出现了以一些教会学校为主体的校际田径赛。参加者为圣约翰大学、英华书院、苏州东吴大学、南洋公学等。这些学校共同成立了"中华大学联合体育会"，组织举办了5届田径运动会。在烟台、北京等地，也在19世纪末20世纪初相继出现了教会学校举办的田径运动会。1905年前后北京汇文书院、河北通州协和书院等学校开展了校际间的田径比赛；这两个学校还经常举行校际间的网球、棒球、足球等单项比赛。有的教会学校的中国学生代表队还与欧美等国家在华的商人、军人、外交官等组成的联队进行比赛，取得了不少胜利。

早期教会学校在西方近代竞技运动传入中国的过程中起到了重要作用。由于19世纪末20世纪初中国学校体育实施和盛行的是德日等国的"军国民主义体育"（即"军国主义体育"）和兵操，因此教会学校中所开展的英美等国流行的田径、球类等竞技运动十分引人注目。虽然教会学校开展的竞技运动在当时也引发了关于"选手制"和"锦标主义"的争议和批评，但由于竞技运动较之兵操更适合于青少年发展的需要，因此教会学校开展竞技运动的方式和实践对于中国近代学校体育的发展客观上产生了重要示范作用。如1913年在马尼拉召开的第一届远东运动会上，中华田径队26名选手共得36分，其中来自圣约翰大学的5名选手就取得了26分。

## （二）基督教青年会的体育活动

基督教青年会是英国与北美基督教新教的一个社会组织，主张通过体育运动等手段来培养青少年的基督教品行和性格。该组织于 1885 年由美国的北美青年会传入中国，至 1912 年，已在全国 25 个城市中建立了组织，在全国 105 个学校中建立了青年会，在当时的各大城市和学校中拥有广泛的影响。青年会在近代体育在中国的传播过程中主要起到了以下作用：

### 1. 宣传西方近代体育

基督教北美青年会非常重视在青少年中宣传和开展体育运动，先后派遣了大批体育干事来华工作。这些来华的体育干事中不乏许多著名的体育专家与学者，他们在学校中开办各类有关体育运动的讲座，在学生中传播和开展田径、篮球、排球等运动项目。青年会经常举行和通过组织青年学生的聚会和讲座，请体育专业人士宣讲近代西方体育和组织体育表演，并出版体育刊物。例如，先后担任天津青年会干事的来会理（D. W. Lorous）于 1895 年 9 月来天津时带来了篮球运动，1896 年天津青年会在举办篮球比赛时张贴中英文海报进行宣传；另一位干事罗伯逊（C. H. Robertson）于 1904～1908 年间，到京津各校讲演，以“西洋体育”激发青年学生对近代体育的兴趣。上海青年会干事麦克乐（C. H. Mecloy）也在沪、宁一带的学校和体育团体中进行有关体育运动的演说，阐述西方体育的意义与作用。1921 年之后，他还以东南大学体育科为基地，创办了《体育季刊》（原名为《体育与卫生》）等杂志，编纂体育运动的教科书等。

### 2. 培养中国早期体育专业人才

青年会在培养中国早期体育运动专门人才方面做了大量工作。其中，尤以上海青年会体育干事埃克斯纳（M. J. Exner）、斯旺(A. H. Swan)、麦克乐等人贡献为大。1908 年埃克斯纳到上海后便开始着手创办体育干事训练班。同年成立体育部，埃克斯纳举办的体育干事训练班，有墙球、篮球、排球等教学内容，开了办班培养人才的先例。该培训班辛亥革命后，改名为“中华全国基督教青年会体育专门学校”，其毕业生大多被派往各地青年会任干事，也有的到大、中学校任教。1913 年，斯旺等人在浙江莫干山开办暑期体育干事训练班。麦克乐于 1913 年来华后主要从事体育人才培训工作，他除了担任教师，编译教材外，还担任青年会全国协会体育干事。他们都为中国早期竞技运动的开展培养了大批人才。

### 3. 组织早期运动会

基督教青年会对竞技运动在中国的早期传播的重要贡献之一是开展和组织早期的运动会。尽管早期的教会学校和一些官办学校中也开展了一些竞赛活动，但是，正式的运动会则是由基督教青年会引入中国，并由其组织开展的。早在 1902 年，基督教青年会便在天津和上海两地开始组织和发起学校间的运动会。1908 年，北美青年会派来首位中国基督教青年会专职体育干事埃克斯纳博士。他为中国培养了第一批竞技运动组织、管理、裁判和教练员专门人才。在他的倡议和主持下，1910 年在南京举行了中国首次全国性的运动会——“全国学校区分队第一次体育同盟会”，也就是后来命名的“第一届全国运动会”。1914 年，在北京举行的第二届全国运动会的实际负责人也是北京基督教青年会体育干事侯格兰德（A. H. Hougland）。1911 年，菲律宾体育协进会会长，基督教青年会干事布朗访华，提出了举办远东运动会的倡议。在中国基督教青年会的参与推动下，中国第一次参加了国际体育赛事——远东运动会。

由于基督教青年会向中国派出了大量体育专业人士，并致力于在中国开展竞技运动，因而对竞技运动在中国的早期传播和开展起到了重要作用。实际上，直至 1924 年中华全国体育协进会成立以前，中国国内大多数重要的赛事，包括各地区和大学之间的比赛、全国运动会、中国参加远东运动会的组织工作和训练工作，都主要是由基督教青年会组织实施的。

#### 4. 建设体育场馆设施

由于中国没有开展西方近代体育的设施，为了在各地开展体育活动和竞赛活动，青年会致力于在各城市中修建体育场馆，引进体育设施器械，推动体育基础设施的建设。如基督教青年会于1897年在天津、1906年在上海、1910年在成都等地修建了设有各类体育项目场馆设施的会所，为近代竞技运动在这些城市的早期传播和开展打下了一定基础。

青年会在中国宣传和传播近代体育，客观上的确促进了中国近代体育运动的引进和初期发展，尤其是对田径、球类等近代体育项目在中国的开展和普及起了不可忽视的作用。

## 第二节 中国近代学校体育的早期实践

我国近代早期的学校体育，是随着废除科举制度，提倡实用科学，停止书院、改为学堂的教育改革过程中兴起并逐步发展起来的。

### 一、新学制的颁布与学校体育的建立

我国近代学校体育产生于20世纪初。1900年庚子事变（即义和团运动和八国联军入侵北京）后，风雨飘摇的清政府为了维持其统治，不得不采取一些改良措施，于1901年宣布实行“新政”。在教育方面，颁布了兴学诏书，宣布废除科举制，停止书院，兴办学校，提倡实用科学等。随着新式学校的建立，开始仿效西方学校体制开设学校体育教学与课程。

光绪28年（1902年），清政府颁布《钦定学堂章程》（壬寅学制）。这一学制虽然未能实施，但却是中国第一个正式颁布的近

代教育章程。光绪29年（1903年），清政府又颁布了《奏定学堂章程》（癸卯学制），这是中国近代教育史上第一个普遍实施的学制。该学制一直施行到1911年清王朝覆灭时为止。这一学制规定了各级各类新式学堂的学制、课堂体制和学时标准以及有关教师、学生的若干规定，该学制的实施标志着近代教育制度和体系逐渐在中国的确立，为近代体育的普遍实施创造了重要条件。1905年，清政府正式下令"停科举以广学校"。1906年，清政府建立中央级教育行政部门"学部"，主持全国的教育改革和新学制的实施。至民国元年（1912年），全国已建立学校87000余所，学生总人数近300万人。

1902年颁布的"壬寅学制"虽未及实施，但却为次年颁布并普遍实施的"癸卯学制"奠定了基础。这两个学制有关体育教育的规定一脉相承，都基本上是仿效日本学制制定出来的。它们都对各级学校体育课程的设置及教学内容进行了明确的规定。

按照"壬寅学制"和"癸卯学制"的规定，"体操科"（体育课）为各级各类学校的必修科目。"体操科"的内容均为普通体操和兵式体操，并以兵操为主。普通体操主要是以德国体操和瑞典体操为主，加上一些轻器械操。兵操也主要采用德国兵操与瑞典兵操。按此规定，"高等小学堂"每周3节体操课，内容为"普通体操、有益之运动"和"兵式体操"。五年制中学每周2节体操课，内容为"其普通体操先教以准备法、矫正法、徒手哑铃等体操，再进则教以球竿、棍棒等体操。其兵式体操先教单人教练、柔软体操、小队教练及器械体操，再进则更教中队教练、枪剑术、野外演习及兵学大意。"新学制同样规定在高等学堂各专科课程设置中，每周设体操课2~3节，教学内容亦为普通体操和兵式体操。

"壬寅学制"与"癸卯学制"出台的背景是20世纪初中国深刻的民族危机。一方面，当时中国大众的民族情绪高涨，急于富国强兵，救亡图存，因此德日的"军国民主义"教育思想和体育思想在改良派甚至部分革命派中都有较大的市场；另方面，"军国民主义”所包含的“忠君”思想又与清政府封建专制政权的需要相合，因此，“壬寅学制”与“癸卯学制”对于公立“各学堂一律练习兵式体操，以肆武事”的规定基本上得到了当时社会各界的认同。“癸卯学制”颁布后，以“军国民主义”为指导，以兵操为手段的近代体育在中国各地学校中得以普遍实施，全国各地各级学校都开设了体育课，并开始聘任专职的体育教师，建设相应的体育场地和设施。从这一角度来看，清末的“新政”中的教育改革对中国近代学校体育的建立起到了奠基性的作用。

但是，尽管“壬寅学制”与“癸卯学制”具有改革的要求和内容，但这两个学制本身的性质却是为了维护清政府封建专制统治，因而必然带有极大的局限性。尤其是这两个学制均以封建色彩较浓的“军国民主义”为指导，强调大、中、小学的“体操课”均“宜以兵式体操为主”，造成当时学校体育课背离教育的规律，违背青少年身心特点。加之缺少专职的体育教师，多以军人甚至外行担任教师，教学方法简单粗暴，致使体育课普遍十分呆板枯燥、千篇一律，不仅学生厌倦，甚至损害学生身心，造成不良影响，受到社会的批评。

## 二、近代体育师资的培养

“癸卯学制”颁布以后，各省、州、县纷纷开办学堂。但由于发展较为迅速，而所设课程大多是学西方或日本的，以致各门课程的教师都极为缺乏。在国内原来并无体育专业教育的情况下，体操教师的来源就成了兴学过程中一个突出的问题。很多学校迫于无奈，只好延请社会上的前军人来充任体育课教师，这就造成当时一个较长时期内，各地学堂都出现大量前军人充任教师的现象。这些人大多未经过体育专业培训，只是在军队里练过兵式体操，有一点儿普通的军事常识而已。因此他们所教的“体操”千篇一律，只是一些简单的队列之类，教学内容既无各级学校或各年级区别，更无任何科学性可言。更令人难以容忍的是，不少充任教师的前军人毫无师德修养和职业素质，“既不识教授为何物，又不知学校为何地，酗酒狂赌，好勇斗狠，无所不为”。这种状况不仅有碍学校体育的实施，而且在社会上也造成极坏的影响，遭到社会各方面的谴责。

为缓解体育师资极其缺乏的矛盾，1906 年 3 月，清廷学部通令全国各省，于省城师范学堂“附设五个月毕业之体操专修科，授以体操、游戏、教育、生理、教授法等……以养成小学体操教习”。中国近代体育专业教育由此产生。在此前后，一些赴日学习教育和体育的留学生陆续回国，他们也在各地开始创办培养师资的体操专修科或体育学堂。从 1905 ~ 1908 年，全国共开办体操专修科和体操（体育）学校约 15 所，其中办学最早、影响较大的是浙江绍兴的大通学堂（1905），办学历史较长且贡献较大者，当数中国体操学校和中国女子体操学校。这些学校有官办的，有私办的，也有资产阶级民主革命党人为培养革命武装力量而办的体操学堂或体操专修科。以下略举几所具有代表性的学校：

## （一）早期官办体育专科学堂

1. 江苏两级师范学堂体操科：建于 1905 年，与浙江大通学堂同为我国最早的体育专科学校之一。其体育科主任为日本体育会体操学校（日本体育大学前身）第二届毕业生高田仪太郎。体操科学制一年，两届毕业学生共 60 名，成为我国最早国内培养的体育教育专业人才。但两届后即停办。

2. 四川体育专门学堂：原是四川高等学堂 1906 年附设的体操科，于同年 12 月改为四川体育专门学堂。该学堂学制分为 4 期：第 1 期卒业，可任初等小学堂体操教员；第 2 期卒业，可任高等小学堂体操教员；第 3 期卒业，可任中学堂体操教员；第 4 期卒业，可任高等学堂体操教员。所学的课程有：国文、数学、生理卫生、修身、音乐、瑞典体操、普通体操、木棒、哑铃、单杠、双杠、木马、舞蹈、足球、兵式体操等。该学堂于 1912 年停办。

3. 浙江两级师范学堂体操专修科：建于 1907 年，分为优级师范（培养中学教员）、初级师范（培养小学教员），并专门设体操专修科。所设课程为：算学、伦理学、教育学、生理学、教授法、音乐、体操、游戏等。该校的体操教员是日本大森体育学校的留学生陈景鎏等 3 人。1909 ~ 1911 年 3 年间，共毕业 3 届体操专修科学生 336 人。

## （二）早期私立体操专科学堂

### 1. 中国体操学校

创建于 1908 年。由留学日本归国学生徐一冰、徐傅霖、王季鲁等 6 人创办于上海。由徐一冰任校长。1920 年后迁至浙江寻镇。该校是私立体育学校中办得较好、时间较长的学校之一。从 1908 ~ 1927 年近 20 年间，共毕业学生 36 届，计 1531 人。为中国近代体育的建立与早期发展培养了大批专业人才，很多人成为 20 世纪前期中国体育的骨干和栋梁之才，产生了较大影响。中国体操学校办学宗旨是："增强中华民族体质，洗刷'东亚病夫'耻辱"，"提倡正当体育，发挥全国尚武精神，养成完全体操教师，以备教育界专门人才"。学制分本科（一年半）和选科（无年限）两种。除体育学外，设有伦理学、教育学、兵学、国文、生理学、急救法、音乐等课程。技术课则设有瑞典式体操、普通徒手体操、哑铃、棍棒、木环、应用操、游伎、兵式教练、射击、拳术、武器、教授法等。教材多从日本翻译而来。由于徐一冰等人的努力，使该校成为中国早期最规范且影响最大的体育专科学堂之一。

### 2. 中国女子体操学校

该校原为中国体操学校女子部，创设于 1908 年。办校的目的是培养女子体操教师及建设女子体操教材。由于当时视女子学体操为奇事，因而来学者很少，两届学生只有二三十人。辛亥革命后，学生才逐渐增多。两届毕业生中不少人成为近代体育史上的知名人士，为我国近代体育的发展作出了贡献。

### （三）资产阶级民主革命党人办的体操学堂

革命派为聚集、培训革命武装力量而兴办的学堂有大通学堂、松口体育会、重庆体育学堂、浙江台州耀梓体育学堂等。这些体育学堂多数是反清革命者们为集聚革命力量，培养起义人才而建立的训练基地，因而其教学内容多为兵操和各种军事技术训练，并非正规的体育专业学堂。这些学校中影响较大的是徐锡麟、秋瑾等于 1905 年 8 月创办于浙江绍兴的大通学堂。它是我国近代最早设立体操专业科的师范学堂之一，其体操专修科共招 3 期，学员近 300 人，开设课程主要是兵式体操和器械体操，还有一些文化课。实行严格的军事化训练和军事化生活。1907 年 1 月徐锡麟去安庆后，由秋瑾主持。秋瑾被害后，大通师范学堂被解散。

早期的体育学校或体育专修科对中国近代体育的形成与发展作出了一定贡献，为当时的中国体育教育培养了不少急需的人才。但由于当时国内体育师范教育才刚刚起步，多数学校（科）的开办时间不长，无论是学校师资还是场地设备都极为有限，加上这些大多是短期培训和速成班，教学质量不高，学生数量也有限，因此，体育师资仍然远远满足不了近代教育发展的需要，以至直到辛亥革命以后很长一段时间里，学校中由军人充任体育教师的现象依然存在。

## 第三节　西方近代竞技运动在中国的初期传播

在近代学校体育确立的同时，各种近代竞技运动项目也陆续传入中国。随着近代体育运动的开展，进而出现了一些相应的体育组织，从而促使运动竞赛的不断发展。它们在一定程度上反映了西方近代竞技运动在中国的初期传播与发展状况。

## 一、早期竞技运动项目的传播与发展

近代竞技运动传入我国最早的运动项目是体操，田径、游泳次之，球类稍晚。一般而言，大城市较之中小城市开展较早，沿海地区的开展又较内地为早，而男子项目较之女子项目为早。从传播的群体来看，最早是德、日体操中的一些比赛项目进入军队和军事学堂，然后是西方英、美学校的竞技体育在教会学校中开展并进而普及到普通学校乃至社会。由于20世纪上半叶中国各地政治、经济发展的不平衡，各地区竞技体育的发展程度也存在着较大的差异。

（一）体操：体操最早传入中国是在19世纪后叶的洋务运动初期。近代“体操”一词有广义和狭义之分，广义的体操泛指一切体育活动；狭义的体操是指柔软（徒手）体操、器械体操和兵式体操，有的专指柔软体操。近代体操主要有德国体操、瑞典体操、法国体操等体系。我国近代传入的体操主要是两个体系，一是清军和军事学堂聘请的德国教习传授的德国体操体系；二是20世纪初主要从日本引进的在德国、瑞典等体操基础上经过改良的日式体操。这类体操大多以各种徒手的或器械的身体练习为主，竞技性并不强。但也有一些游戏性质的比赛活动，如三足竞走、跳栏比赛、拳击等等。清末民初，军队中一般盛行德式体操和兵操，学校中则以日式普通体操为主。由于体操是最早传入的，因而中国最早的一批近代体育运动专著也是有关体操的。如1903年成都坊间刻本《体操图式》，1904年王肇锭翻译的《普通体操学教科书》、《普通体操图说》等等。

（二）田径：近代田径运动在中国的开展较球类运动稍早。19世纪末，在洋务派办的军事学堂中已经开展了一些田径项目。但大规模开展田径运动的则是英、美等国在华开办的教会学校，这些教会学校将近代产生于英国的竞技运动带入了中国。如1890年上海圣约翰书院就举行了中国历史上第一次田径运动会。20世纪初，随着新式学堂的大量兴办，田径运动由教会学校传入到各地学校中，并迅速普及开来，逐渐取代了竞技性不强的德、日体操的主流地位。1910 年 10 月，基督教青年会在南京发起并组织了“全国学校区分队第一次体育同盟会”（民国时期命名为第 1 届全国运动会），其项目即以田径为主，另有足球、网球、篮球等球类项目。在辛亥革命以前，由于受“癸卯学制”规定学校开展军国民主义体育的限制，田径运动一般仅在学校的课外活动中开展，虽然为了参加比赛，也有少数运动员临时进行一些训练，但总的说来开展并不广泛。在女子中几乎没有开展这项运动。

（三）足球：足球是在中国开展最早的球类项目之一。早在 1840 年鸦片战争后，足球便随英国士兵进入了香港和广州等地。1897 年，香港举行了有英国水兵和商人参加的“特别银牌足球赛”。20 世纪末，上海、南京、北京等一些大城市的教会学校、外国租界的商人、士兵也经常举行足球比赛，从而将这一运动引进了这些城市，并通过这些城市的足球爱好者将这项运动传到了各地。1910 年举行的第 1 届“全运会”正式设置了足球比赛项目。

（四）篮球：近代篮球运动于 1891 年由美国人发明后，1895 年前后经天津和北京的基督教青年会介绍到中国，继而传播至北京、上海、广州等地。当时称这项运动为“筐球”，场地没有一定的规格，人数也无严格的限制，规则也极为简单，主要是在教会学校中开展，参加的学生也不多。但在基督教青年会的大力推广下，至 20 世纪初，这项趣味性较强又较易学习的运动在全国已开展较为广泛。1910 年旧中国第 1 届“全运会”上，男子篮球被列为表演项目，参加表演的仅有天津与北京联合组成的混合队和上海两个队。当时的篮球规则规定每队上场队员为 5 人，每进一球后，由中锋在中圈跳球再开始比赛。运动员的投篮动作也主要为双手头上投篮。

（五）排球：1895 年由美国人发明的近代排球运动，约在 1905 年前后由基督教青年会最先传入广州、香港的一些学校，当时称之为“队球”“对球”或“挖力球”（“挖力”系英语

“Vollyball” 前两音节的音译）。以后逐渐传播至上海、天津、北京、福建、江西、四川等地区。当时传入的是16人制排球，即每队出场队员为16人，前后站成4排，每排4人。1911年，在上海举行了首次排球表演赛。由于这项运动趣味性强，参加者众多，运动量不大，加之场地设备简单，因此很快在国内普及开来。

（六）乒乓球：乒乓球运动传入中国的时间约在1904年前后。据说当时上海一位叫王道平的文具商从日本购回了包括球桌、球拍、球网和球在内的10套乒乓球器材，为了便于销售，他不仅对这项运动进行宣传介绍，而且在商店内亲自做打球表演。由此开启了中国乒乓球运动的先声。其后在上海等大城市中打乒乓球的人渐渐多了起来，这项运动逐渐成为大众化的运动项目。由于这项运动对设备有一定要求，因此最初引进时主要是在一些外国人的俱乐部和有钱人的家庭中开展。后来才逐渐传至学校和社会。

（七）网球：大约在1885年前后，由英、美、法等国商人和传教士传入中国的上海、天津、广州等几个大城市，随即流传于一些教会学校和上流社会中。1906年，北京汇文书院与通州协和书院首次举行了两校之间的网球比赛。后来北京的清华学校也加入进来，成为“三角对抗”的网球校际联盟。同一时期上海的圣约翰书院、南京的金陵大学、苏州的东吴大学、南洋公学等学校也举行了校际网球比赛。1910年的第1届“全运会”上，网球成为正式的比赛项目。

（八）棒球：棒球是美国的国球。中国人从事棒球运动可追溯到1873年清政府选派30名青少年学生赴美国留学。这些学生在美期间非常喜欢这项运动，詹天佑等留学生在美期间还组织了“中华棒球队”。1887年，这批学生学成归国时，将该项运动带入我国。与此同时，上海、广州、天津、北京等地的教会学校开展了棒球运动。1895年，北京汇文书院组织了学生棒球队。接着通州协和书院、北京清华学校、天津南开学校和新华书院，以及上海的圣约翰书院和沪江大学等校，也相继开展了这项运动。1907年，北京汇文书院与通州协和书院之间举行了校际间的棒球比赛。

这是有史以来在中国举行的首次棒球比赛。

（九）游泳：近代游泳运动于19世纪末先在中国沿海省市如香港、广州、上海、青岛、旅顺等城市开展。1887年，广州已出现25米×15米的室内游泳池。1909年，上海建造了公众游泳池，并规定每年举行一次游泳比赛。当时的游泳运动主要是男子参与。由于传统观念的影响，女子在当时还不敢参加这项运动。

## 二、早期的体育团体与组织

随着近代各竞技运动项目的开展，国内陆续出现了一些近代体育团体与组织。最早的体育团体是在华的外国人办的，中国人很少参加。到了19世纪末20世纪初，中国人开办的体育团体陆续出现。至清末民初，各地体育团体大量涌现。这些体育团体与组织按其宗旨与实践活动，大致可分为三种类型：

（一）专为开展竞赛活动、筹办运动会而建立的体育组织。如1904年在广州建立的广东体育协会，1908年在香港建立的南华体育协会，1910年在南京建立的“全国学校区分队第一次体育同盟会”，等等。一般说来，凡是单项运动的对抗赛、锦标赛以及联合运动会，都由相应的体育组织承办，这一类组织为数最多，但大多是临时性的，存在时间不长。

（二）革命派为革命斗争积聚和培训武装力量所建立的体育团体与组织。这一类的团体在辛亥革命前的南方各省特别是上海较多。比较著名的有：1903年5月，陈独秀等人在安徽安庆发起组织的爱国会下设的体操会、徐锡麟等人于1905年初创办的绍兴体育会、1906年前后成立的上海华商体操会社、上海商团公会所属的体育组织，1907年成立的松口（广东梅县）体育会以及黄一欧（黄兴之子、革命志士）等人于1911年夏在湖南长沙组织的野球会等等。这些体育组织一般是利用公开的、合法的地位，进行秘密的革命活动，是当时特定历史背景下的产物。

（三）以研究和开展体育活动为主要宗旨的体育组织。这种体育组织在1911年以前为数不多，但影响较大。如1903年上海爱国学社的体育会，香港华人足球爱好者于1904年成立的华人足球会和1908年成立的南华足球会，以及在同盟会会员陈英士等人帮助下，霍元甲于1910年6月在上海成立的精武体育会等。这类体育组织是当时社会体育运动的主要推动者，它们各有侧重地开展了一些运动项目或运动竞赛，有的还建设了一些体育场馆，培训了一些体育专门人才和运动员。在这些体育组织中，维持时间最长、影响最大的是精武体育会。

## 三、早期运动竞赛

随着英、美教会学校和基督教青年会大力开展竞技运动，中国近代学校中的竞赛活动也逐渐开展起来，进而开始举行校际间、地区间和全国的各类运动会。

### （一）早期的校际运动会和地区运动会

20世纪末，中国的近代运动会最早出现在教会学校。接着一些官办的近代学堂也开始开展近代竞技运动。在此基础上，出现了校际间的各类运动会。1898年，天津北洋大学堂倡议并主办了校际运动会，邀请了天津水师学堂、武备学堂和电报学堂代表团参加。这是我国最早的校际运动会。1902年天津各校发起组织了联合运动会。1903年山东烟台几所学校举行“烟台阖滩运动会”。1906年，浙江杭州各校联合运动会和湖南长沙校际运动会举行。1907年，“宁垣学界第一次联合运动会”在南京举行，这是清末规模最大的一次校际运动会，计有80多所学校参加，比赛及表演项目69个，设有竞走游戏、田赛、体操、军事体育等项目。

在各地区校际运动会基础上，一些学校和地方政府组织了地区性运动会。如天津从1902年起开始举办市“联合运动会”；湖南从1905～1906年就举行了四次全省的“联合运动会”；四川于1905～1908年举行了两次全省运动会；浙江宁波府于1906年举办运动大会，等等。

由于从日本引进的军国民体育的影响和很多组织者为从日本回来的留学生，早期中国的这类运动会项目多采用日本式各类竞走游戏、器械体操及兵操表演，间有少数近代田赛项目，如跳高、掷铁球、掷皮球等。一般来说，除了一些由基督教青年会组织的竞赛外，辛亥革命前的地方运动会项目多以德、日系体操、竞赛游戏和兵操为主。辛亥革命之后，近代英、美体系的田径与球类比赛项目才逐渐多了起来。

### （二）中国近代第1届全国运动会

在20世纪初期各地学校运动会的基础上，由在华的基督教青年会倡议发起，开始尝试举行早期的全国运动会。1908年，美国基督教青年会干事埃克斯纳来华后，倡议并着手筹备中国首届全国性的运动会。1910年10月，“全国学校区分队第一次体育同盟会”在南京举行。1921年辛亥革命后被追认为“第1届全国运动会”。

这次运动会共举行5天，地点是在南京劝业场。参加比赛的运动员有140人，分别代表华北、上海、华南、吴宁（苏州、南京）、武汉5个地区。比赛项目为田径、足球、篮球、网球4项。田径分高等组分区赛、中等组分区赛和全国各校联合赛（由上海圣约翰书院、武昌文华大学等学校参加）3种。当地的报纸对这次运动会作了报道。每天约有4万余观众前往观看。

这届运动会的发起、组织及秘书、裁判等重要工作均由基督教青年会的外籍体育干事为主，埃克斯纳主办的“体育干事训练班”的中国学员担任了辅助性工作，运动会秩序册和比赛术语均为英语。这些都表现出近代竞技体育传入中国的初期特征。这次运动会的重要意义在于，其一，它是中国近代史上首届全国运动会，在中国近代体育史上具有重要意义。其二，这次运动会正式采用了田径、球类等近现代竞技运动项目，摒弃了自19世纪末以来在中国的学校和社会上一度盛行的以军国民主义体育为背景的德日系体操、兵操与竞赛游戏。这不仅在体育指导思想上具有重要进步意义，而且标志着我国近代体育开始跟上世界体育发展潮流，与国外主流的竞技运动体系逐渐接轨，从而推动中国近代体育发展进入了一个新阶段。其三，这届运动会为中国引进了近代运动会的组织和运作模式，为我国培养了一批体育管理、组织、裁判等方面的人才，扩大了田径、球类等近代竞技运动项目在社会上的影响，从而为辛亥革命之后中国体育的发展打下了基础。

## 第四节　清末的传统体育

在西方近代体育传进中国之前，中华民族自身已拥有长达几千年的悠久体育传统文化和一大批基础深厚的民族传统体育项目。西方近代体育进入中国后，中国传统体育与西方近代体育之间必然会发生文化和观念上的冲突。但总的来说，自19世纪末以来，西方近代体育在中国的传播虽然在很大程度上冲击和影响了民族传统体育的地位，但并未完全取代中国本民族的传统体育。相反，以武术为代表，中国民族传统体育一方面努力维护自身民族文化尊严和地位，力求保持其文化特征和价值；另方面不少有识之士也力求在变革中保存和发展本民族传统体育，以使其能适应新的历史要求和社会发展需要，尤其是西方近代体育在中国的初期传播阶段，主要是在一些大中城市和军队、学校中开展，因此在广大城乡特别是乡村中，武术、气功以及各类娱乐性传统体育活动仍然具有深厚的土壤，有的还有所发展。

### 一、清末军队中的传统武艺

鸦片战争以后，清军的一些精锐部队开始配备洋枪洋炮，采用一些西方近代军队的战术和训练方法。但即使是19世纪末率先引进洋枪洋炮的湘军、淮军以及其他少数军队，在进行洋操训练和近代步兵战术训练的同时，仍保持了大量传统武艺操练内容。除这类部队外，直到清末，多数地方军队还大量装备弓、矢、刀、矛等传统兵器，其日常军事训练的主要内容仍然是传统的武艺操练。另外，在1901年清政府下令实行“新政”取消武举制以前，武考也仍以传统武艺为主要内容。直到1895年，袁世凯奉命编练新建陆军，才彻底放弃旧式兵器，改用枪炮。1901年，清政府下令裁汰原有旧军，编练新军，军队一律操习新式枪炮。但由于新式兵器和装备完全靠进口，数量有限，加之经过训练的新式军队的军官十分缺乏，因而直到清末，传统武艺也未在清军中完全消失。而经过“新军”改编后，大批旧军官离开了军队，将军队中的传统武艺带入了民间，在一定程度上推动了民间尤其是乡村中武术的发展。

## 二、近代农民起义和人民反帝斗争促进武术发展

1840年鸦片战争以后，中国人民对西方帝国主义侵略势力和瓜分中国的图谋进行了长期不屈不挠、前赴后继的斗争。在抗击外国侵略者的斗争中，传统民间武术既是广大中国人民抗暴斗争和武装起义的利器，又是组织、聚集和训练队伍的重要手段。

1841年广州三元里人民英勇的抗英斗争，是中国人民反帝运动的先声。在这次反击帝国主义的斗争中，三元里的各界群众手举大刀长矛和耙头等武器，成群结队开赴战场，和手持先进武器的英国侵略者进行了英勇搏杀，沉重打击了帝国主义侵略者的嚣张气焰，吹响了中国人民百年抗击帝国主义侵略者的号角。在这次斗争中，当地许多农民、石工、丝织工及其他行业的民众所组织的武馆起到了重要的组织和训练作用。

1851年由洪秀全等人发动的太平天国运动是近代一次大规模的农民起义。在这次农民战争中，太平军及各地区如捻军、小刀会等起义武装给腐朽的清王朝以沉重打击。早在金田起义前，洪秀全等在宣传革命时，就组织打拳习武活动。金田起义后，操练

武艺是太平军军事训练的主要内容。太平天国的许多著名将领都膂力过人、精通武艺，他们在战争中身先士卒，英勇善战，具有极高的威信。正因为太平天国注重军事训练，因而使其在与清军长达13年的战斗中屡胜强敌，表现出很强的战斗力。为了选拔和发现军事人才，太平天国还开设了武举科考，除军事理论外，考试内容有马射、步射、开弓、舞刀、举石等。各级武试合格者，根据成绩分别授予艺士、英士、毅士、猛士、武状元等称号。另外，太平天国还打破长期封建传统，提倡女性习武。

1900年爆发的义和团运动是在民间秘密宗教结社白莲教的一个分支八卦教基础上发展而来的。早在清嘉庆（1796~1820）年间，山东沂州、安徽颍州等地的民间秘密宗教结社便以顺刀会、虎尾鞭、义和拳等各类武术门派为号召，通过开设拳场、习练拳术来扩大影响、组织民众。19世纪末，山东一些地区的民间秘密宗教结社开始以“义和拳”“梅花拳”“大红拳”等名义演变为半公开的乡团组织，其成员常利用集市之时，约期聚合，比较拳勇，名曰“亮拳”，其影响和势力越来越大。由于当时因西方帝国主义瓜分中国所引起的民族矛盾空前激化，在清政府一些官员的支持下，义和团从初期的民间秘密反清组织开始转变为公开的大规模群众性“扶清灭洋”群众组织。1900年，山东义和团传入河北，在清政府的默许下，又进入了北京、天津等大城市，在北京城内大街小巷中遍设“拳厂”，号召人们练拳习武，参加义和团的“扶清灭洋”活动。由于义和团群众四处攻击外国教会，杀了一些外国传教士和其他外籍人士，进攻外国使馆区，从而引起了西方列强的空前恐慌，最终导致八国联军入侵北京。腐朽的清政府无力抵抗，被迫签订了丧权辱国的“辛丑条约”。随后义和团被八国联军和清政府联手残酷镇压。

由于义和团主要以民间传统武术为旗号，将武术作为其宣传、组织和作战手段，因而使这一时期传统武术在民间获得前所未有的普及和发展。在义和团鼎盛时期，山东、河北、北京、天津的大批民众加入“拳厂”习练拳术、大刀、枪棍等传统武艺，形成了广泛的群众性习武高潮。虽然其中也杂有喝符念咒的“神拳”一类封建迷信内容，但义和团运动在对西方帝国主义侵华势力产生极大震慑和打击的同时，也使传统武术在北方地区广泛流传。

总的说来，以武术为主的传统体育，由于其特有的强身自卫、结社组织、娱乐观赏等功能，在民间具有深厚的根基与悠久的传统。在近代中国人民反帝反封建斗争中，传统武术发挥了重要的作用。与此同时，近代的农民起义和反帝斗争也直接推动了武术在民间的广泛流传和发展。

## 三、晚清民初武术杰出人物与拳法创新

晚清时期尖锐的民族矛盾与阶级矛盾促使民间武术获得空前传播与发展。从义和团运动到反清革命斗争，无不将武术作为组织民众、锻炼意志、防身健体的主要手段与方法。在这种背景下，产生了一批声震海内外的武术宗师，新的拳种和武术流派多有创新，各地民间习武组织和学校不断出现，形成了自明末清初以来又一次武术发展高潮。

### （一）近代杰出的爱国武术家霍元甲

霍元甲（1867～1910），河北静海县人，原籍河北沧州。近代著名爱国武术家，精武体育会创始人。霍家世代习武，其父霍恩第是名显一时的秘宗拳师。霍元甲在祖传拳法基础上，不拘门派，综合各家之长，对秘宗拳加以改进创新，发展为“迷踪艺”。清宣统元年（1909年），有英国人在上海登广告设擂，霍元甲应友人邀赴上海约期比武，但对方慑于霍元甲拳威，一再拖延而不敢应战。霍元甲遂在报上刊登广告称：“世讥我国为病夫国，我即病夫国中一病夫，愿与天下健者一试。”并声言“专收外国大力士，虽铜筋铁骨，无所惴焉！”此事当时轰动上海，在中国饱受西方列强凌辱的特殊背景下，大长了中国人的志气，霍元甲亦名动天下。

1910年6月1日，霍元甲抱着“欲使强国，非人人尚武不可”

的信念，在武术界同仁协助下，在上海创办了“中国精武体操会”（后改名“精武体育会”）。孙中山先生曾为之亲笔写下了“尚武精神”四个大字，惠赠精武体育会。1910年9月，霍元甲病逝，终年42岁。但他所创建的上海精武会由其弟霍元卿、次子霍东阁等主持下发展壮大，十余年后海内外精武分会达43处，会员逾40万之众，成为中国近代第一所也是规模最大的武术学校。

霍元甲对于推动近代武术发展作出了重大贡献。一方面，他将习武练武与爱国主义相结合，将尚武强国作为精武会的宗旨，从而给古老的中华武术赋予了新的历史意义与时代精神。霍元甲的这种尚武强国思想在当时产生了巨大影响，有力地推动了传统武术的发展与传播。另方面，霍元甲率先打破了传统武术固有的门户陋习。他不仅将其秘宗拳传于外姓，而且在精武会中提倡兼容各家、互取所长、共同发展。在他这一思想影响下，精武会不仅力求包容各派武术，而且还将西方体育的摔跤、拳击、球类等纳入教学内容，从而在中西方文化交流，促进武术的近现代化上产生了重要作用和深远影响。

### （二）董海川及其所创立的八卦掌

董海川（约1813～1882），河北省文安县人。自幼喜习文武，嗜武成癖，秉性刚直豪爽，好田猎，喜交游，精于各种拳械，尤长于二郎拳、罗汉功。清咸丰年间（1851～1861），南游吴越，过江皖，走巴蜀，足迹遍及大江南北。据其弟子所立墓志铭《董先生墓志铭》称，其间曾遇道士授武技，遂受道家修炼术启示，博采众长，以《周易》八卦之理释其拳理，结合攻防招术，与吐纳导引、道家内功融合于绕圆走转之中，创编成转掌，即八卦掌的雏形。同治四年（1865年）赴京师，初为清宫宦官，后改隶亲王府为散差。

董海川武功精湛。据《董先生墓志铭》，他尝游塞外，有数人各持利器，环而击之，“先生四面迎拒，捷如旋风，观者群雄，无不称为神勇，惮其丰采。”可见其武功之高。其所创八卦掌以掌为主要技击手段，行掌、走势，拧、裹、钻、翻，势势相承，连绵不断；以沿圈走转为主要运动形式，掰、扣、走、转，行步如趟泥，迈步形如剪；劲力刚柔相济，如浪之起伏，沉厚连绵，内外兼修，风格独特，独树一帜。

董海川约于进京次年开始收徒传艺。同治十三年（1874 年），以老辞退，专事授徒。他收徒数十人，但从其习过八卦掌的各行各业人士遍布京师，从商贾士人直至王公贵族几达近千人，可见其影响之大。董海川教徒以绕圆走圈为基本功，强调百练走为先，百练不如一走；以操练单式与基本掌法相结合，传授以动制静、避正打斜、以正驱斜的技击原则；以见招打招，从实战出发来培养应变能力；多用口授，由弟子理解，自己演示动作的方法，使弟子各有所得，各有所长。他不断丰富技术体系，从而使八卦掌的拳理拳法不断丰富完善。经由董海川及其弟子们的努力，至 19 世纪末 20 世纪初，八卦掌已成为一个影响广泛习者众多的著名武术流派。

### （三）近代太极拳宗师及著名流派

太极拳创于明末河南陈家沟陈王廷，中兴于清中叶的杨露禅（1799 ~ 1872），至晚清宗师辈出，各有传承，流派并立，显赫一时，形成了陈式太极拳、杨式太极拳、孙式太极拳、吴式太极拳、武式太极拳等五大主要派系，形成了又一次发展高潮。其中，除陈式太极拳由河南温县陈家沟陈氏家族世代相传外，近代以来，尤以杨澄甫为代表的杨式太极拳，以武禹襄为代表的武式太极拳，以孙禄堂为代表的孙式太极拳，以吴鉴泉为代表的吴式太极拳成就最高，影响最大。

杨澄甫（1883 ~ 1936），字兆清，1883 年生于北京。近代杨式太极拳重要传人。其祖父杨露禅、伯父杨班侯、父亲杨健侯均为太极名家。杨露禅从学于河南温县陈家沟陈长兴，与其子杨健侯、其孙杨澄甫等人在陈式老架太极拳的基础上，创编发展了杨式太极拳。其拳路逐渐删改了陈式老架中原有的纵跳、震足、发劲等动作，由杨健侯修订为中架子，又经杨澄甫修订为杨式大架子，即现在广为流行的杨式太极拳。杨澄甫从小随其父亲和伯父学拳，至40岁上下方悟太极拳精髓，成为一代宗师。由于杨氏三代名声卓著，加之杨澄甫拳技精深，德艺并重，因而杨式太极拳在他手中不仅远播中外，而且其风格和架势基本定型。杨式太极拳架势有高、中、低之分，拳架舒展简洁，结构严谨，身法中正，动作和顺，刚柔内含，轻松自然，轻灵沉稳兼而有之。其式姿势开展，平正朴实，练法简易，由松入柔，积柔成刚，刚柔相济。正如杨澄甫所说："太极拳是柔中寓刚，棉里藏针的艺术"。

武禹襄（1812～1880）,名河清,号廉泉,河北省永年县人。武式太极拳创始人。自幼习文好武，约1850年左右，其同乡杨露禅自河南温县陈家沟学艺返乡，武禹襄兄弟即从杨露禅学陈式老架太极拳。1852年，武禹襄亲赴河南，从温县赵堡镇陈青萍学习陈式新架太极拳二路。后又得到王宗岳《太极拳谱》。他在钻研太极拳陈式新老架式的基础上，结合《太极拳谱》之精华，通过自身练拳体会，融会贯通，创立了武式太极拳。武式太极拳姿势紧凑，动作舒缓，身法端正，步法轻灵，并要求内气潜转，以气成式，既不同于陈式老架和新架，也不同于杨式大架和小架，自成一派。武禹襄勤于著述，著有《十三式行功要解》《太极拳解》《太极拳论要解》《十三式说略》《四字秘诀》《打手撒放》《身法八要》等太极拳论著。其甥李经纶（字亦畬，1832～1892）于1853年始从禹襄学拳，深得其术，著有《五字诀》《撒放密诀》《走架打手行功要言》等拳论，发扬武式太极拳理，亦为一代太极拳名家。武禹襄收徒极少，由李经纶传艺给郝和（字为真，1849～1920），由郝氏子郝月如、孙郝少如传拳于北京、南京和上海等地，遂广为流传。

孙禄堂（1861～1932），名福全，晚名涵斋，河北完县人。孙式太极拳创始人。幼从形意拳大师李魁元读书，兼习形意拳术。后经李引荐，复从师祖郭云深造。中年受教于八卦名家程廷华、李忠元。后又拜太极名家郝为真为师，深得其真传。经数年悉心研究，遂熔形意、八卦、太极于一炉，自成一家，创立了孙式太极拳。其拳法移步轻灵，进步上随，迈步必跟，跟步必撤，舒展圆活，敏捷多变。如行云流水，绵绵不断，别具一格。每转身时以开、合相接，所以又称“开合活步太极拳”。孙禄堂武艺卓绝，为人侠义，德高望重，名动一时。南京国术馆成立之后，任该校武当门门长。1928 年夏应江苏国术馆之聘，为副馆长。在两校执教期间培养了很多武术人才。孙禄堂著有《形意拳学》《八卦拳学》《太极拳学》《八卦剑学》《形意述真》等书，为后世留下极其宝贵的文化遗产。

吴鉴泉（1870 ~ 1942），又名爱绅，满族，北京大兴人。吴式太极拳创始人。其父全佑曾先后从杨露禅、杨班侯学太极拳，是著名的太极拳高手。吴鉴泉自幼在其父教导下，对太极拳苦心钻磨，造诣日益精深。1912 年，吴鉴泉在北京体育研究社教授太极拳，从那时起他对家传的太极拳加以充实和修改，去掉重复和跳跃动作，使拳架更加柔化，形成吴式太极拳。吴鉴泉还对太极推手做了改进，他的吴式太极推手别具一格，要求立身中正安静，细腻绵柔，宁静而不妄动。他的推手不仅手法严密，而且招数特别多。吴鉴泉不仅精于太极拳，对各种器械，如太极剑、太极对剑、太极刀、太极十三枪等也非常精熟。1927 年吴鉴泉由北京迁居上海，次年被上海精武会和国术馆聘为教授。1933 年他创设鉴泉太极拳社，教授了大批学生，从此吴式太极拳广为流传，远至新加坡、菲律宾、加拿大、美国等国家。吴式太极拳以柔化著称，动作轻松自然，连续不断，循规蹈矩，松静自然，独具静态之妙。其拳架虽然小巧，但具有大架功底，舒展而紧凑，不显拘束。推手时，端正严密，细腻熨帖，守静而不妄动，以善化见长。

## 四、养生与其他民间传统体育状况

近代以来，在西方近代体育的冲击下，中国本民族的传统体育虽然渐渐退出了体育的主流地位，但不少活动和项目仍因在民间，尤其是广大乡村有着深厚群众基础，故广泛流传，有些还有所发展。

以导引术为代表的中国传统体育养生方法到清末已渐趋衰落。但作为一种健身方法，在民间仍有流传，不少人练习导引和静气功。在典籍方面，相对影响较大的有《卫生要术》《内外功图说辑要》等。《卫生要术》又名《内功图说》，为潘霨撰编于咸丰八年（1858 年）。后又由王祖源于光绪七年（1881 年）重刻，更名为《内功图说》。内容包括十二段锦，分行外功诀、内功、易筋经等多种导引行气方法。该书功法精要，绘图精美，流传较广，是晚清影响较大的养生名著之一。《内外功图说辑要》为清末民初人席裕康撰编，于 1920 年付梓刊行。该书辑集历代内、外功法与导引养生理论，分上、下两集，28 类，图 123 幅。该书选编精要，资料丰富，装祯精美，一出书即大受社会欢迎。这些著作虽然在传播传统养生体育方面起到了一定作用，在当时有一定影响，但均是总结和精选前人的成果，缺乏创新性。

清末民初在传统养生方面有所创新并产生较大影响的是蒋维乔及其《因是子静坐法》。蒋维乔（1873 ~ 1958），字竹庄，别号因是子。江苏武进人。我国近代著名教育家、哲学家和养生学家。早岁入南菁书院（后改名江苏省高等学堂）、常州致用精舍习中西学，后致力于教育救世主国，历任教育部秘书长、上海光华大学教授及中文系主任、教务长等职。著有《中国佛教史》《佛学概论》《佛学纲要》《中国近三百年哲学史》等著作。因少年体弱多病，自 1917 年起，潜心养生学，练习气功，达到了治病强身的效果。在此基础上，蒋维乔开始从养生治病角度研究阐发佛学，将佛教坐禅方法与养生学相结合，在社会上产生了较大影响。1923 年，其所著《因是子静坐法》刊行出版，在社会上引起轰动，一度掀起学练静气功的热潮。1928 年出版《因是子静坐法续篇》。他还曾参与翻译出版日本的静坐书籍。蒋维乔是我国近代少有的对传统养生作出了重要贡献的人物。他的静坐法开辟了传统养生学新的理论方法体系，对推动近代传统养生学的发展起到了重要作用。

除了武术和养生外，其他各类传统体育活动也在民间广泛开展。如摔跤、溜冰、秋千、毽子、风筝、围棋、象棋、龙舟竞渡等都继续在民间流传。另外，各少数民族的传统体育也未受到多少影响，如蒙古族、藏族、彝族、朝鲜族的射箭、赛马、摔跤、秋千，苗族的赛龙舟、芦笙舞，回族的打铆球，满族的冰嬉，侗族的抢花炮、打手毽，高山族的竿球，壮族的抛绣球、打扁担等。总的来说，由于文化传统和地缘因素等原因，民间体育，尤其是广大乡村中的民俗性体育及少数民族传统体育在近代较少受到西方体育的影响。中国传统体育在中国广大地区和群体中仍然保持着强劲的生命力。

**思考题**

近代西方体育是如何传入中国的?

洋务运动在西方近代体育传入过程中起到了什么作用与影响?

资产阶级维新派和革命派提出了哪些近代体育主张?

中国近代学制的确立与实施对近代体育在中国的传播发展产生了什么影响?

教会学校和基督教青年会在中国近代体育传播过程中起到了什么作用?

什么是“军国民主义体育”? 它在中国近代体育中扮演了什么角色?

中国近代早期竞技体育是如何开展的? 有哪些特点?

传统体育在中国近代的命运如何? 在哪些方面有所发展?

# 第十一章　中国近代体育的形成与演变（1911～1949）

**学习提要**

民国时期的体育思想演变

民国时期的体育体制建设与体育法规制定

民国时期的学校体育的演进

民国时期的竞技体育的演进

民国时期对传统武术的改造与管理

新民主主义体育的兴起

自1912年10月10日中华民国成立，至1949年10月1日中华人民共和国成立，这是中国近代以来社会发生剧烈动荡和变革的时代。其间，经历了北洋政府（1912～1928）和国民党政府（1928～1949）两个阶段。从1937～1945年，中国人民经过8年艰苦卓绝的斗争，取得了抗日战争的伟大胜利。1921年中国共产党诞生，领导中国人民进行了第一次国内革命战争（1924～1927）、第二次国内革命战争（1927～1937）和第三次国内革命战争（1945～1949），并取得了胜利，建立了新中国。在这一时期，中国体育基本上完成了近代化进程。

北洋政府时期是一个新旧体制交替和过渡的时代。在这一时期，制定了民国时期第一个新的学制，作为“三育”之一的体育课得以在学校教育体系中确立。在“五四”和新文化运动的推动下，军国民主义体育和兵操逐渐衰落，最终退出了历史舞台，西方自然主义体育思想逐渐成为学校体育改革的主导思想，田径和球类等竞技运动成为学校体育的主要内容。其间中国参加了远东运动会，举行了两届全国运动会，全国和各地的各类运动竞赛初步形成制度。

国民政府时期，体育仍然取得了一定成果。在此期间，诞生了中国第一部体育法，中央政府第一次设立了专门的体育管理机构，举办了四届全国运动会，参加了三届奥林匹克运动会，从而为20世纪下半叶新中国体育的发展奠定了一定的基础。与此同时，在中国共产党领导下，新民主主义体育开始登上中国体育的舞台。

# 第一节　民国时期体育思想的演变

## 一、“五四”运动前后对先进体育思想的探索

体育思想是体育实践的指导与根据。晚清时期，封建色彩浓厚的军国民主义体育思想一度成为中国近代体育的指导思想，1902年颁布的“壬寅学制”和1903年颁布并实施的“癸卯学制”中，军国民体育被正式规定为学校体育的内容。民国成立以后，仍在一定时期内实施军国民主义体育。1919年，爆发了在中国近现代史上影响十分深远的“五四”运动和新文化运动。在这两次运动前后，大量西方先进的教育思想和体育思想被引进中国。军国民主义体育思想遭到了批判和遗弃，而具有民主色彩的先进体育思想逐渐为教育界和体育界所普遍接受。

### （一）蔡元培“完全人格首在体育”的思想及实践

蔡元培（1868～1940）是近代著名民主革命家和伟大的教育家，近代中国教育的先驱者和奠基者。他一生从事教育工作，发表了许多教育论著，在他的教育思想和教育实践中，非常重视体育。1911年辛亥革命后，蔡元培就任国民政府第一届教育总长。1917年，他担任北京大学校长。在蔡元培的教育思想体系中，体

育思想是其重要组成部分。他不仅对体育有大量专门论述，还发表过有关体育的论文，对我国近代体育的演变和发展产生了巨大影响。

蔡元培早期跟随孙中山从事资产阶级革命。他在总结维新运动失败的原因基础上，认识到要使革命成功，改造中国，就首先必须培养符合时代要求的新人。于是他投身于教育，立志从事教育改革和实践，希望在中国建立先进的合乎世界潮流的教育体系。在辛亥革命以前，他出于民主革命的需要，曾主张实行军国民教育。1901 年他在任南洋公学班总教习时，就开设了以兵操为主的体操课。1902 年，他同章炳麟等人创立了中国教育会，随即创办爱国学社和爱国女校，组织学生练习兵操，进行军事训练。1917 年，他去欧洲进行考察，对英国等国的教育思想和制度印象深刻，从而改变了他的军国民教育思想。在此基础上，形成了他以培养“完全人格”为宗旨的教育思想。

1912 年 2 月，作为民国教育总长的蔡元培发表了《对于教育方针之意见》一文，这是中国近代教育和体育具有深远意义的文献之一。在该文中，蔡元培比较系统地阐述了西方近代“全面发展”教育思想，高度重视体育在教育中的地位和作用。他强调“普通教育养成国民健全之人格，教育者是养成人格之事业”。在这一教育思想体系中，体育具有重要地位。蔡元培认为教育的目的首先在于“养成完全人格”，而“完全人格，首在体育”。为什么体育有如此重要的作用？蔡元培指出：“体育最要之事为运动。凡吾人身体与精神，均含一种潜势力，随外围之环境而发达，故欲发达至何地位，即能至何地位。”也就是说，身体与精神是一个整体，只有全面发展，才能达到其“完全人格”的教育目标。为此他强调：“盖群性与个性的发展，相反而适以相成，是今日之完全人格，亦即新教育之标准也。”

蔡元培将体育提高到道德修养以至民族素质的高度来认识。他在谈及体育与德育的关系时指出：对于个人而言，“凡道德以修己为本，而修己之道，又以体育为本”。而对于国家和民族而言，“一切道德殆皆非羸弱之人所能实行者，苟欲实践道德宣力国家，以尽人生之天职，其必自体育始矣！”因此，他要求青年们要具有“狮子样的体力、猴子样的敏捷、骆驼样的精神”，号召青年“以体育相互勉励，以知识及能力的增进相互勉励，以品行修养相互勉励”。针对“外人以我国家庞大而不自振作，特赠以‘睡狮’的怪号”，蔡元培大声向青年们疾呼：“青年们！醒来罢！赶快回复你狮子样的体力！”蔡元培的这些思想在中国近代教育史和体育史上具有重大意义，对促进中国近代体育的发展产生了深远影响。

蔡元培不仅大力宣扬近代体育思想，而且在1917年1月担任北京大学校长后，进一步将其体育思想加以实施，进行了一系列重要的体育教育改革。在此期间，他开始重新审视曾一度推崇的“军国民主义”和兵操所带来的种种弊端，转而积极提倡英美体育体系中的各类运动项目。在他的影响下，赛跑、球类、摇船、游泳、体操等运动项目在北大，进而在全国学校中逐渐普及开展起来。他还积极倡导举办运动会，认为这既能倡导公德，又可以加强同学之间的交流。1922年他在《运动会的需要》一文中指出：“第一，鼓励运动的兴会；第二，加增校外同学的社交；第三，养成公德，团体的荣誉，就是个人的荣誉。宁正直而败，毋诡诈而胜。败则反求诸己，不怨尤，不嫉妒。”他说：“英国牛津、剑桥两大学，用运动会的规则，养成自重急公的习惯，很有成效。我们承认，凡有运动会，都可以有这种成效。”在他的倡导下，1922年春，北京大学举行了第一次运动会，此后形成了每年春天开运动会的惯例。

蔡元培还尤其强调妇女体育，将其视为妇女解放的一个重要部分。1917年蔡元培在爱国女校发表演说时指出：“造成完全之人格，使国家隆盛而不衰亡，真所谓爱国矣。完全人格，男女一也。”当时的社会，“男女授受不亲”、“男女七岁不同席”一类的封建礼教观念仍然十分顽固。蔡元培积极提倡男女平等，反对男尊女卑的封建思想，他认为不运动造成不发达的身体，从而形成了妇女懦弱的性格，减弱了妇女的自卫能力和胆量。因此他力倡妇女解放，支持女学生学习和参加体育运动。1920年春，蔡元培在北大开始招收女生，开创了我国大学教育中男女同校之先河。他还号召全国学校开展妇女体育，培养女子体育人才，并指出拳术是最适合妇女自卫的工具，希望大家加强练习。他鼓励中国妇女解除传统的封建钳制，与世界上出类拔萃的妇女竞争，锻炼其体格与心智，走向自信、自尊、自强、自立。

由于蔡元培所担任的职务及其个人影响，他的体育思想在当时产生了重要影响。在他的提倡下，以培养"完全人格"为目标的先进体育思想开始取代封建色彩浓厚的"军国民主义体育"，从而为中国近代体育的发展作出了重要贡献。

### （二）毛泽东的《体育之研究》

1917年4月1日，24岁的毛泽东以"二十八画生"署名，在《新青年》第3卷第2号上发表了著名的《体育之研究》一文。该文是中国近代最早系统研究和阐述体育的重要文章之一，对体育的概念、目的、作用、在教育中的地位、体育锻炼的原则、方法等进行了较全面的论述。当时毛泽东正在长沙省立第一师范求学。他胸怀抱负，忧国忧民，积极探索救国救民之路。面对国家的衰弱和民族的危机，毛泽东认识到体育对于振兴民族精神、增强国民体质、挽救民族危亡具有重要作用，因而他对体育进行了较系统的研究，发表了这篇在中国近代体育史上具有重要意义的论文。

在该文中，毛泽东针对中华民族体质衰弱而提倡体育者多不知"体育之真义"的情况，对当时学校教育和体育存在的弊端进行了分析，提出尖锐的批判。文章说：我国学校体育是"详德智而略于体"，只重视德育智育而忽视体育。因此，培养出来的学生"偻身俯首，纤纤素手，登山则气迫，涉水则足痉"，身体非常软弱。自兴办学校以后，学习外国，风气有所改变，但是，对体育多不了解，"率多有形式而无实质"，学校体育有名无实，只不过一种形式则已。中小学学生"身体发育尚未完成"，而"课程密如牛毛”，繁重的课程“蹂躏其身而践贼其生”，摧残学生身体，加之“饮食不求洁、室内光线不足、桌椅长短不合”，更损害学生健康。

文章首重阐述了体育在教育中的重要意义和价值。他指出，体育是一种有规则的“养生之道”，其目的不仅在于个人的“养生”，还在于“卫国”。体育的作用，在于强筋骨、增知识、调感情、强意志，使人“身心并完”，也就是培养全面发展的人。文中阐述了德、智、体三育之间的辩证关系。指出知识和道德诚然可贵，但身体是“载知识之车”“寓道德之舍”“无体是无德智也”。在此基础上，文章提出“体育于吾人实占第一之位置，体强壮而后学问道德之进修勇而在于收效远”。文章还进而强调对少年儿童应特别“注意于身体之发育”，学校“宜三育并重”。文中认为，从事体育活动首先要强调自觉，要做到“有恒”（持之有恒），“注全力”（集中注意力）和“蛮拙”（对抗性和大运动量）。这些思想，不仅在当时是十分先进的，即使对于今天的体育教育，也有重要的指导和启迪意义。

《体育之研究》是毛泽东生平第一篇公开发表的论文，反映了青年毛泽东的体育思想，同时也代表了20世纪初中国先进的体育观。该文的发表，极大地发展和丰富了我国近代的体育理论建设，在中国近现代体育史上具有极为重要的意义和影响。

### （三）“五四”和新文化运动前后关于“国粹体育”之争

近代体育在传入中国的过程中，一方面，它代表着相对中国传统封建文化更为先进的文明成就，另一方面，它在客观上又是一种在西方列强入侵背景下中国被迫接受的外来文化体系。近代体育的这种两重性导致了它在传入中国的过程中，一度引发了关于“土洋体育”的争论。这一争论在“五四”新文化运动中，直接表现为以鲁迅等为代表的进步思想家与所谓“国粹派”体育观的斗争。

所谓“国粹派”，本指晚清一批以“研究国学，保存国粹”为口号从事学术研究和社会活动的知名学者，其代表人物有邓实、刘师培、章太炎等。“国粹派”成立有“国学保存会”，出版“国粹学报”，在社会上有很大影响。国粹派主张民族主义和民权思想，反对封建专制主义，宣扬历史进化论，主张在西学东渐潮流中，研究和保存本民族文化和学术，在当时有一定进步性。但民国成立后的北洋军阀时期，一些人却打着“国粹”的旗号，掀起了一股尊孔读经，怀旧复古之风，企图以此抵挡西方先进文化。这股文化逆流受到以《新青年》为阵地的陈独秀、李大钊、鲁迅等进步人士的批判。在这场新旧文化的论战中，反对所谓“国粹体育”也是一个重要的斗争领域。

当时“国粹体育”以马良的“新武术”和蒋维乔的“静坐”等为代表。“新武术”全名“中华新武术”，系 1901 年时任山西陆军学堂教员的马良，为适应军队的团体教练，对传统武术教学进行改造的成果。新文化运动兴起后，马良竭力加以鼓吹，吹嘘“新武术”是“我国之国粹，我国之科学”，并建议推行一种标志各级官阶身份，共 3 等 9 级的“佩剑制度”，以发扬所谓“武德”“武风”。“新武术”一类“国粹体育”受到北洋政府守旧势力和一些保守的教育家们的大肆吹捧，于 1918 年将其列入中等以上学校的“体操课程”，北洋政府的“国会”还将其定为全国“学界必学”之“中国式体操”。本来，改造传统体育以适应社会发展和教育的需要并无可指责之处。然而当时“国粹体育”的鼓吹者们却将传统体育中的武术、气功、静坐等捧到了不适当的高度，对其中的封建文化因素和思想糟粕不仅不加以批判，甚至试图以这些“国粹”来抵制和取代西方传来的近代体育，成为当时新文化运动大潮中一股刺耳的噪音，因而理所当然受到以鲁迅为代表的进步人士的迎头痛击。

针对“国粹体育”的观点，1918 年 5 月，鲁迅在《新青年》上发表了《随感录》予以猛烈抨击。文中说：“现在很有许多人，在那里竭力提倡打拳。记得先前也曾有过一回，但那时提倡的，是满清王公大臣，现在却是民国的教育家。”指出了这股思潮和旧势力一脉相承。鲁迅以其特有的杂文风格讥讽道，这些守旧人士将“九天玄女传与轩辕黄帝，轩辕黄帝传与尼姑的老方法改称‘新武术’，又称‘中国式体操’，叫青年去练习。……据说中国人学了外国体操不见效验，所以改习本国体操（即打拳）才行。”鲁迅认为，在“现在打仗总用枪炮”的时代，不去接受新的文化，而想“一阵乌龙扫地也便一齐扫倒，从此不再爬起”是不现实的。1919 年 2 月，鲁迅又在《新青年》上发表《拳术与拳匪》一文，指出他并不反对作为“一种特别技艺”的中国武术，但反对“教育家都当做时髦东西，大有中国人非此不可之概”和“鼓吹的人，多带有‘鬼道精神’，极有危险的预兆”。

陈独秀于 1920 年 1 月在《新青年》发表《青年体育问题》一文中一方面指出“现在青年不讲体育，自然是一大缺点”。另一方面他又指出体育应有“三戒”，即兵式体操、拳术和比赛的剧烈运动。他针对社会上将马良“新武术”吹得神乎其神的现象抨击道：“庚子年‘神拳’的当，我们已经上够了，现在马师长（指马良——编者注）的武艺我们也领教了，别再把孔夫子所说的‘怪力乱神’来‘贼夫人之子’。”

针对当时有人鼓吹“静坐法”是“世界上唯一的最好最有效的体育”，否定近代体育运动的价值的观点，进步人士同样予以了严厉的批驳。毛泽东在《体育之研究》中指出：“近有因是子者，言静坐法，自诩其法之神，而鄙运动者之自损其体。是或一道，然予未敢效之也。愚拙之见，天地盖惟有动而已。动之属于人类而有规则之可言者曰体育。”鲁迅则指出这些鼓吹“静坐”的人，“先把科学东扯西拉，羼进鬼话，弄得是非不明”。鲁迅主张用科学态度继承古今中外合理因素，发展近代体育运动。他强调指出：“儿童要‘动’，万不可向静的死胡同走。”通过运动，将儿童培养成为“有耐劳作的体力、纯洁高尚道德、广博自由能容新潮流”的精神的人。

“五四”和新文化运动前后这场关于“新武术”和“静坐”的

论战是在特定的时代背景下发生的。从传统体育的继承和发展角度来看，武术和气功无疑都是中华民族的优秀文化遗产，只要摒弃其中的封建糟粕和不适宜近现代文明的内容，它们就和西方近代体育一样，能够成为世界近现代体育文化的有机组成部分。从这一角度来看，当时马良的“新武术”和蒋维乔的“静坐”无疑都是有价值的尝试。但是，由于当时中国社会正处于一个新旧文化激烈斗争的时期，一些守旧势力将“新武术”和“静坐”抬高为无所不能的“国粹”，以此来抵制和反对新文化的建立，使本来是有关体育的学术问题变成了关系新文化建立的大事，从而引起了进步人士的批判。

## 二、国民党政府时期体育思想的演变与争论

### （一）自然主义体育思想的传播及其影响

20 世纪 20 年代末至 30 年代，产生于美国的自然主义体育思想传入我国，逐渐成为“五四”运动和新文化运动以来对我国近代体育教育影响最大的体育思想体系。

自然主义体育思想是以卢梭自然教育观和美国实用主义教育学说为主要依据建立的一种体育思想，形成于 20 世纪 20 年代中期，以美国威廉斯（J.I.Willians）的《体育理论》一书的出版为标志。威廉斯的弟子，中国留学生袁敦礼、吴蕴瑞等回国执教后，将其理论系统地传播至国内，培养了大批学生，因而在国内体育界产生了很大影响。其在国内的代表作有方万邦著《体育原理》（1933 年）和吴蕴瑞、袁敦礼所著《体育原理》（1935 年）。

自然主义体育思想的基本内容主要包括三大方面：其一，强调教育和体育的目的在于培养人，促进群居（社会化），留传文化。其二，推崇自然活动，主张在体育教育中尽量采用符合儿童本性的游戏、舞蹈、户外竞技（各种球类运动）、野外活动（旅行、郊游等）和各种基本技能（田径、举重、攀登等），反对人为

设计的活动如体操等。其三，主张教育和体育都应以儿童和学生为中心，认为“体育即生活”，强调个性自由发展。

自然主义体育思想自20世纪30年代传入后，对中国的体育，尤其是体育教育和学校体育产生了重要影响。其主要表现在以下四个方面：

其一，自然主义体育思想在人本主义基础上，强调人的自然本性，主张个性的自由发展，其所包含的人本主义和民主自由精神对“五四”运动前在学校中普遍实施的“军国民主义”体育及强调服从和纪律的兵操给予了有力的冲击，成为“五四”和新文化运动前后许多体育界人士反对“军国民体育”和兵操的强大武器。

其二，自然主义体育思想推崇竞技运动和各类户外运动，主张在学校体育的教学及课外活动中，应尽量采用那些“包含许多人的自由在内”的运动形式，“多注重校内竞争游戏”。这就为田径运动和各种球类运动进入学校奠定了理论基础，有力推动了近代学校体育的改革，促使更加科学而符合青少年成长规律的体育手段登上教育的舞台，取代了单调枯燥，扼杀青少年天性的军国民体育和兵操。这使得学校体育更为科学而生动，有利于儿童与青少年学生的健康成长，从而有力地促进了近代中国体育教育的变革与发展。

其三，自然主义体育思想强调体育的教育意义，强调体育的功能不仅在于发展身体及运动能力，而且在培养人的道德品质、团体精神、社交能力以及娱乐技能等方面具有重要作用。这一理论极大地改变和丰富了人们对体育价值与功能的认识，并促使教育工作者更加注重对体育教学规律和方法的研究，从而对我国学校体育的理论化和体系化起到了促进作用。

其四，自然主义体育思想重视体育运动的科学化，强调体育要适应人的生理及心理特点，服从儿童及青少年身心成长和发展规律，从而促进了运动生理学、运动心理学、运动解剖学和人体测量学等体育理论学科的发展，带动和促进了我国近代体育运动的科学化发展趋势。

但是，自然主义体育思想在实施过程中也产生了一些消极作用。其主要问题为：过分强调体育的教育功能而有忽视增强体质主要任务的倾向；在实践中容易出现不适当地强调以儿童为中心从而削弱体育教师的主导作用；在大力提倡竞技运动的同时也一度出现了“放羊式”“选手制”等弊端。然而，尽管自然主义体育思想在实践中出现了一些问题，但从历史的角度看，作为一种近代先进的体育思想和理论，自然主义体育思想在中国的传播和实施有力地促进了中国近代体育的科学化和民主化，对推动中国近代体育的变革和发展起到了重要作用。

### （二）20 世纪 30 年代的“土洋体育之争”

20 世纪 30 年代初，在体育界爆发了一场关于中国体育发展道路的论战。由于其争论核心是关于中国体育究竟应以“洋体育”（西方近代体育）为主，还是应走“土体育”（武术、养生等）的路子，因而被称为“土洋体育之争”。这场争论实际上是继“五四”前后“国粹体育”之争后中西文化在体育领域的又一次碰撞和冲突，在中国近代体育思想发展过程中具有深远意义。

1932 年 7 月，刘长春首次代表中国参加在洛杉矶举行的第 10 届奥运会，但在 100 米、200 米预赛中即被淘汰。消息传来，舆论哗然，也引发了学术界一场关于中国体育应走什么样发展道路的大论战。1932 年 7 月，北平《世界日报》发表社论，呼吁进行体育改革，由此拉开了论战序幕。同年 8 月 7 日《大公报》发表题为《今后之国民体育》的社论，公开提出“脱离洋体育，提倡土体育”的口号。该文认为：西洋体育有“消磨时光”“运动过度”“器材昂贵”“眩于欧化”种种弊端，因而“西式之运动，中国既不暇学，亦不必学，且不可学”，以往中国体育犯了盲目模仿西洋，妄自菲薄的错误，是误入歧途。文章认为，传统体育内容丰富，“任何奇技，无中国所无”，又有“却病延年之宏效”，“必为世界第一无疑也”，加之费用便宜，骑射等内容又适合救国时势需要。因此应“觅取中国独有的体育之道”，走以武术和养生术等为主的传统体育路子，“虽孤立于奥林匹克之外，可以无愧矣”。其后，《大公报》及其他一些媒体又陆续发表言论和文章，主张此说。

体育“脱洋倡土”论一出，立即引起以天津《体育周报》为阵地的主流派学者的强烈反应和严厉反击。他们发表了一系列文章，指出推行体育固然应根据“国民性和国情”，但不能拒绝学习外国体育的先进成果。反对者指出，却病延年，锻炼筋骨，只是体育功能的一部分。体育的根本意义在于“增进人类幸福，提高工作效率，使人格高尚，趣味浓厚，并养成适应于文化社会的生活”。[1]而这些功能，是“土体育”所不具备的。他们还指出，西方体育以近代科学为基础，具有“土体育”缺乏的三个明显优点：一是“兴趣浓厚”；二是“多具有奋斗精神。我孱弱之民族，实需要此刺激剂”；三是“团结合作之精神最为显著，所谓土体育之缺点即在此，国民最需要者亦在此”。[2]

“土洋体育之争”的历史背景是1931年“九一八”事变后国家和民族处于生死危亡关头，全国大众的民族情绪空前高涨，而中国在远东运动会和第10届奥运会上成绩令人沮丧，故而导致一些学者和媒体对外来的“洋体育”心生嫌恶之心，想通过提倡“土体育”，排斥“洋体育”来表达其民族自尊与感情。这场争论波及之广，以至于当时不少政府要员和体育界名人如陈立夫、褚民谊、张之江、程登科、方万邦等都不同程度地卷入，发表文章和谈话表达自己的看法。

从某种角度上看，这场“土洋体育之争”可以说是20世纪20年代初“国粹体育”之争的继续。尽管论战双方都有一些极端和意气之言，但同10年前的争论相比，这场争论探讨的理论问题更深入，影响也更广泛。“脱洋倡土”论显然情绪多于理性，不仅违背世界体育发展的潮流，其表现出来的封闭意识与盲目崇“土”的观

---

[1] 评大公报七日社论. 体育周报，第30期. 1932-8-27

[2] 体育何分洋土. 体育周报，第28期. 1932-8-13

点也与中国社会和体育发展的需要背道而驰，况且在近代体育已扎根中国的现实中实际上也是行不通的。但另一方面，通过“土体育”的倡导者们大声疾呼，也客观上引起了人们对传统体育价值和方法的重新审视，促使教育界和体育界以更为理性与科学的态度来对待“土体育”和“洋体育”彼此的长短，从而提高了传统体育的地位与影响。这场争论的直接结果，是导致1932年8月的“全国体育会议”大会宣言中，得以更为客观、理性、务实和公正的态度来对待土、洋体育：“凡不背科学原则，及适合人类天性之种种体育运动，不以其来源之不同有所轩轻。……深望全国国民，对各种身体方法，抱择善而从之之态度，毋分新旧中外。”

### （三）“民族体育”思想的形成与影响

“民族体育”思想是20世纪30年代由南京中央大学体育系主任程登科提出的一种体育观。这种体育观以“全民体育化”和“体育军事化”为核心，在抗日战争中成为“战时体育”的理论基础，具有较大影响。

1931年“九一八”事变后，日本军国主义发动的侵华战争逐步升级，在国家兴衰民族存亡之际，体育界的一些有识之士提出“民族体育”的主张，其核心是“全民体育化”和“体育军事化”，主张在国难当头之际，全民动员，参加体育，将体育作为强国强种与复兴民族的工具。时任南京中央大学体育系主任的程登科是这一主张的代表。程登科曾于1929~1933年赴德国柏林体育大学留学，纳粹德国统治下的全民军事化体育对他产生了深刻影响。归国后任职中央大学体育系时，他一方面着手编写军事化体育的教材，一边先后借《中国日报》《体育季刊》《勤奋体育月刊》等阵地，发表了大量主张“军事体育化”和“体育军事化”的文章。1936年10月，他在《勤奋体育月刊》第四卷一期上发表《我们应否提倡中国的民族体育》一文，将其“体育军事化”主张进一步发展为“民族体育”。由于当时来自日本帝国主义的战争威胁日益迫近和严峻，因此这一主张后来引起了较大反响。综合起来，程登科的“民族体育”思想主要包括以下四个方面：

其一，体育的目的应当是强种卫国。程登科指出，当前国家和民族正处在“弱肉强食”“优胜劣败”的时代，因而“也就不容许我们把体育视为健康与娱乐为目的了”。他呼吁教育界和体育界努力促进体育的“组织化与纪律化”，将体育作为“强种与复兴民族的工具”，从而实现“为国家而体育，为民族而体育”。

其二，实行“全民体育化”。程登科认为，在当时国家经济落后，人员缺乏的情况下，要使体育普遍发展，就必须实行“全民体育化”，从而使“每个人得受体育锻炼的机会。民众御侮抗敌的意志与忍苦耐劳的精神，始获养成”。他认为几十年来中国体育走错了道路，使体育“变成贵族子弟的专利品、娱乐品”，以致广大平民的体质越来越弱，无法胜任“涤雪国耻”“强种健全”的任务。因此，他认为“我国体育的生路”就是“全民体育化”，即以“以平民化的运动去实施全民体育化。以我固有的国粹体育，衡取合我国情的外国运动，冶于一炉，求得一个中心的训练”。

其三，“全民体育化”的内涵是“体育军事化”。程登科强调，“全民体育化”有其特定意义，亦即军事化的体育。他所谓体育军事化，是指“不改体育内容，而以军事精神管理之，训练之，务使受训练者绝对服从，是以军事精神完成体育军事化”。在实践中，军事体育化则是要求从军事需要出发，“提倡应用的体育，以体育训练兵士战斗力，增加兵士作战能力”。要将体育作为一项军事课程，“与其他的军事术科同等看待”。

其四，利用军警的力量来强行实施民众体育。程登科认为，在一般民众的收入状况和生活条件无法自行从事体育锻炼的现状下，必须采取非常手段和措施，利用军警权力，强迫民众实施体育。他认为这样做有几大好处：不致发生民众抗违不愿受训的事；可以解决师资不足和经费不足的矛盾；借用军警驻地和操场，可以解决运动场地缺乏的困难；军警势力遍及穷乡僻境，可以避除训练死角。

程登科的“民族体育”思想，是在20世纪30年代特定历史背景下提出来的一种体育主张。其主要动机在于通过"全民体育"来强国强种，保家卫国。在当时中华民族正处于民族危亡关头的时代背景下，这一主张适应了当时国贫民弱的现实和全民抗战的需要，因而具有强烈的时代意义和爱国主义价值。因此该论一出，立即在社会上引起了很大反响。但是，"民族体育"思想很大程度上来源于法西斯德国的体育实践，带有浓厚的专制主义色彩，因而在具有人本主义和民主精神的自然主义体育思想已深入人心，在学校体育中居于主流地位的情况下，并不受欢迎和重视，影响不大。直到1937年7月抗日战争全面爆发以后，程登科的"全民体育化"和"体育军事化"主张适应了全民抗战的需要，其"民族体育"思想也成为了"战时体育"的理论基础，在整个抗日战争中产生了很大影响。

## （四）民国时期重要体育思想家与学者

除了前面已提及的体育思想家和重要人物外，民国时期还有一些有影响的体育思想家和学者。其主要情况介绍如下：

徐一冰（1881～1922）：浙江吴兴人。我国早期最有影响的体育教育家和学者之一。1905年留学日本大森体育会体操学校。1907年回国，先后任教于上海爱国女校等。1908年2月，与徐傅霖、王季鲁等在上海创建中国体操学校，任训育主任、校长等职。创办《体育界》《体育杂志》等刊物，并任总编辑。其主要体育著作有《徐氏体育学》《体育原理》《希腊体育史》等。

吴蕴瑞（1892～1976）：江苏江阴人。我国近现代著名体育学者。自然主义体育思想在中国的早期主要传播者之一。1918年毕业于南京高等师范学校体育专修科，1924年毕业于东南大学体育系，后留学美国，获哥伦比亚大学教育硕士学位。归国后历任中央大学体育系教授、主任，东北大学体育科教授，北平师范大学体育系教授。同时担任教育部体育委员会委员、常委，中华全国体育协进会董事等职。共和国成立后先后任南京大学体育系教授兼主任，华东体育学院和上海体育学院院长，中华全国体育总会副主席、中国体操协会主席、上海市体委副主任等职。其主要著作有《运动学》《体育教学法》《体育原理》《田径运动》《体育建筑与设备》等。

袁敦礼（1895～1968）：河北徐水人。出生于北京。我国近现代著名体育学者。自然主义体育思想在中国的早期主要传播者之一。1917 年毕业于北京高等师范学校英语科，留校任体育助教兼翻译。1919 年任体育专修科主任。1923 年留学美国，先后获芝加哥大学生理学学士、哥伦比亚大学师范学院体育系教育学硕士。1927 年回国，历任北平师范大学教务长、体育系主任；浙江大学体育系教授、主任；西北联大体育系主任。1945 年赴美讲学，被聘为美国国务院客座教授。1946 年后任北平师范大学校长。曾任中华全国体育协进会理事等职。共和国成立后先后任西北师院体育系主任，兰州体育学院副院长，甘肃师范大学体育系主任、副校长，全国体育总会副会长，全国政协委员等职。主要论著有与吴蕴瑞合著《体育原理》。

马约翰（1882～1966）：福建厦门人。我国近现代著名体育教育家与学者。1904～1911 年就读于上海圣约翰大学。曾参加 1910 年在南京举行的第一届全国运动会，获学校组 880 码赛跑冠军。1914 年应聘清华学校（后改为清华大学）任教，后升任教授、体育部主任。他当时在清华大学的体育教育实践颇有影响。1919 年和 1925 年两次赴美国春田学院进修。1936 年以中国田径队总教练身份参加第 11 届奥运会。共和国成立后任全国体育总会副主席、主席。其主要论著有《体育的迁移价值》（1925 年）。

方万邦（1893～1969）：福建闽侯人。我国近现代著名体育教育家与学者。20 世纪 30 年代“土洋体育之争”中的主要论战者。1919 年毕业于国立北京高等师范学校体育科。1926 年赴美国留学，在哥伦比亚大学教育学院专攻体育，获教育学硕士。回国后先后任北平师范大学体育系教授、安徽大学体育主任兼体育教授、国立中央大学体育教授、上海市立体育专科学校教务主任、校长等职。共和国成立后任华南师范大学体育教授。主要著作有《体育原理》《新体育教学法》《青年体育》《健康教育》《欧洲体育史》《师范学校教科书（体育）》上、中、下册等。

## 第二节　民国时期的体育管理体制与体育法规

### 一、民国时期的体育方针制定

民国建立以后，在临时政府和北洋政府时期，曾颁行过倡导体育的政令，但没有提出明确的体育工作方针和原则。其有关体育的政令主要是采纳民间教育人士提出的建议和提案而制定的。南京国民党政府成立后，教育部门在着手更订教育宗旨与方针基础上，开始全盘考虑制定有关发展体育的规定与条例，加强对体育事务的督导。1927 年，国民政府公布教育宗旨及其实施方针，其中第七条规定实际上成为国民政府最初的体育工作方针："各级学校及社会教育，应一体注重发展国民之体育。中等学校及大学专科，须受相当之军事训练。发展体育之目的，固在幸民族之体力，尤须以锻炼强健之精神，养成规律之习惯，为主要任务。"1937 年抗日战争爆发前后，战争的日益临近和紧迫形势促使全国体育工作转向战时体育体制。体育成为动员、组织和训练战斗人员的有力手段。在这种情况下，"体育军事化"成为了全国体育工作指导方针的主要内容。这一体育方针实际上从抗日战争时期一直延续到了新中国成立之前。

### 二、《国民体育法》的制定与立法

1929 年 4 月 16 日，国民政府公布了《国民体育法》。这是中国历史上第一部通过立法程序制定的体育法。该法是由国民政府体育指导委员会主持制定的，由国民党第三次全国代表大会审议通过。

《国民体育法》共 13 条。其第一条规定了体育的权利与义务：

"中华民国青年男女有受体育之义务，父母或监护人应负责督促之。"第二条确定了体育的目的："体育之目的，务使循序发达，得有应具之健康与体力及抵抗力并其身体各官能之发育，使能耐各种职业上特别劳苦，为必要效用。"第三条规定了实施体育的方法。第四条提出应由各级行政机关严禁"凡风俗习惯有妨碍青年男女体格之正当发育者"。第六条规定"高中或高中相当以上之学校，均须以体育为必修科"，无体育科与"军事教育"成绩者不得举行毕业。第七、八条规定了民间体育组织的批准程序和管理属辖。第九条规定学校及民间体育会的体育教员须有合格证书。第十条规定对服务三年以上的体育教员实施奖励。第十一条是在训练总监部设置"体育高等委员会"，以"研究各专门机关之成绩，并调查外国情形以供国民体育之参考材料"。第十二条是规定"凡体育团体不得以团体资格加入政治运动"。

1932 年 8 月，国民政府在南京召开全国体育会议，通过了旨在贯彻该法的《国民体育实施方案》，对《国民体育法》内容和精神作了详细的注释和说明，并就如何发展国民体育提出了一系列具体的措施和方法。如在体育行政与组织系统方面，要求上至教育部、下至各省、市、县教育部门设立专门的体育机构，委派专职管理人员。在体育设施方面，要求各县修筑体育场，并对学校和公众体育场的面积、建筑条件等作了明确规定。另外，还提出增设国术馆、建立体育实验区、加强体育师资培训等。1941 年，国民政府又公布了《修正国民体育法》，但其内容与《国民体育法》相比，没有多少实质上的变化。

《国民体育法》是中国历史上第一部针对体育而专门制定的立法。它通过立法形式，使体育成为法律规定的权利和义务，这对于推动中国体育的发展具有重要意义。该法较为全面严谨，针对性和可行性都较强，是当时教育界、体育界和法学界人士共同的心血和努力的成果。但由于中国体育发展的基础薄弱，国民党政府效率不高，加之战争的影响，故而使这部法案的实施并不理想，常常处于"有法难依"和"有法不依"的状态。

## 三、民国时期的体育管理机构

1912 年 1 月 1 日孙中山在南京组建临时政府，设立教育部，蔡元培被任命为首任教育总长。由于当时体育主要是在学校中开展，因而有关体育事务均由教育部主管。北洋政府时期基本上延续这一管理体制。

“五四”和新文化运动后，学校体育和社会体育呈现出广泛开展的势头。由政府对体育事务实施统一管理日益显得重要。国民政府成立后，便着手更订教育宗旨，加强对体育事务的行政管理与监督。1927 年 1 月，教育部颁定各司分科规定，凡公共体育事项均由社会教育司执掌，从而改变了以往政府不管社会体育的状况。同年 12 月，国民政府主管高等教育的大学院成立了“全国体育指导委员会”，这标志着体育成为一项由专门的政府部门和机构加以管理的国家事业。

1929 年颁布的《国民体育法》以立法形式对国家及地区体育管理的权限和办法加以了规定。明确了体育的管理权属于国民政府。具体职能管理部门和机构是训练总监部与教育部。1932 年 8 月在南京召开第 1 届全国体育会议，通过了《国民体育法实施方案》，其中对行政管理程序作了如下规定：

其一，教育部下设体育委员会和主管体育科，另在督学处下设体育督学。其二，各省、直辖市的教育厅（局）下设省市体育委员会和主管体育股，另在督学室设体育督学或指导员。其三，各县市教育局下设县市教育委员会和主管体育组，另设体育指导员。

根据以上法令法规，1932 年 10 月正式成立了教育部体育委员会，由褚民谊、张之江、王正廷、张伯苓、袁敦礼、郝更生、吴蕴瑞、马良等 18 人组成。这些人大多数是教育部委员，也是前体育指导委员会委员。他们中间很多人是著名体育专家，也有热心于体育的并对体育作出过贡献的社会著名人士。根据该委员会章程规定，其委员由教育部聘任。主要行政管理工作有：计划全国体育设施事项；指导全国体育研究及行政事项；督促各级行政机关实行体育计划；审核各级学校体育课程及成绩，各级体育机关的组织、计划或报告以及体育工作人员的资格；编造及审查全国体育预算；议复教育部长交议事项。

不过，各地成立相应体育机构的工作进展较慢。至抗日战争之前，全国只有十多个省市成立了体育委员会。县级单位设立体育机构的更是少数。

体育委员会成立后一段时期内主要负责起草并拟订有关体育法令法规和咨询，并无实际权力。抗日战争爆发后，教育部体育委员会于 1938 年在汉口召开第 5 届会议，商讨战时体育管理的原则与方法，并对委员进行了调整。1940 年和 1941 年又在重庆连续召开第 6 届和第 7 届会议，重新制定了章程，将体育委员会改名为国民体育委员会，下设学校体育组、社会体育组和研究组。自此后体育委员会开始成为能够行使一定权力的职能机构。

除了教育部主管体育事务外，另外还有一些与体育有关的管理机构，主要有：国民政府训练总监部体育科、国民党部民训部体育科、党政军学体育促进会、中央军事委员会政治部体育科、三民主义青年团中央团部体育指导委员会，等等。其中大多数是抗日战争前后成立的战时体育组织，按照各自的权限管理和从事有关体育事务。

## 第三节　民国时期体育教育体制的演进

### 一、民国初年与北洋政府时期的学校体育

#### （一）壬子癸丑学制与学校体育的正规化

1912 年 1 月 9 日，南京临时政府教育部成立。1 月 19 日，临

时政府教育部颁布《普通教育暂行办法》《普通教育暂行课程标准》等法令。1912 年 9 月，又公布了新的学制。因当年为阴历壬子年，故称之为“壬子学制”。1913 年 8 月，教育部又陆续公布了有关大、中、小学等各级各类学校的法令规程，使壬子学制得以充实和具体化，形成了较为全面而完整的学制系统。以上两个学制合称为“壬子癸丑学制”。

“壬子癸丑学制”划分为三段四级：初等教育段分初等小学校和高等小学校两级；中等教育段和高等教育段不分级。在主系列之外的各类学校中，主要是师范类和实业教育类学校。显示出“壬子癸丑学制”仍保持以小学—大学教育为骨干，兼重师范教育和实业教育的整体结构。它与《癸卯学制》相比，除总年限缩短了 3 年外，增加了女子享有与男子平等的法定教育权，还规定小学废止读经课，大学取消经学科等。在这一新学制和教育部公布的各级学校令中，与学校体育关系最大的是对各级学校体操的规定。

小学校体操的规定为：初小设 7 门课程，其中包括体操课。一、二年级的体操课和唱歌合并，每周 4 小时。三、四年级体操课每周 3 小时，唱歌 1 小时。高等小学体操课各学年每周 3 小时。体操课的内容：“初等小学校宜授适宜之游戏，渐及普通体操。高等小学宜授普通体操，加时令游戏，男生加授兵式体操。视地方情形得在体操授课时间或时间以外，授适宜之户外运动或游泳。”体操课的要旨为：“在使儿童身体各部平均发育，强健体质，活泼精神，并养成守规则，尚协同之习惯。”

中学校体操的规定为：中学开设 13 门课，其中包括体操课，男生每周 3 小时，女生每周 2 小时。体操课的要旨：“在使身体各部平均发育，强健体质，活泼精神，兼养成守规律尚协同之习惯。”体操分普通体操、兵式体操两种，“兵式体操尤宜注意。女子中学校免课兵式体操”。

师范学校体操的规定为：其体操课与中学校基本相同，只是男师每周体操课为 4 小时，女师前 3 年每周 3 小时，第 4 年为 2

小时。体操课以普通体操、游戏及兵式操为主，并注重学习“教授法”。

高等学校体操的规定为：高等师范学校的学制预科为 3 年，本科 3 年。各学年每周体操课 3 小时，包括普通体操、游戏及兵式体操。大学不设体操课。

从以上规定可见，民国成立后学校体育仍然大致沿袭清朝末年学制，其内容仍以“兵操”为主。这主要与蔡元培等教育部领导人当时还推崇“军国民教育”有关。不过，随着体操课的普及以及教会学校的影响，学生们对西方传入的各种竞技运动开始感兴趣，并在课外开展起来。1910 年和 1914 年举行的第 1、2 届全国运动会，特别是 1915 年在上海举行的第 2 届远东运动会上，中国获得了田径、游泳、排球、足球冠军和总分第一名，大大刺激和提高了各地学校学生对田径和球类运动的兴趣，要求在学校中开展这些运动的呼声渐高。为此教育部又明文规定在学校课外设立体育活动和组织运动竞赛，使田径、球类、游泳等竞技运动在课内外拥有了合法地位，竞技运动在学校中迅速发展，校内和校际的运动竞赛成为普遍的活动。

“壬子癸丑学制”是民国成立以来的第一个学制，也是民国初期的中心学制。到 1922 年新的学制出台前，其间虽有局部调整，但其整体结构和框架基本保持不变。尽管当时的体育课仍称体操课，内容还是以“兵式体操”为主，但这一学制及当时教育部制定颁行的各种法规，仍对当时学校体育的正规化和中国近代体育的发展起到了一定推动作用。

### （二）五四时期的教育改革与学校体育的演进

#### 1. 军国民教育的衰弱与体育课的改进

从 1902 年清政府颁布《钦定学堂章程》和 1903 年颁布《奏定学堂章程》始，至 1919 年“五四”和新文化运动，“兵操”在中国的各级学校中实施了近 20 年。在实施过程中，人们发现这种“兵操”有严重的缺陷，它其实算不上真正的体育，而只是一种军事训练。对于青少年学生来说，不仅锻炼身体的价值不大，而且内容枯燥无味，不符合青少年身心特点，加以教师的缺乏，早为社会和学生家长所诟病不满。在“五四”和新文化运动浪潮冲击下，“兵操”更受到进步人士的抨击。加之1918年第一次世界大战结束，积极实行“军国民教育”的德国战败，使许多人认识到“军国民教育”实际是帝国主义的侵略工具，纷纷要求加以废除。

在这一背景下，在中国流行多年的“军国民体育”的衰落成为必然之势。1919年10月，在“全国教育联合会”第5次会议的决议中，提出“近鉴世界大势，军国民主义已不合教育之潮流，故对学校体育应加以改进”。会议还通过了《改革学校体育案》，要求各级学校减少兵操时间，增加体育时间，每天开展30分钟课间操及课外活动；增加体育经费；注重师范学校体育；注意女子体育；改良高等小学校和国民学校体育；实行身体检查；改良运动会等等。虽然这些方案未必都能认真贯彻执行，但自1919年之后，不少学校开始正式挂牌废止兵操，还有的学校自动将“体操课”改称“体育课”，内容也转向以普通体操、田径、球类、游戏等项目为主。此后“兵操”在学校中日渐衰落。

### 2. 1922年的“新学制”与学校体育的更新

在“五四”和新文化运动的影响下，德日为主的军国民教育思想渐衰，而英美为主的自然主义教育思想在中国逐渐取得优势。这直接导致了教育界进行重大改革。1922年，北洋政府教育部召开“学制会议”，并于同年11月1日正式公布了《学校系统改革命令》，教育史上称“壬戌学制”。该学制基本模仿美国的学制，改变了以往实行近20年的日本学制。新学制废除了旧的教育宗旨，其新的教育方针包括七项：适应社会进化的需要；发挥平民教育精神；谋求个性之发展；注意国民经济力；注意生活教育；使教育易于普及；多留各地方伸缩余地等。

根据新学制连同次年公布的《课程纲要草案》，正式把学校的

“体操科”改名为“体育科”，体操课改为体育课，剔除了中小学的兵操，扩大了教学内容，初、高中分别加授卫生、生理等教学内容，从而使我国学校体育发生了重大变革，进入了一个新的历史时期。新学制课程纲要的意义主要表现在以下几个方面：

其一，彻底废除了实施近20年的军国民主义体育和兵操。虽然“五四”运动和新文化运动时期，社会上和体育界已经普遍提出废除“军国民主义体育”和兵操，1919年10月的“全国教育联合会”第5次会议的决议中还正式提出了在中小学体操课中减少兵操的要求，但在“壬戌学制”颁行之前，教育部却没有出台任何正式的法规和法令废除兵操，以致全国不能统一，一些地区和学校很少或干脆废除兵操，而另一些地区和学校却在学校中照旧实行兵操。“壬戌学制”颁发以后，全国学校遂统一废除了兵操。

其二，扩大了学校体育实施范围。新学制课程标准规定：小学体育占总课时的10%，初中体育为16学分（每学期每周1学时为1学分，内有生理4学分）；高中体育10学分（包括健身法、卫生法）。体育课内容废除兵操，以田径、体操、球类、游戏为主要内容。这一课程内容与以往的兵操和普通体操相比，体现了科学的教育观，更加适合青少年的生理和心理特点，提高学生的兴趣，有利于学生的健康成长，使中国的学校体育得以在先进的近代体育思想和理论指导下发展。

其三，促使教育界和体育界重视对体育教学方法的研究。以往的“兵操”原本是一种对士兵进行的军事训练方法。对学校体育而言，兵操简单枯燥，既不尊重青少年成长规律，也不重视教法研究。而新学制所规定的体育课内容丰富，具有科学性，针对性强，因而促进了教育界和体育界对教法不断进行探索和改进。例如，新学制开始实施后，在体育课中推行了“三段教授法”，即准备运动（队形练习和上下肢运动）、主运动（包括体操、各种竞技运动和运动游戏等）和整理运动（包括走步和呼吸运动等）。“三段教授法”具有科学性，从而为后来的体育教法奠定了基础。

### （三）体育专业教育迅速发展

晚清时期，各地虽然已开办了一些培养体育师资的体操学堂和专修科，但规模都较小，学制也不健全。辛亥革命后，随着教育事业的快速发展，需要大批经过专业学习和培训的专职体育教师，而已有的体育师范学堂及科系已远远不能满足日益增长的需要。因此，在20世纪20～30年代，新开办了许多以培养体育师资为主的体育专科学校，在很多高等学校内也设立了以培养体育专业人才为主的体育系科。

由于教育部未能制定统一标准，因而当时所创办的体育学校及系科在学制上极不统一，以两年制的居多，也有三年甚至一年制的。各校或体育系科所开设的课程也不尽相同。不过，从总体上看，这些学校和系科一般都改变了旧式体操学堂以军国民主义体育为基础，以兵操和普通体操为主要内容的状况。如华东体育专科学校在1927年前开设的专业课主要有：体育原理、体育行政、体育教学、体育史、生理学、心理学、人体测定学、按摩术、军事学、运动指导、运动评判、田径、球类、器械体操、舞蹈等等。其他体育学校和系科的课程设置大至如此。由此可见，当时的体育专业人才教育和师资培养普遍较为重视理论与学科，注重培养体育专业人才的文化素质和理论素养。

20世纪20年代大批体育学校和体育系科的建立，一方面为我国近代体育的开展培养了一批急需的专门人才，在一定程度上填补了当时体育师资和专业人才的巨大缺口；另一方面也有力推动了体育人才培养的专业化、科学化和规范化，促进了体育理论及有关教学方法与技术的研究，对中国近代体育的发展起到了积极的作用。

## 二、国民党统治时期学校体育的演变

1927~1937年抗日战争爆发前的10年间，是中国近代体育发展较快的时期。由于社会相对稳定，政府较为重视，对学校体育采取了一些改进措施，因而在促使学校体育走向规范化方面取得了一定进展。

### （一）成立学校体育领导机构

1932 年 8 月，国民政府教育部召开了第一次全国体育会议，通过了《国民体育实施方案》，对教育行政系统下属的各级体育行政组织（全国、省、市、县体育委员会）及体育督学系统，还有学校体育实施原则等，正式以法规形式固定下来。1941 年底，将教育部国民体育委员会加以扩充，改名为教育部体育委员会，并颁布了《国民体育委员会章程》。委员会下设学校体育、社会体育、研究编审 3 个组。学校体育组专门管理学校体育和童子军，省市的体育股或督学，只管中小学，高等学校的体育由教育部的高等教育司管理。国民体育委员会是教育部的一个设计单位，学校体育的重要事项由高教司、中等教育司、小学教育司分别管理。此外国民党党部还设有国民党中央体育科和国民党中央训练总监部体育科，也管学校的体育和军训。1943 年三民主义青年团设立了中央团部体育指导委员会，并令各省、市各学校的分团部、支团部设立相应的机构。

### （二）颁布学校体育法令

国民政府于 1928 年公布了新学制，即"戊辰学制"，基本上仍沿用美国的小学 6 年、初中 3 年、高中 3 年的"六三三制"，关于体育课程标准的变化是在中学以上进行军事训练。

1929 年公布了《大学组织法》和《专科学校法》。1932 年公布《小学校法》《中学校法》《师范学校法》《职业学校法》等法令。1940 年，国民政府教育部又制定并公布了各级学校《体育实施方案》。内容包括目标、实施纲要、行政组织、经费设备、体育时间、体育课、早操、课外活动、运动比赛及表演、野外集团活动、健康检查及成绩考核等各方面。该方案规定了各级学校体育课的时间，要求小学每周 120 ~ 180 分钟，中学每周 2 学时，专科以上每周至少 2 学时，一律必修。可以说这是中国近代史上第一个比较全面的学校体育实施方案。

### （三）编撰体育教材

国民政府教育部在制定有关学校体育法令和规定的同时，也配套组织编写一些体育教材，并对学校体育开展研究工作。

1933 年，教育部聘请国内体育专家着手编写了中、小学体育教材。1934 年，教育部成立了“中小学体育教授细目编辑委员会”，并按性别、学期分门别类编辑，至 1936 年由教育部编印出版 24 册《体育教授细目》。这是以美国和德国学校体育教材为蓝本编写的一套中小学体育系列教材，也是我国第一部比较完整也比较成熟的中小学体育教科书。

1942 年教育部又组织编写了一批体育教材和教学参考书。至 1946 年，共出版中小学体育教材 13 种，体育教学参考书 10 种。1940 年后还组织编写了各类武术教材近 50 种。这些教材和参考书都有一定的参考价值，在一定程度上满足了各类学校体育教学的需要。此外，国民政府教育部还于 1942 年组织中华体育学会和部分学校对有关学校体育问题进行研究。当时提出的研究课题有“制定各级学校男女生合理之体育成绩考核方法与评判标准”“依据生理与心理之不同研究女子特别体育问题”“关于身心发育不健全之学生制定适合个人需要之体育方法”，等等。

### （四）对学生进行军训

在体育课之外，国民政府把军事训练列为学校正式课程。这些军事训练虽不直接是体育教学内容，但与体育密切相关，许多学校的体育教师都兼管军事训练。1928 年在南京召开第 1 届全国教育会议，通过了实施军事教育的议案。其中规定，高中以上学校以军事训练为必修科（女生学习看护），实行两年，共 6 学分。军训分平时训练与集中训练两种，内容分学科和术科。为加强对学生的军训管理，学校实行军训编制。全校编为一队或一团，校（院）长为队长或团长，训导长（主任）与军训主任任副职。队（团）本部主持全校军训，对学生实行军事管理。军训教育主管官员分主任教育、教管、助教 3 种，由训练总监部核派，教育部委派，校长无权聘任和管理。

### （五）设立培养体育师资机构

抗日战争之前，我国各级学校有较大的发展，学生人数日益增加。据 1936 年统计，当时全国共有学校 323452 所，学生 1850 多万人。相比之下，原有培养体育师资的体育专科学校以及大学体育系科每年毕业的学生很少，远远不能满足体育教育发展的需要。为此国民党政府时期全国各地陆续增办了一些体育专科学校和体育系科。其中主要有：上海中国体育学校（1927 年）、华东体育专科学校（1927 年）、北平民国大学体育科（1928 年）、国立东北大学体育专修科（1929 年）、国立北平女子文理学院体育专修科（1931 年）、河北女子师范学院体育系（1931 年，天津）、国立国术体育专科学校（1933 年）、国立重庆大学体育系（1936 年）、西北师范学院体育系（1940 年）、福建师范专科学校体育系（1941 年）、四川省立体育高等专科学校（1942 年）、国立中山大学体育系（1945 年）、台湾省立师范学院体育系（1946 年）、浙江体育专科学校（1948 年），等等。

这些体育专科学校和系科的开办，在一定程度上对缓解一些地方体育师资极度缺乏的状况起到了一定作用。但总的说来，这些体育学校和系科也大多存在着经费紧张、设备简陋，办学质量不高的问题，毕业的学生也不多。据统计，抗战前，毕业生最多的体育专科学校一届毕业生也只有 150 余人。由此可见，当时经过正规培养的体育师资和专业人员仍极其有限，体育教师缺乏的现象仍然十分严重。

## 第四节　民国时期竞技体育发展状况

### 一、建立体育竞赛组织与制度

要在某个区域以至全国开展竞技运动，举办大型运动会和赛事，就必须建立相应的体育组织和团体，制定有关章程制度和规则。这是近代竞技运动开展的前提与条件。因此，近代竞技运动进入中国的初期，迫切需要建立相应的体育竞赛组织机构，并制定有关章程和规则。

#### （一）中华业余运动联合会的成立

民国建立以后，为了广泛开展竞技运动，组织全国的体育竞赛，更由于参加远东运动会，使建立全国性的体育组织的要求越来越迫切。但由于种种原因，全国性的体育组织一直未能建立。直到1921年，在上海举行第5届远东运动会时，全国性体育组织的筹建工作才正式启动。1922年4月3日，“中华业余运动联合会”在北京基督教青年会会所宣告成立。会长由张伯苓担任，副会长郭秉文，9名职员中有3名是青年会的外籍人士。按照其章程，该会的主要工作有：提倡和普及竞技运动和体育，为全国业余运动比赛制定统一的标准和规则，在全国组织和举办运动竞赛，设立记录部专门记录运动成绩，选派代表参加国际比赛，等等。

中华业余运动联合会是中国历史上第一个民间性质的全国性体育组织。该会的建立，标志着中国近代竞技运动进入了一个有组织的发展阶段。在北洋政府时期，该会实际上起到了领导全国社会体育和竞技运动的重要作用。该会成立以后，参与筹办了第3届全国运动会（1924年）和第6届远东运动会（1923年）的选拔事宜。1924年全国体育协进会成立后，该组织宣告解散。

## （二）中华全国体育协进会的成立及工作

“五四”与新文化运动后，近代体育项目在全国有了较普遍的开展，各地区和全国性运动会陆续举行，以远东运动会为契机，中国也开始参加一些国际性赛事。与此同时，在全国反帝爱国斗争日益高涨的情况下，从外国人手中收回体育主权的呼声日益强烈。在这种背景下，以基督教青年会为背景的中华业余运动联合会已不适宜担任领导全国竞技体育的重任，迫切需要建立一个新的全国性体育组织。

1924 年 8 月，中华全国体育协进会在上海宣告成立。张伯苓为名誉会长，王正廷为名誉主席董事，沈嗣良为名誉主任干事，蒋湘青为干事。董事会 15 人全部由中国人组成。该会制定了章程，规定其宗旨为：联合全国体育团体，以促进国民体育；提倡全国之业余运动，并增进运动员之运动道德；主持全国及国际间之比赛事项；订立业余运动之资格，审定各项运动规则。该章程还对会员、董事会常驻委员会及职员、董事会之职权、常驻委员会之权、职员之权、集会和章程之修改等作了明确的规定。直到 1949 年 10 月，该会是领导中国体育运动的全国性组织。

中华体育协进会成立后主要从事了以下工作：参与和筹办第 4 届至第 7 届全国运动会；选拔运动员和组织代表团参加第 10 届、第 11 届和第 14 届奥运会，第 7～10 届远东运动会，以及戴维斯网球公开赛等；代表中国参加有关国际体育会议与活动；审编各项运动规则；审定了全国田径、游泳最高纪录；出版会刊《体育季刊》；襄助各地区体育组织的活动，组织裁判员和其他专业人员的培训，等等。

中华体育协进会成立后，陆续加入了田径、游泳、体操、网球、拳击、举重、足球、篮球等国际单项体育联合会。1931 年国际奥委会正式承认中华全国体育协进会为其团体会员，代表中国参加国际奥林匹克事务。抗日战争爆发后，该会迁至重庆，由董守义任总干事。

中华全国体育协进会的成立，标志着中国体育事务要依靠外国人来管理的时代结束了，也标志着中国近代体育的初期引进和传播阶段告一段落。从此进入了中国人依靠自己的力量，按照自己的目标和需要来发展体育运动的时代。中华全国体育协进会是一个民间性的体育组织，但肩负着领导全国社会体育和竞技体育的重任。这种民间体制的长处在于能够相对保持独立性，但同时也使该会长期处于经费困难，得不到政府有力支持的困境。由于中华体育协进会聚集了一大批满怀热忱，立志报国且有体育专业知识和经验的人士，在他们的努力下，该会虽然面临重重困难，但仍对中国近代体育，尤其是竞技体育和社会体育的发展起到了积极的推动作用，作出了重要贡献。

### （三）民国时期重要体育活动家

民国时期，许多体育工作者、活动家和学者对推广和发展中国社会体育和竞技运动作出了重要贡献。其中贡献较大且名声尤著的有以下人士：

张伯苓（1876～1951）：天津人。早年肄业于北洋水师学堂，曾参加甲午海战。后毕生从事教育事业。1906 年创办南开学校，使其成为全国教育质量最高的名校之一。曾三次赴美国考察教育与体育，并入美国哥伦比亚大学师范班进修。他一生积极提倡体育，曾参与筹办华北运动会、历届全国运动会和远东运动会，是近代中国体育界德高望重的领导者之一。曾任中国首个全国性体育组织中华业余体育联合会会长，后任中华体育协进会名誉会长。对中国近代体育的传播与发展作出了重要贡献。

王正廷（1882～1961）：浙江奉化人。早年留学美国，获耶鲁大学法学博士学位。1911 年回国后参加辛亥革命。民国成立后，曾先后担任南京临时政府参议院副议长，北洋政府工商部次长，代总长，外交部总长，代理内阁总理等职。国民党政府时期曾任外交部长，驻美大使等职。自 1921 年始长期任北京中国大学校长职务。1948 年去香港。王正廷主要是一位政界人物，但同时也是近代中国体育的主要领导者之一，对中国近代体育的发展作出了重要贡献。他于民国初年曾任基督教青年会总干事一职，积极从事体育传播和组织活动。曾代表我国与菲律宾共同发起远东运动会，为远东运动会中国委员会负责人，还担任过第2、5、8届远东运动会会长。由于王正廷在体育事业中的贡献和名望，1922年被国际奥委会委任为委员，成为中国首位国际奥委会委员。1924年任中华全国体育协进会主席董事。1936年第11届奥运会和1948年第14届奥运会上，他都担任中国代表团总领队。

董守义（1895～1978）：河北蠡县人。中国近代著名体育活动家，国际奥委会委员。1916年毕业于北京通州协和书院。1917年进入上海基督教青年会专门学校学习。先后任天津基督教青年会体育部练习干事、干事、副总干事兼体育部主任，兼任南开中学体育教员。1923～1925年赴美国春田学院留学。1936年以篮球教练身份参加第11届奥运会。曾任北平师范大学、民国大学、女子文理学院、西北联合大学、浙江大学体育教授。还担任过华北体育联合会理事，中华全国体育协进会副总干事、总干事等职。在全国体协后期工作中发挥了重要作用。1947年被选为国际奥委会委员。1948年任中国参加第14届奥运会代表团总干事。共和国成立后，担任中华全国体育总会副主席、中国篮球协会主席，国家体委运动技术委员会主任，运动司副司长等职。主要著作有《篮球术》《最新篮球术》《田径赛术》《足球术》《篮球训练法》等。

郝更生（1899～1976）：江苏淮安人。中国近代著名体育教育家和活动家。早年曾在基督教青年会全国青年协会体育干事培训班学习，毕业后任汉口青年会体育干事。1923年赴美留学，毕业于春田学院，获体育学学士学位。归国后先后任苏州东吴大学、北京清华大学体育教授，东北大学体育专修科主任，山东大学体育系主任。1933年被教育部聘为首位体育督学。他还先后担任过教育委员会常委、国民体育委员会常委、中华全国体育协进会总干事、中华体育学会主席等职。曾担任中国参加第11届、14届奥运会代表团领导职务。1949 年去台湾。郝更生作为国民党政府时期重要体育领导人，主持和参与制定了许多重要体育法规，对促进近代体育发展，尤其是学校体育的规范化和科学化方面起到了积极作用。他在报刊上发表的体育论文较多，主要著作有《中国体育概论》（1926 年商务书店英文版）。

程登科（1902 ~ 1991）：生于四川重庆，祖籍湖南衡山。中国近代著名体育思想家与活动家。1920 ~ 1923 年就读于成都华西协和大学牙科，1925 年毕业于南京东南大学体育科。毕业后先后在苏州中华体育专科学校、杭州一中、上海东亚体育专科学校、爱国女校体育科任教。1929 ~ 1933 年赴德国柏林体育大学留学。在此期间，纳粹德国统治下的全民体育化和体育军事化体制给他留下深刻印象。奠定了他后来发表 “民族体育” 的思想基础。归国后先后任南京中央大学体育系、重庆大学体育科教授、主任，南京体育协进会总干事。抗日战争期间，曾任三青团中央体育指导委员会主任、国民党体育委员会常务理事、中华体育学会常务理事等职。共和国成立后任教于东北师范大学。他的体育论著较多，主要有《德国体育现状》《军事体育》《战时体育补充教材》《世界体育史纲要》等等。程登科是抗日战争前后“民族体育”思想的倡导者，这一思想在当时产生了很大影响，成为抗战时期“战时体育”的理论基础。他对抗日战争时期制定“战时体育”政策，推广和发展军事体育方面作出了贡献。

张之江（1882 ~ 1969）：河北盐山人。中国近代著名武术教育家和活动家。行武出身，历任冯玉祥西北军旅长、师长、察哈尔都统、西北边防督办、西北军总司令、驻南京总代表等职。张之江一生嗜武，1926 年在上海创“武术研究所”。1927 年 3 月在该所基础上在南京创办“中央国术馆”，是为当时受国民党政府委托的中国武术管理、研究和推广的最高机构，张之江任馆长。从此后他专志于武术推广活动，1933 年曾率武术代表团访日巡回表演。同年创办“中央国术馆国术体育传习所”，后发展成为“国立国术体育专科学校”，是当时唯一的以武术等传统体育为教学内容的高等学校，一直由张之江兼校长。他还组织与主持过历届武术国考和全国性武术比赛、全运会武术比赛；主持参加 1936 年第 11 届奥运会中国武术代表团的选拔与集训。共和国成立后，曾任第 2 届全国政协委员、民革中央委员。张之江自 20 世纪 20 年代后期始致力于武术事业，在民国时期建立全国性武术组织，开办武术学校、开展武术教学与辅导、推广和宣传武术、促进武术的研究与交流、建立和完善武术竞赛规则等方面起到了主要作用，对近代中国武术和传统体育的保存与发展作出了重要贡献。

## 二、民国时期的重要国内赛事

民国时期，除了战争时期以外，是中国竞技体育发展较快的时期。其间举行了多次国内大型运动会和重大赛事，包括全国运动会和地区大型运动会等。这些运动会的举行有力地推动了体育的发展，扩大了竞技体育的影响，对近代体育的普及和传播起到了重要作用，同时也为后来中国竞技体育的发展提供了经验，打下了基础。

### （一）民国时期举行的全国运动会

1910 年 10 月 18 ~ 22 日，上海基督教青年会干事埃克斯纳在南京劝业会会场发起筹办的“全国学校区分队第一次体育同盟会”，辛亥革命以后，被追认为第 1 届全国运动会。民国时期又举行了 6 届全国运动会，其中第 2 届、第 3 届全运会是在北洋政府时期举办的，第 4 ~ 7 届全运会是在国民政府时期举办的。

第 2 届全国运动会：1914 年 5 月 21 ~ 22 日在北京天坛运动场举行。这届运动会的主办者是 1912 年成立的北京体育竞进会，实际负责人是北京青年会干事、美国体育专家侯格兰德。这次全运会共有 96 名男运动员参加，分华东、华西、华南、华北四个地区参赛，运动员配戴不同颜色的标志带（华东黄色、华西红色、华南绿色、华北白色）以示区别。比赛项目有田径、篮球、足球、队（排）球、棒球和网球6个大项，只有男子参加。比赛结果，华北队获田径、篮球、棒球、队球和网球双打冠军；华东队获足球锦标；华南队获网球单打锦标。

第3届全国运动会：1924年5月22~24日在湖北武昌跑马场举行。由全国业余运动联合会发起筹办。参赛运动员340余人，分华东、华南、华北、华中、华西5个代表队进行比赛。男子项目增加了游泳，另有拳击和体操列为表演项目。该届运动会最令人瞩目的是中国妇女在历史上首次公开参加运动会，女子项目设有篮球、队（排）球和垒球，另有团体操表演，但均发奖品而不计名次。比赛结果为华东队获足球、棒球及网球双打冠军，华北队获得篮球、网球单打及田径冠军，华中队获游泳冠军，华南队获得队（排）球冠军。除游泳、棒球比赛尚由外籍人士担任裁判外，其余裁判和工作人员全由中国人担任。田径比赛的丈量由原来的英制（码制）统一改成米制。这届运动会基本上是由中国人手中发起和组织的，标志着中国近代体育发展进入了由中国人自己操作和组织的阶段。这也是“五四”运动后从外国人手中收回体育主权的结果。

第4届全国运动会：1930年4月1~11日在杭州举行。这是南京国民党政府首次举办的全国运动会，由中华全国体育协进会发起并组织。本届全运会改变以往做法，首次按省、市为单位参加比赛。比赛分为男子组和女子组。实际参加的共有14个省、7个特别市，日本神户华侨也派队参赛，总计22个代表团，1219名男运动员、498名女运动员参赛。本届全运会男子组设田径、全能、游泳、足球、篮球、排球、网球、棒球等项目；女子组设田径、篮球、排球、网球4个项目，并开始设锦标。该届全运会男子项目上海最好，女子项目则广东队成绩最佳。该届全运会是新成立的中华全国体育协进会首次发起并组织的全国运动会。虽然在组织方面多少存在一些问题，但总的看来，该届全运会无论是在规模上还是参赛运动员人数上大大超过以往几届，仍在各方面取得了不少经验和成果。该届全运会首创由各省、市组队参赛的做法，为以后各届全运会所沿袭。这标志着经过几年的努力，竞技体育已在全国各地得到了普及和开展。

第 5 届全国运动会：1933 年 10 月在南京举行。该届运动会原计划 1931 年 10 月举行，因“九一八”事变和“一二·八”事变一再拖延。本届全运会由国民政府教育部筹备组织。报名参赛单位 33 个，包括菲律宾等国华侨代表团，而实际到会的是 30 个代表团。参赛的男子运动员 1542 人，女子运动员 706 人。本届全运会首次设置了国术比赛项目。田径项目分为田赛和径赛两个锦标。女子组比赛增加了游泳、铁饼、垒球、国术 4 个项目。另外还增加了中国式摔跤、射箭、弹丸、测力、踢毽等民族传统体育项目，反映出当时“土洋体育之争”对体育实践的影响。本届全运会共打破 19 项全国纪录，其中如刘长春所创造的百米短跑 10 秒 7、200 米跑 28 秒 1，郝春德的跳远 6.912 米，广东队男子 400 米接力跑 44 秒 4 等成绩都创下民国时期的最高纪录。号称“美人鱼”的香港选手杨秀琼初露头角，囊括全部游泳冠军。这些都显示出在这一时期运动成绩获得了很大提高。

第 6 届全国运动会：1935 年 10 月 10 ~ 20 日在上海江湾体育场举行。其主会场可坐观众 4 万人，号称当时东亚第一。参加单位和人数创历届全运会纪录，包括菲律宾、马来亚、爪哇等地华侨代表团在内，达到 38 个单位，运动员 2700 余人。在项目方面，增加了举重、竞走、马球、小足球、摔跤、自行车等表演项目，共打破 19 项田径与游泳全国纪录。本届全运会第一次按国民党政府教育部颁布的《全国运动会举行办法》执行。参加办法、比赛规则、录取办法更加规范化。本届全运会最令人震撼的一幕出现在开幕式上，当东北五省运动员入场时，全体运动员和教练员身着黑色丧服，手举黑白两色旗，以示白山黑水，警示人们勿忘日本侵略者占领下的东北。在场观众无不群情悲愤，黯然泪下。本届全运会之后，由于抗日战争爆发，全运会中断达 13 年之久。

第 7 届全国运动会：1948 年 5 月 5 日 ~ 16 日在上海江湾体育场举行。由于台湾已归还中国，又有新疆等边疆省份参加，本届全运会的代表团增加到55个，参赛运动员人数为2677人。菲律宾、马来亚、印度尼西亚、暹罗（泰国）等地的华侨也派团参赛。比赛项目增加了乒乓球、举重、摔跤、拳击。羽毛球、国术等列为表演项目。本届全运会共打破田径、游泳纪录17项，创举重项目纪录5项。

### （二）民国时期的大区运动会

所谓大区运动会，是按地理方位相邻数省间举行的运动会。近代中国有华东、华南、华西、华北、西北和华中六大区之分。大区运动会只有华北、华中和西北正式举行过。另华东区举行过"东方八大学运动会"。

#### 1. 华北运动会

当时的华北区范围较大，包括黄河以北的晋、冀、鲁、豫、辽、吉、黑等十多个省。华北区是当时全国开展近代体育最早、范围最广、运动技术水平较高的地区。

华北运动会是在京、津二市运动会的基础上逐渐发展起来的。从1902～1911年，天津共举办了8届联合运动会，最后两届还邀请了附近城市参加。北京市从1905年开始有通州协和书院和北京汇文书院之间的比赛。1912年，在北京厂甸召开了一次田径运动会，这次运动会虽规模不大，但通过这次运动会成立了"北京体育竞进会"。这一组织在1913年和1914年先后在北京天坛筹办了第1、2届华北运动会。第2届华北运动会后，正式成立了"华北联合运动会"的组织。1929年后改称"华北体育联合会"，简称"华北体联"。该组织的主要任务是：倡办各种运动竞赛，并促进华北各省体育联合会的组织发展。华北区运动会从1913～1934年，共举办过18届（表11-1）。华北运动会的定期召开，对推动黄河以北各省体育的发展，促进体育场地设备的建设，以及推动运动技术水平的提高起到了重要作用，使这一地区的体育发展一度在全国处于领先地位。

表 11-1　民国时期历届华北运动会情况一览表

| 届　次 | 时　间 | 地　点 | 参加单位 | 备　注 |
| --- | --- | --- | --- | --- |
| 1 | 1913 年 5 月 21 日 | 北京天坛 | 以学校为单位，分普通和中学二级 | 共有京、津、冀、晋 28 校参加，只有田径赛（15 个单项），丈量用码制，成绩记点数 |
| 2 | 1914 年 5 月 18～19 日 | 同上 | 同上 | 比赛项目以田径为主，另有篮球、足球，排（队）球、网球、棒球等球类表演 |
| 3 | 1915 年 5 月 | 天津南开学校 | 同上 | |
| 4 | 1916 年 5 月 19～20 日 | 北京汇文学校 | 同上 | 开始有中文规则 |
| 5 | 1917 年 4 月 20～21 日 | 天津南开学校 | 同上 | |
| 6 | 1918 年 5 月 | 保定东关校场 | 同上 | |
| 7 | 1919 年 4 月 14～15 日 | 太原小五台 | 同上 | 运动器材部分用国货。一说此届始有男子中级组 |
| 8 | 1920 年 5 月 14～15 日 | 北京汇文学校 | 同上 | |
| 9 | 1921 年 5 月 | 奉天（沈阳）小河沿 | 同上 | |
| 10 | 1923 年 5 月 | 天津南开学校 | 同上 | 此后全部由中国人组织和指导 |
| 11 | 1924 年 5 月 | 开封河南省体育场 | 同上 | 本届始，篮球另期单独比赛 |
| 12 | 1925 年 5 月 | 济南山东省体育场 | 同上 | 比赛术语开始用中文 |
| 13 | 1928 年 5 月 18～19 日 | 北京汇文学校 | 同上 | 1926～1927 两年因内战比赛暂停。本届起球类比赛按城市分期举行。增加女子表演 |
| 14 | 1929 年 10 月 | 沈阳北陵体育场 | 改按地区为单位参加比赛 | 正式增加女子田径、篮球、排球比赛 |
| 15 | 1931 年 5 月 27～30 日 | 济南山东省体育场 | 同上 | |

| | | | | |
|---|---|---|---|---|
| 16 | 1932 年 10 月 10 ~ 13 日 | 开封河南省体育场 | 同上 | |
| 17 | 1933 年 7 月 12 ~ 15 日 | 青岛市体育场 | 同上 | |
| 18 | 1934 年 10 月 10~14 日 | 天津河北省体育场 | 同上 | 篮球比赛又合并进来 |

### 2. 华中运动会

近代中国的华中区，包括湖北、湖南、江西、安徽四省。1923 年 3 月，在武昌成立了华中运动会筹备处。随后，仿效华北联合运动会成立了“华中体育联合会”。同年 5 月在武昌举行第 1 届华中运动会。至 1936 年间，共举行了 6 届。前三届是在北洋政府时期举行，而后三届是在国民党统治时期举行的（表 11–2）。

**表 11–2　民国时期历届华中运动会情况一览表**

| 届　次 | 时　间 | 地　点 | 备　注 |
|---|---|---|---|
| 1 | 1923 年 5 月 4 ~ 5 日 | 武　昌 | 比赛项目仅限男子田径、篮球、排球 |
| 2 | 1924 年 5 月 9 ~ 10 日 | 长　沙 | 增加男子游泳、足球、网球项目 |
| 3 | 1925 年 4 月 21 ~ 23 日 | 南　昌 | 增加男子棒球比赛 |
| 4 | 1930 年 3 月 18 ~ 23 日 | 安　庆 | 始有女子田径、篮球、排球、网球比赛。汉口改为特别市，单独参加 |
| 5 | 1934 年 5 月 16 ~ 21 日 | 武　昌 | 增加女子游泳、垒球比赛，1931 年汉口取消特别市，又并入湖北 |
| 6 | 1936 年10 月 16 ~ 20 日 | 长　沙 | |

### 3. 西北运动会

西北区包括宁夏、甘肃、青海、新疆、内蒙古等省。西北运动会于 1933 年 9 月在宁夏银川市举行。参加单位共 9 个，有 400 余名运动员参加比赛。这次运动会比赛项目有田径、球类、国术。

由于西北地区的体育在全国较落后，因而这次运动会吸引了不少观众，有银川市人口十分之一的3000余人出席观看了开幕式。

#### 4. 华东八大学运动会

华东区在民国时期未举行过正式的大区运动会。但这一地区的高等学校较多，开展近代体育较早，水平也较高。1914年5月，在东吴大学倡议下，在苏州成立了“华东各大学体育联合会”。当时参加的有上海南洋公学、苏州东吴大学、南京金陵大学、杭州之江大学、上海沪江大学和圣约翰大学6所学校。因而又称为“华东六大学体育联合会”。1921年上海复旦和南京东南大学加入，正式改称“华东八大学体育联合会”。第一次运动会是1914年5月举行的田径赛。1917年开始增加篮球比赛，以后又陆续增加了足球、网球、棒球等球类运动。到1926年止，共举行了12届运动会。

1925年“五卅”惨案后，教会学校一时成了“众矢之的”。于是上海复旦大学等非教会学校宣布退出“东方八大学运动会”，另成立“江南大学体育联合会”。其成员包括复旦大学、海洋大学、东南大学、大厦大学、同济大学、暨南大学、中国公学等学校。加上从圣约翰大学分出的光华大学和从沪江大学分出来的持志大学，共9所大学。江南大学体育联合会成立11年，共举办过11届运动竞赛，直到1938年抗日战争爆发后才宣告结束。而原有的华东八大学运动会只剩下4所教会学校参加，不久也停办了。

## 二、民国时期参加的重要国际赛事

### （一）参加远东运动会

参加国际体育赛事，是中国近代体育发展的重要标志。中国首次参加的国际性赛事是远东运动会。这是1913年由中国、菲律宾、日本三国发起和参加的一个国际性比赛。原名“远东奥林匹克运动会”。1920年得到国际奥委会正式承认，改称“远东运动会”，其组织也改称“远东体协”。这是世界上第一个与国际奥委会发生关系的区域性国际体育组织。远东运动会的最初发起与组织者是中、菲等国的基督教青年会。第1届远东运动会1913年在菲律宾首都马尼拉举行。至1934年解散，共举行了10届。最后两届有印度、印度尼西亚和越南参加。实际上成为后来亚洲运动会的前身。

1911年9月，菲律宾体育协进会会长、基督教青年会体育干事、美国人布朗（E.S.Brown）访问中、日两国，与中、日基督教青年会共同协商，发起组织“远东业余运动协会”，并决定每两年轮流在亚洲各大城市举行一次“远东奥林匹克运动会”。这就是后来的远东运动会。首届比赛1913年在马尼拉举行，只有中、菲两国参加。日本从第3届始才正式参赛。

从1913年首届远东运动会起每两年举行一次。1927年第8届远东运动会后改为每三年举行一次。1930年后又决定每四年举行一次。开始只有田径、篮球、排球、足球、棒球、网球和游泳7个比赛项目。从第8届起，增加田径中的全能项目。第10届又分设田赛和径赛。最初几届参加远东运动会的中国代表团主要是由基督教青年会选派组织。从1923年第6届远东运动会始由中华全国业余运动联合会选派代表参加。第7~10届远运会则由中华全国体育协进会主持选拔运动员参赛。在远东运动会上，我国参赛项目成绩最好的是足球，曾获9届冠军，其次是排球得过5次锦标（表11-3）。

远东运动会从1913年第1届起至1934年第10届止，其间历经20余年。它既是我国最早参加的国际赛事，又是20世纪上半叶我国参加次数最多的国际比赛。远东运动会为我国参加国际性赛事提供了宝贵的经验，其代表团的选拔、组织、培训和参赛等方面都直接为后来我国参加奥运会提供了不可多得的经验，因而在我国近代体育史上具有重要意义。“九一八”事变后，日本力图将所谓“满洲国”拉入远东运动会，遭到中方断然拒绝。1934年第10届远东运动会后，日本挟菲律宾要求解散远东运动会，将

“满洲国”拉入另组“东亚业余体协”。对此中方发表宣言，予以坚决反对。长达20余年的远东运动会遂宣告终止。

**表11-3　历届远东运动会情况一览表**

| 届次 | 时间 | 地点 | 总锦标第一名 | 男子各项锦标获得者 | | | | | | | | 备注 |
|---|---|---|---|---|---|---|---|---|---|---|---|---|
| | | | | 田径 | 游泳 | 篮球 | 排球 | 足球 | 棒球 | 网球 | | |
| | | | | | | | | | | 单 | 双 | |
| 1 | 1913年 | 马尼拉 | 菲 | 菲 | 菲 | 菲 | 菲 | 菲 | 日 | 菲 | 菲 | 日本只参加田径、棒球比赛；中国参加田径、足球、游泳，并临时参加篮、排球比赛 |
| 2 | 1915年 | 上海 | 中 | 中 | 中 | 菲 | 中 | 中 | 菲 | 日 | 日 | 中国参加全部项目 |
| 3 | 1917年 | 东京 | 日 | 日 | 日 | 菲 | 中 | 中 | 日 | 日 | 日 | 日本正式成为会员 |
| 4 | 1919年 | 马尼拉 | 菲 | 菲 | 菲 | 菲 | 菲 | 中 | 菲 | 日 | 菲 | |
| 5 | 1921年 | 上海 | 菲 | 菲 | 菲 | 中 | 中 | 中 | 菲 | 菲 | | |
| 6 | 1923年 | 大阪 | 日 | 日 | 日 | 菲 | 菲 | 中 | 菲 | 日 | | 开始有女子项目（中国参加网球赛） |
| 7 | 1925年 | 马尼拉 | 菲 | 菲 | 日 | 菲 | 菲 | 中 | 菲 | 日 | | 开始用“米制” |
| 8 | 1927年 | 上海 | 日 | 日 | 菲 | 菲 | 中 | 中 | 日 | 中 | | |
| 9 | 1930年 | 东京 | 日 | 日 | 日 | 菲 | 中 | 中、日 | 日 | 日 | | 本届开始设全能锦标，均为日本获得 |
| 10 | 1934年 | 马尼拉 | | 日 | 日 | 菲 | 菲 | 中 | 菲 | 日、菲未决 | | 本届废除了总锦标 |

## （二）参加奥林匹克运动会

### 1. 中国与国际奥委会的早期联系

1896年第1届奥运会在希腊雅典举行。国际奥委会与当时的清朝政府未取得联系。1904年第3届奥运会期间，中国的一些报纸对其进行了报道，许多中国人才第一次听说奥运会。其后一些媒体和民间人士不时发出中国参加奥运会的呼吁。1907年10月24日，著名教育家张伯苓在天津发表了以奥林匹克运动为题的著名演说，建议中国派团参加奥运会。1920年，国际奥委会致电承认由中国参与发起的远东运动会，并邀请中国参加下一届奥运会。1922 年，在国际奥委会第 21 届全会上，王正廷被选为中国首位国际奥委会委员。这也是中国与国际奥委会首次发生正式联系。1924 年，中华全国体育协进会成立，中国陆续参加了田径、游泳、体操、网球、举重、足球、篮球等单项国际体育联合会，从而为中国参加奥运会提供了条件。1928 年第 9 届奥运会在荷兰阿姆斯特丹举行，中国派宋如海作为观察员出席开幕式，并进行了考察工作。1931 年，中华全国体育协进会被国际奥委会承认为“中国奥林匹克运动委员会”。中国正式参加奥运会的历史由此开始。在民国期间，中国共参加了三届奥运会。分别是：1932 年在美国洛杉矶举行的第 10 届奥运会；1936 年在德国柏林举行的第 11 届奥运会；1948 年在英国伦敦举行的第 14 届奥运会。

#### 2. 参加第 10 届奥运会

1932 年 7 月 30 日 ~ 8 月 14 日，第 10 届奥运会在美国洛杉矶举行。由于条件不具备，中国开始并不准备派运动员参加。但是，日本政府竟利用这个机会电告国际奥委会，声称要派刘长春和于希渭代表伪“满洲国”参加奥运会。消息传出，国内外舆论大哗，刘长春发表声明拒绝参加。为了抵制日本帝国主义分裂中国的阴谋，全国体育协进会出面募捐，临时派出由沈嗣良为领队、宋君复为教练、刘长春为运动员、另有美籍华人申国权、刘雪松和美国人托平为职员的代表团前往参赛。因时间紧迫，代表团在太平洋上航行 25 天后，于开幕式前一天，即 7 月 29 日抵达洛杉矶。7 月 31 日，刘长春在到达美国的第三天即参加 100 米预赛，8 月 2 日又参加 200 米预赛。由于旅途劳累、体力不支，刘长春两项比赛均在预赛即被淘汰。其 100 米成绩为 11.1 秒，远未达到其国内最好成绩（100 米 10.7 秒），名列小组第五。200 米成绩为 22.1 秒，名列小组第六。而原定参加的 400 米跑则因体力不支而放弃。

尽管中国运动员首次参加奥运会未能取得好成绩，但此举却粉碎了日本帝国主义妄图在国际社会中推出其一手炮制的“满洲国”阴谋，维护了中国的尊严和主权。当开幕式上刘长春高举国旗率领中国代表团走进会场时，受到全体观众经久不息的掌声和热烈欢呼。刘长春作为中国首位参加奥运会的中国选手而永留中国奥林匹克运动史册。

### 3. 参加第 11 届奥运会

1936 年 8 月，第 11 届奥运会在德国柏林举行。鉴于上届的教训，国民党政府对派团参加本届奥运会予以了高度重视。全国体协于 1935 年便受命进行准备，提前开始选拔和培训运动员。参加本届奥运会的中国代表团较之上届空前庞大，成员多达 141 人，其中运动员 69 人，参加足球、篮球、拳击、举重、田径、游泳、竞走、自行车 8 个项目的比赛和国术表演。另有一个由 34 人组成的欧洲体育考察团。代表团的政府代表为戴季陶，总领队王儒堂，总干事沈嗣良，总教练马约翰。比赛中，田径项目除符保卢的撑竿跳高进入复赛外，其余均在预赛中被淘汰。篮球比赛战胜了法国（45∶38）但负于日本（19∶35）、秘鲁（14∶32）和巴西（21∶29），未进入决赛。足球比赛中国队首场便遭遇强大的英国队，以 0∶2 失败被淘汰。在各项目纷纷失利之时，由张文广、郑怀贤、金石生、翟涟源（女）、傅淑云 5 人组成的国术队的表演却大获成功。他们于 8 月 11 日被安排在柏林露天剧场正式表演，历时 1 小时，受到在场 3 万余观众的热烈赞誉和欢呼。

总的说来，中国参加第 11 届奥运会虽然队伍庞大，但成绩却不理想，反映出中国竞技体育尚处于起步阶段，在各方面与西方国家的运动员相比都有明显差距。但是中国第一次派出大型代表团参加如此多的项目比赛，这本身就显示了中国体育的进步。另外，武术队的表演也使人们在奥运会上第一次见识到了中国武术的魅力。

### 4. 参加第 14 届奥运会

1948 年 7 月，第 14 届奥运会在英国伦敦举行。这是第二次世界大战结束后首次举行的奥运会。中国派出了由 35 名运动员和 30 名随员组成的代表团参加了本届奥运会。代表团成员：总领事王正廷，总干事董守义，总教练马约翰（未去），运动员中有足球 20 人、篮球 10 人、田径 3 人、自行车和游泳各 1 人。中国运动员在各个项目的预赛中全部被淘汰。足球在预赛中以 0∶4 负于土耳其队，篮球比赛以 39∶44 负于智利队，均未进入下一轮。

本届比赛举行时，正值国内解放战争如火如荼，国民党军队在战场上节节败退，其统治处于风雨飘摇之际。国民党政府自顾不暇，无力拨款组团参加奥运会。只是经全国体协和各方面人士的努力，中国才得以派队参赛。但无论是代表团的规模还是所参加的项目均无法与二战前的第 11 届奥运会相比。由于经费严重不足，造成了比赛结束后中国代表团竟没有路费回国，大批运动员留落海外、有家难回的悲剧。

## 第五节　民国时期传统体育的改造与发展

### 一、对传统武术的反思与改造

随着西方近代体育的传入与普及，人们开始对武术等传统体育的文化价值、地位作用及内容形式等进行深入反思和探究，并在此基础上，按照近现代体育要求对武术等传统体育进行改造，赋予其新的内涵和形式，以适应社会发展的要求。民国时期，对传统体育，尤其是武术的改造取得了一定成果。

民国初年，不少武术界人士抱着“振兴民族”，雪“东亚病夫”之耻的目标，积极主张把武术作为“国技”来普及。1915 年，体育界一批有识之士，开始对清末兴办学校以来我国体育的发展进行检讨。不少人认为，在接受近代体育的同时应注意从本国的实际出发，使其与本国的国情相结合。这种看法促使了体育界对传统文化进行再认识，重新估价传统体育的价值。1913 年起，不少学校和地区的运动会中增加了武术表演项目。如 1914 年 11 月江苏省第 1 届联合运动会上，就设了谭腿、功力拳、刀术、矛术等武术表演和比赛项目。1914 年和 1915 年，著名体育教育家徐一冰和北京体育研究社分别上书教育部，要求在学校体育课中增加“本国技击”内容。这表明，人们不再是仅从练兵、礼教、防身等价值来认识传统武术，而是将武术视为与西方体育一样具有强身健体和教育等功能的体育手段和方法，在近代中国的学校教育中应有其地位。

在挖掘和继承的基础上，很多有识之士也认识到，传统武术只有加以改造和创新，吸收近代体育的合理内容，才能适应社会发展的需要。尤其是传统武术的技术特点多适于个别辅导和单独练习，不适合学校班级和团体教学。因此，一些武术界人士开始尝试结合西方近代体育的要求，将传统武术改造成为适合学校体育教育的“中国式的体操”。其中一类方式是参照体操教学方法，将传统武术套路的连贯动作分解为不同的单个动作，再按顺序组合成不同的分段，配以口令，分段练习。另一种做法是从风格各异的传统拳械套路中抽选出一般的基本动作，再按武术套路的基本原理编排成新的练习方法。后一种方法的代表就是马良的“中华新武术”。

马良于 1901 年在山西陆军学堂任教时，为适应军队的团体训练，对传统武术进行了改造。在之后几年实践中又不断加以修改。1918 年，马良将其“新武术”改造成果撰写成稿，由商务印书馆出版，名为《中华新武术》。该书分为摔跤、拳脚、棍术、剑术四科，内容主要阐述“新武术”的基本技术动作和基本身体素质训练方法。“新武术”既吸取了中国武术的文化要素和技法特点，又适应了学校和团体的教学与训练，因此该书一出版即引起较大反响，不少学校相继将其作为体育课武术教材。教育部也在专门派员考察其实用效果后，正式建议将《中华新武术》作为学校武术教学的参考书。1918 年 10 月，全国中学校长会议作出决议，将《中华新武术》“列为全国各中学校正式体操”，教育部通令全国各校实行。同年在上海召开的第四次全国教育联合会也一致通过决议，将《中华新武术》“列为全国高等以上各学校并各专门学校之正式体操”。1919 年秋，经国会辩论，通过将其作为全国学校的“正式体操”，通令全国实行。至此，马良的“新武术”作为传统武术的改革成果，正式进入近代中国的学校体育教育课程体系。

总的来看，马良的“新武术”是中国传统体育为了适应近代社会和体育发展要求而进行的有益尝试。其改革的动机、思路和成果都是值得肯定的。但在其推广过程中，一些守旧势力将其作用提升到不适当的高度，甚至以此作为“国粹”来否定引进西方近代体育的成果，从而引起当时文化界进步力量的批评。但这并不能否认“新武术”在继承和改造传统武术方面作出的努力与贡献。

在北洋政府时期，全国各地还相继成立了一些以研究武术为主的团体，如长沙拳术研究会（1911 年），湖南国技学会（1914 年），上海中华拳术研究会（1917 年），上海中华武术会（1919 年），湖南国技俱乐部（1920 年），天津武术会以及山东武术传习所等。这些组织主要是在继承传统武术的基础上对其进行挖掘整理，从而对武术运动的推广和普及起了推动作用。

在这一时期，还举行了武术运动会。1923 年 4 月，马良等人在上海市西门公共体育场发起组织了“中华全国武术运动大会”。参加单位有精武体育总会、北京体育研究社、上海中华武术会等 16 个代表队，运动员共 400 余人。内容以表演为主，包括团体、单练、对手三种形式，上百个不同的项目。这次运动会是中国历史上举行的第一次大规模的传统体育运动会。它改变了传统武术以庙会表演和擂台打擂的传统竞赛形式，体现了武术的体育价值和改革成就。这次大会没有制定比赛规则和标准，也未设裁判员和定出名次，实际上是一次武术观摩大会。这也显示出武术向近现代文化的转化过程中，尚处于一个初步摸索和实验的阶段。

## 二、中央国术馆的建立与主要活动

20 世纪 30 年代前后，全国不少地区民间武术十分活跃。很多地区不仅农村习武成风，出现了很多民间武术社团，而且全国不少大中城市中也出现了大量民间武术团体与组织。如上海在 20 世纪 30 年代前后较大的拳社就多达 30 余个，其中著名的除精武会外，有中华武术会（1919）、致柔拳社（1926）、武当太极拳社（1926）、汇川太极拳社（1927）、益友社（1937）等等。随着各地民间拳社组织的大量出现和民间武术的广泛普及，对全国武术的管理和控制成为一个迫切需要解决的问题。国术馆系统就是在这样的背景下建立起来的。

1927 年 3 月，张之江与蔡元培、孔祥熙、何应钦、于佑任、李烈均等名流共同发起，呈请南京政府行政院批准，在原国术研究所基础上组建中央武术馆。同年 6 月，更名为中央国术馆。国术馆下设理事会，负责推举正副馆长和议定预、决算和其他事务等。张之江任馆长。国术馆初期设少林门与武当门，分别由王子平和高振东为门长。少林门主要包括少林拳、查拳、弹腿、八卦拳、劈卦拳等；武当门主要包括太极拳、形意拳、八卦掌等。1928 年底，因门户之见发生了两派门长比武的事件。总结其教训，国术馆取消两门制，设立编审、教务、总务三个处。后又设参事室，以广泛罗致社会名流。国术馆的经费由政府财政部每月补助 3000 银元，其余为社会捐助和自筹，较为充裕。抗日战争爆发后，国术馆迁往重庆。抗战胜利后重新迁回南京。

国术馆作为半官方性质的全国武术管理机构，成立不久由国民党政府通令全国各省、市、县、区、乡（村）设立相应的下属机构。截至 1933 年底，已有江苏、北平、山东、上海、浙江、四川、河南、青岛、天津等 24 个省市建立了国术馆，县级国术馆达到 300 余所，许多的区、乡（村）也建立了支（分）馆（社、所）。从而形成一个自上而下、层层衔接的国术馆系统。

1929年2月公布的《中央国术馆组织大纲》规定，中央国术馆“以提倡中国武术，增进全民健康为宗旨”，其任务是“研究中国武术与体育，教授中国武术与体育，编著关于国术及其他武术之图书”，并“管理全国国术事宜”。1933年，中央国术馆组织了中央国术体育研究会。1934年2月，成立了全国国术统一委员会。中央国术馆还创办了《中央国术旬刊》《国术月刊》《国术特刊》等学术刊物。

中央国术馆以及各地国术馆的主要活动之一是组织国术考试。民国时期共举行了两届国术考试。第1届国术考试于1928年10月1~7日在南京举行。选手包括各省选派人员和中央国术馆师生共400余人。大会裁判长为孙禄堂和马良。考试分为初赛和正式比赛。内容主要是散手，包括徒手、短兵、长兵和摔跤等项目。比赛时除眼、喉、裆部外可击打任何部位，倒地为负。比赛最后产生“最优”15名，“优等”30名。前三名分别授予“国士”“侠士”“武士”称号。第2届国术考试于1933年10月20~30日在南京举行。参加者有各省市及中央国术馆等20个单位共429名选手，其中女选手9人。比赛科目有拳术、长兵、短兵、摔跤、搏击等，考试按《国术考试条例》细则进行，选手按体重分为五级。在散打比赛中使用了护胸和护腿，以点数取胜。其他与上届大致相同。除了这两次国考外，许多地方还举行过国术省考、市考或县考。

国术馆系统的一项经常性工作是推广和普及武术。包括举办各种训练班、派人到机关和学校进行辅导和设立武术辅导站等。国术馆成立后还进行过一些国际文化交流活动，其中最重要的有：1933年由张之江率领的中国武术代表团访问日本、1936年由张之江率队出访新加坡、马来亚等东南亚各地及1936年第11届奥运会期间派出武术代表队随中国奥林匹克代表团赴欧表演。这些活动将中国武术推向了世界，有力地加强了国际间体育文化的交流，提高了武术在国际上的地位。

国术馆系统的建立是中国历史上首次中央政府对武术加以统

一管理的尝试。在其建立和发展过程中也出现了不少问题，如其组织形式和活动方式都还带有较浓重的封建色彩，其内部宗派问题并未解决，对传统武术所包含的封建内容批判不够等等。但客观而言，国术馆系统的建立对这一时期武术的发展也起到了重要推动作用。其一，国术馆的建立使武术首次纳入了政府的管理范围，从而有利于传统武术的改造和发展。其二，国术馆打破了传统武术的门户之见，将各门各派武术聚集在一起，共谋发展和进步，这在中国武术史上是史无前例的。其三，国术馆通过举行考试、人员培训、研究整理武术典籍、出版有关武术的学术期刊、开展对外交流等工作，有力地推动了中国武术的继承、整理、传播与普及。

### （二）其他民族体育的发展

民国初年，在传统武术的改造之风中，一些体育界人士也对诸如踢毽、滑冰、跳房、抽陀螺、打花棍、跳绳、空竹、石锁等传统民间体育项目进行了整理和研究。其成果有金兆钧所著《中国游戏》、潘蛰虹的《踢毽术》、沙涛的《踢毽术》、王怀琪的《正反游戏法》等。不少经过整理改编的民间游戏还充实了中小学体育教材，如勤奋书局30年代初发行的《小学游戏教本》，就搜罗了不少民间游戏作为其教本内容。但总的来说，由于这一时期正是西方体育引进和传播的时期，加之人们对民间体育的注意力集中于武术、静坐等方面，故而以上民间传统体育的发展十分缓慢。

30年代中期，在许多有识之士的努力下，教育部门开始对传统体育活动的研究和开展采取支持和鼓励的态度。在体育界和各地民间人士的热心推动下，全国各地举行了多次民族传统体育运动会，对开发和利用这些项目来为教育和社会服务进行了有益的尝试。

当时的民族体育运动会分为单项运动会和综合运动会两种。单项的民族传统运动会项目主要有风筝、踢毽子、跳绳等等。例如，据统计，仅从1933年3～5月，全国各地举行的单项运动会就有济南市的踢毽子比赛、长沙市的风筝比赛、宝山县的风筝比赛、上海市踢毽子比赛、上海市儿童跳绳比赛、南京市踢毽子比赛等。这些比赛一般都是由当地民间体育社团组织的。民族传统体育的综合性运动会主要是把大量传统体育活动集中起来进行表演和比赛。如 1934 年 2 月 28 日在河南省立体育场举行了河南省第 1 届民俗运动会，其项目有旱船、龙灯、狮子、云龙、戏蝉、刺虎、捕蝶、打鬼、斗牛、打梭、放风筝、踢毽子、石锁、石杠、推小车、玩小驴、掷沙袋、弄流星、济公、二鬼摔跤等等，多达 20 余个民间体育社团赴会参加了表演和比赛。这些民间传统体育运动会的举行，促进了民间传统体育项目的普及和推广。

## 第六节　新民主主义体育的兴起与实践

"五四"运动后，中国进入了一个新的民主革命阶段。1921 年 7 月，中国共产党诞生，马克思主义开始在中国系统深入地传播。随着中国共产党及其革命事业的发展壮大，一种新型的体育——新民主主义体育开始在中国兴起，成为中国近代体育发展史上独特而壮丽的篇章。所谓新民主义体育，是指由中国共产党领导下的"民族的、科学的、大众的"体育。❶这一崭新的体育思想及其实践始终伴随着中国共产党艰苦的斗争历程，经历了一个形成、发展和成熟的成长过程。

### 一、早期共产党人的体育主张与实践

中国共产党从成立之日起，就十分重视文化、教育和体育工作，将其作为革命总战线中的一条必要的和重要的战线，并且为之建立了正确的纲领、方针、政策。早期共产党人把关心工农群

❶ 冯文彬. 新民主主义的国民体育. 1949-10-26. 国家体委政法司，体育运动文件选编 1949～1981

众及青少年一代的身体健康，争取保障青少年的健康条件与体育权利，作为自己的一项重要任务。这些思想主要体现在李大钊、陈独秀、邓中夏、肖楚女、杨贤江等共产党早期领导人的主张与实践中。

李大钊（1889～1927）是中国共产党创始人之一，也是最早在中国传播马克思列宁主义的启蒙思想家。在建党初期，他不但在传播马列主义理论方面功勋卓著，在呼吁关心劳动阶级的身体健康和体育娱乐方面也起过重要的作用。1922年5月，他在《晨报副刊》上发表了题为《五一纪念日对于现在中国劳动界的意义》一文，指出“人体的健全，全在身体和精神保持平均调剂的发展，有动作的时候，必须有休息的时候。而休息的方法，并不只是睡眠，有益身心的娱乐，亦是调剂倦怠慰安疲劳的重要方法”。他认为“游艺”，也就是各类体育娱乐活动对成年工人也很重要，因为它“可以恢复身体的健康，精神的畅旺，可以补少年时的教育不足”。李大钊是最早提出体育应为“劳动界”服务的思想家，他的思想已初步反映出新民主主义体育中的“大众体育”宗旨。

陈独秀（1880～1942）是中国共产党的创始人和领导人之一，也是“五四”运动和新文化运动的主要旗手和领袖。陈独秀在从事教育活动中，强调“三育并重”，认为不重视体育会使“国促种弱”。1916年，陈独秀在《新青年》杂志第一卷第二号上发表了《今日之教育方针》等文章，反对把青年人培养成懦弱书生，“手无缚鸡之力，心无一夫之雄，白面纤腰，妩媚若处子；畏寒怯热，柔弱若病夫”。他主张以“兽性主义”来教育儿童，“10岁以前当以兽性主义，10岁以后方以人性主义”，认为儿童时期的教育应以体育为主，着重培养儿童“意志顽强，善斗不屈”“体魄强健，力抗自然”等品质。

邓中夏（1894～1933）是中国共产党早期著名活动家，中国工人运动的早期领导人之一，也是近代体育的积极倡导者和传播者。早在1919年，他就在《北京大学月刊》上转载过毛泽东在湖南所组织的“问题研究会”的章程，其中谈到小学教师的知识、健康，公共体育场建设，公共娱乐场建设，劳工住宅及娱乐等与体育有关的问题。中国共产党成立后，他对青年团的工作极为重视，经常讨论研究青年问题，把青年的体育和娱乐作为中国社会主义青年团的任务之一，是中国共青团体育的先驱。

肖楚女（1897～1927）是中国共产党早期政治活动家之一。他认为体育对青年人是必不可少的，强调青年人要注意身心锻炼。他曾于1924年6月5日在《学生杂志》上发表题为《身心锻炼与反锻炼》的文章，指出："人若要自己支配自己，便应该一刻也不放松的去有意识的锻炼自己。"他认为，"改造社会，首先需要一个强健的改造者。锻炼身心，使低手至坚极强"。他要求青年人不畏艰苦地进行锻炼，把自己培养成为坚强的革命者。

杨贤江（1895～1931）是中国早期马克思主义的教育理论家、中国共产党教育工作的先驱，在他发表的大量有关教育的文章和论著中，涉及体育的就有30余篇，如《青年与游戏》《莫忘了体育》《青年对体育之自觉》《体育之四大要素》《健康第一》《怎样保持健康》等等。杨贤江关于体育的观点主要有：其一，"唯有健全的身体、始能运精神"。他指出："彼精神萎靡、器官衰弱者，无论其学不能修，业不能习，前途之事皆废生即使博学多闻，而不能裨益人世，果何所用乎？"因此青年应"读书不害健康，运动不忘读书"。其二，体育是"造成健全人格、养成具足人生的工具"。所谓"健全人格"包括"强健的体魄、充实的精神、清醒的头脑、坚强的意志和超人的主张"。因此，"缺乏体育生活的人生，决不是具足的人生"。他又指出："体育的目的在使感觉灵敏、姿势优美、筋肉发达、内脏完整、动作敏捷、精神充实，一句话，是在造成强健而美的体质。"而其根本目的则是为了"服务于社会，服务于人群"。其三，体育的核心在于运动与卫生。他指出："从生理角度来看，青年生活的要素是在这个动字上。"他认为：运动是青年生活的重要内容，每天应有两个小时的运动，"体操、竞技、拳术、球戏、登山、骑马、游泳、跑步等都可以达到体育之目的"。运动要合乎身心规律，运动量要适当，要持之以恒，要“天天运动、不避暑寒、四季如一”。他把卫生分为物质卫生和精神卫生两方面，要求“起居有常、饮食有节、动作有度”。精神卫生则是养护身体、保护健康的第一要法。杨贤江在当时的青年中影响很大，不少青年在他的指导和启发下从事体育锻炼，受益匪浅。

## 二、第二次国内革命战争时期红色根据地的体育

1927 年 4 月，国民党叛变革命，第一次大革命失败。为了挽救革命，中国共产党发动和领导了八一南昌起义和秋收起义，先后创建了江西中央革命根据地、湘鄂区、海陆丰、鄂豫皖、琼崖、闽浙赣、湘鄂赣、湘赣、左右江、川陕、陕甘、湘鄂川黔等一系列农村根据地。在这些根据地中，建立了苏维埃工农革命政权，实行土地革命，开展游击战争，进行经济和文化建设，发展教育。从此，新民主主义体育开始进入初期实践阶段。

### （一）红色根据地的群众体育运动

在革命根据地，党和苏维埃政府十分重视和关心群众体育，为群众体育的开展开辟了广阔的天地，创造了适合其生存的环境，从而使得苏区的群众体育运动得到了蓬勃发展。

苏维埃政权十分重视青少年和儿童的身体健康与体育活动。在革命根据地中，普遍建立了列宁小学。仅 1933 年 8 ~ 9 月对江西省胜利、会昌等 14 个县统计，共有列宁小学 2274 所，小学生 82342 人。在党的指示下，这些列宁小学广泛开展了田径、球类、游戏等适合少年儿童特点的体育活动。与此同时，儿童团、少先队也大力提倡体育活动。少年先锋队中央总队部总队长张爱萍曾发表《发展赤色体育运动》一文，要求把体育与青年军事化联系起来，还提出了在当时条件下能够开展的体育项目。1934 年 4 月 8 日少先队中央总训练部编辑出版了《少队游戏》《少队体操》。张爱萍和党代表周恩来就此发布了少队中央第四号命令，指出：

“《少队游戏》与《少队体操》是少队的游戏、体操的基本训练材料，各级队部都应依此加紧对队员的教育，活泼与锻炼每个队员的体力，适合于革命战争。”当时的儿童团、少先队等组织还经常举办各种形式的体育比赛。如1932年“三·一八”纪念日，在福建上杭县举行共产儿童游艺大会，比赛项目有徒手运动、各种体操法、表情歌舞等。1933年8月，宁都举行了闽赣两省少先队运动会，有120名少年运动员参加比赛，比赛的项目有篮球、铁饼、铅球、标枪、跳高、跳远、500米跑等。

干部学校也是当时体育活动开展较为集中的地方。中国共产党在开创根据地的时期，为了培养和训练干部，创办了许多大学和专科学校，其中著名的有马克思主义大学、红军大学（1933年前称红军学校）、中央列宁师范学校、苏维埃大学、高尔基戏剧学校、红军第一步兵学校、红军第二步兵学校、红军特科学校、通讯学校（无线电学校）、卫生学校、游击队干部学校、女子职业学校、商业学校、银行专科学校、中央农业学校等。在这些学校大多开设了体育课，并开展课外体育活动，有的学校还结合军事训练进行体育锻炼。如江西苏维埃干部学校把体育列入常识科目中，女子职业学校把体操、音乐、游戏列入艺术科目内，苏维埃大学全校师生都参加了赤卫军，除进行经常性的军事训练外，还开展足球、篮球、乒乓球、单杠、双杠、赛跑、竞走等活动。

苏区中央各机关也普遍开展了体育活动。中央苏区机关体育活动以篮球等球类项目为主，各级领导带头参加，开展十分普遍，不少机关都有球队。当时有名的球队有少共中央篮、排球队，中共中央局篮球队，全总执行局篮球队，中央政府篮球队，国家保卫局篮球队，少共中央娃娃篮球队，江西省篮球队，中央联合足球队等。在众多的篮球队中，少共中央篮球队实力最强。该队曾在“五卅”全中央苏区的运动大会上夺得冠军。

苏区的厂矿、农村中也开展了体育活动。当时苏区工厂中的体育活动大多是按民兵的组织形式进行的。每天天刚亮，青年工人们便集合整队，进行体操、跑步等活动。兵工厂的工人们利用废料制成许多手榴弹，供大家练习投掷。同时，工人们还利用山地地形进行各种锻炼，学习作战本领。当时出版的红色杂志《青年实话》在1933年第2卷第8期中报道了苏区体育的盛况："苏区体育运动是一天天向前开展着。各地青年工农群众进行的跳高啦、跳远啦、赛跑啦、游泳啦、秋千啦、篮球啦、足球啦、乒乓球啦、举行运动会啦，轰轰烈烈、热热腾腾地掀动起来了。"

## （二）红色根据地举行的大型运动会

在体育运动广泛开展的基础上，苏区军民每逢"五一"、"七一"、"八一"等节日、"五卅"纪念日等，以及一些重大集会和检阅之后，都要举行大规模的运动会。其次数之多，气氛之热烈，充分反映了苏区体育的盛况。

### 1. 中央苏区举行的重要运动会

在第二次革命战争时期，中央苏区举行了多次规模较大的运动会。其中全苏区运动会一次，各县和地区的运动会多次。以下是几次规模较大的运动会：

中华苏维埃共和国第一次运动大会，又称"五卅"运动会。1933年5月30日至6月3日在瑞金叶坪大练兵场举行。这是苏区时期的第1届，也是唯一的一届"全运会"，因而在革命根据地体育史上占有重要的地位。参加这次运动会的运动员180余人，均为男选手。分别来自红军一、三、五军团、江西军区、江西省少先队、福建省少先队、中央机关以及公略、胜利、博生、万泰、安远、兴国、上杭、长汀、武平等县。比赛项目有篮球、排球、足球、乒乓球、网球、田径等。运动会主席团由博古（秦邦宪）、邓颖超、王盛荣、项英、张爱萍、何长工、杨尚昆7人组成，博古任总评判主任，洛甫（张闻天）、邓颖超、凯丰（何克全）、毛泽东、项英、杨尚昆、陈云、何长工为总评判员。比赛结果为：少共中央队获篮球、排球、乒乓球冠军；红校队获足球冠军和田赛第一；保卫局获径赛第一。网球因下雨未进行。运动会结束后，宣布成立了“中华苏维埃共和国赤色体育会”，推选项英、王盛荣、邓发、张爱萍、施碧晨5人为委员。

龙岩县龙池地区运动大会，1930年5月23日~24日在龙岩县龙池地区举行。比赛项目有：100米、220米、440米、880米、1000米、跳高、跳远、立定跳远；徒手操、木棍操、手巾操、拳术、双打、舞剑、花枪、关刀等。

上杭县庆祝“五一”劳动节运动会，1931年5月1日在上杭县白砂区举行。比赛项目有：列队、刺枪、射击、劈大刀、爬越障碍、过独木桥、掷手榴弹、跳高、跳远、叠罗汉等。

庆祝“一苏大会”运动会，为庆祝第一次全国苏维埃代表大会的召开，1931年11月在江西瑞金叶坪大练兵场举行。比赛项目有：障碍跑、投弹、刺杀、劈刀、跑步、跳高、跳远、抬担架、爬云梯等。

福建全省游艺体育运动大会，1932年5月1日在福建长汀举行。来自龙岩、上杭、武平、永定、连城、宁化、长汀等县的上千人参加。项目有田径、刺枪、打马刀、徒手操等10多项。

“八一”福建全省赤色运动大会，1933年8月1日~4日举行。除省级机关、学校、工厂等单位的运动员外，还有上杭等5县及福建军区选手参加，并有十多名妇女参加了比赛。中央国家保卫局及红军学校球队在大会上作了精彩表演。比赛项目有射击、投弹、越障碍、刺枪、劈刀、团体操；跳高、跳远、三级跳、铁饼、铁球、标枪、铁杠子、高、低栏、100米、200米、400米、800米、篮球、足球、乒乓球等。

### 2. 其他苏区的体育竞赛活动

第二次国内革命战争时期，除了中央苏区以外，闽浙赣、鄂豫皖、湘赣、湘鄂西、川陕等革命根据地也积极开展了各种体育竞赛活动。如闽浙赣苏区于1932年1月举行了有400多名少先队员参加的运动会。同年3月23日，省苏维埃文化部决定举行全省春季运动大会，号召各乡、区、县在此之前应举行一次运动会，选拔参加省运动会的运动员。鄂豫皖苏区于 1931 年 5 月 1 日～4 日在新集镇召开了大型体育运动会，共有 300 多名运动员参加了跳高、跳远、单杠、双杠、100 米、200 米、500 米、篮球、手榴弹、刺枪、卧倒、爬山、浪桥、秋千等项目的比赛。湘赣苏区于 1932 年 2 月在永新举行了一次有数千名儿童参加的省军事、政治、文化比赛运动会，其中军体活动内容有跑步、投弹、跳高、打秋千等项目。

### 3. 红军部队开展的竞赛活动

从 1932～1936 年的 5 年时间内，红军部队开展了各种形式的体育竞赛活动。如 1932 年 5 月 4 日在福建汀州举行的“红五月”运动会；同年 9 月 4 日为纪念国际青年节在瑞金召开的红军学校“九四”国际青年运动大会；1933 年 5 月 1 日～3 日在江西丰藤田举行的红一方面军一军团运动会；1933 年 6 月 16 日～19 日在上杭县石圳潭举行的福建军区运动大会；1933 年 8 月 1 日举行的红一军团“八一”体育运动大会；1933 年 11 月 7 日福建军区举行的十月革命节运动大会；1934 年 8 月 1 日在瑞金举行的“八一”运动会；1934 年 9 月 4 日在城温坊举行的红军独立二十四师青年运动会，等等。

红四方面军在长征中举行的“五一”运动大会是一次值得纪念的运动会。这是红军在举世闻名的长征中规模最大的竞赛活动。这次运动会是由红四方面军于 1936 年 5 月 1 日在四川炉霍县寿宁寺西方的一块大草坪上举行的。运动会共进行了 3 天，朱德在开幕式上讲话。大会进行了阅兵式，比赛内容丰富多彩，除了球类、赛跑、跳高、跳远、跨越障碍、刺杀、投弹、识图、测距和利用地形地物外，还有搭帐篷、绘画地图、识别敌军番号、烧牛粪等比赛，另外还有骑兵、工兵架桥等表演。这次运动会正如朱德讲话所说，向全中国、全世界宣告了中国工农红军永远充满着生气，是任何力量也征服不了的。

## 三、抗日战争和解放战争时期的新民主主义体育

1937年7月7日，“芦沟桥事变”爆发，从此中国人民进入了艰苦卓绝的八年抗战时期。在抗日战争期间，除陕甘宁边区外，中国共产党在敌后建立了晋察冀、晋冀鲁豫、晋绥、山东、华中等抗日民主根据地。1945年抗日战争胜利后，中国共产党领导中国人民又进行了第三次国内革命战争，夺取了全国范围内的胜利，于1949年10月1日建立了中华人民共和国。在抗日战争和解放战争中，中国共产党领导的抗日根据地和解放区，继承了第二次国内革命战争时期苏区的优良传统，在极其艰苦的战争环境中，十分注重体育运动的开展，进一步发展了新民主主义体育。抗日战争时期，是新民主主义体育发展的重要时期。其理论与实践都在这一时期基本定型。

### （一）陕甘宁边区的体育

1935年10月，中央红军到达陕北。1937年1月，党中央进驻延安。在整个抗日战争期间，陕甘宁边区在中共中央的直接领导和边区政府的组织下，开展了蓬勃的体育运动。

建立延安体育会与新体育学会。1940年，根据中共中央青年工作委员会的倡议，成立了延安体育会。该会的主要任务是组织和推动各机关、部队、学校及工厂的群众体育运动，增强体质，提高工作、生产和学习效率，以便战胜日本侵略者。延安体育会除了组织和开展各类运动项目外，还着重提倡射击、掷手榴弹、武装超越障碍赛跑及赛马等军事体育项目，以使体育运动为抗战服务。1942年1月，由朱德、吴玉章等人及延安体育会、延安大学体育系和军人俱乐部等单位发起成立了“延安新体育学会”。在成立大会上，通过了《新体育学会简章》，选出了理事，决定进行编辑体育教材、培养业余体育干部、开展体育理论研究等项工作，还具体拟出了“体育对医疗卫生的作用”等研究题目。延安体育

会、延安新体育学会等体育组织的成立，有力地推动了陕甘宁边区体育运动的发展，为新民主主义体育事业的全面发展奠定了思想和干部基础。

创建延安大学体育系。为了适应体育运动广泛深入发展的需要，解决体育干部缺乏的难题，1941 年春季开设了青年干部学校体育训练班。同年 8 月，陕北公学、延安女子大学与青年干部学校合并为延安大学。体训班并入延安大学，改为“延大”体育系。该系学员是从各处调来的有运动基础的青年干部和学生，共 30 多名。所开设的课程包括排球、篮球、田径、垫上运动、舞蹈、滑冰、游泳、徒手体操、双杠、解剖学及卫生学等 10 余门专业课。“延大”体育系虽然只办了一年，却为根据地培训了一批从事体育工作的骨干，对延安和边区的体育建设起了一定作用。

开展运动竞赛。抗日战争期间，边区的运动竞赛活动十分频繁，延安几乎每个星期日都要举行体育比赛。每逢“三八”“五一”“五四”“八一”等节日，体育会都要安排举行包括儿童运动会、青年运动会、妇女运动会、机关干部运动会、学校运动会等在内的大型运动会，其中影响较大的有：1937 年 8 月 1 日在延安南关公共体育场举行的抗战动员运动大会。这是抗日战争全面爆发后边区第一次大规模的运动会，有 15 个单位的 469 名运动员参加了篮、足、排、网、乒乓等球类和田径、国术、军事等项目的比赛。1939 年 5 月 4 日在延安举行的首届青年节运动大会，是由延安青年救国会发起组织的，竞赛项目有田径、篮球、排球、射击和赛马等。1942 年 9 月 1 日在延安青年运动场召开的“九一”扩大运动会，是陕甘宁边区规模最大、影响最深远、最为著名的运动会。其竞赛项目有 100 米、1500 米、10000 米、跳高、跳远、铅球、篮球、排球、游泳、射击、投弹、爬山和超越障碍等。表演项目有网球、足球、棒球、武装泅渡、跳木、举重、单杠、双杠、团体操、武术和骑术等。本次运动会历时 6 天，有 1380 名男女运动员参加了比赛。大会期间还通过了 9 月 9 日为体育节及成立边区体育总会等决议。

女子体育蓬勃发展。在陕甘宁边区，党和政府十分重视妇女参加体育活动。当时延安女子大学的体育运动非常有名。该校配备了多种体育器材，如篮球架、跳高架、双杠等供学员们参加体育锻炼。1941 年“三八”妇女节，延安“女大”学员表演了有数百人参加的舞蹈、团体操以及组字等节目。这些体育活动的开展，在边区影响很大，对妇女体育运动的发展起了推动作用。

### （二）八路军和新四军的体育

在抗日战争中，为了胜利完成频繁而艰巨的战斗任务，中国共产党领导下的抗日军队十分重视利用战斗间隙和休整期间，结合军事训练广泛开展各项体育运动。

党中央和军队领导十分重视军队体育的开展。1942 年延安“九一”运动会结束后，毛泽东专门接见了一二〇师“战斗”篮球队全体队员，指出“我们的军队是很需要体育的”。1939 年春天，周恩来在视察新四军军部时，曾在一次篮球赛中担任裁判，鼓励战士们加强体育锻炼。朱德总司令对于体育运动更是积极倡导。他曾在延安《解放日报》撰文要求部队“开展军事体育运动，锻炼体力，养成尚武精神”。朱德、任弼时等还常常和干部、战士们打篮球、赛排球、踢足球。八路军总部也举办过一些运动会，如 1939 年为纪念“九一八”，八路军总部举办过以军事体育和球类为主的运动会。1941 年元旦，总部还举行过有 300 人参加的，以田径、球类及一些军事体育项目为主的运动会。党中央及军队领导亲自提倡和参与体育运动，为全军普及体育运动起了带头作用，使革命军队的体育运动得到蓬勃开展，大大活跃了部队的气氛，促进了团结，提高了战斗力。

体育运动在共产党领导的抗日军队中，以贺龙任师长的一二〇师最具代表性。早在抗战初期，一二〇师便经常进行赛马、长跑和篮球等运动。在贺龙的亲自关怀下，于 1938 年春组建了名震根据地的“战斗”篮球队，其队员多由一二〇师中各单位的参谋、科长、政治协理员、秘书和干事组成。该队自成立以后，战绩显赫，所向披靡，威震全军。朱德曾高度赞扬“战斗”篮球队是“球场健儿，沙场勇士”。1940年一二〇师在司令部军事教育科下设立了体育股，在旅纵队司令部教育科中设立了体育参谋，在团司令部里设立了体育参谋，并在各级体育组织的领导下开展体育活动。一般每年要举行一两次全师运动会，并多次举办短期的体育集训班，以加强各基层开展体育活动的组织和管理。由于该师首长高度重视，措施有力，全军参与，因而成为根据地体育的一面旗帜。

新四军也广泛开展了群众性体育活动。1939年5月30日，新四军在安徽泾县云岭山下的中村举行了“五卅”运动会。参加比赛的有军司令部、政治部、直属队、教导总队、战地服务团、军医处、兵站和后方留守处等8大单位的数千名运动员。比赛项目有田径和球类，还有着装赛跑、障碍竞走、掷手榴弹、刺枪等军事内容，另外还进行了团体操、拳术表演。1940年春，挺进总队还举办了一次有篮球、田径等竞赛项目的运动会。皖南事变后，陈毅任新四军代理军长，在他的领导和积极倡导下，新四军成立了战地服务团，设立了文化、体育、娱乐等小组，部队的文体活动又有了新的发展。

除了陕甘宁边区和八路军、新四军以外，其他各抗日根据地也都在中国共产党和当地政府的领导组织下，根据不同的条件相继开展了轰轰烈烈的体育活动。如1941年，在属晋冀鲁豫抗日根据地的晋东南各县，于春节之际举办过一次体育比赛，开展了爬山、球类、射击、武术等活动。1942年夏天，在山东地区也组织了一次有部队和机关参加的运动会，根据地各参赛单位进行了篮球、跳高、跳远、掷手榴弹、刺杀和拔河等项目的比赛。在东北抗日根据地，军民们也曾多次在战斗间隙开展体育活动。活跃在敌后的抗日联军第一路军，曾因地制宜地进行射击、武术以及跳高、跳远和跑步等小型体育活动。

### （三）解放战争时期解放区的体育

1945年抗战胜利后，八路军、新四军改称为中国人民解放军。

为了彻底粉碎国民党的"和谈"阴谋以及准备发动的内战，人民解放军开展了轰轰烈烈的大练兵活动。在练兵热潮中，各部队除大力开展军事体育，如投弹、刺杀、劈刀、木马、射击、搏斗、夺枪以及摔跤外，还进行了各种类型的练兵检阅或表演活动，以检查、促进、提高练兵实效。人民解放军的大练兵运动，促进了人民军队体育运动的开展，对战士掌握杀敌的过硬本领，增强部队作战能力产生了直接作用，从而为彻底粉碎国民党数百万武装、解放全中国作了充分准备。

解放战争时期，中国共产党领导下的各解放区中开展体育运动最具特点的是旅大地区。早在1946年春，人民政府领导下的旅大地区已有足球队和篮球队共24支，其中市民组织的球队占半数。同年秋季，该市举行"八一五"和"九三"运动会时，参赛足球队已发展到28个，篮球队26个，排球队16个。最初旅大地区体育活动的开展只限于节假日。1948年，随着生产建设的恢复和人民生活的改善，体育活动得到了广泛开展。同年9月由旅大行政公署主持召开了"旅大首届运动大会"，参赛运动队达65个，运动员930人。在这次运动会上，由于工人队占了一定比例，因而运动会分为学生组和工人组，并专门安排了一些适合工人的竞赛项目，如织网、接力等。

为了使体育运动在民族的、科学的、大众的新民主主义体育的道路上健康发展，1948年11月，旅大地区还进行了一次体育团体登记，清洗了一些不合格的私人体育团体，体现了对旧体育的改造。旅大地区是一个工业城市，体育运动在工人中相当普及。仅在1949年，旅大地区召开的群众性运动会就达9次之多，参加比赛的人员99%是来自各单位的职工和学生。如"三八节妇女体育大会"上，参加田径赛的就有46个队，1762人；参加集体项目的4个单位共2292人；参加球类比赛项目的有37个队。此外，还有织网比赛、秧歌竞赛和跳绳比赛等游戏项目，并培养了一批女子裁判员。同年在团市委和大连市教育局的领导下，创编了14节大众操，在各工厂、学校推广。党领导下的旅大地区开展的群众性体育运动，为后来党的工作重心由农村进入城市后在全国实施新民主主义体育提供了有益的经验和榜样。

**思考题**

"五四"和新文化运动对中国近代体育有何影响?

蔡元培体育思想的主要观点是什么?

《体育之研究》的主要观点是什么? 在中国近代体育史上有何意义?

自然主义体育思想有哪些主要观点? 在我国近代体育的发展过程中有何影响?

《国民体育法》有哪些主要内容? 在中国近代体育史上有何意义?

民国时期学制的变化对学校体育产生了什么影响?

民国时期举行了哪些重要的国内赛事?

民国时期中国参加了哪些重要国际赛事? 对中国近代体育的发展有何影响?

民国时期传统体育有何发展和变化? 其意义如何?

什么是新民主主义体育? 它的兴起在中国近代体育发展历程中具有什么重要意义和影响?

# 第十二章　中国现代体育的建立与曲折发展（1949～1979）

**学习提示**

新中国体育方针与管理体制的初步确立
20世纪50～60年代群众体育、学校体育、国防体育的开展
中国竞技体育“举国体制”的形成与国内竞赛体制的建立
新中国体育对外交往及与国际奥委会关系的演变
“文革”对体育的严重破坏与拨乱反正

1949年中华人民共和国建立后，社会主义体育事业经历了一个曲折发展的历史过程。20世纪50～60年代中期以前，在党中央和人民政府领导下，确立了新中国的体育方针，建立了具有中国特色的体育管理体制，群众体育活动得到广泛开展，竞技运动水平大幅度提高，在扩大对外交往中起到了一定作用。在1966年～1976年历时10年的“文革”浩劫中，中国的社会主义体育事业遭到了严重的破坏与挫折。“文革”结束后，体育事业得到拨乱反正，开始走上了正常发展的轨道。

## 第一节　新中国体育方针与管理体制的初步确立

### 一、体育方针的确立

1949年10月1日中华人民共和国刚刚成立，中央人民政府就

把发展体育事业摆上了议事日程，提出了建设“新体育”的要求。

1949年9月30日，中国人民政治协商会议第1届会议一致通过了《中国人民政治协商会议共同纲领》。在“文化教育政策”第48条规定“提倡国民体育”，并提出“注意保护母亲、婴儿和儿童的健康”。1949年10月26日～27日，在北京召开了“全国体育工作者代表大会”，中央人民政府副主席朱德出席了会议并发表重要讲话，指出“现在我们的体育事业，一定要为人民服务，要为国防和国民健康服务”。指出了新中国体育的基本任务与宗旨。1952年6月10日，毛泽东主席为中华全国体育总会第2届代表大会题词“发展体育运动、增强人民体质”，这一著名题词成为了新中国体育工作的基本方针和理论依据。

1952年7月29日～8月30日，新中国首次派出代表团参加在芬兰赫尔辛基举行的第15届夏季奥运会。此后，培养高水平运动员，组建高水平运动队参加国际比赛，以此来扩大我国的国际交往，提高中国在国际社会中的影响与声望，挫败国际反共反华势力企图在国际体育领域制造“两个中国”“一中一台”的阴谋，成为了体育工作的一个重要任务。在这一背景下，提高我国的运动技术水平被提上重要议事日程。1958年，周恩来总理在中国共产党第八届中央委员会第一次会议作的《发展国民经济的第二个五年计划的建议报告》中指出：“我们应该在广大群众中进一步开展体育运动，有效地增强人民的体质，并且提高我国体育运动水平。”明确将“增强人民体质”和“提高我国体育运动水平”作为党的体育工作的两大基本任务。

1959年4月18日，周恩来总理向二届人大所作的《政府工作报告》中指出：“在体育工作中，应当贯彻执行普及和提高相结合的方针，广泛开展群众性的体育运动，逐步提高我国的体育水平。”这一报告首次明确而完整地提出了我国社会主义建设时期“普及与提高相结合”的体育方针，由此而形成了社会主义中国以“发展体育运动，增强人民体质”为根本任务，以“普及与提高相结合”为基本方针的体育发展思路。正是遵循这一思路，在结合学习苏联的体育经验的基础上，新中国逐步形成了自己的体育发展模式，创建了有关体育组织机构和制度。

## 二、体育管理制度的确立

中华人民共和国成立初期，全国体育工作由团中央负责。1949年10月，“中华全国体育总会筹委会”成立，成为新中国第一个全国性体育组织。1952年6月，中华全国体育总会在北京成立，通过了《中华全国体育总会章程》。其宗旨是“在中央人民政府和中国共产党的领导下，根据共同纲领第48条‘提倡国民体育’的规定与人民政府有关发展体育的政策，协助政府组织、领导并推进国民体育运动，为增进人民身体健康及为国防与生产服务。”

1952年，中国体育代表团的领导在参加赫尔辛基奥运会后，赴苏联考察了该国的体育管理体制以及体育运动发展的经验。回国后，团中央军体部长、全国体总秘书长荣高棠和教育部长马叙伦分别上书党中央和政务院，建议在政务院下设一个全国体育运动事务委员会，统一领导全国的体育运动事务。

为了加强对体育工作的领导，有组织地协调发展我国的体育事业，1952年11月15日，中央人民政府委员会第十九次会议决定成立“中央人民政府体育运动委员会”（简称中央体委，1954年改称中华人民共和国体育运动委员会，简称国家体委），任命贺龙为委员会主任，蔡廷锴为副主任。从此，体育运动成为中央人民政府直接管辖的一项重要事业，中央体委（国家体委）成为领导全国体育工作的政府行政部门。与此相应，全国各省、直辖市和自治区的县以上政府均逐步建立了各级体育运动委员会，作为同级人民政府主管本地区体育事务的行政机构，并受同级人民政府及上级体委领导。

由此，在20世纪50年代，全国逐渐形成了体育管理的三大组织系统。其一是国家行政系统的体育管理部门。主要包括中央体委（国家体委）和一些与体育运动相关的部委。中央体委是中央人民政府主管全国体育运动的部门，负责统一领导、协调、监督全国的体育事业。而像国防部、教育部、铁道部等部委则分别主管本系统的体育工作。卫生部负有健康指导与卫生监督等职责。其二是参与体育管理的社会组织系统。除了中华全国体育总会以外，共青团、全国妇联、全国青联、全国学联以及其他群众社团性体育组织等分别在其相应的社会群体中开展体育活动。其三是军队的体育管理系统。包括军队内部各级体育工作管理机构和负责开展群众性国防体育运动的组织“中国人民国防体育协会”。上述三大体育组织系统以中央体委为核心，互相补充，密切配合，共同推动全国体育事业的发展。

## 第二节　20世纪50~60年代群众体育的开展

新中国建立后，随着社会经济与文化的发展，人民生活条件的改善，群众体育活动从最初的厂矿、机关向市民和农村普及，群众体育形成了蓬勃发展的热潮。

### 一、职工体育

建国初期，全国担负着工业、商业、交通运输、科学文教和机关事务等方面繁重生产和工作任务的职工约有一亿多人。他们是社会主义建设事业的重要力量。积极开展厂矿机关职工的体育活动，增强他们的身体健康和体质，是建国初期党和人民政府高度重视的大事。

中华全国总工会是负责领导职工体育活动的群众性组织。1955年10月，中华全国总工会设立了体育部，具体领导新中国的职工体育工作，此后各省、市、自治区工会也相继建立体育部。为了推动职工体育活动的开展，全国总工会采取了一系列有力措施。

1951年11月，中华全国体总筹委会、教育部、全国总工会等9个单位联合下发了《关于推行广播体操运动的联合通知》，这是新中国公布的第一套广播体操。它的出台有力地推动了建国初期我国群众体育的广泛开展，很快在全国各地掀起了一个做广播体操的热潮。

1954年，中华全国总工会和国家体委在北京联合召开了新中国第一次全国职工体育工作会议。会议制定了《关于开展职工体育运动暂行办法纲要》，提出了“积极领导，逐步发展”的工作方针。对职工的组织建设、宣传教育、运动竞赛，场地设备的修建、管理和利用，经费和奖励等均作出了明确规定，从而成为指导我国职工体育的一个重要文件。

1955年10月，全国第1届工人体育运动大会在北京召开。参加比赛的1700名运动员是从全国17个产业系统中的120多万职工中选拔出来的。比赛项目有田径、自行车、举重、篮球、排球和足球，有10名运动员打破11项全国最高纪录。

在全国体总等组织的有力推动下，促进了职工体育的广泛开展。到1952年上半年，仅全国铁路员工参加田径赛、篮排球等各项体育运动的就达20余万人，有球队3200多个，队员2万余人。1200余个铁路单位拥有自己的运动场和简单的体育设备。

20世纪50～60年代初，蓬勃开展的职工体育受到了政治运动和经济困难的严重影响，直到国民经济形势逐渐好转后才有所恢复。1962年12月在北京举行的全国体育工作会议上，确定了在厂矿和机关中，配合工会和基层体协开展职工群体活动的工作方针。1963年，全国厂矿、企业、机关的群众体育活动重新开展起来，参加体育活动的人数很快扩大。根据当时对天津市51个工厂、企业的调查，经常参加体育活动的职工占总人数的15%左右，少数单位达到30%～40%。山东省在1963年国民经济形势好转后，逐渐恢复了广播操、工间操，开展了小型多样的体育活动及医疗体育。

1964年1月，国家体委在北京召开全国体育工作会议期间，中华全国总工会也在北京召开了全国职工体育座谈会，确定了在新的形势下，将职工体育活动有计划、有步骤地开展起来，以增强职工体质，促进工作和生产的目标。会议还对职工体育的组织领导、体育活动的形式、内容及必要的物质条件保证等方面的问题作了政策性的规定，要求各级厂矿、企事业单位工会应积极配合体委，切实把职工体育活动开展起来。

60 年代初国民经济形势好转后，在全国体总和国家体委的号召下，隶属中央部委及各省、市的厂矿企业工会结合民兵训练，组织了以游泳、射击、通讯、登山等四项活动为中心的经常性体育活动。1964 年 12 月，国家体委、全国总工会、共青团中央、全国妇联又根据冬季群众体育活动的特点，联合发出了“关于组织越野赛跑和环城赛跑的通知”。这些活动都有力地推动了这一时期全国职工体育的蓬勃开展。

## 二、农村体育

新中国建立时，全国广大农村的文化和体育活动十分落后，处于一穷二白的状况。为了推动全国农村体育工作，改善广大农民的身体状况，当时负责全国体育工作的青年团组织确立了开展农村体育的基本思路，要求在服从生产的前提下，坚持业余和自愿原则，在广大农村开展简单易行的体育活动。1953 年 6 月 24 日，胡耀邦在中国新民主主义青年团第二次全国代表大会的工作报告中指出：“青年团的组织必须发动和组织青年参加各种体育活动和运动竞赛，在农村应倡导和组织民兵和青年喜爱的体育活动。”在这一指导思想下，各地农村的青年团组织积极展开工作，发动农村青年自己动手开辟体育场地，自制体育器材，并结合民兵训练开展体育活动，形成了新中国农村体育活动的热潮。

在党团组织的支持推动下，一些地方农村还结合本地文化传统开展体育活动，逐渐形成了地方体育特色。如河南登封县的武术，山西忻县的摔跤，广东梅县的足球和台山县的排球等都名震一时。

1956年6月，国家体委和青年团中央在北京首次召开了“全国农村体育工作会议”。会议肯定了在农村中主要结合民兵训练，利用农闲季节开展体育活动的做法。会议强调，农村体育必须依靠青年团组织，在发展生产的基础上，坚持业余、自愿、简便易行的原则，结合实际情况，积极开展农村体育运动。会议认为，在农村应大力提倡有利于增进农民健康的民族形式体育。会议还要求，要迅速建立县一级的体育运动委员会，配备一定数量的专职干部，以加强领导。同时还要继续依靠青年团组织领导和开展农村体育工作。这次会议的召开有力推动了农村体育的开展，使广大农村出现了前所未有的体育新气象。根据22个省、市、自治区不完全统计，当时已建立436个县级体委，配备有554个专职体育干部。青年团也在261个县级团委中配备了268名专职体育干部。全国共建立了30505个体育协会，发展会员915150人。这些体育部门和组织的建立以及相应措施都有力地推动了农村体育的开展。

1958年5月和8月，国家体委分别在山东高唐和辽宁北票召开了全国农村体育工作现场会，目的是通过树立“红旗”，掀起学、赶、超运动，推广农村体育和生产拧成一股绳的经验。但是随之而来在当时党内极“左”思想影响下搞的所谓“体育大跃进”，使刚开展起来的农村体育受到严重挫折。例如当时在极“左”思想影响下，要求在全国农村大建体育场馆，提出了5年内每乡要有2个体育场、1个体育馆和1个游泳池的目标。这对于经济落后，毫无基础的广大中国农村来说，是完全不切实际的，导致了一些地方体育浮夸风蔓延，大量人力物力浪费。加上1960年到1962年国民经济困难时期，农村体育的开展陷入停滞，农民参加体育的积极性受到严重挫伤。

1962年国民经济逐渐好转后，国家体委根据我国当时经济恢复和群众生活水平的实际情况，确定农村体育活动以城镇为重点，在方式上根据生产和生活情况适当开展，利用农闲和节日、集市开展一些小型比赛，以点带面，逐步扩大范围，恢复农村群众体育活动。1964 年的全国体育工作会议上，又要求将以城镇为重点的体育活动逐步扩大到整个农村的社队，同时实事求是地提出，不能再犯“大跃进”的错误，必须从“目前的生产、生活水平出发，有计划、有步骤地进行，不能要求过高过急”。

从 1964 年开始，全国农村体育活动逐渐恢复。在国家体委号召开展的游泳、通讯、射击、登山等 4 项活动中，广大农村在党团组织的领导下，结合民兵训练开展了体育活动。从 1965 年开始，农村群体工作还特别注重了在少数民族地区开展有民族特色的传统体育活动，对武术和民间体育进行了积极的研究整理。

## 三、少数民族体育

中国是个多民族的国家，除汉族以外，还有藏族、蒙古族等其他 55 个少数民族。各民族在其发展历史过程中都创造了丰富多彩的民族传统体育文化。如蒙古族的摔跤、赛马；藏族的打马球；锡伯族的射箭；高山族的竿球；拉祜族的打陀螺；傣族的划龙舟；彝族的斗牛；朝鲜族的秋千；哈萨克族的姑娘追；塔吉克族的叼羊；回族的武术等，都体现了各自浓郁的民族风格和民族传统文化特色。在各民族的节日庆典中，也包含着丰富的体育活动内容。如蒙古族的“那达慕”大会，白族的“三月街”，傣族的“泼水节”，彝族的“火把节”，藏族的“望果节”等等，各民族都要举行诸如摔跤、赛马、射箭、斗牛、划龙舟等项体育活动。

新中国成立后，党和人民政府十分重视少数民族体育的发展，认为这是增强体质、造福少数民族人民的一项重要工作，是贯彻民族政策、增进民族团结的一项重要任务。为了推动少数民族地区体育事业的发展，国家采取了很多措施。如通过体育学院和各种形式的培训班，培养少数民族体育专业人才；调拨了一定体育经费和运动器械支援少数民族地区；在少数民族地区修建体育场地等等。国家体委和一些体育基础较好的省、市还先后抽调一批体育干部和教练员支援少数民族地区。如 1958 年，上海男女篮球队、天津男排和湖北足球队到新疆访问比赛，一批教练员留在新疆长期帮助本地的训练工作。

1953年9月，为了交流经验，示范和推广少数民族的民族传统体育，国家体委和民委联合在天津召开了规模盛大的“全国民族形式体育表演及竞赛大会”，参加比赛的有来自全国各民族的397名优秀选手。在1959年举行的第1届全国运动会上，把少数民族的摔跤、赛马、马球列为正式比赛项目。共有13个省、市、自治区的各族运动员参加了这些项目的比赛。在少数民族运动员中产生了一些优秀选手，如活跃在50年代的著名回族游泳运动员穆祥雄，曾3次打破100米蛙泳的世界纪录。朝鲜族足球运动员金龙湖、李逢春、崔曾石，体操运动员金虎石等，都是新中国的第一代“国手”。在50年代末期，一批藏族运动员成为了我国登山运动行列的中坚力量。

## 四、军队体育

结合军事训练开展体育活动是解放军的光荣传统。1950年军委总政治部提出要大力加强部队体育活动，要求连队革命军人委员会设立体育委员，负责本单位体育工作。1952年，经中央和军委批准的总政报告中更是明确提出：广泛开展群众性体育活动，锻炼指战员的体质，是军队训练工作的主要任务之一。1953年中央军委发布命令，将体育列为人民解放军正规化训练的一个基本课目。

为了提高全军将士的身体素质，提高战斗力，人民解放军于1953年开始试行《劳卫制》，先在华北军区和华东军区试点，然后逐步在全军推广。为了满足军队开展体育工作的人才需要，于1953年在广州开办了军事体育学校（1963年改名为中国人民解放军体育学院），专门为部队培养体育干部。为了加强军队体育工作的统一领导，1955年在解放军训练总监部下设立了专门负责管理全军体育工作的体育局。上述措施对于和平时期军队开展体育活动，提高部队的战斗素质起到了重要作用。

1952年8月1日~9日，中国人民解放军在北京举办了新中国首届体育运动会。参加大会的有来自各大军区，各军兵种和直属单位的1800多名运动员。比赛项目包括军事项目（通过障碍、投掷手榴弹、500米全副武装越野跑等）、田径、球类等44个项目的比赛，以及航空、摩托车等42个项目的表演。运动会创造了一批全国最高纪录。

20世纪60年代初，由于国际形势变化，解放军在积极备战中，群众性体育活动得到了进一步的加强。在全军掀起“大比武”的热潮中，各军、兵种为了迅速提高战士的身体素质，广泛组织开展了球类、跳障碍、单双杠、长跑、拔河、登山、游泳等活动。根据军委有关指示，各地驻军根据不同的条件大力建设体育活动场地，自制体育器械。以班以上单位为主体开展的体育竞赛是练兵的组成部分，也是战士闲暇休息时间的重要娱乐活动。各地驻军还和当地厂矿、企事业机关单位，经常性地进行比赛，参加地方民兵的一些训练和体育竞赛活动。各大军区、省军区的专业运动队伍，尤其是中国人民解放军直属运动队，在军内和国内大赛、国际友军的军事专项及竞技体育比赛中，都取得过优异的成绩，从而也推动了群众性体育活动的开展。

## 五、国防体育

20世纪五六十年代特定的国内外形势和环境，使国防体育成为全国体育工作的一个重要组成部分。在“加强战备”、“准备打仗”的口号下，为反击侵略者，全国掀起了“全民皆兵”的练兵热潮。在这一背景下，国防体育受到特别的重视和强化。群众性的国防体育活动以军事野营、射击和三防等项目为中心，在各地政府领导下，以民兵单位为基础广泛开展。据1962年北京、辽宁、吉林、天津、上海、广东、山东等地的不完全统计，参加上述几项国防体育活动的人数约达560万人。绝大多数省、市的航空俱乐部开展了业余滑翔训练。射击、无线电、航空模型、航海模型等项目成绩显著提高。

20世纪60年代中国的国防体育表现出民兵训练与群众体育紧密相结合的特色。1964年，全国大力提倡游泳、射击、通讯、登山4项国防体育活动，各省、市、自治区的职工以此为中心组织经常性的大规模活动，取得了很好的效果与成绩。到"文革"开始前，无论是在城市还是在乡村，我国的国防体育活动根据不同地域和条件得到了普及性的开展。

## 第三节　20世纪50~60年代学校体育的发展

### 一、党和人民政府高度重视学校体育工作

学校体育是国民体育的基础，是国家体育事业的重点，中华人民共和国成立后，党和人民政府对学校体育工作高度重视。1950年和1951年，毛泽东主席先后两次写信给当时的教育部长马叙伦，提出"健康第一，学习第二"的指示。1951年8月6日，中央人民政府政务院发出《关于改善各级学校学生健康状况的决定》，其中指出：要"切实改进体育教学，尽可能地充实体育娱乐的设备，加强学生体格的锻炼"；规定"学生每日体育、娱乐活动或生产劳动时间，除体育课及晨操或课间活动外，以一小时至一小时半为原则"。在党和人民政府的高度重视和领导下，新中国的学校体育工作开始走向了全面建设的轨道。

### 二、学校体育管理体制的形成

1952年，为了对全国学校的体育工作加强指导和领导，教育部设置了体育处。1953年，各省、市、自治区教育行政部门也相继设立专门的体育管理机构，负责学校体育的管理，颁布各种有关学校体育的规定，检查和监督学校体育工作执行情况。

1957年2月27日，毛泽东主席在最高国务会议第11次扩大会议上，作了《关于正确处理人民内部矛盾问题》的著名演讲，其中指出："我们的教育方针，应该使受教育者在德育、智育、体育几方面都得到发展，成为有社会主义觉悟的、有文化的劳动者。"同年，周恩来总理在第1届全国人民代表大会第4次会议上的《政府工作报告》中指出："我们今后的教育方针，应该是培养有社会主义觉悟的、有文化的、身体健康的劳动者。"党的教育方针的确立，充分体现了马克思主义关于人的全面发展的思想，明确规定了中国教育事业的性质和方向，成为指导全国学校体育工作的基本方针。

根据党的教育方针精神，从1957年始，逐步建立了全国学校体育工作的管理和指导体制。全国的学校体育工作由教育行政部门统一领导，国家体委和各地体育部门则对于学校体育负有指导、配合、监督的责任。各级教育部门相继建立了体育管理机构，负责学校体育的管理，保证学校体育工作的进行。

## 三、学校体育工作的规范

1952年，教育部和中央体委联合颁布了《学校体育工作暂行规定》，明确指出我国学校体育的基本目标是："促进学生身心发展，增强体质，并对学生进行道德品质的教育，使他们能很好地完成学习任务，从事社会主义建设和保卫祖国。"为了达到这一目标，教育部于1952年在《各级各类学校教育计划》中正式规定：从小学一年级到大学二年级，均开设体育必修课，每周两学时，以保证学校体育目标的实现。

1953年，教育部组织翻译了苏联十年制体育教学大纲，向全国体育教师进行介绍，以便学习和借鉴。1956年7月和11月，教育部分别制定了适合我国国情的《小学体育教学大纲（草案）》，和《中学体育教学大纲（草案）》以及《师范学校体育教学大纲（草案）》。高等教育部亦于1956年制定了第一个全国统一使用的

《高等学校普通体育课教学大纲》。体育教学大纲的颁布，使各级各类学校的体育教学工作有了统一的规范要求，并初步建立起我国学校体育教学课堂常规。

为了提高青少年的健康水平和身体素质，有关部门从50年代起制定了一系列的锻炼标准。1951年，青年团北京市委和北京市体育分会制定了《北京市暑假体育锻炼标准》，组织大、中学生进行体育达标活动。这一形式及时得到了中华全国体育总会的肯定，并向全国推广。到1953年底，全国各地参加体育达标活动的学生已达80多万。1954年，中央体委参照苏联模式，结合我国情况，制定了《准备劳动与卫国体育制度》（简称《劳卫制》），并经政务院批准，于同年5月4日向全国公布。这样，《劳卫制》便成为新中国正式颁布的第一个“国家体育锻炼标准”。

## 四、学校体育的曲折发展

20世纪50年代后期，受党内“左”倾思想影响，学校体育工作的指导思想出现了偏差，对全国学校体育的正常发展造成了冲击。1958年提出的“体育大跃进”，为了迎合当时政治的需要，在青少年体育中不切实际地提出高标准。如1958年10月，在徐州举行的“全国中、小学体育工作经验交流会”上，提出到年底以前，除病残者外，中学生应全部达到本年10月颁布的《劳卫制》规定的一级、二级或各等级运动员及普通射手标准；小学生则全部达到《劳卫制》的少年级或少年级运动员标准。这种不切实际的高指标要求，不仅是难以实现的，更违背了学校体育工作的一般规律，也在一定程度上损害了学生的健康。另外，“体育大跃进”还导致教学工作中出现只搞单项训练，甚至以军训和劳动代替体育课的做法。这些，都对这一时期学校体育工作和青少年健康发展产生了不良作用和后果。直到60年代初，这种“左”的做法才得到纠正。

1963年5月，国家体委召开了全国群众体育工作会议。会议根据各地深入学校进行调查研究后送交的材料，认为虽然由于国家经济形势的逐步好转，生活有所改善，学生的健康状况好于前两年，但总的来看，体质仍然较差，学生中近视眼的比例逐年升高，脊柱弯曲的现象也很严重。有些学生因为健康状况而退学和休学，学生应征入伍也受到影响。会议以后，全国各级各类学校都加强了宣传教育，启发学生积极自觉地参加课外体育活动。同时，各地学校也按要求尽可能地保证学生进行锻炼的时间和提供必要的物质条件，开展了多种多样形式和内容的课外活动。

从 1963 年始，全国大中城市和城镇的大部分大、中学校都把体育工作列入了教育计划，体育课由一节改为两节。课外活动列入课程表，每周保证两次以上。有的学校达到每周三次。三年困难时期，很多学校将体育场种上了菜，这时基本得到恢复，有的还做了整修扩建。

20 世纪 60 年代，学校体育工作有了一定改进。1961 年，《文汇报》《体育报》开展了体育课是以掌握运动技术技能为主，还是以发展身体素质为主的学术讨论。通过这次讨论，在明确中小学体育课教学的目的任务方面逐渐形成了共识。教育界和体育界认识到，学校体育如果仅仅是追求发展身体素质，往往会导致不讲究科学的锻炼方法。反之，如果仅仅是以技术训练为主，而忽视身体素质的发展，同样也达不到体育课的训练效果。认识上的片面性，不仅影响体育课的质量，也会影响学生体质的增强。因此体育课必须为增强学生体质服务。既要着眼于为掌握体育基本知识、技能打基础；也要为培养学生对体育的兴趣、爱好、习惯打基础。在这次讨论的基础上，根据有关部门的指示，各级各类学校恢复了每周两节体育课。在上好体育课的基础上，坚持早操、课间操或眼保健操。每周安排两次课外活动，每次活动的时间保证在一节课以上。这就是后来成为我国学校体育工作的基本模式的两课、两操、两活动。这一学校体育教育基本模式的形成与实施，对于规范我国学校体育教育，增进青少年健康起到了良好的作用。

1963年～1966年间，国内学校的体育运动得到比较广泛的开展，学生的健康状况有了明显好转。1964年，部分有条件的学校和单位，试点性地推行“青少年体育锻炼标准”，逐步取消了劳卫制达标制度。“青少年体育锻炼标准”的实施，使我国对青少年体质和体能的测定有了指标依据。各级学校根据“标准”，指导学生进行锻炼，使体育教学得到加强，也促进了课外体育活动的开展。

## 五、体育专业教育的建立

为了开展学校体育，提高学校体育的教学水平和质量，建国后以体育师资培训为中心的体育专业教育得到高度重视。在“以培养工业建设人才和师资为重点，发展专门学院和专科学校”的全国高校院系调整方针指引下，在调整合并各地原有体育师范校系的基础上，1952年始，先后在上海、北京、南昌（后迁至武汉）、成都、西安、沈阳建立了直属体育学院；恢复和建立了28个师范院校体育系科。这些体育院系的建立，为我国培养了急需的体育专门人才，有效地缓解了学校体育师资需求的矛盾，促进了新中国学校体育事业的发展。

1963年5月，国家体委在北京召开了全国体育学院工作座谈会。会上讨论了办学思想，明确了体育院校的培养目标，并草拟了《体育系四年制本科教学计划（草案）》。与此同时，教育部也在北京召开了全国中小学体育教学问题会议。会议认为体育学院的任务是：培养中等学校体育教师是国内体育院系共同的和主要的任务。其他体育人才、专项教师、教练员和研究生，应根据国家需要和学校条件进行安排。会议还提出了培养中等学校体育教师的规格要求，认为应全面地、扎实地学好并掌握基础理论、基本知识、基本技能和培养实际工作能力，使学生能够适应中等学校教学和开展群体活动及业余训练的需要。这次会议还讨论修订了本科教学计划，草拟了体育系四年制本科的教学计划。

这一时期，以研究生教育为中心的体育高层次人才培养体系也逐渐发展起来。我国体育院系独立培养研究生始于1960年。在这以前，主要是苏联专家在北京体育学院和上海体育学院为我国培养了一批研究生。首批招收了田径、体操、篮球、排球、生理、解剖和体育理论等7个专业的研究生。1959年至1960年，北京体育学院共招收了93名研究生。1963年以后，根据教育部颁布的《高等学校培养研究生工作暂行条例》，北京体育学院等院校进一步完善和加强了体育专业研究生的培养工作。这些研究生毕业后，成为了我国体育界各个方面的骨干力量，为我国体育事业的发展起了很大的作用。

## 第四节　中国竞技体育“举国体制”的形成

从1952年中央体委成立开始，为了适应国内体育运动发展的需要，普及体育运动，提高运动水平，在国际赛场上取得优异成绩，我国逐渐加强了政府对体育运动的指导与投入。在“普及与提高相结合”、“国内练兵，一致对外”等思想指导下，20世纪50～60年代，我国逐步形成了具有中国特色的竞技体育“举国体制”。这一体制的特点是以计划经济为基础；以政府直接财政投入和行政管理为保障；以普及体育运动，提高运动水平，在国际赛场上夺取优异成绩为主要任务。这一体制下面主要包括了以各级体育行政部门为中心的管理体制，以国家与省级专业运动队以及县级业余体校为中心的训练体制，以及以“全运会”为中心的国内竞赛体制。到60年代“文革”前，这一具有中国特色的竞技体育体制基本形成。

### 一、体育管理体制的确立

从1952年中央体委（1954年改为国家体委）建立始，至60

年代初，全国各省（直辖市、自治区）到地县一级政府均逐渐建立了相应的体育管理机构。一个以各级体委为主体，从上而下的体育行政管理体制得以确立，负责领导和管理所属地方的体育运动事务。

中央体委刚成立时，其主要职责是对全国体育工作进行指导，国家和社会力量共同办体育。1957年以后，随着国家计划经济体制的确立，体育社会组织管理系统的功能和作用逐渐削弱。1960年后，为了克服严重的国民经济困难，全国各个行业进行收缩调整，计划经济体制得到加强。在这一背景下，各产业体育协会和群众体育社团的功能和作用进一步被弱化，逐渐失去了组织管理竞技体育和群众体育的职能作用。国家体委和各级体育行政部门全面接管了国家体育事业各个方面的工作。

20世纪60年代，国家体委提出一方面促进体育大众化和普及化，一方面提高运动技术水平的发展思路。但由于国民经济困难，加上国际反动势力对我国采取的封锁孤立政策，使政府只能在有限的物质条件下优先保证竞技体育的发展。而在竞技体育中，也只能优先保证一些重点项目的发展，以实现重点体育项目的突破。为了达到预定的目标，国家体委研究制定了一系列有利于竞技体育尽快发展的管理制度和措施，从而形成了计划经济体制下的、以中央到地方各级体育行政部门为主体的竞技体育管理模式，即后来所说的“举国体制”。

## 二、训练体制的形成

### （一）专业运动队体制的形成

1952年后，为了适应参加奥运会等国际体育活动的需要，在中央体委领导下，开始建立各运动项目组织。除了1949年已经成立的篮球协会以外，至20世纪50年代末，已相继成立了中国摔跤、网球、排球、自行车、田径、体操、足球、乒乓球、举重、射击、羽毛球、滑冰、冰球等单项运动协会。

与此同时，在解放军体育工作经验的基础上，又借鉴了苏联等国的模式，逐渐建立起了具有中国特色的专业运动队体制。

中国的专业运动队始创于50年代初，当时称为“优秀运动队”。最初国家体委所属的优秀运动队有篮球、排球、游泳3个队。到1959年第1届“全运会”前后，在国家体委下已建立了包括田径、体操、游泳、篮球、排球、足球、乒乓球等主要项目在内的常设国家集训队。同时，全国各省、市、自治区也建立了一定数量的专业运动队。据1959年4月中共中央转批国家体委党组《关于一九五九年体育工作几个问题的报告》称：“各省、市、自治区可根据本地区体育运动发展的情况和特长，建立若干重点项目的优秀运动员队伍。……省以下各级的运动代表队，除为了准备和参加省一级运动会，可进行短期集训以外，一律不应当占用生产和工作时间进行集训。” 1960年3月经中央转批的《国家体委党组关于1960年体育工作会议情况的报告》又进一步明确指出：“优秀运动员的训练由国家体委和省、市、自治区分别举办。”《1961年全国体育工作会议纪要》则规定：“优秀运动队的设立，除解放军、各产业系统由各有关部门批准建立外，目前只限在国家体委和省（市、自治区）体委两级。”[1]根据以上文件，正式确定了中央和省级两级专业运动队模式。

1963年3月31日，《国家体委关于试行运动队工作条例（草案）的通知》下发。这是我国第一部关于专业运动队的正式文件。该条例对我国专业运动队的基本任务、培养目标、管理规范进行了全面阐释、并分章就训练原则、比赛要求、思想政治工作、文化教育、教练员、运动员、后备力量培养、医务监督、行政管理、组织和领导进行了全面的规定与说明。这一条例的出台，标志着中国竞技体育“举国体制”的训练体制与专业运动队体制走上了规范化与建制化轨道。

---

[1] 体育运动文件汇编.（1959–1981）. 北京：人民体育出版社，1982. 61

## （二）建立培养优秀运动人才的三级训练网

在国家与省一级建立专业运动队的同时，县、区一级的业余体校也在各地陆续建立。1956 年，国家体委公布了《青年业余体育学校章程（草案）》和《少年业余体育学校章程（草案）》，依照苏联模式建立了各级青少年业余体校，它们是国家优秀运动员的主要人才资源培养和储备基地。据有关资料统计，迄止 1958 年 9 月，全国的青少年业余体校已达 1.6 万多所，在校学生达到 77 万多人。50 年代末 60 年代初，因国民经济困难，大多数业余体校停办。1962 年国民经济形势好转后，才又逐渐恢复。

1963 年，青少年业余体校在调整的基础上，着重巩固提高并获得发展。当时全国绝大多数省、市、自治区体委，都根据专项优势特点。扩大了业余体校办学规模。

为了使业余体校走入规范化轨道，为提高业余训练质量提供可靠的保证，1964 年 9 月，国家体委颁发了《青少年业余体育学校试行工作条例（草案）》。1965 年的全国体工会议上，确定采取多种业余训练形式，大力抓好业余训练工作，“广泛建立基层的运动队、代表队、训练点等等，办好重点青少年业余体校、中心青少年业余体校”。1965 年 6 月召开的全国群众体育工作会议上，再次提出了“各地都应集中力量办好重点青少年业余体校，一定要源源不断地培养出一些优秀运动员，向专业队输送。有条件的省、市、自治区可以建一所半天读书、半天训练的中心青少年业余体校，作为专业队的预备队”。从 1963 年 ~ 1965 年，逐渐形成了一个从基层单位业余体校到重点业余体校、中心业余体校和专业运动队的，有广泛的普及面、层层衔接的业余训练三级人才培养网络和体系。

## （三）“三从一大”的训练原则

1963 年，随着国家经济形势的好转，国家体委提出了由休整性训练转入正常的全面训练和必须严格保证训练质量的要求。

1964年12月，国家体委在上海召开了训练工作现场会议，共有320人出席。会议学习了周恩来总理和贺龙副总理关于训练工作的指示，看了日本女排的训练、比赛，分析了我国训练中存在的问题。要求各队运动员要进一步地反对训练中的保守思想、教条主义和娇骄二气；坚决贯彻“三从一大”（从难、从严、从实战出发，进行大运动量训练）的原则；在运动队中树立“三不怕”（不怕苦、不怕累、不怕难）和“五过硬”（思想过硬、身体过硬、技术过硬、训练过硬、比赛过硬）的作风；改进训练工作的领导作风，做到领导、教练员、运动员三结合，实现训练工作的革命化。

“三从一大”原则和“三不怕”、“五过硬”作风，是我国优秀运动队对多年训练实践进行摸索和总结的结果；是针对我国竞技运动的实际状况，结合专业项目特点，吸取国外先进训练经验，迅速提高运动技术水平，彻底改变我国体育运动的落后面貌，向世界先进水平大踏步前进的需要；是在全国掀起学习解放军热潮的直接促进下形成和提出来的。“三从一大”训练原则和“三不怕”、“五过硬”作风，成为我国运动员长期克敌制胜的法宝。

### （四）“国内练兵，一致对外”的赛训指导原则

1965年1月，在全国体育工作会议上，提出了要力争在3~5年内实现由1958年提出的，10年左右在10个主要项目上赶上和超过世界水平的奋斗目标。为迎接第2届全国运动会的召开，争取实现在本届全运会上打破一批全国纪录和一些项目的世界纪录，达到促进训练的目的，要求各优秀运动队要树立“国内练兵，一致对外”的指导思想，加强团结，交流经验，互相学习，共同提高。从1961~1965年，实际上所有的竞赛都是围绕“国内练兵，指导运动技术水平；一致对外，猛攻尖端”来组织安排的。“国内练兵，一致对外”的思想，成为这一时期指导我国竞技体育发展的基本原则。

## 三、建立国内竞赛体制和举办全国运动会

### （一）建立国内竞赛体制和比赛制度

中华人民共和国成立以后，党和政府十分重视在群众中开展各类体育比赛活动。1956 年，国家体委公布了《中华人民共和国运动竞赛制度的暂行规定（草案）》，使体育竞赛开始走向制度化。根据这一文件，当时在我国正式举行的运动项目共 43 个。其中田径、体操、篮球、排球、足球、垒球、羽毛球、网球、乒乓球、游泳、跳水、水球、速度滑冰、花样滑冰、冰球、滑雪、举重、拳击、摔跤、技巧运动、棋类、自行车等 22 个项目每年举行锦标赛一次。足球、篮球、排球实行全国甲、乙级队联赛制度，每年举行一次，每次比赛两轮，甲级赛的末两队降为乙级，乙级队的前两名升入甲级队。

在建立运动竞赛制度的同时，国家体委还逐步建立了优胜奖励制度。1956 年 3 月，国家体委在各级运动会试行奖励。1957 年 3 月 13 日，国家体委正式公布了《关于各级运动会给奖方法的暂行规定》，从而建立了我国首个运动会奖励制度。

配合运动竞赛制度的建立，1956 年 4 月 28 日国家体委还公布实施了《中华人民共和国运动员等级制度条例（草案）》和《中华人民共和国裁判员等级制度条例（草案）》，1957 年 3 月 27 日又公布了《关于如何审查与承认省（自治区）、市最高纪录的几点规定》。这一系列文件的制定，有力地促进了我国当代运动竞赛制度的建立。

1963 年，经国务院批准国家体委下发了《各项运动全国最高纪录审查及奖励制度》，以使对全国最高纪录的审查能够规范化、科学化，使奖励有章可循，起到鼓励运动员不断提高运动技术水平，创造新纪录，推动竞技体育发展的作用。

1963 年 10 月 10 日，国家体委在 1958 年公布的《中华人民共

和国运动员、裁判员等级制度条例（修订草案）》的基础上，经过修改和补充，重新公布了《中华人民共和国运动员等级制度》和《中华人民共和国裁判员等级制度》。以上规章制度的建立和完善，对国家体委对竞技体育的完全行政性、计划性管理，起到了很重要的保证作用。

### （二）中华人民共和国全国运动会的举行

在中国现代运动竞赛体制的形成过程中，中华人民共和国第1届全国运动会（简称“全运会”）的举办具有重要的地位和作用。举办全运会的设想始于20世纪50年代初。1952年8月赫尔辛基奥运会后，青年团中央和教育部先后打报告，建议在政务院下设全国体育运动事务委员会。经毛泽东、刘少奇批阅后，邓小平向荣高棠作了指示，提出“准备明年开全国运动大会”。[1]但因种种原因推迟。

1959年9月13日，经过精心筹备，中华人民共和国第1届全运会在北京工人体育场隆重开幕。本届运动会举办的目的是检阅建国10年来体育战线所取得的伟大成就，团结全国广大体育工作者，推动群众性体育运动的发展，在若干项目上创造优异成绩，迎接建国10周年。毛泽东主席和其他党和国家领导人出席了开幕式，并检阅了体育队伍，观看了大型团体操《全民同庆》。运动会从9月13日开幕到10月3日闭幕，共有各省、市、自治区和人民解放军29个参赛单位，运动员10658人参加了比赛。竞技项目共计36个。共有7人在游泳、跳伞、射击和航空模型比赛中4次打破世界纪录，664人844次打破106项全国纪录。

1965年9月11日，第2届全运会在北京工人体育场开幕。毛泽东、刘少奇、周恩来、朱德、邓小平等领导人出席了开幕式，并检阅了体育队伍。开幕式上,首都90个单位的16000多人表演了历时70分钟的《革命赞歌》大型团体操。共5922名运动员参加

---

[1] 伍绍祖主编. 中华人民共和国体育史. 北京：中国书籍出版社，1999. 49

比赛，其中女运动员2011人。在第2届全国运动会期间，有24人10次打破9项世界纪录（举重2项、射箭2项、射击3项、飞机跳伞2项）；有333人469次打破103项全国纪录，有250万人参观了第2届全国运动会。第2届全运会与第1届全运会所设相同项目的成绩比较，除田径的男子跳远、手榴弹等极少数项目还保留第1届全运会的成绩外，其余项目的成绩全部刷新，田径、射击、射箭、举重等项目的成绩有了较大幅度的提高，并创造了一批世界纪录。

“全运会”是中国国内规模最大、层次最高、从中央到地方政府（省）最为重视的综合性运动会，同时也是世界上规模最大的国内运动会。“全运会”的举办有力地推动了我国竞技体育的普及与发展，促进了运动水平的提高，调动了各地搞竞技体育的积极性。

### （三）竞技运动成绩大幅度提高

50年代初，在与社会主义国家及友好国家积极进行体育交往，开展互访性竞赛活动的同时，在国家体委成立之后，逐步加强了对提高运动技术水平的领导。为规范运动技术成绩的管理，国家体委按国际惯例于1956年1月11日公布了1955年的102项全国纪录。这是我国第一次正式公布全国纪录，标志着我国运动竞赛工作进入了一个新的发展阶段。其中78项是在1955年创造的，18项是在解放以后其他年份创造的，只有6项是在解放以前创造的。

在广泛开展群众体育的基础上，我国运动技术水平得到极大提高，创造了一批优秀的运动成绩。1953年8月9日，在罗马尼亚布加勒斯特举行的第1届国际青年友谊运动会的100米仰泳决赛中，我国25岁的游泳运动员吴传玉以1分8秒4的成绩为中国获得了国际体育比赛中的第一枚金牌，使鲜艳的五星红旗首次在国际体坛上升起。

1956年6月7日，我国著名举重运动员陈镜开，在上海陕西路体育馆举行的中、苏举重友谊赛中，以133公斤的成绩，打破了美国运动员 C. 温奇保持的最轻量级挺举 132.5 公斤的世界纪录，成为新中国创造的第一个世界纪录。同年 11 月，陈镜开又分别在广州和上海，以 135 公斤和 135.5 公斤的成绩，两次刷新他自己保持的这项世界纪录。1957 年 5 月 1 日，我国著名游泳运动员戚烈云在广州“庆祝五一国际劳动节游泳表演赛”中以 1 分 11 秒 6 的成绩，打破了由捷克斯洛伐克运动员 V. 斯沃齐尔保持的 100 米蛙泳 1 分 11 秒 7 的世界纪录。这是新中国创造的第一个游泳世界纪录。

1957 年 11 月 17 日上午,我国著名田径运动员郑凤荣在北京市田径运动会上跳过了当时世界上女子从未跳过的高度——1.77 米，从而打破了美国运动员 M. 麦克丹尼尔在 1956 年墨尔本第 16 届奥林匹克运动会上创造的 1.76 米的世界纪录。这是新中国第一次打破女子世界纪录，也是继陈镜开、戚烈云之后所创造的第 3 项世界纪录。

1959 年 4 月 5 日，我国著名乒乓球运动员容国团在德国多特蒙德举行的第 25 届世界乒乓球锦标赛上，连闯 8 关战胜 7 个强劲的对手，其中包括 1 个前世界冠军、1 个欧洲冠军、2 个国家冠军，最终在有 38 个国家和地区的 240 多名优秀选手参加的单打比赛中获得冠军。这是新中国获得的第一个世界冠军，也是中国历史上第一个世界冠军。

到 50 年代末，我国运动员不仅全部刷新了 1949 年以前的全国纪录，在举重、女子跳高、男子蛙泳、男女跳伞、射击、航空模型等 18 个项目中有 39 人 31 次打破世界纪录，取得了旧中国难以想象的成绩。

1960 年 5 月 25 日，中国登山队队员贡布、王富洲、屈银华三人战胜了难以想象的困难，首次从北侧山脊登上世界最高峰——珠穆朗玛峰，把五星红旗插上了地球之巅。他们的英雄事迹给全国各族人民带来了极大鼓舞。

正当体育健儿努力攀登世界体育高峰、创造更多世界优异成绩时，1966 年开始的“文化大革命”使我国的体育事业遭受了严重破坏，陷于停顿和倒退状态。

# 第五节 20世纪50~60年代体育对外交往与重要国际比赛

中华人民共和国建立后，我国体育事业的一项重要任务是服从于国家外交战略需要，让世界了解中国，争取获得国际承认，增进中国人民与世界各国人民的友谊与交流。通过对外交往和交流，从国外尤其是苏联及东欧各社会主义国家学习先进经验与训练方法，对于迅速提高我国的运动技术水平，发展我国的体育事业起到了积极作用。同时，为了打破国际反华势力的封锁，我国体育健儿积极参加各项国际赛事，取得了骄人的成就。

## 一、与苏联和东欧社会主义国家的体育交往

20世纪50年代初，由于特定的国际环境和条件，我国体育对外交往的范围和规模较小，主要限于苏联和东欧社会主义国家。50年代中期以后，随着世界民族运动的高涨，我国与亚非拉各国的体育交往日渐增多。

中华人民共和国成立初期，为了改变体育运动的落后面貌，我国体育界把学习、吸收苏联和东欧社会主义国家的体育管理模式与先进经验作为一项重要工作。

1950年8月28日~11月28日，以体育界学者和青年团人士组成的新中国第一个体育代表团应邀访问了苏联，对苏联体育运动的组织领导、干部培训、学校体育等作了较为系统的考察和学习。代表团还观摩了全苏田径运动大会以及列宁格勒和基辅等地的工厂、学校及公共体育馆的体育活动，参观了莫斯科斯大林体育大学、中央体育研究院。这次出访使中国体育界初步接触和了解了苏联的体育事业开展情况。

1952年7月，中华全国体育总会秘书长荣高棠率领中国体育

代表团参加第15届奥运会后访问了苏联和东欧社会主义国家。代表团回国后提出了应参照苏联模式，加强政府对体育工作的领导的建议。在这一次考察的基础上，中央人民政府于1952年11月15日决定成立“中央人民政府体育运动委员会”（后改称国家体委），由贺龙担任主任，统一领导全国的体育运动事务。随后，贺龙、蔡树藩、荣高棠等率领中国体育代表团访问了苏联和东欧社会主义各国，对其政府体育机构、工厂、集体农庄的体育组织、青少年业余体校、体育场馆设施建设以及体育科研状况进行了较全面的考察，学习了苏联等国举办大型运动会和各项体育赛事的经验。这些对于新中国体育事业的发展，起到了借鉴和促进的作用。

在中国体育界出访苏联等社会主义国家的同时，有关部门还邀请了苏联和东欧国家体育代表团和有关专家访华，传授有关体育管理、赛事组织、运动训练、人员培训、医务监督等方面的知识与经验。

1950年12月24日～1951年2月1日，由苏联部长会议体育运动事务委员会派遣的第一个代表团对我国进行了访问。从1953年始，苏联及东欧国家体育界对我国的访问日渐增加，各国体操、游泳、排球、篮球、足球等代表团先后访问中国，和中国运动员进行了友谊比赛。通过这些交往和比赛，使我国运动员和教练员学到了先进的运动技术和训练方法，促进了我国运动技术水平的提高。

为了培养体育科研人才，从1954年～1956年，中央体育学院先后聘请了体育理论、生理学、解剖学、卫生学、田径、足球、体操、游泳8个专业的10位苏联专家担任研究生导师，共招收了215名两年制研究生。人民体育出版社于1956年出版发行了苏联专家凯里舍夫在中央体院研究部的讲稿《苏联体育教育理论》，对我国的体育理论体系的建设产生了重要影响。

为了尽快提高我国运动训练水平，1955年和1956年两年间，我国邀请了一批有经验的苏联和东欧国家的教练员来华。前后共有12名外籍教练在国家队执教。这些外籍教练员将当时苏联和东欧先进的训练理论和训练方法较系统地介绍进我国，为新中国培养了一大批优秀的运动员，并使其中一些运动员的运动成绩接近或达到了世界水平，从而为我国形成最初的一批体育优势项目奠定了基础。

## 二、参加第15届奥运会和其他重要国际比赛

中华人民共和国成立后，为了尽快提高运动水平，扩大我国对外的交流与影响，我国积极派出运动队参加各项国际赛事。1951年8月，中国派出男子篮球队和男子排球队参加了在民主德国举办的第11届世界大学生夏季运动会。两队均获第6名成绩。这是新中国体育代表团首次在国际赛事上亮相。

1952年7月，第15届奥运会在芬兰赫尔辛基举行。由于国际奥委会中一些人无视中国运动员的权利，违背奥林匹克章程中有关规定，不承认中华全国体育总会是领导全中国运动员的唯一全国性业余体育组织，因而引发了一场关于中国参加奥运会的合法权益的斗争。在中国政府和体育界的据理力争和坚决斗争下，国际奥委会才在离本届奥运会开幕前两天，作出邀请中华人民共和国派运动员参加比赛的决议。但同时也邀请了台湾的体育组织派代表参赛。尽管如此，阻挠新中国运动员和代表参加奥运会的企图终于被击破了。

1952年7月29日，以荣高棠为团长、黄中、吴学谦为副团长，包括游泳、篮球、足球队在内的中国体育代表团一行40人前往赫尔辛基，参加了该届奥运会，在奥运会村升起了中国国旗。游泳运动员吴传玉参加了100米仰泳比赛，成绩为1分12秒3。足球队和篮球队因赛程已过半未能参加正式比赛，但仍通过举行友谊赛等形式，与其他国家运动员进行了交流。

第15届夏季奥运会是新中国运动员参加的首届奥运会。中国体育代表团虽然未取得奖牌，但却打破了国际反华势力的封锁和阻挠，实现了周恩来总理在代表团临行前的指示：在奥运会上升

起五星红旗就是胜利!

除了参加奥运会外，这一时期我国还多次派出代表团参加了各类重要国际比赛。

1954 年 7 月，中国体育代表团共 128 人，参加了在布达佩斯举行的第 12 届大学生夏季运动会的男女排球、男女篮球、游泳、田径、乒乓球等 7 个项目的比赛，引起了国际体坛的关注，宣传了新中国的建设成就。在 20 世纪 50 年代，中国体育代表团还参加了第 1、2、3 届国际青年友谊运动会。通过参加这些国际比赛，不仅使我国运动员获得了宝贵的实战经验，提高了技术水平，更使全世界看到了新中国运动员的精神面貌，产生了很好的国际影响。

除了参加社会主义国家举办的国际比赛以外，为了打开更多的国际交流渠道，我国还加入了一些国际单项体育组织，参加了这些组织举办的排球、体操、游泳等项目的国际比赛。并经常与友好国家间举办邀请赛、访问赛，加强国际间运动员的交流，学习国际先进技术。

20 世纪 60 年代，为了配合我国的对外战略，打破敌对势力的孤立与封锁，中国体育界积极开展对外交流，参加和举行各项国际体育赛事，取得了一系列引人瞩目的成就。

1961 年，中国主办了第 26 届世界乒乓球锦标赛。这是中华人民共和国成立以后主办的第一个世界性体育大赛。中国男队以 5 比 3 战胜了 5 次蝉联团体冠军的日本队，荣获男子团体冠军，中国女队获得团体亚军。庄则栋与邱钟惠分获男女单打冠军。这届锦标赛正式宣告了世界乒坛“中国时代”的到来。中国运动员在比赛中不畏强手，勇夺冠军的顽强表现和奋发精神，在当时极大地鼓舞了中国体育界与中国人民的斗志，对中国体育，特别是对乒乓球运动在中国的普及和发展产生了积极而深远的影响。

1963 年 4 月，中国乒乓球代表团参加了在布拉格举行的第 27 届世界乒乓球锦标赛。中国男队获得团体赛冠军，庄则栋蝉联男子单打世界冠军。张燮林、王志良获男子双打世界冠军。1965 年 4 月，中国乒乓球代表团在南斯拉夫卢布尔雅那举行的第 28 届世界乒乓球锦标赛上，获得5项冠军。庄则栋成为首位蝉联3届男子单打冠军的中国运动员。另外，中国还举办了1964年、1965年乒乓球国际友好邀请赛。中国乒乓球运动员在国际比赛中的良好表现和优良作风，成为当时全国人民的榜样。

1963年11月10日，第1届新兴力量运动会在雅加达举行。这是由印度尼西亚首倡的，由亚、非、拉各新兴国家参加并显示其团结和独立的运动会。48个国家和地区的2404名运动员参加了20个项目的比赛。中国派遣了由229名运动员组成的代表团参加这次运动会，并以66枚金牌、56枚银牌、46枚铜牌的成绩名列第一，还打破了举重和射箭两项世界纪录。这是中华人民共和国成立后第一次正式全面地参加国际综合性大型比赛。比赛显示了中国体育运动所取得的巨大进步，展示了中国运动员良好的精神面貌和比赛风格。

1966年11月，中国体育代表团参加了在柬埔寨金边举行的亚洲新兴力量运动会。亚洲17个国家和地区的2000多名运动员参加比赛。中国运动员共获得113枚金牌、59枚银牌和36枚铜牌，有2人2次打破世界纪录，44人65次打破51项亚运会纪录，再次展示了中国竞技体育的水平。

新兴力量运动会和亚洲新兴力量运动会的成功举办，证明了地域广阔的亚、非、拉国家和社会主义国家，在世界舞台上扮演着越来越重要的角色。

## 三、中国与国际奥委会断绝关系

20世纪50年代，为了维护国家的主权和尊严，围绕中国在国际奥委会的地位问题，我国与当时国际奥委会少数领导人的错误政策进行了坚决的斗争。

中华人民共和国成立后，1949年10月26日，在北京召开了中华全国体育总会筹备会，会议决定将原中华全国体育协进会改组为中华全国体育总会，全国体总对外代表中国奥委会。

1952年2月5日，鉴于第15届夏季奥林匹克运动会将在芬兰赫尔辛基举行，中华全国体育总会按照《奥林匹克宪章》的规定，致函国际奥委会，声明将派出运动员参加第15届奥运会，同时还声明中华全国体育总会是代表中华人民共和国的唯一合法体育组织。

1952年3月23日，中华全国体育总会筹委会秘书长荣高棠致函国际业余篮球、田径、游泳、足球、自行车等联合会，声明“中华全国体育协进会”已改组为“中华全国体育总会”。中华全国体育总会是代表中国人民的唯一合法体育组织，并将继续参加各个国际体育联合会的组织、会议与体育活动，决不允许台湾用“中华全国体育协进会”的名义进行任何活动。

但是台北的“中华全国体育协进会”同时宣布自己是中国的唯一合法代表，而按照《奥林匹克宪章》，国际奥委会在一个国家只承认一个全国性的奥林匹克组织（国家奥委会）。尽管中华全国体育总会代表中国是不言而喻的，但当时台湾的国民党政权占据着中国在联合国的席位，国际奥委会的某些人认为这是一个“政治问题”。因此，新中国与国际奥委会的关系从一开始就呈现出复杂的局面。

1952年2月，鉴于第15届奥运会将在这一年的7月在芬兰赫尔辛基举行，中华全国体总2月4日致电国际奥委会，报名参加奥运会和出席国际奥委会会议。国际奥委会对中国报名的电报迟迟不作回音，直到距奥运会开幕只剩33天时才回复：“由于中国的混乱，在困难解决之前，任何运动员不得参加比赛。”

对于国际奥委会无理阻碍中国运动员参加本届奥运会的做法，中华全国体育总会提出了强烈抗议。最后国际奥委会通过了一个妥协方案，将中国席位问题予以“保留”。经过艰苦的努力和复杂的斗争，中国体育代表团终于抵达赫尔辛基，参加了本届奥运会。但这时离奥运会闭幕只有5天了。7月29日，代表团抵达的当天中午，在奥运村内举行了升旗仪式，达到了“此去把五星红旗插到奥运会就是胜利”的目的。

1956年，中华全国体育总会为参加在澳大利亚墨尔本举行的第16届奥运会进行了认真的准备，中华全国体育总会邀请台湾运动员到北京参加选拔赛。但是，国际奥委会在邀请中国参加第16届奥运会的同时，也邀请台湾以“中华民国”的名义参加奥运会。在第16届奥运会组委会的文件上，不断出现“北京中国”、“福摩萨中国”字样。为了新中国的尊严，11月6日，中华全国体育总会在北京发表声明：由于国际奥委会违反了奥林匹克宪章，中国运动员不能参加本届奥运会。

从1951年底开始，中华全国体总一直坚持两个基本立场：一是坚持中华全国体总系由前“中华全国体育协进会”改组而成，自然应被继续承认而不能作为新组织去重新申请参加国际奥委会；二是必须先驱逐台湾方面的代表，我们才能正式参加有关国际体育组织。

由于国际奥委会个别领导人坚持在中国参加奥运会问题上的错误做法，在当时的国际政治环境下，为了坚决抵制“两个中国”的阴谋，维护国家的统一与主权，1958年8月19日，中国奥林匹克委员会（中华全国体育总会）发表了关于同国际奥林匹克委员会中断关系的声明。同时，中华全国体育总会以同样的理由退出了8个国际体育组织；董守义也辞去了国际奥委会委员的职务。从此，中国与国际奥委会中断关系达21年之久。

## 第六节 “文革”对体育的严重破坏及其拨乱反正

1966年~1976年的十年“无产阶级文化大革命”（简称“文革”），使我国的体育事业遭到极其严重的挫折和破坏。“文革”后期，以“乒乓外交”为标志的体育外交成为我国打破外交孤立状态的突破口。1976年10月打倒“四人帮”以后。体育战线经过“拨乱反正”，逐渐全面恢复，为20世纪80年代的全面发展和改革打下了基础。

## 一、学校体育的破坏和扭曲

1966年5月“文革”开始后，全国大中学生成立了“红卫兵”组织进行“大串连”，正常的教学秩序被完全打乱，大中学校实际陷入停课状态。1967年下半年始，全国陷入严重的“武斗”，社会动荡，各级学校全面停课。直到1969年，混乱局面才逐渐得到控制，全国各地的学校陆续复课。

在“文革”中，以往的教育方针与教学大纲均被认为是“资产阶级教育路线”被全面批判。从1967年开始，体育课教学为所谓的“军体课”所代替。其内容主要有队列操练、投手榴弹、练刺杀、射击、徒步行军、模仿部队搞所谓的“长途拉练”等等。球类、田径、体操和游泳等体育课内容退居次要地位。除了“军体课”外，以“劳动课”替代体育课也是较普遍的现象。不少学校废除了体育课，以到工厂和农村进行所谓“学工”、“学农”活动来代替学生的体育活动。

“文革”中在各级学校中以所谓“军体课”和“劳动课”来取代体育课是当时极“左”思潮的产物。这种做法严重违背了学校体育的目的和青少年学生的身心发展规律，达不到促进青少年身心健康的目的和作用。加上有关场地、设施和器材严重不足，体育教师缺乏军训经验，教学方法单调粗暴，为广大青年学生所厌倦。

在“文革”中，学校的管理制度完全被破坏，校纪校规废弛，学生上课迟到、早退、旷课的现象严重。在这种状态下，学校体育根本不可能实现教学目的和完成教学任务，给青少年学生的身体健康造成严重影响，整体身体状况明显下降。据1973年~1974年间北京、天津、沈阳等城市对当地近万名中小学生进行体格检查，发现肺活量、心血管功能等指标都低于“文革”前的同龄学生水平。

"文革"后期，在"复课闹革命"口号下，学校教学秩序得到一定恢复。但总的来说，在一个接一个的政治运动干扰下，学校体育与教育工作始终无法恢复正常状态，体育课的大纲编写、锻炼标准、教材编写、师资教育与培训等都无法正常进行。很多乡村学校的体育教师都由"知青"或转业军人充任，教学质量无法保证。

1972年，召开了全国业余体校工作会议，部分有传统体育项目的学校开始恢复业余训练。一些中小学开始定期举办以球类和田径为主要项目的学校运动会。1973年在长春召开了第1届全国中学生运动会。这些都对学校体育教育和课外业余活动从无序回到有序起到了推动作用。

由于"文革"的影响，体育院系长期没有招生，致使各地学校体育教师奇缺。从1973年始，一些体育院校开始招收"工农兵学员"，部分师范学院也开办了体育专业教师培训班，在一定程度上缓解了体育教师紧缺的突出矛盾。

## 二、"文革"中的群众体育

"文革"初期，绝大多数机关和厂矿职工都卷入了政治运动之中，职工体育活动的组织管理体系被完全破坏，供职工从事体育锻炼和活动的场馆也大多被占用或关闭，职工体育基本陷于停顿。

"文化大革命"后期，各地机关和厂矿的职工体育得到一定恢复和开展。1972年，在北京召开了全国职工体育座谈会。此后职工体育得到一定开展，机关和厂矿的各类比赛活动增多，不少县级城镇和大中型厂矿恢复和修整了运动场地，并在节日期间和工余期间举行各类运动会。此外，每年一度的"七·一六"游泳活动以及适应"备战"需要的军事体育活动，也定期或不定期开展起来。但总的来说，这些活动的开展不仅水平较低，还经常受到政治运动的干扰和影响。

在"文革"中，农村体育也同样严重倒退。"文革"开始后，一些农村传统的民间体育被列为“四旧”活动而遭到批判，而各类现代体育项目则因条件限制而很难在广大农村普及。从1969年开始，大批来自城市的中学生以“知识青年”的身份到农村“插队落户”。他们中间的一些人成为当地体育活动的骨干，把球类和田径等体育活动带到了边远落后的农村。另外，在“备战”的要求下，各地农村的基层民兵组织比较活跃，开展了不少军体性质的体育活动，如投弹、射击、刺杀、行军、游泳等等。

1972年全国农村体育工作会议召开后，不少地区的县、区一级“革命委员会”开始不定期组织召开农民运动会。许多公社采用由生产队补贴工分的办法，将“知青”中的体育骨干和积极分子组织起来，参加县或地区级别的比赛。但总的来说，由于这一时期农村经济水平低下，文化落后，更由于当时极“左”思想的干扰，因而当时虽然有一些人为的“体育先进样板”，却不可能在真正意义上发展和普及农村体育。

## 三、“文革”中的竞技体育

“文革”前，我国的竞技体育已经形成了蓬勃发展的局面。“文革”开始后，建国以来的体育事业和成就被完全否定，大批领导干部和著名教练员、运动员及专家学者遭到批斗和迫害。著名的开国元勋，首任国家体委主任贺龙元帅和我国著名乒乓球运动员容国团等甚至被迫害致死。不少有经验的领导干部被迫离开工作岗位，以往行之有效的规章制度被废止，各地业余体校停止训练，不少省、市、自治区的专业运动队伍被解散，整个训练体系完全崩溃。全国仅专业足球队就解散了47个，有1124名优秀足球运动员和115名专职教练员离开了球场。

在极“左”思潮的控制下，“文革”前期国际性体育交往几乎完全终止。少数保留下来的专业运动员，由于缺乏有组织的管理和系统的训练，没有机会参加国际性比赛，竞技水平急剧下降。例如，“文化大革命”以前，我国的游泳选手曾有3人5次打破世界纪录，但在1976年，男女游泳的总成绩却落到世界320名之后，田径没有一项能进入前10名，达到奥运会报名标准的只有3个田径项目。我国曾打破30次世界纪录的举重，到1976年连一项世界纪录也没能保持。又如在“文革”前，我国乒乓球运动已经在世界上居于领先地位。但由于“文革”的干扰，连续两届世界锦标赛（1967年的第29届、1969年的第30届）中国乒乓球队都未能参加。1970年11月，中国乒乓球代表团参加了在瑞典哈尔姆斯塔德举行的第13届斯堪的纳维亚乒乓球锦标赛。这是“文革”开始后中国运动员首次出国参加大型国际赛事。在比赛中，中国男团10年中首次败给了一支欧洲球队匈牙利队，男单比赛中先后有7名中国运动员被欧洲选手所淘汰。“文革”对我国竞技体育水平的影响可见一斑。

在“文革”期间，尽管无法维持正常的训练，一些体育干部、教练员和运动员仍然顶着巨大的政治压力，在艰苦的条件下努力工作、刻苦训练，使个别项目也取得了一些成绩。如1970年跳高运动员倪志钦以2.29米的成绩打破了男子跳高世界纪录，引起了全国的轰动和世界体坛的关注。

“文革”后期，随着国内形势逐渐稳定，竞技体育有所恢复。1971年全国体育工作会议以后，国家体委由军管状态重新回归国务院领导，一部分受打击迫害的领导和业务干部回到原来岗位，使全国体育工作有所复苏。1972年，国家体委召开了全国训练工作会议。同年举办了全国五项球类运动会，打破了国内竞赛的停滞局面。1973年，共举行全国性比赛19项31次，参加的运动员约2万人次，田径、游泳、射箭、举重、射击、速度滑冰等项目，共有70多人120多次打破40项全国纪录。到1974年，全国业余体校已恢复到1459所。

1975年5月，继1960年首次攀登珠穆朗玛峰后，中国登山队潘多等9名队员第二次攀登上了这座世界最高峰。这一成就成为“文革”后期中国体育复苏的标志之一。

1975年9月12日~28日，在北京举行了第3届全国运动会。

这是文革后期举行的一次全国运动会，也是自1965年第2届全运会以后10年来首次举行的全国运动会。比赛项目分为成年组和少年组。全国31个代表团共11300多名运动员（包括预赛）参加了比赛。本届运动会有4人6次打破3项射击世界纪录，2人2次平射击和射箭世界纪录，83人197次打破198项全国纪录。

## 四、“乒乓外交”与我国体育对外交往逐渐恢复

“文革”后期，为了结束国际孤立状态，缓解中苏边境冲突带来的紧张局面，我国在第31届世乒赛上，利用中美运动员之间的接触，实现了中美乒乓球队的互访，从而打破了中美关系坚冰，开辟了中国外交事业的新局面。这就是著名的“乒乓外交”。

1971年3月，第31届世乒赛在日本名古屋举行。在这届运动会上，以中国运动员庄则栋与美国运动员科恩的接触交往为契机，最终促成了中国乒乓球代表团邀请美国乒乓球队访华。1971年4月10日，美国乒乓球代表团15人加上4名记者到达北京。这是中华人民共和国成立后首次来到中国的美国代表团。4月14日，周恩来总理会见了包括美国在内的5个国家的乒乓球代表团。当日，美国尼克松总统发表了“五个对华政策新步骤”的申明，标志着美国政府实行长达20年之久的对华贸易禁令的解除。1972年2月，尼克松总统正式访华，与毛泽东主席和周恩来总理进行了会谈，缔结了《中美上海公报》。1972年4月，中国乒乓球代表团回访了美国，并受到尼克松总统的接见，从而为“乒乓外交”画了一个圆满的句号。

“乒乓外交”是1949年后中国体育史和外交史上的重大事件。这一事件以中美乒乓球队互访为形式，以两国政府的高层对话为实质，以体育方式解决了一项棘手而又具有全球效应的政治外交问题，是体育在促进世界和平、增进各国人民之间友谊和改善国际关系的典型例证。“乒乓外交”传递了中美两国领导人之间战略决策的重要信息，打破了两国之间远隔太平洋的坚冰，使中美

两国跨越了没有交流的20多年，结束了两国相互隔绝的时代，标志着国际环境向新的方向发展的态势，也使大多数过去与中国存在矛盾和隔阂的国家不得不重新考虑对华政策，从而打破了中国的国际孤立局面，返回了国际舞台。

1971年10月25日，第26届联合国大会以压倒多数通过了恢复中华人民共和国合法席位的决议。外交上获得了重大成就和国际关系的不断改善，为恢复我国在国际体育组织中的合法席位创造了有利条件。从1972年起，在国际体育界友好国家和人士的支持下，我国体育开始重返国际体育大家庭。我国陆续加入或重新返回到国际体育组织，如国际赛艇联合会、亚洲运动联合会、国际划艇联合会等。1973年在北京举办了第1届亚非拉乒乓球友好邀请赛。

1973年11月16日，亚运联在伊朗德黑兰通过决议，确认中华全国体育总会在该组织的合法权利。从此中国返回了亚洲体坛。1974年9月，第7届亚运会在伊朗德黑兰举行，中国派出269名运动员组成的大型体育代表团，参加14个项目的比赛，中国运动员打破了1项世界纪录、18项亚运会纪录、22项全国纪录，共夺得33枚金牌、64枚银牌、27枚铜牌，团体总分名列第三位。这是自“文革”以来中国首次参加国际重大综合性赛事，在世界体坛产生了极大影响。此后，中国还于1974年参加了第1届世界中学生运动会，取得了33枚金牌的好成绩。

## 五、体育领域的拨乱反正

1976年10月“四人帮”被粉碎以后，体育界和全国人民一道终于走出了灾难深重的十年浩劫，迎来了新的春天。在声讨和揭批“四人帮”及其余党的过程中，给“文革”中受到无端迫害的领导干部、教练员、运动员、体育教师和管理人员予以了平反，对迫害致死的无辜人士进行了昭雪，在“文革”中遭到严重破坏甚至瘫痪的各级体育系统和组织得到恢复。此后全国体育工作逐渐走上正轨。

1978 年 1 月，国家体委在北京召开了全国体育工作会议，这是建国以来参加人数最多、代表面最宽、规模最大的一次体育工作会议，党和国家领导人接见了与会的 1400 多名代表。会议对建国 30 年体育工作进行总结，在以下几个方面取得共识：坚持党对体育工作的领导；促进青少年德、智、体全面发展；坚持普及与提高相结合的方针；开展体育运动竞赛；迅速攀登体育运动技术高峰；开展国际体育交往；坚持合理的体育规章制度；建设一支又红又专的体育队伍。

全国体育工作会议之后，从中央到全国各地逐步恢复教育、工会、共青团、妇联等体育工作机构。全国县级以上的各级体委、全国体育总会、地方性分会、单项运动协会等社会体育组织得以恢复。基层体育组织也得到重建，在农村人民公社和城市街道办事处建立了体委和相应机构，学校、厂矿、企业、机关建立了体育协会或体育领导小组。

1978 年 6 月 5 日，国家体委公布了《中华人民共和国裁判员技术等级制度（草案）》；同日，还公布了《体育运动全国纪录申请及审批办法（草案）》；7 月 11 日，国家体委又公布了《中华人民共和国运动员技术等级制度（草案）》。这对促进我国竞技体育的迅速发展，使其对教练员、运动员、裁判员及运动成绩的确认等方面步入规范化管理，具有重要的示范作用。

在此期间，中国的竞技体育也有了进展。1977 年 7 月，我国举办了国际足球邀请赛，比赛分别在北京和上海举行。日本、朝鲜、伊朗、墨西哥等 9 个国家和地区的运动员参加了比赛。同年 8 月，我国运动员参加了第 8 届世界大学生运动会的女子篮球、女子排球、男子体操和田径 4 个项目的比赛。男子体操队获得 1 枚银牌和 3 枚铜牌。

1978 年 12 月 18 日 ~ 22 日，中国共产党召开了具有历史性意义的十一届三中全会。全会决定把全党工作重点转移到社会主义现代化建设上来，并提出了中国实行改革与对外开放的基本国策，从而为我国体育事业的发展指引了前进的方向。

1979 年 2 月，在党的十一届三中全会精神指引下，根据党和国家对体育工作的要求和我国社会主义现代化建设的需要，国家体委在北京召开了全国体育工作会议，讨论了体育工作重点转移的问题。会议认为，必须及时、果断地从过去集中精力抓政治运动转到抓体育业务工作上来，转到攀登世界体育高峰上来。体育战线工作重点就是高速度发展体育事业，以适应四个现代化的需要。根据这次全国体育工作会议的要求和布置，我国的体育事业逐步实现了工作重点的转移。

## 六、中国恢复国际奥委会合法席位

自 1958 年中国断绝与国际奥委会的关系后，为了寻求中国在国际奥委会席位的合理解决，我国体育界和国际体坛中的友好人士进行了长期不懈的努力。但由于国际环境和其他因素的限制，这种努力长期未能成功。

1971 年 10 月 25 日，联合国大会通过了恢复中国在联合国合法席位的决议案。1972 年 2 月，美国总统尼克松访华，中美双方发表了《中美上海公报》，从而结束了中美两国长期隔绝的状态。国际环境的改变，为解决中国在国际奥委会合法席位问题创造了前提。

1972 年，爱尔兰人基拉宁接替布伦戴奇当选为国际奥委会主席。在他领导下，国际奥委会逐渐走出保守封闭的状态，开始着手解决中国与国际奥委会的关系问题。

解决中国在国际奥委会席位问题的关键是台湾问题。按照《奥林匹克宪章》，在一个国际性的体育组织中，只能有一个中国。在一个国家内只能承认一个全国性的体育组织为国家奥委会，代表全中国人民的是中华人民共和国，而中国的全国性体育组织是中华全国体育总会。1973 年 3 月，国际奥委会主席基拉宁就中国问题向联合国法律事务署进行了咨询，得到如下答复：根据联合国 1971 年 10 月 25 日第 2758 号决议，台湾省是中华人民共和国的一部分。1974 年 9 月，基拉宁借参观第 7 届亚运会的机会，开始修复国际奥委会与中国的关系。

1975 年 4 月 9 日，中华全国体育总会向国际奥委会递交申请，要求恢复中国的合法席位。1977 年 9 月，基拉宁访问中国，与中国体育领导人就中国在国际奥委会的代表权问题进行磋商。1978 年 10 月 5 日，在国际体育事务中影响巨大的国际业余田径联合会恢复中国在该会的合法席位。至此，国际上大多数单项体育组织都恢复了中国的合法席位。同年 12 月 16 日，中国和美国同时向全世界宣告，从 1979 年 1 月 1 日起，两国正式建立外交关系。中美建交为中国恢复在国际奥委会中的合法席位扫除了最后的障碍。

与此同时，中国国内也发生了深刻变化。1979 年元旦，全国人民代表大会常委会发表《告台湾同胞书》，提出尊重台湾的现状，实现和平统一祖国的大政方针。根据邓小平“一国两制”的构想和《告台湾同胞书》精神，中央批准了在国际组织问题上对台湾的新方针：在一些非政府性国际机构中，除了全国性席位由我有关部门机构占有外，根据有关国际组织章程的不同规定，可以允许台湾非政府机构作为我有关机构的分支参加，或允许其作为非全国性机构参加。根据这一方针，国家体委提出新的设想：在坚持一个中国的前提下，允许台湾作为中国的一个地区，在改名、改旗、改徽之后，可以留在国际体育组织中。这一方案得到中央批准。

1979 年 3 月，中国奥委会代表宋中与何振梁应邀参加国际奥委会执委会，表示愿同台湾体育界代表就台湾运动员参加奥运会问题进行商谈。同年 4 月，在国际奥委会全体会议上，何振梁表示，根据《奥林匹克宪章》，国际奥委会在中国只应承认一个奥委会，即设在北京的中国奥委会。考虑到让台湾运动员也有参加国际比赛的机会，并为了配合国际奥委会寻求解决中国代表问题的努力，可允许台湾的体育组织作为一个地方机构，以中国台北奥委会的名义留在国际奥委会内，但它的旗、歌和章程等应作相应的变动。

1979年6月，国际奥委会在波多黎各举行的执委会上，再次讨论了中国奥委会的代表权问题，原则上通过了承认中国奥委会，并在改旗改歌的前提下，以中国台北奥委会的名称维持对设在台北的奥委会的承认。1979年10月25日，国际奥委会执委会在日本名古屋举行会议，一致通过了恢复中国在国际奥委会合法席位的决议，批准了波多黎各会议的建议。会议确认中华人民共和国奥委会为中国全国性奥委会，设在台北的奥委会作为中国的一个地方性机构留在国际奥委会中，但不能使用它目前使用的歌和旗。这项决议有待国际奥委会全体委员以通讯表决的方式予以批准。这就是具有划时代意义的“名古屋决议”。

1979年11月26日，国际奥委会领导人在瑞士洛桑正式宣布，经过国际奥委会全体委员通讯表决，以62票赞成，17票反对，2票弃权的结果，批准了国际奥委会执委会在名古屋会议上通过的关于中国代表权问题的决议。根据这一决议，确认代表全中国奥林匹克运动的是中华人民共和国的奥委会，正式名称为“中国奥林匹克委员会”，会址北京，使用中华人民共和国的国旗和国歌；台湾地区的奥委会正式名称为“中国台北奥林匹克委员会”，会址台北，不得使用原来的旗、歌和徽记，其新的旗、歌和会徽须经国际奥委会执委会批准。

1979年11月27日，中国奥委会主席钟师统宣布，中国奥委会接受国际奥委会决议，并将参加1980年举行的奥运会。至此，中国在国际奥委会合法席位最终得到公正、圆满的解决，中国与国际奥委会的正常联系终于恢复。占世界四分之一人口的中国人民对奥林匹克运动的积极参与，极大地提高了这一运动的代表性与普遍性。同时，运用邓小平“一国两制”战略性构想解决中国在国际奥委会中合法席位也创立了著名的“奥运模式”，为恢复我国在其他国际体育组织中的合法席位和解决台湾问题铺平了道路，使我国全面登上了国际体坛，成为中国体育全面走向世界和实现腾飞的新起点。

## 思考题

中华人民共和国成立后的体育方针是什么？其体育管理制度是如何形成的？

中国体育的“举国体制”形成于何时？包括了哪些内容？其特点是什么？

新中国首次参加奥运会是在何时？其具体过程是怎样的？

20 世纪 60 年代中国乒乓球运动员取得了哪些优异成绩？其意义是什么？

中国为什么在 1958 年与国际奥委会断绝关系？其经过如何？

什么是“乒乓外交”？其意义和影响是什么？

什么是“名古屋决议”？它对中国体育发展有何重大意义？其主要内容是什么？

# 第十三章　中国现代体育的改革与发展（1979～2004）

**学习提示**

奥运战略的确立及其对中国现代体育发展的影响
20 世纪 80 年代和 90 年代体育改革的过程与措施
改革开放以来中国在竞技体育领域取得的辉煌成就
改革开放以来我国学校体育和社会体育领域的改革与发展
《中华人民共和国体育法》的颁布实施与若干《纲要》的制定
我国体育产业的初步兴起
改革开放以来我国竞训制度的改革与国内主要赛事
北京申奥成功及 21 世纪中国体育发展前景

1978 年 11 月党的十一届三中全会召开后，在党中央的领导下，我国的体育事业与其他各行各业一样，实现了工作重点的转移。从那时到 20 世纪末，我国体育事业在党的改革开放路线指引下，获得了举世瞩目的巨大成就。1992 年，邓小平同志南巡发表了重要讲话，进一步指明了改革开放的方向。同年，党的 14 大确定了建立社会主义市场经济的路线方针。至 20 世纪末，我国的改革开放事业和经济建设取得了举世公认的巨大成就，综合国力大大增强，在国际上的地位和影响空前提高。在这一背景下，中国体育改革不断深化，在各个方面都取得了巨大成就。

# 第一节 体育改革的启动与深化

党的十一届三中全会提出："要改变同生产力发展不相适应的生产关系和上层建筑，改变一切不适应的管理方式、活动方式和思想方式。"从 1979 年到1999 年的 20 年间，在党中央的领导下，我国体育改革不断走向深化，从而为新时期体育的快速、稳妥、持续地发展提供了强大的动力和保障。

## 一、"奥运战略"的确立拉开体育改革帷幕

1979 年 11 月，国际奥委会宣布恢复中国在国际奥委会的合法席位。从此，中国重新回到了奥林匹克大家庭。虽然 1980 年的莫斯科奥运会因苏联入侵阿富汗而遭到包括中国在内世界大多数爱好和平的国家的抵制，但围绕备战奥运会，促使我国竞技体育水平迅速提高，国家体委开始启动一系列改革措施。

1980 年 1 月，国家体委召开了全国体育工作会议，通过对 30 年来体育工作实事求是的评价和反思，总结出六点基本经验：要正确处理体育与政治的关系；要正确处理体育与经济的关系；要正确处理普及与提高的关系；要充分运用竞赛推动体育运动的发展；要正确处理学习与独创的关系；在党的领导下，依靠全社会办体育。这次会议提出的六大基本经验，既是体育拨乱反正重要成果的体现，也是体育工作重点转移的全面展开。这六大基本经验既为体育事业的快速发展起了积极的指导作用，也为体育改革和发展战略的转变奠定了思想基础。

这次会议还在 1979 年全国体育工作会议提出的"在普及与提高相结合的前提下，在今明两年内，省以上体委侧重抓提高"的基础上，进一步明确提出，要调整运动项目的重点布局；把准备全国运动会和奥运会的任务一致起来；改革、完善业余训练体制；

加强干部、教练员的培养。这样，围绕提高竞技运动水平，国家体委进行了一系列改革探索。

1983年，国家体委在给国务院《关于进一步开创体育新局面的请示》中，提出了三个“有利于”的改革原则和四个方面的措施。这三个“有利于”的改革原则是：有利于调动社会各方面办体育的积极性；有利于推动体育的普及和攀登世界体育高峰；有利于促进社会主义精神文明建设。四个方面的改革措施分别是：发动社会力量办体育；竞赛改革；训练体制改革；对武术进行挖掘整理。

以上述改革思路为基础，国家体委和全国体育部门实际已调整和确立了新的体育改革与发展思路，这就是在发动全社会办体育的基础上，国家体委和全国体委系统将工作重点转向在奥运会夺取优异成绩这一目标上。这就实际形成了我国以奥运战略为主体的竞技体育发展战略。国家体委系统的改革将以此为中心。

从1979年开始的一系列改革措施取得了显著的效果。进入20世纪80年代后，我国体育战线捷报频传，取得了举世瞩目的成就。1984年在美国洛杉矶举行的第23届奥运会上，中国体育代表团实现了奥运金牌“零”的突破，并最终以15枚金牌的优异成绩震撼了世界体坛。中国运动员所取得的历史性成就极大地振奋了民族精神，举国上下欢欣鼓舞，海内外华人扬眉吐气。体育健儿在奥运会上所取得的辉煌成就已远远超过体育本身的意义，成为20世纪中华民族的重大政治事件和团结全国人民的旗帜。同时，中国体育在奥运会上取得优异成绩所产生的巨大政治影响也显示了这一时期我国竞技体育“举国体制”和“奥运战略”的正确性和必要性。

## 二、体育改革思路的确立和全面推开

洛杉矶奥运会后，党中央统揽全局，审时度势，于1984年10月发出《中共中央关于进一步发展体育运动的通知》。这一重要文件全面阐明了体育在现代化建设中的地位、任务和作用，对新中国成立以来体育事业取得的显著成绩给予肯定，并就进一步加快我国体育事业发展、提高运动技术水平提出了指导意见。同时要求各级党委加强对体育工作的领导，加强体育队伍建设。党中央的这一“通知”成为这一时期我国体育事业改革与发展的指导性文件，极大地提高了体育的影响和地位，使各级领导对体育工作高度重视，从而有力地促进了体育工作的开展。

根据党中央对体育工作的指示要求与精神，在我国各项体制改革逐步展开和深化的背景下，国家体委在总结以往几年体育改革的历史经验和教训的基础上，经过长时间的酝酿和调研，于1986年4月下发了《关于体育体制改革的决定（草案）》。这一草案制定了10个方面共53条改革措施，其中最核心的是领导与管理体制、训练与竞赛体制、体育科技体制的改革。这一草案，确定了“以社会化为突破口，以竞赛和训练改革为重点”的改革思路和方针，树立了“以革命化为灵魂，以社会化和科学化为双翼，实现体育腾飞”的战略指导思想，从全局出发，实事求是，调动了各方面办体育的积极性，促进了体育全面发展和提高。

## 三、20世纪90年代体育改革的进一步深化

20世纪80年代，中国体育取得了举世公认的巨大成就。但是，在发展过程中一些深层次的矛盾和问题也越来越突出。其中主要表现是管办不分、关系不顺、机制不活、经费不足、效益不高、人才流动不畅、体育事业发展的活力与后劲不足等。实践表明，在20世纪90年代我国确立了社会主义市场经济的背景下，原有的在计划经济时代所形成的体育管理体制和运行机制已很难适应时代的要求。这些矛盾和问题已经成为影响和制约我国体育事业健康顺利发展的瓶颈和不利因素，必须通过改革的手段加以解决。

1992年1月30日，国奥队在与韩国队争夺巴塞罗那奥运会亚

洲区预选赛出线权的比赛中，开场 9 分钟即被韩国队攻入 3 球，导致比赛失利，引发了国内球迷的强烈反应。这就是中国足球史上著名的“黑色 9 分钟”。这场比赛成为了启动足球改革的导火索。同年 6 月下旬，在北京郊区红山口召开的全国足球工作会议上，围绕足球究竟应否和能否实行职业化的问题，与会代表进行了激烈的讨论。最后，在邓小平同志“南巡讲话”精神指引下和中央领导的亲自过问下，与会代表逐渐形成了共识，确定了以足协实体化、组建国内职业足球联赛和成立职业足球俱乐部为中心的足球改革构想。

这次会议史称“红山口会议”。会议突破了旧的观念，明确了中国足球职业化、市场化和社会化的改革方向。从 1993 年始，中国足协制定和公布了《中国足协俱乐部章程》以及关于球员转会、俱乐部体制等文件，全国多个城市完成了对足协的实体化改造，建立了带职业性质的足球俱乐部。1994 年 4 月 17 日，万宝路杯全国足球甲级联赛正式揭幕。当年球市的火爆和全新的运作机制使中国足球呈现出空前的活力。中央电视台以 1000 万元购买了联赛转播权。足球实际上成为了新一轮体育改革的突破口。虽然 90 年代末足球职业联赛出现了很多新的问题，足球改革遭受“假球”、“黑哨”等一系列问题的困扰，但是“红山口会议”和中国足球职业化改革也为中国体育的改革进行了必要的探索，积累了有益的经验。

1992 年 11 月中旬，国家体委在广东中山召开了以学习邓小平“南巡讲话”和“十四大”报告、以体育改革为主题的全国省市体委主任座谈会。史称“中山会议”。这次会议在体育改革过程中，具有转折性的重要意义。通过学习和讨论，与会代表认识到，体育改革不是对原有体育体制和运行机制的细微末节进行修修补补，而是按照社会主义市场经济的要求和现行体育运动的发展规律，对原有的体育体制进行根本性的变革，是社会主义体育的自我完善，其根本目的是进一步坚定我国体育的社会主义方向，加快体育发展的步伐。

在“中山会议”的基础上，1993年国家体委下发《关于深化体育改革的意见》，强调要改变原来计划经济体制下，单纯依赖国家和主要依靠行政手段办体育的高度集中的体育体制，建立与社会主义市场经济体制相适应，符合现代体育运动规律，国家调控、依托社会、自我发展、充满生机和活力的体育体制和良性循环的运行机制，形成国家办体育与社会办体育相结合的、集中与分散相结合的格局，力争在本世纪末初步建立具有中国特色的社会主义体育新体制。和该意见同时推出的还有5个配套文件，阐明了今后一个时期应抓好的10个方面的工作（含29项改革措施）。这些举措进一步推动了我国体育改革向深度、广度发展，从而进入了一个全新的阶段。

1995年，党中央和国务院又特别强调体育运动应以群众体育为主，国家体委因而提出了体育事业的发展要坚持群众体育与竞技体育协调发展的方针，提出要实施“两个战略”，即“全民健身战略”和“奥运争光战略”，这标志着我国体育改革的科学化、社会化水平显著提高。

1998年4月6日，为适应国务院政府机构改革的需要，国家体委更名为“国家体育总局”。新成立的体育总局随后组织有关部门和专家起草了《2001~2010年体育改革与发展纲要（征求意见稿）》，并提交1999年1月召开的全国体育工作会议讨论。这是中华人民共和国成立以来，首次以《纲要》形式作为政府文件下发的规划新世纪中国体育改革发展的一个重要文件。该《纲要》确定了新世纪体育改革与发展的指导思想、主要目标、基本方针、基本战略，同时提出了对策措施，使未来10年的体育发展有了一个基本的蓝图。该纲要提出了到2010年我国体育事业的发展目标是：“人人享有体育的权利，全民广泛参与体育健身，提高在国际体坛上的竞争能力，争取成功举办2008年奥运会，建立比较完善的有中国特色的社会主义体育体系，全面推进体育进步，逐步实现体育现代化。”该《纲要》尤其强调增强人民体质，提高国民素质，强调“青少年体育以学校为重点”、“农村体育以乡镇为重点”、“城市体育以社区为重点”，要求切实地把体育工作的重点放在增强人民体质这项基本任务上来。

国家体委改为国家体育总局，成为国务院管理全国体育事务的直属职能机构，从组织机构上实现了体育管理方式的转变，保证了体育改革的继续开展；而《2001～2010 年体育改革和发展纲要》的提出，则从体育事业的方针和内容上指明了我国 21 世纪前 10 年体育改革与发展的方向。这些重大举措，有力地推动和促进了新世纪中国体育事业改革和发展的再次飞跃。

## 第二节　在国际重大赛事上取得优异成绩

1979 年 11 月中国恢复在国际奥委会的合法席位以来，我国体育健儿在奥运会等国际重要比赛中取得了一系列举世公认的辉煌成就，极大地振奋了中华民族的精神，鼓舞了全国人民的斗志，提高了中国在国际社会中的地位和影响。

### 一、竞技体育崭露头角

1979 年中国回到国际奥林匹克大家庭后，国家体委确定了“在普及与提高相结合的基础上，侧重抓提高”的体育发展战略，集中力量解决运动技术水平落后这个最突出的矛盾。经过几年的努力，我国的运动水平有了明显提高，在国际赛场上初露锋芒。体育健儿在国际赛场上所取得的优异成绩，成为那个特定时代团结和鼓舞全国人民建设社会主义强国的号角与旗帜，使“团结起来，振兴中华”的口号响遍中华大地。

1981 年在日本举行的第 36 届乒乓球锦标赛上，中国运动员一举囊括了男女团体、男女单打（郭跃华、童玲）、男女双打（李振恃 / 蔡振华，张德英 / 曹燕华）、混合双打（谢赛克 / 黄俊群）全部 7 项冠军。这是世界乒乓球运动史上首次由一个国家的运动员夺取全部冠军，在世界体坛和国际乒坛引起了轰动。

1981年，第3届世界杯女子排球赛在日本举行，中国女排勇夺冠军。之后，中国女排在一系列重大国际比赛中连续获得冠军，实现了“五连冠”的奇迹。女排姑娘顽强拼搏的精神，被誉为“女排精神”，成为激励全国人民团结奋斗，勇攀高峰的榜样和精神力量。

1982年，中国体育健儿在第9届亚洲运动会上，获得61枚金牌，首次实现了亚运会上金牌总数和奖牌总数两个第一。中国从此成为亚洲的竞技体育强国。

总的来说，20世纪80年代初，在中国刚走出“文革”十年浩劫不久，拨乱反正，百废待兴的背景下，中国运动员在国际赛场上所取得的优异成绩起到了提高民族凝聚力，振奋民族精神，激发全国人民爱国主义热情的重要作用。除了中国乒乓球健儿和女排所取得的成就外，1981年3月20日中国男子排球队在争夺世界杯排球锦标赛亚洲区预选赛的关键一战中，先输后赢，以3比2战胜韩国队获得出线权，大学生们自发地上街游行，在热烈的欢呼声中，喊出了“团结起来，振兴中华”的口号，在全国激起了强烈的反响和共鸣。又如中国国家男子足球队于1982年10月18日在冲击第12届世界杯足球赛亚洲区出线权的比赛中，以3比0战胜强敌科威特队；也在当时引起巨大轰动。这些胜利加上1984年洛杉矶奥运会上中国体育实现“零”的突破，不仅极大地振奋了全国人民的精神，还激起了80年代初席卷全国的“体育热”，有力地推动了体育运动的普及与开展。

## 二、在奥运会赛场上取得辉煌成就

1979年始，中国重返国际奥林匹克大家庭，中华人民共和国运动员正式登上了奥林匹克舞台。中国运动员在奥运会上不仅展示了良好的体育精神与精神面貌，增强了与世界人民及各国运动员之间的友谊，而且取得了举世公认的优异成绩。中国已经成为世界奥林匹克大家庭中的重要成员。

## （一）参加夏季奥运会

从1979年恢复在国际奥委会合法席位到2004年第28届奥运会止，中国共参加了6届夏季奥运会。从第23届奥运会上实现金牌“零”的突破，到28届奥运会位居金牌数第2，取得了举世瞩目的辉煌成就。

1984年7月28日~8月12日，第23届奥运会在美国洛杉矶举行。中国派出了353人的代表团参加本届奥运会，其中运动员225人。这是新中国第一次全面正式参加夏季奥运会，引起了全世界的瞩目。中国运动员在比赛中表现了高尚的体育道德风貌和顽强的拼搏精神，取得15枚金牌、8枚银牌和9枚铜牌的优异成绩，在有140个参赛国家和地区的角逐中，金牌总数名列第4，极大振奋了中国人民及海外华人的志气，提高了中国体育的地位。其中射击运动员许海峰获得本届奥运会的第1枚金牌，实现了我国自1932年参加奥运会以来奥运金牌“零”的突破，成为中国体育史上的划时代事件与里程碑。

1988年9月17日~10月2日，第24届奥运会在韩国汉城举行。中国派出445人组成的代表团参加本届奥运会，其中运动员297人共参加21个项目的比赛。由于上届未参赛的苏联和东欧等体育强国加入了本届奥运会的激烈角逐，因此中国在本届奥运会上的成绩不如上届，仅在跳水、体操、乒乓球比赛中获得5枚金牌，另获银牌11枚，铜牌12枚。汉城奥运会使中国体育界清醒地看到了与世界体育强国之间还存在的差距，激发了体育健儿发奋砺志，刻苦训练，力争在下一届奥运会上打翻身仗的决心。

1992年7月25日~8月10日，第25届奥运会在西班牙巴塞罗那举行。中国派出了由380人组成的代表团，其中运动员250人参加23个项目的争夺。在比赛中，中国体育健儿奋力拼搏，连创佳绩，勇夺16枚金牌、22枚银牌和16枚铜牌，在有172个参赛国家和地区的竞争中位居金牌榜和奖牌榜第4位，并有3人2

次创2项世界纪录。在有全部传统体育强国参加的本届奥运会上，中国运动员能取得如此优异的成绩，显示了中国竞技运动的迅猛发展势头和中国运动员的实力，在国际体育界引起了巨大反响，也使中国体育界走出了上届奥运会“兵败汉城”的阴影。

1996年7月19日～8月4日，第26届奥运会在美国亚特兰大举行。中国派出了由495人组成的代表团，其中运动员309人，分别参加本届奥运会所设26个大项中22个大项153个小项的比赛。在规模庞大、强手如林、竞争激烈、奖牌分流和困难较多的情况下，中国运动员顽强拼搏，最终夺得奖牌50枚，其中金牌16枚、银牌22枚、铜牌12枚，有2人4次创4项世界纪录，3人6次创6项奥运会纪录，6人13次创12项亚洲纪录，7人15次创12项全国纪录，金牌总数与奖牌总数均列本届奥运会排行榜第4位。中国运动员在本届奥运会上的表现使中国的成绩稳居奥运前列，巩固了中国在世界竞技体育中的地位。

2000年9月15日～10月1日，第27届奥运会在澳大利亚的悉尼举行。这是20世纪最后一届奥运会，也是迎接新世纪的一次奥运会。中国派出了由310名运动员组成的代表团，其中男运动员108名，女运动员202名。在本届奥运会上，中国共取得59枚奖牌，其中金牌28枚，银牌16枚，铜牌15枚。在金牌榜上和奖牌榜上均仅次于美国和俄罗斯名列第三位。这是中国首次进入奥运金牌榜前3位，加入了奥运会金牌第一集团，实现了历史性的突破。

2004年8月13日～29日，第28届奥运会在希腊首都雅典举行。这是世界进入21世纪的第一届奥运会。由633人组成的中国代表团参加了28个大项中的26项，203个小项的比赛。这也是我国参加奥运会历史上规模最大、人数最多的代表团。在本届奥运会上，中国体育健儿顽强拼搏，迭创佳绩，共获金牌32枚，银牌17枚，铜牌14枚。金牌数位列本届奥运会金牌总数第2，取得参加奥运会以来最好成绩。

以下是1984年~2004年中国参加历届夏季奥运会获奖情况(表13-1):

表13-1 20世纪80年代以来中国(大陆)参加夏季奥运会获奖情况

| 届 次 | 时 间 | 地 点 | 金牌数 | 银牌数 | 铜牌数 | 金牌数排名 |
|---|---|---|---|---|---|---|
| 23届 | 1984 | 洛杉矶 | 15 | 8 | 9 | 4 |
| 24届 | 1988 | 汉 城 | 5 | 11 | 12 | 7 |
| 25届 | 1992 | 巴塞罗那 | 16 | 22 | 16 | 4 |
| 26届 | 1996 | 亚特兰大 | 16 | 22 | 12 | 4 |
| 27届 | 2000 | 悉 尼 | 28 | 16 | 15 | 3 |
| 28届 | 2004 | 雅 典 | 32 | 17 | 14 | 2 |

## (二)参加冬季奥运会

在国际奥委会恢复我国合法席位后，中国首次正式参加的奥运会比赛是1980年举行的第13届冬季奥运会。至2002年中国共参加了7届冬季奥运会。虽然在冬季奥运会上我国的成绩不如夏季奥运会，但也稳步前进，取得了很大的进步。

1980年2月12日~24日，第13届冬季奥运会在美国普莱西德湖举行，共有37个国家和地区的1283名运动员参加。中国派出28名运动员参加了本届冬奥会，参加了滑冰、滑雪、现代冬季两项等18个单项的比赛。这是刚刚恢复国际奥委会合法席位的中国首次正式参加奥运会比赛，也是中华人民共和国运动员第一次正式在冬奥会赛场上亮相。由于与世界先进水平有较大的差距，中国运动员无一人进入本届冬奥会前10名。但是，中国运动员出现在奥运会赛场上，引起了世界人民和体育界的瞩目，也受到了东道主美国人民的热烈欢迎。

1984年2月8日～19日，第14届冬季奥运会在南斯拉夫萨拉热窝举行。中国派出37名选手参加了速度滑冰、花样滑冰、越野滑雪、现代冬季两项等5个项目的比赛。由14人组成的中国台北队也参加了本届冬奥会。这是海峡两岸中国选手第一次同时参加奥运会。中国在本届冬奥会上仅获得团体总分5分，排在第23位。

1988年2月13日～28日，第15届冬季奥运会在加拿大卡尔加里举行。57个国家和地区的1445名运动员参加了比赛。中国队派出了由20人组成的代表团，参加速度滑冰、花样滑冰、越野滑雪3项共18枚金牌的争夺。台湾选手13人参加了滑雪、花样滑冰、雪车、雪橇等项目的比赛。中国队与中国台北队比赛成绩平平，各项最好成绩是第14和15名。令人欣慰的是，在短道速度滑冰表演赛中，李琰夺得了第1名。

1992年2月8日～23日，第16届冬季奥运会在法国的阿尔贝维尔举行。在本届冬奥会上，中国终于实现了自1980年参加冬奥会比赛以来奖牌“零”的突破。34名中国运动员参加了本届比赛，共获得银牌3枚，2项第4名。中国运动员在本届比赛中所取得的成绩，表明中国冬季运动项目取得了突破性进展。其中女选手叶乔波在比赛中带伤上阵，顽强拼搏，勇夺500米和1000米两项速滑银牌，虽与金牌擦肩而过，但她所表现出来的体育精神和良好作风，受到了广大运动员和观众的一致称赞。

1994年2月17日～27日，第17届冬季奥运会在挪威的利勒哈默尔举行。67个国家与地区的1737名运动员参赛。中国派出27名运动员参加了速滑、短道速滑、花样滑冰、冬季两项和自由滑雪等项目比赛。在比赛中，张艳梅获500米短道速滑银牌，叶乔波获1000米速滑铜牌，陈露获花样滑冰女子单人铜牌。

1998年2月7日～22日，第18届冬季奥运会在日本长野市举行。这是20世纪最后一次冬奥会，有72个国家和地区的2304名运动参加了比赛。在本届比赛中，中国选手奋勇拼搏，共夺得银牌6枚，铜牌2枚。其中，女选手杨阳在与队友联手夺得接力项目的银牌后，又夺得女子500米与1000米速滑银牌，成为20世纪夺得冬季奥运会奖牌最多的中国选手。男子选手李佳军夺得1000米速滑银牌，成为中国首位获得冬奥会奖牌的男运动员。

在2002年于美国盐湖城举行的第19届冬奥会上，中国代表团组成了133人的强大阵容出战。中国运动员杨扬在女子短道速滑500米和1000米比赛中，连夺两枚金牌。这是中国运动员首次在冬季奥运会上实现金牌“零”的突破。

**表13–2 中国参加第13～19届冬奥会荣获奖牌情况**

| 届 次 | 时 间 | 地 点 | 金牌数 | 银牌数 | 铜牌数 |
|---|---|---|---|---|---|
| 13 | 1980 | 美国普莱西德湖 | | | |
| 14 | 1984 | 南斯拉夫萨拉热窝 | | | |
| 15 | 1988 | 加拿大卡尔加里 | | | |
| 16 | 1992 | 法国阿尔贝维尔 | | 3 | |
| 17 | 1994 | 挪威利勒哈默尔 | | 1 | 2 |
| 18 | 1998 | 日本长野 | | 6 | 2 |
| 19 | 2002 | 美国盐湖城 | 2 | 2 | 4 |

## 三、参加亚运会和其他大型运动会

除了夏季与冬季奥运会外，中国恢复国际奥委会合法席位以来，还参加了多项国际奥委会承认的大型运动会，其中最重要的是亚洲运动会。

亚洲运动会是国际奥委会承认的在亚洲地区举行的规模最大的洲际运动会。中华全国体育总会自1973年被亚洲运动联合会确认为该会会员后，于1974年9月参加了在德黑兰举行的第7届亚运会，这是我国第一次正式参加亚运会。至2002年，中国共参加了8次亚运会，取得了优异的成绩。自1982年在印度新德里举行的第9届亚运会起，到2002年在釜山举行的第14届亚运会，中国连续6届获得金牌总数第一和团体总分第一，稳执亚洲体育牛耳，成为亚洲头号竞技运动强国。中国参加历届亚运会情况参见表13–3。

表13–3　中国参加第8～14届亚运会荣获奖牌情况

| 届次 | 时间 | 地点 | 金牌数 | 银牌数 | 铜牌数 | 金牌数排名 |
|---|---|---|---|---|---|---|
| 8 | 1978 | 曼　谷 | 51 | 54 | 46 | 2 |
| 9 | 1982 | 新德里 | 61 | 51 | 41 | 1 |
| 10 | 1986 | 汉　城 | 94 | 82 | 46 | 1 |
| 11 | 1990 | 北　京 | 183 | 107 | 51 | 1 |
| 12 | 1994 | 广　岛 | 137 | 92 | 62 | 1 |
| 13 | 1998 | 曼　谷 | 129 | 78 | 67 | 1 |
| 14 | 2002 | 釜　山 | 150 | 84 | 74 | 1 |

1990年9月22日～10月5日，第11届亚运会在北京举行。这是我国首次举办综合性大型国际赛事。在这届亚运会上，中国派出670名运动员参加了全部27个项目的比赛，共获得金牌183枚（占金牌总数的59%）、银牌107枚、铜牌51枚，并创世界纪录1次，创亚洲纪录30次，创亚运会纪录91次。这是历届亚运会中我国成绩最好的一次。

此次亚运会在竞赛组织系统、新闻宣传系统、涉外工作系统和支持保障系统等方面都达到了很高水平。通过本届亚运会，北京市在市政建设、交通、通讯、环境保护等各个方面产生了巨大的变化，同时为我国举办类似大型国际赛事积累了宝贵的经验，从而为北京申办2008年奥运会奠定了基础。

从1986年始，中国队还参加了亚洲冬季运动会（简称亚冬会）。在第1、第2届亚冬会上，中国队的金牌数和奖牌数均在日本之后。1996年2月4日～11日在哈尔滨举行的第3届亚冬会上，我国获得金牌15枚、银牌7枚、铜牌15枚，首次获得亚冬会金牌数第1，成为亚洲冬季体育项目的领跑者。

改革开放以来，中国竞技体育除了参加奥运会、亚运会外，还参加了其他一些综合性运动会以及单项世界杯、锦标赛等，在这些世界大赛上，也同样取得了骄人战果。根据2000年12月30日《中国体育报》公布的数字，从1949年新中国成立到2000年，我国共取得世界冠军1408个，创世界纪录1042次。从1978年十一届三中全会召开到2000年，中国取得世界冠军1378个，占建国以来总数的97.87%；创世界纪录865次，占建国以来总数的83.01%。另外，我国还多次举办了世界级大赛，如远东及南太平洋地区伤残人运动会、世界乒乓球锦标赛、世界体操锦标赛以及世界举重锦标赛等。

## 四、北京首次申办奥运会

改革开放以来，我国经济快速发展，社会稳定，人民生活水平不断提高，体育事业取得了辉煌成就，加之成功地举办了北京亚运会，表明我国已经具备举办大型国际比赛的能力。

1990年第11届亚运会的成功举行，不仅使北京积累了举办大型国际体育赛事的经验，同时也证明了中国完全有承办奥运会的能力。1991年2月26日，北京市政府和中国奥委会决定向国际奥委会提出承办2000年第27届奥运会的申请，并成立了北京2000年奥运会申办委员会。同年12月4日，北京奥申委代表在瑞士洛桑向国际奥委会主席萨马兰奇递交了承办申请书，1993年1月11日又递交了正式申请报告。

先后提出申办 2000 年奥运会的城市还有：土耳其的伊斯坦布尔、德国的柏林、澳大利亚的悉尼、巴西的巴西利亚、英国的曼彻斯特。由于巴西利亚在考察团考察后被淘汰，因此只有北京等 5 国参加最后角逐。

1993 年 9 月 23 日，在摩纳哥蒙特卡洛一共有 88 名国际奥委会委员参加了投票。经过 4 轮紧张激烈的角逐，伊斯坦布尔和柏林分别在前两轮中被淘汰。在第 3 轮的投票中，北京、悉尼、曼彻斯特 3 个城市的得票数分别为 40、37、11 票，北京领先，曼彻斯特被淘汰。在最后一轮投票中，北京为 43 票，悉尼得了 45 票。北京以两票之差申奥失利。

虽然北京申办 2000 年奥运会未能成功，但在本次申办过程中，中国顶住了国际反华势力的破坏与压力，向全世界展示了中国坚持改革开放的决心与蓬勃发展的面貌，表达了中国人民对发展奥林匹克运动、与世界人民增进友谊的真诚愿望，同时也积累了宝贵的申奥经验，宣传了奥林匹克运动，从而有力地推动了中国奥林匹克运动的发展。

## 第三节　学校体育与社会体育的改革与发展

党的十一届三中全会以来的 20 多年间，我国进入了建设社会主义现代化国家的新的历史时期。我国的学校体育和社会体育都获得迅速发展。

### 一、完善学校体育管理规章制度

20 世纪 80 年代，为了有效地改善青少年的健康状况，增强学生体质，贯彻全面发展的教育方针，培养出现代化建设的合格人才，党和人民政府采取了一系列有力措施，建立和完善有关学校体育的规章制度，完善学校体育管理体制，以加强对学校体育工作的领导。

1979年，国家体委、教育部等单位在扬州召开了学校体育工作会议，明确提出学校体育工作必须要“以增强学生体质”为主的指导思想。同时，与会代表提出了“竞技体育”、“技能教育”、“快乐体育”、“全面发展”、“终身体育”等观点，认为应由单一的体质教育向多维度发展，学校体育教育的功能与价值应由单纯的生物体育观向生物、心理、社会三维体育观转变；学校体育及其教学目标应是一个具有多功能、多目标和多层次的开放系统；学校体育要为学生终身体育奠定基础，为竞技体育培养人才，为培养学生个性的全面发展服务；应以素质教育思想的理论和健康教育思想开展学校体育工作；学校教育要坚持“健康第一”的指导思想，促进学生的身心健康水平，提高学生的综合素质，为学生的可持续发展打下良好的健康素质。

为了促进学校体育工作的快速健康发展，从80年代起，有关部门制定和颁布了一系列重要规章制度，使我国教育系统的体育管理体制逐步得到建立、健全和发展。

1979年10月5日，教育部与国家体委颁布了《高等学校体育工作暂行规定（试行草案）》和《中、小学体育工作暂行规定（试行草案）》。这两个《暂行规定》明确了学校体育的任务、学校体育的原则和评定学校体育工作的标准，并对大、中、小学的体育教学与科研、课外活动、后勤工作、体育教师和组织领导等各方面作了明确规定，使学校体育的各项工作有章可循。这两个《暂行规定》是建国以来首次制定的学校体育法规，为全面恢复、发展学校体育事业拉开了序幕。

1982年9月教育部和国家体委等部门颁发了新修订的《国家体育锻炼标准》。1983年，国家体委下发了《关于进一步加强学校体育的意见》，对学校体育卫生工作的目标、要求、措施作了具体的规定，并对传统项目学校的建设和业余体育学校训练体制的进一步完善作了部署。1979年3月29日，为了促进学校竞技体育的发展，有利于青少年运动员的培养，国家体委与教育部还联合公布实施了《全国学生体育运动竞赛制度》和《少年儿童业余体育学校章程》。

1985年底和1986年初，为了做好参加世界大、中学生运动会的准备，国家教委和国家体委在山东省掖县召开了全国学校学生业余体育训练工作座谈会。会后印发了《关于开展课余训练，提高学校运动技术水平的规划》（1986~2000）。《规划》决定，按1986~1995~2000年三个阶段，使我国的课余训练进一步规范化、系统化，并逐步使学生的运动技术水平达到或接近省级运动会和全国运动会的水平。

1989年，国家教委、国家体委、人事部、财政部、建设部等部委，在1979年公布的两个学校体育工作《暂行规定》的基础上，起草了《学校体育工作条例》和《学校体育卫生工作条例》，并于1990年3月和5月经国务院批准，由国家教委和国家体委联合发布实施。该《条例》共9章31条，从学校体育工作的方针、原则、内容和任务，体育教学，课外体育活动，课余体育训练与竞赛，体育教师，学校体育场地、器材、设备和经费，以及学校体育组织机构和管理等方面做出权威、全面、准确的规定，同时废止了1979年制定的两个《暂行规定》。这两个新的《条例》是学校体育卫生工作的重要法规与重要依据，使体育工作在科学化、制度化和规范化管理上迈出了新的一步。

为了保证国家教育方针的全面贯彻，引导和督促学生上好体育课，积极参加体育锻炼，国家教委于1987年9月颁发了《中小学体育合格标准的试行办法》。这个《试行办法》规定了身体发育正常的学生应当达到体育合格标准的内容，同时还规定了凡未达到体育合格标准的学生，不予毕业，不准报考高一级的学校。这是全面贯彻国家教育方针的一项重大措施，引起了社会有关各界的普遍关注。这些措施的实施，有力地促进了学校体育工作的开展，提高了广大中学生的身体健康水平，产生了良好的效果。1991年5月，国家教委在原有的《中小学体育合格标准的试行办法》基础上，颁布了《中学生体育合格标准实施办法》，在全国正式实施。1990 年 10 月 11 日，国家教委制定并颁布了《大学生体育合格标准》和《大学生体育合格标准实施办法》，并规定，从 1992 年起在全国各普通高等学校实施《大学生体育合格标准》。1992 年 2 月，国家教委又颁发了《小学生体育合格标准实施办法》。至此，全国各级学校的体育合格标准已全部配套并实施。

为了促进农村学校体育工作的发展，国家教委还于 1996 年 11 月特别印发了从《“九五”期间农村学校体育卫生工作意见》，把农村学校体育正式纳入学校体育法规制度体系。

## 二、学校体育课程建设

20 世纪末 70 年代～90 年代，为了促进学校体育的开展，有效地提高青少年学生的体质和健康水平，国家教育部门和有关单位加强了对学校体育课程教学大纲和通用教材的建设工作，制定了新的体育与健康课程标准。

1978 年，教育部编订颁布了全日制中小学的《体育教学大纲（试行草案）》和《体育教材（试用本）》。该大纲突出了“增强学生体质”的指导思想，提出了“以有利于增强学生体质为准则”的编写原则，提出了“在编排教材时，要打破以竞赛为中心的编排体系”的基本思路，从而形成了制定新的体育教学大纲和教材的基本方向和架构。新的《体育教学大纲（试行草案）》和《体育教材（试用本）》的颁布和编订，对 20 世纪 80 年代我国中小学体育教学走上规范化和科学化起到了重要作用，有效地促进了全国青少年学生的体质增强和健康水平。

1987 年 1 月，针对中小学制由 10 年制延长为 12 年制的变化，国家教委颁发了新修订的 12 年制中小学《体育教学大纲》，以此作为制定九年义务教育大纲的过渡性教学大纲。该大纲吸取了国外一些先进的体育教育思想，较 1978 年大纲有了很多新的变化和发展。大纲提出了体育对身心发展的作用和影响；涉及了有关终身体育的新概念和体育娱乐的新方法；重视发展学生的个性等。

这些内容对以后的体育课程和教学改革都起到了积极的推动作用。

在课程建设和教材改革的同时，在体育教学方面也打破了以往传统的教学模式，教学的组织结构和教学方法日益多样化，不仅考虑到学生的生理负荷，也考虑到心理负荷。体育教学在传授体育技术方法的基础上，重视体育技能的培养和身体素质的提高。经过教育界和体育界不懈的努力，至90年代，我国的学校体育有了很大改善，青少年的体质有了明显提高。

1992年11月，国家教委正式颁布了九年制义务教育《小学体育教学大纲》和《初中体育教学大纲》。该大纲明确提出了体育教学不仅是单纯的体育教学，还包括卫生和保健的基本内容。新大纲对体育与社会适应方面有了一些新的提法，如对外界环境的适应能力、社会责任感、培养文明行为等，对拓宽体育教学起了良好的作用。为了适应我国广大地域的差异，该大纲在体育内容安排上注意了统一性与灵活性的结合，增强了教材的选择性和可操作性。九年制义务教育体育教学大纲的颁布，对当时体育教学和定位起了重要的指导作用，并有力地推动了我国中小学体育教学的进一步改革，它反映了学校体育为21世纪培养社会主义现代化建设人才的新要求。

1996年国家教委继九年义务教育体育教学大纲颁布实施之后，又推出了《高中体育教学大纲》。这份高中体育教学大纲吸取了更多的新的教学思想，在继续强调发展学生个性的基础上，更明确地提出“为终身体育打基础”这一可持续性发展的观念。同时还强调了“增进学生的身心健康”的目标，把增进学生身心健康放在突出的位置。

2000年12月，国家教育部颁布了《九年义务教育小学体育与健康教学大纲》和《九年义务教育初中体育与健康教学大纲》。这两份大纲以“全面贯彻教育方针和健康第一”为指导思想，重视以学生为主体，重在发挥体育与健康教学的综合功能，加大了教学内容的选择性，改革了体育考核和评价的方法。这两份大纲吸取了一些先进的教育思想和理念，比以往的大纲前进了一大步。

另外，与这两份大纲相配套，还出现了一批中小学《体育与健康》教材，其内容与体系和以前的同类教材相比，有了全新的改进。

## 三、社会体育的发展

增强人民体质，提高全民族的素质是我国体育事业的根本任务。改革开放以来，党和人民政府高度重视体育运动对提高人民身体健康的作用，制定了一系列关于开展群众性体育的重要法规和文件，采取了一系列有力措施，对于促进这一时期社会体育的开展起到了重要作用。

1979 年召开的全国体育工作会议上，提出了要进一步广泛开展群众性体育活动，要求以青少年体育活动为重点，广泛开展群众性体育活动，增强人民健康。围绕这一任务，各级政府体育部门对于开展群众性体育活动做了大量工作，推动了各地区群众体育的开展。

1984 年 10 月 5 日，中共中央下发了《关于进一步发展体育运动的通知》，提出要采取有力措施，积极发展城乡体育活动，努力提高人民的健康水平。1986 年 4 月 15 日，国家体委在《关于体育体制改革的决定（草案）》中，进一步提出要发挥各方面的积极性，把群众体育推向新的广度和深度。这两个重要文件的下达，有力地推动了体育的普及与社会化进程，促进我国的群众体育得到进一步开展。很多地区和城市都规定了本地区的体育节（体育日或体育月），积极开展本地的特色性项目。很多地区还将传统性体育项目如放风筝、划龙舟、打腰鼓、扭秧歌、武术等与本地区的旅游及经济建设结合起来。一些少数民族地区更是积极开展摔跤、赛马、射箭等本民族的传统体育活动。

1982 年 8 月 27 日，国家体委发布了《国家体育锻炼标准》。经过近 10 年的实践，1990 年 12 月 9 日国家体委又发布了新修订的《国家体育锻炼标准》，并在 1991 年 1 月 6 日发布了《国家体育锻炼标准施行办法》，根据不同年龄划分为儿童、少年、少年甲和成年组四个组别；按身体全面发展的原则，设置了速度跑、耐力跑、跳跃、投掷和力量等五类项目；制定了优秀、良好、及格三个达标等级；采用百分制评分法等。1993年12月4日，国家体委颁布了《社会体育指导员技术等级制度》，对于社会体育指导员的地位、职责、技术等级划分和基本条件、业务培训与技术考核、技术等级称号的申请与审批、从事社会体育工作的主要方式以及对社会体育指导员的工作管理都作了相应的规定。

为了充分发挥社会办体育的积极性，适应体育运动全民性的特点，20世纪80年代中期对社会体育管理体制进行了一系列改革和调整。在城市中大力倡导和积极扶持各行业各部门以及集体、个人自办体育，鼓励和支持社会力量建设和经营体育场所，举办各种竞赛活动，开办各类健身培训班等。在农村则以乡镇为中心，充分发挥基层政府和乡镇企业的积极性，因地制宜，努力开展各种类型的民俗性体育活动。

由于政府高度重视和措施有力，至1992年，我国已有7亿人次达到体育锻炼标准，其中90%是改革开放以后达标的。人均寿命也从解放初的35岁增长到69岁。显示出我国国民的体质和健康状况已得到极大的改善。其中体育事业的发展起到了重要作用。[1]

20世纪90年代，随着社会主义市场经济的确立和发展，我国经济获得快速发展，生活水平显著提高，每周5天工作制使得很大一部分城镇人口闲暇时间增加，体育与健康越来越成为广大群众的普遍追求和需要，社会体育也得到了更大的发展。

1995年6月，国务院正式公布了《全民健身计划纲要》。同年国家体委公布了《中国成年人体质测定标准》。1996年7月又公布了《〈中国成年人体质测定标准〉实施办法（试行）》。其基本内容包括各组年龄的测定项目及评定标准、测定规则与方法及评分标准等。这些都有力地推动了我国社会体育的发展。

随着社会经济和文化的迅速发展，20世纪90年代我国社会体

[1] 伍绍祖主编. 中华人民共和国体育史（综合卷）. 北京：中国书籍出版社，1999. 294

育和群众性健身活动发生了深刻变化。一方面，广大人民群众健康意识极大提高，健身热情空前高涨，参加体育运动正逐渐成为一种普遍的社会共识和生活方式，体育消费已逐渐成为家庭和个人消费的基本组成部分。跑步、登山、旅游、自行车骑行、健美操、体育舞蹈、网球、乒乓球、武术、气功、瑜伽以及其他各种费用不高而又简单易行的体育活动已成为我国社会体育最普及的项目。另一方面，在大众体育消费需求的刺激下，我国社会体育已经逐渐摆脱了以往“国家出钱，群众健身”的被动格局，社会体育的资金来源和投资渠道已经发生了结构性的转变，国家投资、体育彩票、民营资本等在内新的投资渠道取代了以往单一的国家包办体育的状况，形成了国家投资和社会力量共同办体育的新格局。

## 第四节 《中华人民共和国体育法》和若干《纲要》的制定

20世纪90年代中叶，为了推动我国体育事业的发展，增强人民体质，提高我国竞技体育水平，我国制定颁布了《中华人民共和国体育法》。这是中华人民共和国第一部体育法，对于我国体育法制的建设具有划时代意义。同时，《奥运争光计划纲要》和《全民健身计划纲要》的公布，成为推动中国体育事业发展的两个重要法规。

### 一、《中华人民共和国体育法》的颁布实施

改革开放以来，随着体育事业在国家政治、经济建设和文化发展方面的地位和作用不断提高，人民群众对体育运动的需求不断增加，以往仅凭部门行政法规来调控处理国家体育事务的做法已很难适应我国体育事业的社会化要求，也无法解决和处理市场经济条件下各种复杂的利益关系和体育权益问题。同时，体育改

革需要在法律的指导和保障下进行，改革的成果也需要用法律的形式加以保证。因此，制定《中华人民共和国体育法》（以下简称《体育法》）成为了十分重大而迫切的任务。

1983年，国家体委在给国务院“关于进一步开创体育工作新局面”的请示中，提出了制定《体育法》的问题，并抽调专人，着手进行《体育法》的起草工作。从1988年6月起，国家体委正式成立了《体育法》起草领导小组，多次开会征求有关部门和专家学者的意见，并对世界各国颁布的《体育法》进行了研究，以作为参考。在十易其稿的基础上，1995年8月29日，在八届人大常委会第15次会议上通过了《体育法》，并于1995年10月1日起施行。

《体育法》共有8章56条。包括总则、社会体育、学校体育、竞技体育、体育社会团体、保障条件、法律责任以及附则。其中总则第二条规定：“国家发展体育事业，开展群众性的体育活动，提高全民族的身体素质。体育工作坚持以开展全民健身活动为基础，实行普及与提高相结合，促进各类体育协调发展。”第三条规定：“国家坚持体育为经济建设、国防建设和社会发展服务。体育事业应纳人国民经济和社会发展计划。”第四条规定：“国务院体育行政部门主管全国体育工作。”这些条款从法律上确定了我国体育事业的性质、任务、地位和管理体制，对于推动和规范我国体育事业的发展具有重要意义。在其他各章中，《体育法》分别对各类体育的开展及其保障条件、法律责任作了规定，从而使我国体育事业的发展有了法律依据和保障。它是在总结中华人民共和国成立40多年来体育事业的成功经验、肯定和巩固近十几年体育改革成果并在参考其他国家体育法的基础上形成的首部体育法律。它的颁布与实施，标志着中国体育全面走上了法制化的道路，具有重大而深远的历史意义。

其一，《体育法》用法律形式对我国体育事业的性质、任务、地位、各类体育的开展、保障条件、法律责任等作了明确的规定。它的制定与颁布，使我国体育事业的发展与实践有法可依，以法律手段保证了我国体育事业的健康、快速和可持续发展。

其二，《体育法》的颁布实施，标志着体育立法主体的重要变化。它是由国家最高立法机构制定和颁布的有关体育运动的正式法律，具有前所未有的权威性和强制力，从而在保障我国公民的体育权益和推动我国的体育运动发展方面具有重要作用。

其三，《体育法》的颁布实施，促使以往主要依靠行政手段维系的体育管理体制和运行机制，扩大到依法管理体育事务，从而促使管理模式和工作方式发生重大转变，使体育管理部门主要以行政手段管理体育的做法转变为依法管理体育和运用法律手段来调节各种体育关系。并使我国体育事业由原来的体育系统内部的行政管理，扩大为国家有关部门依法对全社会体育进行管理与调节。

## 二、三部《纲要》的颁发实施

除了《中华人民共和国体育法》的制定与颁布外，20世纪90年代中期，国家体委还以“纲要”的形式相继出台了几部重要的体育行政法规，这就是《全民健身计划纲要》《奥运争光计划纲要》和《体育产业发展纲要》。这些重要的法规分别总结了社会体育、竞技体育和体育经济方面多年以来、特别是改革开放以来的经验，对20世纪末至21世纪初的体育改革与发展作了部署，从而有力地推动了我国体育事业的发展。

### （一）《全民健身计划纲要》

1995年6月20日，国务院正式批准发布了《全民健身计划纲要》。这是我国政府为了进一步增强人民体质，适应我国社会主义现代化建设的需要，推动我国群众体育的发展，促进全社会参与体育健身而正式颁发的一部重要法规和文件。

《全民健身计划纲要》共5章26条。其基本内容包括：面临的形势；目标和任务；对象和重点；对策和措施；实施步骤等五个部分。在第一章中，着重阐明了群众性体育活动的地位、作用和现状，指出建国40多年来，虽然我国体育事业取得了很大成就，群众性体育活动蓬勃开展，人民体质与健康状况有了很大改善，但“全民健身工作的现状还不能适应社会主义现代化建设的需要”，应随着经济和社会事业的发展，逐步加以解决。在第二章中，规定了全民健身计划到2010年的目标与任务。这就是：基本建成具有中国特色的、适应社会主义市场经济体制的全民健身管理体制和人民群众广泛参与、充满发展活力的运行机制，实现全民健身体系的社会化、科学化、产业化和法制化。第三章指出“全民健身计划以全国人民为实施对象，以青少年和儿童为重点”，并对职工、居民、农民等9类不同人群的体育活动重点及基本方法作了阐明和规定。第四章对全民健身工作的组织和实施办法作了全面的规定，强调“把推行全民健身计划纳入国民经济和社会发展的总体规划”。第五章规定《全民健身计划纲要》分两期实施，第一期为1995年~2000年，第二期为2001年~2010年。

《全民健身计划纲要》是一项由国家制定、全民参与，有目标、有组织、有步骤的国民健身计划，是与实现社会主义现代化宏伟目标相配套的社会系统工程，也是一项跨世纪的发展战略规划。它的颁布与实施，对于提高中华民族的整体素质，建立科学、文明、健康的生活方式，促进社会进步、经济发展、提高人民生活质量产生了积极作用和深远影响。

为保障具体实施《全面健身计划纲要》，1995年6月23日，国家体委又发布了《国家体委关于贯彻〈全民健身计划纲要〉，实施‘全民健身一二一工程’的意见》（简称“一二一工程”）。这是国家体育行政部门制定并推行的一项与《全民健身计划纲要》相配套的实施方案。“一二一”是借用体育队列操练中“齐步走，一二一”的指挥口令，既象征着全民健身计划的启动，又形象地提出了一期工程第一阶段的主要任务：倡导国民做到每人每天参加一次以上体育健身活动，学会两种以上体育健身方法，每人每年进行一次体质测定；倡导每个家庭拥有一件以上体育健身器材，每个季度全家进行两次以上户外体育活动，每个家庭有一份（册）以上体育健身报刊、图书；倡导社区做到提供一处以上体育健身活动场所，每年组织两次社区范围的体育健身活动，建立一支社会体育指导员队伍；强调学校做到保证学生每天参加一小时体育活动，每年组织学生开展两次远足、野营活动，每年对学生进行一次身体检查。

### （二）《奥运争光计划纲要》（1994～2000）

从1984年洛杉矶奥运会始，中国竞技体育全面走向世界，中国体育健儿在奥运会和其他国际重要赛事中不断取得优异成绩，中国已经成为世界竞技体育的一支重要力量。从20世纪90年代起，世界体坛发生了巨大的变化。职业化、全球化和产业化成为推动世界竞技体育发展的主要动力。高科技成果大量被应用于竞技运动领域。苏联的解体与东欧各国的剧变打破了以往美、苏、民主德国三强鼎立的世界竞技体育格局，既增加了中国体育的竞争对手，又为中国体育在国际赛场上进一步争取领先地位带来了新的机遇。与此同时，随着中国国内改革开放事业不断深入和国际地位不断提高，党中央和人民群众对竞技体育也提出了新的要求。在这样的背景下，国家体委于1995年2月27日颁发了《奥运争光计划纲要（1994～2000）》。

《奥运争光计划纲要（1994～2000年）》共分5个部分：我国竞技体育面临的形势和任务；《奥运争光计划》的目标；实施《奥运争光计划》的指导原则；实施《奥运争光计划》的主要措施；实施《奥运争光计划》步骤和方法。

《奥运争光计划纲要（1994～2000年）》在总结和肯定几十年来我国发展竞技体育的成功经验，特别是80年代以来实施奥运战略和竞技体育体制改革经验基础上，根据20世纪90年代后期及21世纪世界体育发展趋势和我国体育发展的需要，进一步提出了竞技体育改革的整体思路。《纲要》的制定和施行，巩固了竞技体育改革的成果，在促进竞技体育的科学化、社会化、产业化和可持续发展方面，都产生了积极的作用。在2000年悉尼奥运会上，中国首次名列奥运金牌榜前三位，进入了奥运会金牌第一集团，实现了历史性突破。这一历史性成就证明了《奥运争光计划纲要（1994～2000）》的颁发与实施是及时的和卓有成效的。

### （三）《体育产业发展纲要（1995～2010）》

改革开放以来，随着社会主义市场经济的建立和不断发展，中国体育逐渐由国家行政事业型向社会化、市场化和产业化转化。为了适应社会主义市场经济体制的需要，推进体育改革、增强自我发展能力，国家体委于1995年发布实施了《体育产业发展纲要（1995～2010）。

该纲要共分三个部分18条，分别是：体育产业发展的指导思想、重点和目标；发展体育产业的基本政策；发展体育产业的基本措施。

《体育产业发展纲要（1995～2010年）》的指导思想是坚持改革开放，改变传统的计划经济条件下的体育发展模式，转换机制，依靠改革，促进发展；树立为人民服务的宗旨和社会效益、经济效益相结合，把社会效益放在首位；坚持体育的发展与国民经济和社会发展相协调，与国家改革目标相适应；坚持国家办体育与社会办体育相结合，充分调动和发挥各行业和社会团体发展体育产业的积极性；坚持“以体为本，全面发展”，探索一条适合中国国情的体育产业发展道路。该《纲要》提出我国体育产业的发展目标是：争取用15年左右的时间，逐步建成适合社会主义市场经济体制、符合现代体育运动规律、门类齐全、结构合理、规模发展的体育产业体系。其重点是培育和发展体育娱乐市场、体育竞赛表演市场、体育人才、技术信息市场和体育用品市场等，促使体育的有关固定市场与流动市场、国内市场与国外市场等各级各类市场充分发育，初步形成符合我国国情、比较健全而完善的体育市场体系。

该《纲要》针对以上任务和目标，提出了一系列发展体育产业的基本政策与措施。由于这一《纲要》出台及时，政策和措施得力，从而有力地推动了20世纪末到21世纪初我国体育产业的发展。

## 第五节 体育产业的初步兴起与发展

从1978年十一届三中全会到现在，随着我国由计划经济体制向社会主义市场经济体制转变，我国的体育事业也经历了一个由福利性向产业化转变的过程。这一过程，大致可以分为酝酿、尝试和初步形成三个阶段。

### 一、我国体育产业化的酝酿

党的十一届三中全会提出以经济建设为中心和进行经济体制改革后，中国社会逐步开始了以市场为取向的、涉及社会生活各个层面的经济体制改革。中国的体育产业就是在对计划经济体制下体育事业发展模式的弊端作深刻反思的情况下逐渐萌生的。

20世纪80年代初，在“有计划的商品经济”的改革思想指导下，国家体委对体育场馆提出了“以体为主，多种经营”和“由事业型转变为经营型”的要求。上海、广州等一些大城市的体育部门开始对部分体育场馆尝试承包制。部分体育场馆开始对外出租、土地转让、兴办公司等有形资产的经营创收活动。

1985年，国务院颁布了《国民生产总值计算方案》，开始运用新的产业分类法。体育部门被列入第三产业中的第三层次，即“为提高科学文化水平和居民素质服务的部门”。体育界、经济界开始出现“体育产业”这一提法。

1985年，国家体委提出了“以革命化为灵魂，以体育科学化和社会化为两翼”的改革指导方针。在“体育社会化”思想的指导下，使过去由体委一家办体育转变为各行各业大家办，由单靠国家投资转向以国家投资为主、向社会多方筹资为辅，努力拓宽体育投资渠道。此后，各地一些企业、高校开始试办高水平运动队，企业赞助运动队的情况也越来越多。1987 年在广州举行的第 6 届全国运动会，是第一次对运动会进行商业性操作的大规模试验。这届全运会的会徽、吉祥物、秩序册、场地的广告牌等，都实行了市场化的商业经营，取得了良好的经济效益。1990 年第 11 届亚运会期间，国务院经过反复研究，批准首次在全国范围内发行亚运会有奖集资券，筹资近 1 亿元。

但总的来说，这一时期对体育产业的认识和实践，大多还停留在“体育搭台、经贸唱戏”的阶段，体育更多地还只是充当一种推动经贸活动的手段，其产业地位与商业价值还未得到大多数人的认可。

## 二、我国体育产业化的初步尝试

1992 年，以邓小平南巡讲话发表和党的“十四大”召开为标志，我国确立了社会主义市场经济体制改革的目标，体育事业发展的社会经济环境发生了巨大的变化。1992 年 6 月，中共中央、国务院发布《关于加快第三产业的决定》，体育界也掀起了如何加快体育产业发展的讨论热潮。“体育产业”一词开始频繁地出现在体育报刊及文件之中。

1992 年 11 月中旬，国家体委在广东省中山市召开了以探讨体育改革为主题的座谈会。会议将发展体育产业作为深化体育改革的一项重要内容列入议事日程。“中山会议”在中国体育由福利性事业向市场化、产业化改革的过程中具有重要意义。

1993 年，国家体委制定了《关于培养体育市场，加快体育产业化进程的意见》，确立了体育要“面向市场、走向市场、以产业化为方向”的基本思路。其后国家体委陆续推出了全国性单项协会实行实体化或项群管理、推进俱乐部的职业化、举办中国体育用品博览会、开发体育竞赛市场、发行体育彩票、成立体育基金会等具体措施，使我国的体育产业发展进入一个新的阶段。

1994年8月，国家体委成立了产业办公室，后来又陆续成立了体育彩票管理中心和体育器材装备中心等，作为国家对体育产业进行宏观管理和调控的职能部门。

1995年国家体委制定了《体育产业发展纲要（1995～2010）》。这是我国体育产业发展的一个重要文件。该《纲要》不仅提出了我国体育产业发展的指导思想、目标和要求，还提出了一系列基本政策与措施。《纲要》从现实工作和可操作的意义出发，提出我国体育产业包括三大类别：第一类是体育主体产业类，指发展体育自身经济功能和价值的体育经营活动内容，如对体育竞赛表演、训练、健身、娱乐、咨询、培训等方面的经营；第二类指为体育活动提供服务的体育相关产业类，如体育器械及体育用品的生产经营等；第三类指体育部门开展的旨在补助体育事业发展的其他各类产业活动。

1996年，八届全国人大四次会议通过了《国民经济和社会发展"九五"计划和2010年远景目标纲要》。该《纲要》提出"形成国家与社会共同兴办体育事业的格局，走社会化、产业化的道路"。由此可见，体育的产业化正式被确定为社会的长远发展目标和国家产业发展政策的重要内容。这一方面说明了我国体育走产业化道路的必要性和坚定性，另一方面又对加快体育产业化发展提出了更高的要求。

## 三、我国体育产业化的初步形成

1997年党的"十五大"通过了"高举邓小平理论伟大旗帜，把建设有中国特色社会主义事业全面推向21世纪"的报告。这个报告深刻阐述了中国社会主义现代化事业发展的客观规律，集中反映了全党和全国各族人民的共同愿望。在"十五大"精神鼓舞下，我国的体育产业进入了一个新的发展阶段。

在这一阶段，我国体育产业化发展的特点是：体育产业开始从体育部门走向社会，成为经济建设的重要部分。体育产业作为国民经济新的增长点，得到政府和社会的高度重视。

1999年3月，国务院总理朱镕基在全国人大九届二次全会上所作的《政府工作报告》中指出，要“积极引导居民增加文化、娱乐、体育健身和旅游消费，拓宽服务领域”。这是自中华人民共和国成立以来，历届政府工作报告中第一次在阐述经济发展问题中提及体育。这是政府首次正式确认体育的产业地位，对于中国体育发展具有深远意义。

1999年7月，由国务院政策研究室、国家发展计划委员会社会发展司和国家体育总局政策法规司联合在京举办了“体育产业与经济发展”高级研讨会。这标志着体育产业作为国民经济新的增长点、作为第三产业的重要组成部分，得到了政府的高度重视。

在政府的高度重视与推动下，我国的体育产业在20世纪末初步形成了以“三票、三会、三开”为标志的重要成果。

### （一）三票：门票、彩票、股票

所谓“门票”是指体育竞赛表演转向市场化后，出售球赛入场券以获得利润。而在竞技运动市场化之前，体育比赛要么是关起门来搞“集训”，要么是一种公益性的表演。中国竞赛市场的真正形成始于1994年开始的足球甲级联赛。由于各地球市火爆，联赛依靠出售比赛门票获得了丰厚收益。在20世纪90年代后期，仅足球甲A联赛一个主场的门票每年可以卖到1000万元人民币，成为各俱乐部的主要财源之一。从此后，出售门票成为国内重要体育赛事的主要收入来源之一。体育赛事的门票销售意味着我国体育运动从过去的福利型向消费型转变。这既是体育社会化程度的体现，也是体育本体产业最基本的表现形式。

体育彩票是国家为扶持体育事业而采取的一项重要政策措施。从1994年3月国务院批准发行体育彩票到1998年底，共发行62亿元人民币体育彩票，共获公益金18.6亿元。体育彩票的发行为支持各地实施全民健身计划、推动体育事业发展发挥了重要作用。

体育彩票已成为体育事业发展的重要资金来源和体育产业的重要支柱之一。

发行股票是上市公司从资本市场募集资金对体育产业进行投资的活动。中体股份公司1998年3月27日在上海证券交易所挂牌上市，筹集资金2.6万元人民币，并投资建成了亚洲最高水平的水上乐园——西北阳光工程第一期项目。

## （二）三会：博览会、基金会、体育协会

中国体育博览会从1993年~1998年共办了6届，展位由最初的200个增加到后来的近2000个，其规模、质量、水平大大提高，成为亚洲最大的体育用品博览会，成为带动体育相关产业的一个龙头。

1997年中华全国体育基金会成立，部分省、区、市体委也建立了基金会，成为扩大体育经费来源的一个十分重要的渠道。1998年中华全国体育基金会为1400多名国家运动员建立了伤残保险，解除了队员的后顾之忧。

体育协会是各个运动项目的管理组织机构。经过协会制改革，各体育协会已经成为该项目进行市场开发的主体，在开发项目资源、进行项目管理及经营、提高技术水平等方面正发挥着重要作用。

## （三）三开：开放、开发、开拓

开放主要是体育场馆从封闭走向开放，为群众锻炼提供场地设施。目前大部分公共体育场馆已向社会开放。

开发主要是指无形资产的开发利用。20世纪90年代中国体育代表团参加奥运会、亚运会，每次都能获得几千万元人民币的赞助，其主要形式就是利用代表团的无形资产来吸引企业。1998年，在国内多数大中型企业都已向长江洪水灾区捐款的情况下，仍有30多家企业向参加第13届曼谷亚运会的中国体育代表团提供了总额达1000万元人民币的商业性赞助，其中北京格威特经济发展总公司赞助了900万元，创有史以来一次性赞助体育总额之最。参

加 2000 年奥运会的中国体育代表团，收到了 28 家企业共计 7000 多万元人民币的赞助和捐赠。

开拓是指不拘泥于传统理论与模式，大力开拓新的领域。各个中心、各个部门、各省、区市体委都可根据自身特长发挥各自的优势，创造更多的体育社会化、产业化的新路子。

除以上所述“三票、三会、三开”以外，这一阶段体育产业化的发展还表现在产业化体育经营主体的增多、体育健身娱乐业的成长和体育用品业的兴起等方面。

## 四、中国体育产业发展的成就与不足

总的来说，中国体育产业主要起步于 20 世纪 90 年代。但在短短的时间内发展较快。至 20 世纪末 21 世纪初，我国已经形成了一个有相当规模的体育专业市场，有体育产业经营性机构两万多家，总投资额已超过 2000 亿元人民币，年营业额超过 600 亿元。1997 年，中国体育产业的增加值为 156.37 亿元，1998 年为 183.56 亿元。按这一趋势，到 2010 年体育产业的产值可达到 281.2 亿元左右，占 GDP 的比重可望从 1998 年的 0.2%增至 0.3%。

但同发达国家相比，中国的体育产业尚有较大距离。有关资料显示，20 世纪末到 21 世纪初，世界体育产业每年以 20%的速度递增，产值约在 4000 亿美元。欧美发达国家体育产业在国民经济中的比例已达到 1%到 3%之间。在体育发达的北美、西欧和日本，体育产业创造的年产值都排进了国内十大产业，同旅游业、传媒业、网络业一起成为 21 世纪最具活力的产业。与这些国家相比，中国的体育产业还存在着整体规模偏小，在经济结构中比重偏低，产业制度和市场规则有待健全，商业化运作水平低，中介市场薄弱，企业规模小，产品的质量、品种、技术、品牌急需提高等缺陷与不足。

总之，经过 20 世纪 90 年代的起动与发展，中国体育的产业化的发展态势已经初步形成，并且具备了一定的发展规模和实力。

但如何走出一条既与国际接轨，又适合中国国情的体育产业发展道路，尚需要长期的实践与探索。

## 第六节　国内竞赛制度的改革与实践

竞赛是竞技体育的本质特征之一。举办高水平的国内竞赛活动是提高我国竞技体育水平、实施奥运争光战略的重要基础和前提。从这个意义上讲，国内竞赛制度的改革显得尤为重要和迫切。

我国现代竞技体育制度创建于20世纪50年代。1954年国家体委成立后，为了适应当时国内外政治和体育发展的需要，参照苏联体育模式并在吸取解放军战争年代开展体育活动的经验，在“普及与提高相结合”、“国内练兵、一致对外”等指导思想下，逐渐形成了后来被称为“举国体制”的高水平竞技运动体制。这一竞技体制的核心，是以计划经济为基础，政府为主体，管办合一，赛训结合，以提高我国的竞技运动水平，完成国家所赋予体育的使命和任务。至20世纪80年代前，我国竞技体育基本上形成了以中央、省市直到地县级体育部门为主导的体育行政管理体系；以国家集训队、省级专业队及地县级业余体校为主体的训练体系；以“全运会”为核心的比赛体系。20世纪80年代以来，为了适应我国改革开放事业的发展和参加奥运会，协调好各类体育竞赛活动，国家体委对国内体育竞赛制度进行了一系列改革。尤其是20世纪90年代，随着社会主义市场经济体制的确立与发展，国内竞赛体制更是发生了深刻的变化。

### 一、竞赛制度的改革

20世纪80年代，为了适应在奥运会等国际重大赛事夺取优异成绩的需要，国内竞赛制度改革的基本思路是：调动各方面办体育的积极性，多形式、多渠道、多层次造就大批优秀运动人才，推动体育运动的普及与提高，1983 年，在国家体委《关于进一步开创体育新局面的请示》中，指出现行的竞赛体制矛盾比较集中和尖锐，应很好地改革，要使国内比赛与重大国际比赛衔接好，优秀运动队比赛与体校比赛衔接好，逐步做到社会化、多样化、制度化。此后，国家体委陆续提出并实施了一系列竞赛体制方面的改革措施，归纳起来主要有：

### （一）竞赛管理分类化

为了更好地对竞技体育进行宏观指导和调控，国家体委在竞赛改革中提出对体育竞赛进行分类管理与分类指导。在这一思路下，全国性比赛被分为三类：一是全国综合性运动会，包括全运会、城运会、青少年运动会，由国家体委直接管理。二是各系统、各行业的全国性运动会，由各主管部门和行业体协管理。如大中学生运动会由国家教委主管，工人运动会由全国总工会主管，少数民族运动会由国家民委主管，残疾人运动会由民政部和全国残联主管，农民运动会由农业部和农民体协主管等。国家体委只对竞赛业务工作进行技术指导和帮助。三是全国单项比赛，包括锦标赛、冠军赛、杯赛等，主要由各单项协会管理。90 年代各项目管理中心成立后，单项竞赛就由项目管理中心负责。

除以上三类比赛外，其他地方性、群众性比赛则完全放开，由社会各界自行组织。

### （二）竞赛活动分级化

以奥运战略为目标，将全国综合性运动会组合成“一条龙”，在项目设置、参加对象、计分办法、时间安排等方面，进行统筹考虑，目标任务相互衔接，互为补充。

全国性比赛按技术水平分级，青少年比赛按年龄分组。集体项目的全国比赛，以各省冠军队为参加单位；省级比赛以各市冠军队为参加单位；市级比赛以厂矿企业、机关单位、大专院校等基层组织为参加单位。省一级单项比赛，重点在青少年；中等以下水平的比赛，基本上限制在省内或行业系统内。

采用分层分级比赛的赛制，有利于加速后备人才的成长，保证全国比赛的高水平，真正达到了“练兵”的目的。

## （三）竞赛安排合理化

关于竞赛时间规划问题，实行国内赛事的比赛时间与国际大赛接轨的原则。针对一个时期内出现赛事重叠、赞助性比赛过多、影响和冲击正常比赛等情况，国家体委作出以下规定：全运会、城运会、少数民族运动会每四年举行一次；各项目全国性正式比赛每年一次；继续提倡商业性比赛，但不能打乱训练安排的合理周期。如为了调整训练周期，与亚运会、奥运会比赛衔接，决定将第7届全国运动会改在1993年举行，以利于我国运动员创造好的成绩。

关于竞赛地点选择问题，以调动地方办体育的积极性和促进体育社会化为原则。1985年在《国家体委关于1985年全国体委主任会议情况向国务院的报告》中，首先提出“在全国施行竞赛地点和经费试行招标和计划分配相结合的办法，推动竞赛社会化，调节供求矛盾，提高竞赛质量”。如1983年第5届全运会首次移师北京以外，由上海主办，1987年第6届全运会由广东主办等。这些措施既减轻了国家的压力，又调动了地方、社会团体办体育的积极性，并且带动了当地经济的发展。

关于竞赛项目设置问题，根据“缩短战线，突出重点，集中全国主要人力、物力、财力首先抓好我国优势项目和短时间内能上去的项目”的原则，进行安排。全运会以奥运项目为主，兼顾一般并逐步过渡到与奥运竞赛项目基本一致。1993年，进一步明确了全运会以夏季奥运会为主，冬运会与冬奥会接轨，兼顾并扶持民族传统项目。到第8届全运会时，设项目28项，除武术外，全部为奥运会项目。20世纪80年代的上述竞赛体制改革措施在推动我国竞技体育的发展，提高我国竞技运动水平等方面取得了很好的效果。

### （四）竞赛主体社会化

20 世纪 90 年代，为了适应社会主义市场经济发展的形势，国内部分体育项目开始走向社会化、职业化和产业化改革尝试。足球、排球、篮球、乒乓球、围棋等项目相继实行了俱乐部制、联赛制和主客场制。这些改革措施突破了体育改革的体制瓶颈，改变了以往只有省级以上体委、军队及少数国有企业办专业运动队的封闭模式，改变了体育赛事的投资主体与运作方式，使社会资本进入高水平竞技。与此同时，体育的社会化、职业化和产业化改革还激活了球市，造就了大批球迷群体的出现，有力地推动了体育的社会化进程。但是，在体育市场化和职业化过程中，也出现了很多新的问题。如 90 年代后期，在一些项目的比赛中，出现了“黑哨”、“假球”、“赌球”以及球场暴力、运动员收入过高等现象与弊端，引起了社会的不满，也在一定程度上影响了这些联赛和项目的形象和发展。这些，都需要用改革的手段予以解决。

## 二、训练体制的改革

20 世纪 80 年代，为了落实奥运战略目标，在“全国一盘棋”思想指导下，国家体委对国内训练体制采取了一系列改革措施。其中主要有：突破以往过分单一集中的专业运动队办管模式，拓宽训练渠道；落实重点布局，集中保证奥运会重点项目；改革国家队的组队方式，实行常年、集训和以冠军队为主组队等三种形式；发展多形式、多渠道、多层次的业余训练，加强专业训练与业余训练的衔接；向总教练制过渡；实行聘任考核制，提倡教练交流等等。

### （一）突破单一的训练体制

早在 20 世纪 80 年代初，为了迅速提高我国的运动水平，国家体委就提出了“广开才路，把培养优秀运动员的路子搞宽”的训练体制改革思路。具体而言，就是改变过分集中于省以上体委办运动队的状况，把训练的路子拓宽。在不降低原有运动水平的前提下，积极鼓励有条件的城市和行业、厂矿、企业、高校设立高水平运动队。此后，我国以往仅由省级体委办专业运动队的单一渠道与模式有所突破。铁道、银行等企业和一些体育院校开始根据自身的条件和情况恢复或试办优秀运动队。20 世纪 90 年代足球等项目实行职业化改革后，这些项目的训练体制更发生了根本性变化，很多原本由各省体委主办主管的专业运动队相继转制为企业俱乐部性质或股份制的职业队。这些运动队以联赛带动训练，通过经济杠杆来经营和管理运动队，培养优秀运动人才。

### （二）按照奥运战略进行重点项目布局

20 世纪 80 年代，围绕奥运会这个首要战略目标，国家体委对运动项目进行了一系列调整和布局，一方面重点抓优势项目和一些短期内可能取得突破的项目；另一方面，按照各省、直辖市、自治区的条件和基础，将这些项目有计划地进行布局。

由于现代奥运会项目繁多，任何一个国家和地区，都只能按照自己的国情和条件有重点地发展某些优势项目。作为一个发展中国家，在人力、物力、财力和社会体育基础都有限的情况下，中国也只能根据自己的目标和自身的条件，重点发展某些优势项目。20 世纪 80 年代，按照集中优势、突出重点、优化结构、分类管理的原则，我国最大限度地发挥了“举国体制”的优势，集中抓了优势项目和一些经过短期努力就能取得突破的项目，使一些运动项目很快达到了世界先进水平。例如，摔跤、赛艇、柔道、击剑等项目于 1985 年被列入全国重点项目，一线队伍迅速扩展。不少省级专业运动队都增设了这些项目的队伍。到 1987 年，两年间这 4 个项目的国内运动员人数就增加了 900 人，从而促使这些运动项目水平迅速提高，为 90 年代巴塞罗那、亚特兰大和悉尼等各届奥运会中国代表团取得优异成绩作出了贡献。

通过重点项目布局，既发挥了各地的优势，调动了各布局单位的积极性，也促使了布局项目的迅速发展与提高，在全国形成了重点项目训练网络，取得了预期的效果。

### （三）提倡和加强科学训练

80年代以来，国家体委提出了体育振兴要依靠科学技术进步，体育科学技术要与体育运动实践紧密结合起来的方针。为了落实这一方针，我国体育界采取了有力措施，以促进体育的科学化，把体育科研与训练比赛结合起来。不少科研人员深入训练与比赛现场，有针对性地攻关，从而为提高训练质量和提高运动成绩作出了贡献。例如，在第16届冬季奥运会的科技攻关中，科研人员运用各种高科技仪器对著名运动员叶乔波等速滑运动员的技术动作进行了长期而系统的观察和综合评定，掌握了短距离速滑运动员竞技状态的规律，有针对性地在训练中调整体能、技术、心理等状态，并成为其制定比赛战术的重要依据。这些科研成果有力地促进了我国短道速滑运动水平的快速提高，使之很快成为了我国冬季运动的优势项目。

### （四）实行教练员竞聘制

20世纪80年代，为了调动教练员的积极性，打破计划经济下“大锅饭”、“铁饭碗”所带来的弊端，在各运动项目中逐步实行了主教练负责制。主教练应对队伍的训练、比赛和思想政治工作实施全面领导，做到责、权、利相结合。从国家队、省级专业队到各地的业余体校的教练员也都实行了竞聘制。同时，对选拔出来的教练员一方面要求必须经过体育院校系科学习，达到要求的学历与培训经历；另一方面，还建立了轮训、进修和培训制度。这些方法和措施引入了竞争机制，有力地促进了国内教练员队伍的建设与提高。

## 三、国内主要综合性竞赛活动

20 世纪 80 年代，以实施奥运战略为中心，国家体委对国内各项赛事进行了较大的调整。形成了以“全运会”为中心的国内竞赛体系。

### （一）中华人民共和国全国运动会

简称全运会。1959 年 9 月 13 日 ~ 10 月 3 日，中华人民共和国第 1 届全国运动会在北京举行。从 1983 年在上海举行的第 5 届全运会始，为有利于参加奥运会，比赛项目调整为以奥运会项目为主。同时自本届全运会始，由原来在奥运会前一年举行，改为在奥运会后一年举行。竞赛项目除奥运会项目以外，还有马球、技巧、武术、中国象棋、国际象棋、围棋、摩托车、无线电等。

在 20 世纪举行的 8 届全运会上，中国运动员共有 275 人 768 次平、破 118 项世界纪录，1652 人 1777 次破 726 项全国纪录。自 1975 年第 3 届全运会起，增添了滑雪、冰球、速滑、花样滑冰等冬季项目。

全运会是我国规模最大、级别最高的综合性运动会，是中国体育事业和中国奥林匹克运动的重要组成部分。自中国恢复国际奥委会合法席位以来，全运会在比赛项目和举办时间上与奥运会全面接轨，由此成为中国奥运战略的重要支柱之一，对推动和促进中国体育事业和奥林匹克事业起着重要的作用。

改革开放以来，从 1979 年第 4 届全运会开始，全运会每四年举行一次。在比赛项目、参赛人数、比赛成绩等方面都有所进步和突破，具体情况参见表 13–4。

表 13-4　第 4～10 届全运会竞赛情况

| 届次 | 时间 | 地点 | 比赛项目 | 参加人数 | 破世界纪录 | 破全国纪录 |
|---|---|---|---|---|---|---|
| 4 | 1979 | 北京 | 34 | 15100多人 | 5 人 5 次破 5 项<br>3 人 3 次平 3 项 | 204 人 376 次破 102 项 |
| 5 | 1983 | 上海 | 26 | 8900多人 | 2 人 3 次破 2 项<br>4 人 5 次平 3 项 | 66 人 145 次破 60 项 |
| 6 | 1987 | 广州 | 44 | 7500多人 | 18 人 17 次破 15 项<br>2 人 2 次平 4 项<br>4 人 4 次平 4 项 | 87 人 174 次破 82 项 |
| 7 | 1993 | 北京 | 43 | 8000多人 | 4 人 4 次破 4 项<br>18 人 43 次超 21 项<br>4 人 4 次平 3 项 | 130 人 23 次破 117 项 |
| 8 | 1997 | 上海 | 28 | 7600多人 | 16 人 19 次超 72 项<br>4 人 4 次平 3 项 | 88 人 142 次破 66 项 |
| 9 | 2001 | 广州 | 38 | 8600多人 | 24 人 35 次超 72 项 | 32 人 52 次创 37 项 |
| 10 | 2005 | 南京 | 35 | 9986人 | 15 人 21 次超 6 项<br>7 人 7 次平 6 项 | 1 队 19 人 25 次创 19 项 |

## （二）中华人民共和国全国冬季运动会

简称“全国冬运会”。第 1 届全国冬运会于 1959 年 2 月在哈尔滨和吉林市举行。第 2 届停办。截止到 2003 年，共举办了 10 届全国冬运会。

全国冬运会也是中国奥运战略的重要组成部分。它既是展示我国冬季运动项目成就的一次盛会，更担负着为中国参加冬季奥运会选拔和培养人才的重要任务，对促进我国冬季运动项目的发展，推动中国奥林匹克运动发挥着重要作用。

全国冬运会比赛情况参见表 13-5。

表 13-5　中国第 5～10 届冬运会情况

| 届　次 | 时　间 | 地　点 | 比赛项目数 | 金牌数前三名 |
|---|---|---|---|---|
| 5 | 1983 | 哈尔滨市 | 6 大项 | |
| 6 | 1987 | 吉林市 | 9 大项 | 黑龙江 20　解放军 15<br>吉林 11 |
| 7 | 1991 | 哈尔滨市 | 8 大项 | 哈尔滨市 17.25<br>解放军 14　吉林市 10.5 |
| 8 | 1995 | 吉林市 | 9 大项 | 长春市 13　解放军 12<br>哈尔滨市 11 |
| 9 | 1999 | 长春市 | 6 大项 | 长春市 16　解放军 7<br>哈尔滨市 3　七台河市 3<br>白山市 3 |
| 10 | 2003 | 哈尔滨市 | 10 大项 | 哈尔滨市 37　长春市 13<br>解放军 8 |

## （三）其他全国性运动会

### 1. 中华人民共和国城市运动会

简称“城运会”，是由国家体育总局主办，旨在推动和促进我国城市体育运动的发展而举办的综合性体育赛事。始于 1988 年，每四年一届。至 2003 年已举办 5 届。设有足球、篮球、排球、乒乓球、羽毛球、田径、游泳、体操、举重、射击、射箭、击剑、柔道、国际式摔跤、赛艇等大项与小项。

### 2. 中华人民共和国工人运动会

简称“工人运动会”。为全国性工业系统主办的综合性运动会，由中华全国总工会和国家体育行政部门主办。从 1955 年 10 月在北京举行第 1 届全国工人运动会始，到 1996 年，共举行了 3

届。第3届全国工人运动会于1996年在全国15个赛区的17个城市举行，历时5个多月，设有大众体育创编项目、太极柔力球、田径、游泳、足球、篮球、健美操、乒乓球、门球、中国象棋、桥牌等11个大项，7000多名运动员参加。

全国工人运动会对推动我国职工体育的发展，起到了良好的作用。

### 3. 中华人民共和国农民运动会

简称“农运会”。是由农业部、国家体育行政部门和中国农民体育协会主办的全国性农民综合性运动会。各省、自治区、直辖市申请承办。每四年一届。参赛运动员均为农民运动员。从1988年至2004年共举办了5届。比赛项目除田径、篮球、乒乓球、游泳等竞技项目外，还设置一些符合农村特点、农民需求和民族传统的体育项目，如武术、中国式摔跤、中国象棋、自行车载重、民兵军事三项、拔河、风筝等。另外在田径、游泳等比赛中设置了一些适合在农村推广的趣味性体育项目。

### 4. 中华人民共和国少数民族传统体育运动会

是旨在促进我国少数民族传统体育发展，促进我国民族团结与交流的全国综合性运动会。由国家民族事务委员会、国家体育总局主办，各省、自治区、直辖市人民政府或特别行政区承办。1953年11月8日~12日，在天津市民园体育场举行了全国民族形式体育表演及竞技大会。1984年国家体委、国家民委将这次体育运动会定为第1届全国少数民族传统体育运动会。从1982年开始，这项以少数民族传统体育为主的赛事，每四年举行一次。至2003年，已举办了7届少数民族传统体育运动会。

历届少数民族传统体育运动会参加的民族数目及所设项目略有变化。第7届少数民族传统体育运动会在宁夏银川市举行，来自全国34个代表团的55个少数民族共9700多人参加运动会，本届运动会共设有14个比赛项目，126个表演项目。竞赛项目有摔跤、赛马、毽球、秋千、武术、龙舟、射弩、珍珠球、蹴球、高脚马、陀螺、木球、抢花炮、押加。表演项目有稳凳、达瓦孜、轮子秋、爬花杆等。

#### 5. 中华人民共和国大学生运动会

简称“大运会”。是由教育部、国家体委、共青团中央、全国学联、全国大学生体协联合举办的全国性大学生综合运动会。参加者为在校大学生运动员。由各省、自治区、直辖市政府及特别行政区承办，在省会城市举行，每四年一届。从 1982 年 ~ 2004 年共举行了 7 届。设有田径、篮球、排球、足球、乒乓球、游泳、定向越野、艺术体操、健美操和武术等 9 个比赛项目和桥牌表演赛。

#### 6. 中华人民共和国中学生运动会

教育部、国家体育总局、共青团中央联合主办的中国全国性中学生综合运动会。各省、自治区、直辖市政府及特别行政区主办。参加者为在校中学生。从 1973 年 ~ 2002 年，已举办了 8 届。设有田径、篮球、排球、足球、乒乓球、游泳、羽毛球、毽球 8 个正式比赛项目。

## 第七节　北京申奥成功及 21 世纪中国体育发展前景

### 一、北京成功申办第 29 届奥运会

#### （一）北京申办第 29 届奥运会过程

1993 年北京申奥失利后，中国并未放弃自己的奥运梦想。经过 10 年的改革开放和发展，中国较之 90 年代初具有了更强大的综合实力，在国际上拥有了更加有利的地位和影响，举办奥运会

的条件也更加成熟，在这种情况下，党中央和国务院批准了北京市申办第29届奥运会举办权的设想。

1999年4月7日，北京市代表在洛桑正式向国际奥委会主席萨马兰奇当面递交了承办2008年第29届奥运会申请书。9月6日，北京市市长刘淇宣布北京2008年奥运会申办委员会成立。中国再次踏上申奥征途。

2000年6月19日，北京奥申委秘书长王伟在洛桑向国际奥委会递交了《申请报告》。按照国际奥委会的要求，《申请报告》书面回答了6个方面22个问题。为了迎接这次申奥，北京将“新北京、新奥运”（New Beijing, Great Olympics）作为申奥口号，并提出了“绿色奥运、科技奥运、人文奥运”的新理念。

2000年8月28日，国际奥委会在洛桑举行会议，在提出申办的10个城市中，筛选出中国北京、日本大阪、法国巴黎、加拿大多伦多、土耳其伊斯坦布尔等5个城市作为2008年奥运会的候选城市。

2000年9月9日，中国国家主席江泽民致信国际奥委会主席萨马兰奇先生，表示完全支持北京申办2008年奥运会。信中说：“在您最近主持的国际奥委会执委会上，北京已经成为5个候选城市之一。我和我的同事们完全支持北京申办。如能在具有悠久文明并迅速发展的北京举办2008年奥运会，无论对奥林匹克运动，对中国乃至世界都具有积极意义。我深信北京市在中国政府和全国人民的支持下，将作出非凡的努力，一定能办成一届高水平的奥运会。”

2000年10月~12月，国际奥委会各单项国际体育组织的官员陆续对北京进行考察。按国际奥委会的要求，国际单项体育组织将对北京的体育设施、交通和接待条件等是否具备举行奥运会比赛条件给予确认并签发认证书。

2000年12月13日，由北京奥申委主席、北京市市长刘淇，北京奥申委执行主席、国家体育总局局长、中国奥委会主席袁伟民率领的北京奥申委代表团在洛桑国际奥委会总部向国际奥委会执委会作了北京 2008 年奥运会申办工作陈述报告。刘淇市长在报告中表示，北京有信心、有条件、有能力出色地办好 2008 年奥运会。国家体育总局局长、中国奥委会主席袁伟民在发言中表示，中国奥委会将全力支持北京申办 2008 年奥运会。北京奥申委秘书长王伟在会上向国际奥委会执委会介绍了北京提出的“绿色奥运、科技奥运、人文奥运”的申办理念、奥运场馆规划等。

2001 年 1 月 17 日上午 10 时，北京 2008 年奥运会申办委员会秘书长王伟一行 5 人，在洛桑向国际奥委会递交了北京 2008 年奥运会《申办报告》。《申办报告》分三大册，共 18 个部分，总计 596 页，配有图表和照片。该报告前 17 个部分包括：一，国家和城市的特点；二，法律；三，海关入境；四，环保；五，财政；六，市场开发；七，比赛日程；八，体育场馆；九，残奥会；十，奥运村；十一，医疗卫生；十二，安全保卫；十三，住宿；十四，交通；十五，技术；十六，新闻；十七，文化。第 18 个部分是保证书，其中有国家主席江泽民和国务院总理朱镕基的支持信，还包括 28 个国际单项体育组织的认证书等。这份《申办报告》凝聚着 200 多人经过 100 多个日日夜夜奋战的心血，为国际奥委会委员进一步了解北京，为国际奥委会评估团将要对北京的考察，产生了独特的影响。

2001 年 2 月 19 日 ~ 24 日，国际奥委会评估团一行 17 人对北京进行了评审。评估团听取了北京奥申委的陈述报告。国家主席江泽民在中南海亲切会见了国际奥委会评估团一行。在对北京申奥情况进行了认真评估后，评估团主席海因·维尔布鲁根说，评估团看到了一个真实的北京，北京申办奥运会得到了政府和市民的大力支持，北京奥申委的工作是积极有效的。他认为，北京提出了一个非常好的比赛规划以及场馆建设方案，这将给奥林匹克运动的发展和北京人民的生活留下一笔宝贵的财富。

在党中央领导下，在中国政府和全国人民的支持下，北京对申奥做了大量精心的准备，充满了必胜的信心。

2001 年 7 月 13 日上午，国际奥委会第 112 次全会在莫斯科举行会议，决定2008年奥运会会址。国务院副总理李岚清与以北京奥申委主席、北京市市长刘淇为团长的申奥代表团全体成员出席了会议。5个申办城市分别进行了45分钟的陈述，另有15分钟回答委员们的提问。中国是第四个出场进行陈述的。在国际奥委会中国执委何振梁主持下，李岚清副总理、刘淇团长及代表团成员袁伟民、楼大鹏、王伟、邓亚萍、杨凌、杨澜分别作了精彩而感人的陈述，并回答了国际奥委会委员提出的有关问题。何振梁最后作了陈述总结。他满怀深情地对全体国际奥委会委员说："无论你们今天做出什么选择，都将创造历史。但是，只有一个决定有改变历史的力量。你们今天这个决定将通过奥林匹克运动促进世界和中国的友谊，从而使全人类受益。"

在5个申办国家的陈述结束后，除去萨马兰奇主席及申办国委员不能参加投票外，共106名委员参加了第一轮投票。北京在首轮投票中获得44票，多伦多20票，伊斯坦布尔17票，巴黎15票，大阪6票。第二轮106名委员参加投票，有效票105张。北京56票，超过半数。多伦多22票，巴黎18票，伊斯坦布尔9票。北京以绝对的优势，赢得了2008年第29届夏季奥运会举办权。

当萨马兰奇主席宣布2008年奥运会主办城市是北京后，北京和中国一片欢腾。北京40万群众自发来到天安门广场，上百万首都群众涌上街头，与党和国家领导人一起欢庆这个历史性时刻。中国申奥的成功，极大地鼓舞了全国人民及海外华人的士气。刘淇市长在莫斯科代表北京和全国人民庄严承诺：将按照国际奥委会的规定和奥林匹克宪章的要求，扎扎实实地进行奥运会的各项筹备工作，为世界各地的运动员创造一流的比赛环境与条件，为世界各国和地区的朋友们提供最好的设施和服务，确保2008年奥运会的成功举行。

### （二）北京举办奥运会的意义

奥林匹克运动是从现代奥林匹克主义中诞生的一种社会运动。它的吸引力和凝聚力不仅来自探索人类体能极限的奥运会赛场和它所追求的崇高目标，而且来自它在社会政治、经济、文化、科学技术、教育、艺术等方面所表现的不可替代的功能。现代社会为奥林匹克运动的发展提供了充分的物质基础和广阔的前景，同时，奥林匹克运动以其巨大的综合社会效益推动社会的发展，被称为“当今时代最伟大的社会力量之一”。奥林匹克运动集中体现了现代体育与现代社会政治的关系，它对社会政治、经济、科学技术、教育和文化艺术的促进作用，丰富了人们对现代体育的社会功能和体育在维护人类尊严与正义方面作用的认识。2008 年奥运会在北京举办，必将对中国和世界产生深远的意义及影响。

1. 北京举办奥运会将进一步扩大中国的国际交往，增强中国的国际影响，提高中国的国际地位。奥运会选择了北京，世界看好中国，中国也将回报世界。正如国际奥委会在对北京的评估报告中所指出的，2008 年北京奥运会“将给中国和世界体育留下独一无二的宝贵遗产”。体育历来是对外开放和对外交往的一个重要领域。自 1984 年洛杉矶奥运会以来，全世界参加这一盛会的国家与地区不断增加，各国间为争夺奥运会举办权的竞争越来越激烈。这种竞争实质上是各国借举办之机扩大对外影响、谋求国际政治经济利益、促进本国发展而展开的较量。中国通过举办奥运会，以日益增强的综合国力和蓬勃向上的精神面貌，向全世界展示有中国特色社会主义的强大生命力，显示中国坚持改革开放政策的坚定性，在国际政治斗争中争取到了更大的优势，创造了更加有利于国家统一的国际环境。同时增加了商机，增进了国际经贸合作，创造了新一轮对华投资，为我国企业走向世界，拓展国际市场创造了更加有利的条件，从而推动我国经济建设的高速发展。

2. 北京举办奥运会将激发全国人民的爱国热情，增强全民族的凝聚力。爱国主义是一个国家、一个民族的重要精神支柱。一个国家要有自己的民族凝聚力，这是一个民族繁荣富强的根本，是一个国家发展的基石。体育运动在爱国主义中历来就发挥着特殊的重要作用。2008 年北京奥运会，必将极大增强中国人民的民族自豪感和民族凝聚力，使中华民族团结起来，为中华民族的繁荣昌盛而努力。中国通过举办奥运的各种活动和宣传，进一步激发了全国人民的爱国主义热情，将全体中国人的意志统一起来，积极性调动起来，力量凝聚起来，有力地推动中国社会主义现代化事业。

3. 北京举办奥运会将有力推动我国的经济建设与发展。现代奥运会既是一次体育的盛会，又是一次难得的巨大商机和经济发展的机遇。据预计，由于北京申办 2008 年奥运会成功，将会带动建筑、电子信息产业、交通、环保、饮食、旅游等行业有较大的发展。从 2002 年起到 2008 年，中国经济增长速度将额外增加 0.3%。中国的经济发展将大大提速。奥运会对主办国经济发展还会带来巨大的无形资产，包括环境、开放度、国家声誉、形象和信誉度等方面的影响，这将为我国的经济发展提供一个稳定的社会环境，有利于进一步扩大开放，使中国经济能够更好地适应经济全球化进程。

4. 北京举办奥运会将有力地推动中国的奥林匹克运动和体育事业。占世界人口五分之一的中国举办奥运会是有史以来的第一次，奥林匹克运动将在中国更大规模地普及，奥林匹克精神会更广泛地弘扬。北京奥运会必将扩大中国体育的对外开放，促进中国体育事业发展，提高中国的竞技运动水平。奥运会是现代体育规模最大的运动会，也是竞技体育的最高层次。参加奥林匹克运动，是推动中国体育运动发展的重要动力。中国从参加奥运到实现金牌“零”的突破，再到获得奥运金牌数第二的好成绩；从 1993 年申奥失利到 2001 年申奥成功，再到举办 2008 年奥运，这一过程既是中国体育对外开放的过程，同时也是中国竞技运动水平提高和体育运动普及的过程。参加奥运、申办奥运和举办奥运，就必须承认奥林匹克宪章，拥护奥林匹克主义、精神和宗旨，按奥林匹克运动的规程、标准办事，也就是要与国际体育规程接轨，按国际惯例办事。因此，申办奥运不仅使中国实现奥运战略的步伐大大加快，也有力地促进了中国体育对外开放的程度和体育体制改革的更加深入，同时大大调动了中国广大体育工作者和运动员为国争光的责任感和荣誉感，有利于更快地提高中国竞技体育的水平。

5. 北京举办奥运会将有力地促进中国首都北京的建设与发展，极大提高我国首都的国际地位与形象。北京是中国的首都，是中国的政治、文化及国际交往中心。在北京举办奥运会，给我国首都提供了一个全面反映城市发展水平与发展趋势，树立北京文明开放、团结发展的现代化国际大都市形象的机会。尤其是北京申奥提出的“新北京，新奥运”口号与“绿色奥运、科技奥运、人文奥运”的理念，极大地促进了北京的“两个文明”建设与发展。首先，以满足奥运会举办条件为标准的大规模设施建设和环境整治有力地提高了北京市现代化水平与环境质量。申办奥运会和举办奥运会将促进从机场、火车站、城市道路、电信系统、新闻中心、体育场馆等大型基础设施的建设，极大促进北京城市面貌的发展和变化。其次，由奥运建设项目带动的相关产业将有力地推动北京产业结构的调整，增强城市经济持久发展的后劲。第三，奥运建设项目的相关产业的发展，使北京地区形成了庞大而活跃的投资和需求市场，促进了首都经济的发展。此外，在申办过程中，通过大规模的宣传和群众参与以及一系列国际性的评估活动，极大地提高了北京市民的文明素质和意识，有力地促进了北京的精神文明发展，提高了北京的国际地位与形象。

## 二、21 世纪中国体育发展的前景展望

21 世纪是中华民族实现伟大复兴的时代。随着中国社会、经济、文化的全面发展与进步，尤其是随着 2008 年北京奥运会的成功举办，必将使中国体育事业获得更大的发展机遇与成就。

早在 1996 年 3 月全国八届人大四次会议通过的《国民经济和社会发展“九五”计划和 2010 年远景目标纲要》中，我国就明确提出了 21 世纪初期中国体育工作的目标、任务及其措施，把体育作为“实施可持续发展战略，推进社会事业全面发展”的组成部

分。该《纲要》指出21世纪前十年中国体育事业的任务和目标是："实施全民健身计划，普及群众体育运动，普遍增强人民体质。加强学校体育，明显改善青少年身体素质。落实奥运争光计划，提高运动技术水平。促进体育科研、教育、宣传和对外交流的发展。"该《纲要》还要求："建立社会化的群众体育组织网络，建立并完善国民体质测定系统。进一步改革体育管理体制，有条件的项目要推行协会制和俱乐部制。形成国家与社会共同兴办体育事业的格局，走社会化、产业化道路。"该《纲要》实际明确指明了21世纪前十年中国体育发展的目标与前景。

根据国家体育总局制定的2000～2050年宏观发展目标，到2010年，我国体育事业的奋斗目标是：人人能够享有体育权利，全民广泛参与体育健身，提高在国际上的竞争能力，成功举办2008年奥运会，建立比较完善的有中国特色的社会主义体育体系，全面推进体育进步，逐步实现体育现代化。

具体而言，我国体育事业在21世纪上叶的发展趋势与前景是：

（一）社会体育将全面走向社会化，社会体育的普遍化程度会有极快的发展，科学化水平日益提高，社会体育呈现多样化发展的格局。

随着我国经济水平的快速增长，国民的物质生活条件和精神文化生活的提高和改善，我国社会体育将会得到较快的发展，到2010年，基本建成具有中国特色的全民健身体系，使体育成为人们社会生活中不可缺少的组成部分，经常参加体育活动的人数、国民体质与健康水平等主要指标接近中等发达国家水平。2000年到2010年，实现群众体育蓬勃开展，经常参加体育活动的人数争取达到总人口的40%；社会体育的普及化程度，体育锻炼的科学化水平将有很大的提高；大众体育活动内容、方式方法趋向多样化，社会体育将出现一个崭新的局面。

（二）竞技体育整体实力稳步提高，竞技运动水平继续保持亚洲领先和奥运会"第二集团"前列的地位。同时，将充分发挥体育为我国经济建设和社会发展服务的多元功能与作用。体育市场化程度进一步发展，体育产业将成为我国经济建设新的增长点。

随着2008年北京奥运会的举办，我国竞技体育在我国社会经济发展中的多元功能与作用将会得到充分的发挥与体现。为此，我国竞技体育的管理体制、竞赛体制等方面将进一步得到深化改革，以奥运经济为增长点的体育产业经济将会得到更快的发展。这会极大地推动我国竞技体育整体水平的提高。

（三）学校体育贯彻素质教育和“健康第一”的指导思想，全面实施《体育与健康课程标准》，学生的体质与健康水平将得到全面提高，农村学校体育日益受到重视。

根据我国经济建设和社会发展对人才素质的新要求，学校体育将围绕培养高素质人才的目标，构建新型的学校体育课程结构与教学内容体系，全面培养学生的综合素质，提高学生的体质与健康水平， 奠定学生终身体育与可持续发展的良好基础。

总的来说，随着21世纪中国社会经济文化的全面发展和“小康”目标的实现，到21世纪中叶，我国将能够建成基本满足广大人民群众需求的，与富强、民主、文明、和谐的社会主义国家相适应的具有中国特色的体育事业。

**思考题**

我国奥运战略是何时确立的？对中国现代体育发展有何重要影响？

20世纪80～90年代我国体育改革有哪些重要思路与措施？

改革开放以来我国在竞技体育领域取得了哪些辉煌成就？

改革开放以来我国学校体育和社会体育领域进行了哪些改革？

《中华人民共和国体育法》是何时颁布实施的？有何重要意义？

《全民健身计划纲要》是何时制定颁发的？有何重要意义？

《奥运争光计划纲要》是何时制定颁发的？为什么要制定《奥运争光计划纲要》？它对我国体育运动发展有何重要意义？

《体育产业发展纲要》是何时制定颁发的？对推动我国体育产业的发展起到了什么作用？

改革开放以来我国竞训制度作了哪些重要改革？

当前我国国内主要赛事有哪些？

北京申奥成功有何重大意义？

# 第十四章　20世纪后半叶的台港澳地区体育

台湾、香港、澳门都是中国的神圣领土。20世纪下半叶以来，由于这三个地区与祖国大陆的社会政治制度不同，且三个地区之间的经济、文化、民情等方面也不尽相同，因而其体育发展的特点与水平也各不相同。但总的来说，这三个地区的体育运动都是中国现代体育的组成部分，与大陆的体育发展共同构成了20世纪中国体育的宏伟画面。

## 第一节　台湾地区体育发展概况

台湾省位于我国大陆东南130公里的海面上，西隔台湾海峡与福建省相望，东临太平洋。台湾自古以来就是中国的领土，古称夷洲，面积3.6万平方公里。1949年国民党政权在大陆战败后退到台湾，依靠美国的支持，20世纪50年代逐渐稳定了统治。60年代以后台湾的经济发展较快，体育运动水平也有较大提高。

### 一、体育体制

1949年国民党政权退守台湾后，将在大陆原有的体育体制和机构基本保留下来。在此基础上，逐渐形成了台湾的体育体制和发展模式。

20世纪50～60年代，台湾体育运动的主要领导机构是“国民体育委员会”。该会由台湾地区有关单位主管人员、体育学者、专家和有关体育的教育主管人员组成，采用聘任制，人数为23人，聘期两年。根据台湾地区体育法规定，“教育部部长”兼任该会的主任委员。该会的主要任务是体育政策的研拟，体育活动的指导、协调、咨询、研究等事项。1973年10月，为了加强政府对体育事务的指导，在“教育部”下面设立了“体育司”。这样，“教育部”成为台湾地区体育事务的行政决策和管理部门。它通过“体育司”和设立“国民体育委员会”机构贯彻执行有关政策措施，负责台湾地区体育活动的规划、辅导、考核等事宜。“体育司”下设学校体育科、国际体育科等。“体育司”成立之后，原有的“国民体育委员会”依然存在，成为一个研究和咨询性的机构。

台湾地区的体育团体，主要为“台湾体育协进会”和“台湾省体育会”。

1951年，一部分从大陆去台湾省的体育界知名人士组成“中华全国体育协进会”，1973年改称“台湾体育协进会”，曾进入国际奥委会。1979年中华人民共和国在国际奥委会恢复合法席位之后，该组织以中国台北奥委会的名义保留了会员资格。

“台湾省体育会”是“台湾体育运动总会”的下属组织。1946年成立。会址设在台北市。其下属组织有25个单项运动协会及各市、县体育会。它的主要工作是召开全省运动会。

## 二、学校体育

国民党政权退到台湾后，1950年前后在岛上重新颁布了国民学校（小学）、初中、高中、师范学校、专科以上学校的《体育课程标准》，1959年又进行重新修订，1963年据此上课，1964年8月又分别公布了“实施方案”。

按规定，师范学校要设“体育专修科”，以培养小学体育师资。体育课评分标准为出席率占30%，技术占70%。体育专修科的评分标准为出席率占20%，笔记20%，技术60%。

1967 年台湾实行 9 年制义务教育，初级中学改称“国民中学”，1968 年 1 月又修订公布初中《课程标准》，体育课必修教材由 70%增至 80%，“国术”由选修改为必修，球类比重加大，男子增加韵律体操。

按照有关规定，台湾地区的小学每周有 5 学时的体育活动，约占每周总课时的 1/4，体育课大多是由班主任执教。小学体育主要开展的项目有体操、游戏、田径、足球、舞蹈、垒球、篮球等。中学每周体育活动不得少于 5 个学时，约占每周总课时的 1/6，体育课由专职教师任教。流行的运动项目是篮球、排球、羽毛球、体操、游泳、对抗性运动项目、田径和舞蹈。初中和高中的体育项目是相同的，但男生主要项目是田径和球类，女生则是舞蹈。

台湾中学体育成绩是大学入学的标准之一。大学体育课原规定在学 4 年必修课，每周至少 2 学时，20 世纪 60 年代末期改为前 2 年必修，后 2 年选修，并给予学分。台湾地区“教育部”制定有高等院校统一的体育教学大纲。

台湾教育部门比较重视体育师资培养。1949 年 12 月以后，先后在台湾高等学校设立一些体育系科。除 1946 年创立的台湾师范大学体育系外，设立体育系科的还有台北师范学院（1947 年）、台南师范学院（1950 年）、台湾省立体育专科学校（1961 年）、台北市立体专（1968 年）和辅仁大学（1969 年）。这些体育系科在一定程度上解决了台湾地区的体育师资需要。

## 三、社会体育

台湾地区社会体育的范畴比较广，根据台湾地区的体育法规定，应依据个人需要，主动参与适当的体育活动，分别于家庭、学校、社区、机关、团体及企业中实施， 促进体育的均衡发展与普及。因此，除学校体育以外，其余均可列为社会体育范围，其中包括大部分的竞技体育在内。

60 年代以后，台湾地区民众参与体育活动的意识和要求有了提高。比较普及的项目有：篮球、排球、垒球、溜冰等，还将跳绳、扯铃、踢毽等民间体育列入竞赛项目中。

台湾地区社会体育的经费开支，一方面靠政府补助，由直辖县、市政府及乡（镇）公所编列经费，以补助社区体育活动的开展、普及；另一方面，采用企业捐献。

## 四、竞技体育

台湾地区内部体育竞赛名目繁多，如自由杯赛、成功杯赛等，还有一年一度的省运动会、中学生运动会、大专学生运动会、冬季越野赛等，其中省运动会规模最大。此外，还参加了几届亚运会和奥运会。

### （一）台湾省运动会

台湾地区一直坚持每年开一次全省运动会，每次项目和参加人数均有所发展，成绩也有提高。1946 年后，台湾省和台北市运动会合并，改称台湾区运动会，届次另起。从总体看，个别项目成绩较好，人口多的城市和周围县成绩较好。

### （二）参加亚运会

1949 年以后，台湾当局利用其在亚洲体坛的影响，参加了几次亚洲运动会。1954 年第 2 届亚运会在马尼拉举行，台湾地区首次以“中华民国”的名义派出 137 名运动员参加 7 项比赛，获 2 枚金牌、2 枚银牌、5 枚铜牌。1958 年第 3 届亚运会在东京举行，台湾地区派出 209 人的代表团参加 13 项比赛，在 20 个参赛国和地区中，总分排列第三，足球和十项全能（杨传广）蝉联冠军，另有 4 个田径单项夺冠，不少项目进入前 6 名。1962 年，第 4 届亚运会在雅加达举行，因印尼政府拒绝台湾代表团入境而未参加。1966 年第 5 届亚运会在曼谷举行，台湾地区派去运动员 106 人，在 12 项比赛中，获 5 枚金牌、3 枚银牌、5 枚铜牌。1970 年第 6

届亚运会在曼谷举行。台湾地区获1枚金牌、3枚银牌、12枚铜牌。在本届亚运会上，著名女子田径运动员纪政打破了亚洲女子100米纪录。此后因亚体联承认了中华人民共和国的合法席位，因而台湾地区未派团参加第7~10届亚运会。

1986年，台湾又提出参加亚奥理事会的申请，并表示同意按照奥林匹克模式入会。在重新成为亚奥理事会成员后，按照奥运会模式，台湾地区派代表团参加了自1990年第11届北京亚运会之后的历届亚运会。

## （三）参加奥运会

在1979年中国恢复在国际奥委会中的合法席位之前，台湾运动员曾参加了1956年在澳大利亚墨尔本举行的第16届夏季奥运会、1960年在意大利罗马举行的第17届夏季奥运会、1964年在日本东京举行的第18届夏季奥运会、1968年在墨西哥城举行的第19届夏季奥运会，以及1960年在美国斯阔谷举行的第8届冬奥会、1972年在日本札晃举行的第11届冬奥会、1976年在奥地利因斯布鲁克举行的第12届冬奥会。在这些奥运会比赛中，台湾运动员取得了一些好成绩，其中主要有：

1960年在罗马举行的第17届夏季奥运会上，中国台湾运动员杨传广以8334分获田径十项全能比赛银牌。这是中国运动员首次在奥运会上获得奖牌。

1964年在东京举行的第18届奥运会上，杨传广以7650分获十项全能第5名。

1968年在墨西哥城举行的第19届奥运会上，中国台湾女运动员纪政在女子80米栏比赛中，以10秒5的成绩平奥运会纪录，获得铜牌。这是中国女运动员首次获得奥运会奖牌。

在集体项目中，台湾的棒球、垒球运动具有较高水平。在1992年巴塞罗那举行的第25届夏季奥运会上，中国台北队获得棒球银牌。

1979年，中华人民共和国在国际奥委会合法席位得到恢复，台湾地区以“中国台北”的名义保留了资格，参加了第23届、第25届、第26届、第27届和第28届奥运会。在第28届奥运会上，中国台北选手陈诗欣在女子49公斤级跆拳道决赛中夺冠。这是中国台北首次获得奥运会金牌。

表14–1　中国台北历届奥运会成绩（截至2004年雅典奥运会）

| 届数 | 时间 | 地点 | 项目 | 分项 | 成绩 | 选手 |
|---|---|---|---|---|---|---|
| 17届 | 1960年 | 罗马 | 田径 | 男子十项全能 | 银牌 | 杨传广 |
| 19届 | 1968年 | 墨西哥城 | 田径 | 女子80米栏 | 铜牌 | 纪政 |
| 23届 | 1984年 | 洛杉矶 | 举重 | 男子56～60公斤级 | 铜牌 | 蔡温义 |
| 25届 | 1992年 | 巴塞罗那 | 棒球 | 男子棒球 | 银牌 | |
| 26届 | 1996年 | 亚特兰大 | 乒乓球 | 女子单打 | 银牌 | 陈静 |
| 27届 | 2000年 | 悉尼 | 跆拳道 | 女子–49公斤级 | 铜牌 | 纪淑如 |
| 27届 | 2000年 | 悉尼 | 跆拳道 | 男子–58公斤级 | 铜牌 | 黄志雄 |
| 27届 | 2000年 | 悉尼 | 乒乓球 | 女子单打 | 铜牌 | 陈静 |
| 27届 | 2000年 | 悉尼 | 举重 | 女子48~53公斤级 | 银牌 | 黎锋英 |
| 27届 | 2000年 | 悉尼 | 举重 | 女子69~75公斤级 | 铜牌 | 郭羿含 |
| 28届 | 2004年 | 雅典 | 跆拳道 | 女子49公斤级 | 金牌 | 陈诗欣 |
| 28届 | 2004年 | 雅典 | 跆拳道 | 男子58公斤级 | 金牌 | 朱木炎 |
| 28届 | 2004年 | 雅典 | 射箭 | 男子团体 | 银牌 | |
| 28届 | 2004年 | 雅典 | 射箭 | 女子团体 | 铜牌 | |

## （四）中国台湾的国际奥委会委员与著名奥运选手

自1949年至20世纪末，中国台湾先后有两位国际奥委会委员，他们是徐亨与吴经国。而在参加奥运会的运动员中，以杨传广和纪政最为著名。

徐亨（1912～），1970年被选为国际奥委会委员，1988年离任。广东花县人。早年毕业于国立暨南大学。1950年起历任香港游泳、排球和篮球总会会长，中国台湾省体育协进会副理事长等职。1973～1974年为中国台北奥委会主席。后为国际奥委会名誉委员。

吴经国（1946～），1988年当选为国际奥委会委员。台湾省人。英国理工学院和利物浦大学毕业。1982年任国际业余拳击协会执行委员，1986年任国际篮球联合会女子委员会委员。1989年以来先后任国际奥林匹克学院委员会、文化委员会和奥运会协调委员会委员。

杨传广（1933～），中国台湾田径运动员，中国首枚奥运奖牌获得者。台湾东市人。1954、1958年获第2、第3届亚洲运动会十项全能冠军。1960年以8426分的成绩打破十项全能世界纪录。同年在第17届罗马奥运会上获十项全能亚军。1963年又以9121分再创十项全能世界新纪录，并被评为年度最佳运动员。1964年于美国加利福利亚大学体育系毕业，同年参加第18届奥运会，获十项全能第5名。1975年后返回台湾，任奥运训练总教练。

纪政（1944～），中国台湾田径运动员，中国首位获得奥运奖牌的女子选手。台湾新竹人。1963年获台湾省女子五项全能冠军。1968年在墨西哥城举行的第19届奥运会上，获得女子80米栏铜牌。1970年在美国波特兰以10秒和22秒7的成绩，创造100码和200码两项世界纪录。同年在慕尼黑举行的国际比赛中，又打破200米、200米栏两项世界纪录。1970年世界女子田径共创7项世界纪录，纪政独占5项，被评为1970年度最佳运动员。1973年毕业于美国加利福尼亚大学，获体育学学士学位。1976年任台湾省田径协会总干事。

陈诗欣（1978～）中国台湾女子跆拳道运动员。中国台北首枚奥运金牌获得者。陈诗欣8岁在其父指导下练习跆拳道。1994年，年仅16岁的陈诗欣就夺得在英国举行的跆拳道世界锦标赛冠军。从此后，又迭创佳绩，夺得1996年巴西世界杯、2001年大阪东亚运动会、2001年越南世界杯、2002年日本世界杯、2002年韩国釜山亚运会、2004年泰国亚洲区奥运资格赛、2004年荷兰国际公开赛等大赛冠军。2004年雅典奥运会上，陈诗欣在决赛中战胜古巴选手，获得女子跆拳道49公斤级金牌。

朱木炎（1982～），中国台湾男子跆拳道运动员。中国台北首位获得奥运会男子金牌选手。朱木炎自幼练习跆拳道，因其头脑冷静，意志坚强，技术精良，被圈内权威人士誉为“五十年一遇的跆拳道奇才”。曾数度获得大运会、世锦赛冠军，号称“战神”。在雅典奥运会跆拳道男子58公斤级决赛中，他以5比1战胜墨西哥选手萨拉扎尔，为中国台北体育代表团夺得第二枚奥运金牌。

## 第二节　香港地区体育发展概况

香港由香港岛、九龙和新界三部分组成。根据1996年底统计，香港的总面积为1084平方公里，人口约为650万，其中96%是华人。根据1984年12月19日中英联合声明，中国于1997年7月1日恢复对香港行政主权，香港重新回归中国。

### 一、体育体制

1997年中国回收香港主权之前，香港地区是英国的殖民地，体育运动受英国影响较深。香港地区体育主要由体育社团组织管理。

1950年11月24日，香港体育界的26位知名人士发起成立“香港业余体育协会”，首任会长为汇丰银行总经理摩世。1951年国际奥委会承认该协会，正式命名为“香港业余体育协会暨奥林匹克委员会”。在香港康体发展局成立之前，该会是唯一全港性体育组织，代表香港参与国际体育事务。20世纪50～60年代，各体育总会（单项体育协会）相继成立，但大多因经费不足，运作困难。

香港没有“体育法”。港区政府主要以其体育政策、经费投入对体育的发展施加调控和影响。1973年香港成立“康乐体育局”，港区政府承担了为所有香港人提供康乐活动的责任。

香港回归祖国后，按《基本法》规定：“香港特别行政区政府可自行制定体育政策。民间体育团体可依法继续存在和发展。”1990 年 4 月 1 日是香港体育史上的一个里程碑。经过香港民众的一再呼吁和努力，香港政府主管体育工作的一个法定半官方体育行政机构——香港康体发展局（简称康体局）正式成立。康体局的前身是 1973 年设的康乐体育局。康体局的成立意味着香港的体育工作从此被列入政府的职责而得到正式确认，从而走上了正规发展的道路。康体局作为一个法定政策机构，主要任务是与市政局、区域市政局、香港业余体育协会暨奥林匹克委员会、香港体育总会以及其他机构合作，促进推动香港体育事业的发展。康体局的具体任务为：1. 制定香港体育整体发展规划。规划每 5 年制定一次；2. 协调体育工作，即负责协调政府各部门之间以及政府与非政府体育机构之间的与体育有关的各种工作；3. 推广体育活动；4. 培养高水平的竞技体育运动人才；5. 筹措和分配体育经费；6. 开展体育科研工作。

## 二、学校体育

香港地区实行英国的教育制度，学校一直没有规定体育为必修课，而是采用课余时间由学生团体自己组织大量体育活动和竞赛活动，教师予以指导。

在 20 世纪 70 年代前，香港很多学校体育师资较为缺乏，体育场地设备也有所不足，学生体质和健康水平不佳，常为社会和媒体所批评。70 年代以来，随着经济发展，港府较为重视学校设施和场馆建设，政府的投入增加，中、小学校的体育条件普遍改善。

20 世纪 80 年代以来，香港的学校体育和体育教学有很大的改观。中小学开始重视体育，强调德、智、体、美、群全面教育，体育课开始成为必修课。1991 年首次举行中学体育会考。香港中文大学在香港大专院校中率先规定体育为一年级必修课，并给学分。这些措施大大地推动了香港学校体育的发展。

香港的学校体育继承了英国教育传统。学校和社会大力开展各类课外的青少年体育活动。全港学校体育界经常组织全港及区际、校际、班际之间的各类比赛以及各种兴趣小组的体育活动，足球、篮球、网球、羽毛球等活动都深受香港青少年喜爱，开展各类课外体育活动成为香港学校体育和青少年体育的一大特色。这类体育活动学生与家长参与的积极性都很高，极大地活跃了学生的生活，增强了学生的身体素质与体质健康水平。

香港在1997年回归中国之前没有专门培养体育师资的体育院校。1991年香港浸会大学（原香港浸会学院）开设体育系。1992年香港中文大学教育学院成立体育运动科学系。与此同时，香港大学体育部和香港教育学院也陆续开设了体育专科。

## 三、社区体育

香港的大众体育通常称为社区体育。20世纪60年代后期，港区政府开始关注市民的康乐问题，大力鼓励和开展社区的体育活动和各类比赛。70年代随着香港经济迅速攀升，民众生活水平迅速提高，参加体育活动和健康娱乐成为民众的自发需求。港府在城市建设规划、居民住宅小区建设中规定开发商必须修建一定的体育健身和休闲娱乐场所，并积极培训社区的体育指导员和教练员。这些措施促使社会体育活动在香港得到普遍开展。

根据《1991年香港市政局康乐体育活动表（3月份）》中的社区体育活动内容，列有个人球类活动68项，包括网球、羽毛球、乒乓球和壁球的各种训练班；在舞蹈和保健方面，包括体操、太极拳、柔道等训练班145个，其他户外活动10项。由此可见香港社区体育的丰富多彩。

香港业余体育协会暨奥林匹克委员会，下属有若干体育总会。除积极从事竞技体育发展外，还对大众体育予以适当关注。香港地区具有民间特色的舞狮、舞龙、武术、龙舟等项目都深受公众的欢迎和喜爱。

## 四、竞技体育

香港地区从1954年开始参加第2届亚洲运动会，以后历届均派队参赛，总的水平居中下游。成绩较好的项目除保龄球外，还有乒乓球、田径、游泳、射击等。

香港地区运动员从1952年起参加了除1980年以外的历届奥运会，但在90年代之前均未能取得名次。

香港地区由于受英国体育文化影响较深，足球、网球、曲棍球、板球、羽毛球、田径等项目较为普及。其中足球运动十分流行，有自己的足球联赛。另外，香港的赛马十分悠久，是最受公众欢迎的体育博彩业。

20世纪90年代以来，香港竞技体育在康体局及相关社团的努力下得到迅速发展，竞技运动成绩显著提高，在亚洲和世界比赛中取得了优异的成绩。主要表现在这样三个方面：

（一）乒乓球、武术比赛成绩突出。1995年在天津举行的第43届世界乒乓球锦标赛上，一举夺得5枚铜牌。武术历来是香港的强项，且参加世界武术比赛一届比一届进步。1991年在北京举办的首届世界武术锦标赛，香港队获得1枚金牌、5枚银牌、3枚铜牌；在1999年11月香港举行的第5届世界武术锦标赛中，夺得了6枚金牌、6枚银牌、5枚铜牌，名列奖牌总数第一、金牌数第二。

（二）参加亚运会成绩不断提高。在1990年北京举行的亚运会上，香港体育代表团夺得2枚银牌、5枚铜牌；在1994年日本广岛亚运会上，夺得5枚金牌、7枚铜牌。在1998年泰国曼谷亚运会上，夺得5枚金牌、6枚银牌、6枚铜牌，总奖牌数列第13位，这是香港参加亚运会以来最好的成绩。

（三）实现奥运会金牌数零的突破。在1996年美国亚特兰大奥运会上，香港运动员李丽珊夺得帆板冠军，实现了香港在奥运会上金牌零的突破，从而结束了香港奥运会金牌为零的历史。

# 第三节　澳门地区体育发展概况

澳门地处我国的南边，位于珠江口的西南，由澳门半岛、乙仔岛和路环岛三部分组成。目前，澳门总面积约为23.8平方公里，人口约为45万，其中华人约占总人口的96%，土生葡萄牙人和葡萄牙人等约占3%，其他国家的人口占1%。葡萄牙长期对澳门实行殖民统治，1999年12月20日，中华人民共和国政府恢复在澳门行使主权，澳门特别行政区正式成立并开始担当管理澳门特区各项事务的职责。在一国两制、澳人治澳、高度自治的大政方针指引下，澳门政治、社会环境稳定，经济繁荣发展，各项事业在原有的基础上稳步发展。

## 一、澳门体育制度

澳门是现代体育运动项目最早进入中国的地区之一，但长期没有专门的体育管理机构。这种情况于20世纪80年代得到改变。1987年5月，澳门体育总署成立，这使澳门有了第一个负责管理和统筹所有体育运动事务的官方机构。1987年10月，澳门奥林匹克委员会成立。1989年澳门奥委会被亚洲奥林匹克委员会接纳为成员，这标志着澳门竞技体育运动真正步入奥林匹克的大家庭。体育总署和奥委会的成立，有力地推动了澳门地区体育运动的开展。自20世纪90年代以来，澳门体育有了较大的发展。

## 二、澳门竞技体育的发展

尽管澳门是引进和开展现代体育运动项目较早的地区之一，但由于社会各种因素的影响，长期以来，澳门地区的竞技体育运动发展较为缓慢，竞技体育水平相对较低。

20世纪80年代以后，随着澳门社会经济发展速度加快，人民生活水平不断提高，加之澳门与国外及中国内地在各个领域交流的日益增多，促进了澳门竞技体育运动的发展。1990年澳门首次派出体育代表团，参加了在北京举行的第11届亚洲运动会，并夺得武术男子南拳铜牌。随后在1993年上海举行的第1届东亚运动会、1994年日本广岛举行的第12届亚洲运动会以及1997年韩国釜山第2届东亚运动会上，澳门运动员在武术、空手道等项目上分别取得了金牌、银牌和铜牌。在1995年和1997年的曲棍球亚洲锦标赛中又分别取得冠军和亚军。这是澳门团体项目中取得最好成绩的项目。

## 三、澳门学校体育的发展

澳门的学校体育及体育科研进入全面发展的时间较短，也相对较为薄弱。澳门现有11所大学，120多所中小学。学校分公立和私立两类，总体上是以民间团体和个人办教育为主。由于澳门不把体育作为升学必考内容，因而对学校体育教育重视不够，师资力量薄弱，运动场地设施较为短缺。“重智轻体”是澳门学校在教育过程中普遍存在的现象。

澳门回归中国前后，主管学校体育的“教育暨青年局”已注意到学校体育发展的滞后状况，以及由此带来的青少年学生身心健康以及体育优秀后备人才选拔和培养等问题。为此有关当局采取了一些措施。如1995年首先在官方学校实施体育教学大纲，对体育教学目标、任务、内容等提出了具体要求；私立学校也加强了对体育教师的培训和对学生的考评等，这些措施在一定程度上促进了澳门学校体育教育水平的提高。

澳门理工学院体育暨运动高等学校是澳门特区唯一的体育专业高等教育机构，它创办于1993年。澳门地区的许多体育人才都是由该校培养出来的。

## 四、澳门社会体育的发展

从澳门体育发展的历史看，大众性的社会体育在澳门的发展有着悠久的历史和广泛的社会基础。相对于竞技体育而言，社会体育在澳门地区具有良好的发展态势。澳门地区的社会体育非常活跃，主要因为有很好的社会体育组织。按照澳门的有关法规规定，在澳门，3个人以上自愿结合即可组成一个体育会。目前全澳门共有500多个体育会，这些体育会分属45个项目，既有击剑、桥牌、网球、曲棍球等西方现代体育项目，又有武术、中国象棋、围棋、舞狮等中国传统体育项目。90年代以来，澳门社区体育开始得到迅速发展，各级社区体育组织通过开展社区体育活动，在向居民提供社区体育服务的过程中，促进了社区的建设与社区居民生活质量的改善。在社会体育发展过程中，澳门的各民间体育团体起到了积极的促进作用。

# 主要参考文献

郭希汾. 中国体育史. 第 1 版. 北京: 商务印书馆, 1919

程登科. 世界体育史纲要. 第 1 版. 北京: 商务印书馆, 1945

中国体育史参考资料 (1—9 集). 人民体育出版社, 1959

成都体育学院体育史研究室, 成都体育学院科研处编印. 体育研究资料 (1—5 辑). 1964 ~ 1979

李季芳等主编. 中国古代体育史简编. 第 1 版. 北京: 人民体育出版社, 1984

成都体育学院体育史研究室编著. 中国近代体育史简编. 北京: 人民体育出版社, 1981

荣高棠主编. 当代中国体育. 北京: 中国社会科学出版社, 1984

习云太. 中国武术史. 北京: 人民体育出版社, 1985

成都体育学院体育史研究所. 中国近代体育史资料. 第 1 版. 成都: 四川教育出版社, 1988

体育史教材编写组. 体育史. 第 1、第 2 版. 北京: 高等教育出版社, 1987、1996

刘秉果. 中国古代足球史料. 第 1 版. 北京: 华夏出版社, 1987

王其慧, 李宁. 中外体育史. 第 1 版. 武汉: 湖北人民出版社, 1988

国家体委体育文史工作委员会, 中国体育史学会编. 中国近代体育史. 第 1 版. 北京: 北京体育学院出版社, 1989

郑振坤. 中国古代体育思想史纲要. 第 1 版. 北京: 人民体育出版社, 1989

周西宽主编. 体育史. 第 1 版. 北京: 人民体育出版社, 1989

谷世权，林伯原. 中国体育史. 第1版. 北京：北京体育学院出版社，1989

郝勤. 中国古代养生文化. 第1版. 成都：巴蜀书社，1989

国家体委体育文史工作委员会，中国体育史学会编. 中国古代体育史. 第1版. 北京：北京体育学院出版社，1990

颜绍泸主编. 竞技运动史. 第1版. 北京：人民体育出版社，1990

国家体委文史委员会编. 中国古代体育图说. 第1版. 北京：北京燕山出版社，1990

颜绍泸，周西宽. 体育运动史. 第1版. 北京：人民体育出版社，1990

国家体委体育文史工作委员会，全国体总文史资料编审委员会编. 中国近代体育文选. 第1版. 北京：人民体育出版社，1992

任海主编. 奥林匹克运动. 第1、第2版. 北京：人民体育出版社，1993、 2005

乔克勤，关文明. 中国体育思想史. 第1版. 兰州：甘肃民族出版社，1993

苏竞存. 中国近代学校体育史. 第1版. 北京：人民教育出版社，1994

郝勤. 导引养生. 第1版. 成都：巴蜀书社，1995

罗时铭，等. 中国体育简史. 第1版. 北京：人民体育出版社，1996

吴志超. 导引养生史论稿. 第1版. 北京：北京体育大学出版社，1996

任海. 中国古代武术. 第1版. 北京：商务印书馆，1996

任海. 中国古代体育. 第1版. 北京：商务印书馆，1996

汤铭新. 奥运百周年发展史. 台北：中国台北奥委会，1996

毕世明. 中华文化通志·体育志. 第1版. 上海：上海人民出版社，1998

伍绍祖主编. 中华人民共和国体育史（1949~1998）综合卷.

第 1 版. 北京：中国书籍出版社，1999

苏肖晴. 新民主主义体育史. 第 1 版. 福州：福建教育出版社，1999

鲍明晓. 体育产业：新的经济增长点. 第 1 版. 北京：人民体育出版社，2000

杨向东. 中国古代体育文化史. 第 1 版. 天津：天津人民出版社，2000

李秀梅. 中华人民共和国体育史简编. 第 1 版. 北京：北京体育大学出版社，2001

宁自蘅，等. 澳门体育发展：回顾、现状与展望. 第 1 版. 北京：人民体育出版社，2001

史国生. 中国体育简史. 第 1 版. 北京：人民体育出版社，2002

刘秉果. 中国体育史插图本. 第 1 版. 上海：上海古籍出版社，2003

（苏）斯图尔波夫. 体育史. 莫斯科体育与运动出版社，1985

（美）D. B. 范达冷. 世界体育史. 1962

（美）C. W. 哈肯史密斯. 西洋体育史. 台湾黎明文化事业股份有限公司中译本，1971

Fan Hong and J A  Mangan (eds). *Soccer, Women, Sexual Liberation: Kicking off the New Era.* London: Cass, 2002

Mike Green and Barrie Houlihan. *Elite Sport Development: Policy Leaning and Political Priorities.* London: Routledge, 2005

Kevin Hylton, et. al, (eds). *Sports Development: Policy, Process and Practice.* London: Routledge, 2001

Joseph Maguire. *Global Sport: Identities, Societies and Civilization.* Cambridge: Polity, 2001

The Council of Europe. *Sport for All in Europe.* London: HNSO, 1990

Barry D. McPherson (ed). *Sport and Aging.* Champaign:

Human Kinetics, 1984

Celia H. Brackenridge. *Spoilsports: Understanding and Preventing Sexual Exploitation in Sport.* London: Routeledge, 2001

Karen P. Depauw and Susan J. Gavron (1995). *Disability and Sport.* Champaign: Human Kinetics, 1995

John O′ Leary. *Drugs and Doping in Sport: Socio -Le gal Perspectives.* London: Cavendish Publishing Limited, 2001

Richard Giulianotti and David McArdle (eds). *Sport, Civil Liberties and Human Rights.* London: Routledge, 2005